图书在版编目(CIP)数据

民法的起源：对古代西亚地区民事规范的解读/魏琼著.—北京：商务印书馆，2008
（法学文库）
ISBN 978-7-100-05882-7

I.民… II.魏… III.民法—历史—研究—西亚—古代 IV. D937.03

中国版本图书馆 CIP 数据核字(2008)第 093947 号

所有权利保留。
未经许可，不得以任何方式使用。

本书得到上海市人文社科基地华东政法大学外国法与比较法研究院、上海市高水平建设国际法与比较法研究项目资助

MÍNFǍ DE QǏYUÁN
民 法 的 起 源
—— 对古代西亚地区民事规范的解读

魏琼 著

商 务 印 书 馆 出 版
（北京王府井大街36号 邮政编码 100710）
商 务 印 书 馆 发 行
北京瑞古冠中印刷厂印刷
ISBN 978-7-100-05882-7

2008 年 12 月第 1 版　　开本 880×1230　1/32
2008 年 12 月北京第 1 次印刷　　印张 15⅝
定价：30.00 元

法学文库 主编 何勤华

民法的起源
——对古代西亚地区民事规范的解读

魏琼 著

商务印书馆
2008年·北京

总　　序

　　商务印书馆与法律著作的出版有着非常深的渊源,学界对此尽人皆知。民国时期的法律著作和教材,除少量为上海法学编译社、上海大东书局等出版之外,绝大多数是由商务印书馆出版的。尤其是一些经典法律作品,如《法律进化论》、《英宪精义》、《公法与私法》、《法律发达史》、《宪法学原理》、《欧陆法律发达史》、《民法与社会主义》等,几乎无一例外地皆由商务印书馆出版。

　　目下,商务印书馆领导高瞻远瞩,加强法律图书出版的力度和规模,期望以更好、更多的法律学术著作,为法学的繁荣和法治的推进做出更大的贡献。其举措之一,就是策划出版一套"法学文库"。

　　在当前国内已出版多种法学"文库"的情况下,如何体现商务版"法学文库"的特色？我不禁想起程树德在《九朝律考》中所引明末清初大儒顾炎武(1613—1682)的一句名言。顾氏曾将著书之价值界定在:"古人所未及就,后世所不可无者"。并以此为宗旨,终于创作了一代名著《日知录》。

　　顾氏此言,实际上包含了两层意思:一是研究成果必须具有填补学术空白之价值;二是研究对象必须是后人所无法绕开的社会或学术上之重大问题,即使我们现在不去触碰,后人也必须要去研究。这两层意思总的表达了学术研究的根本追求——原创性,这也是我们编辑这套"法学文库"的立意和目标。

　　具体落实到选题上,我的理解是:一、本"文库"的各个选题,应是国内学术界还没有涉及的课题,具有填补法学研究空白的特点;二、各个选题,是国内外法学界都很感兴趣,但还没有比较系统、集中的成果;三、各选题中的子课题,或阶段性成果已在国内外高质量的刊物上发表,在学术界产生了重要的影响;四、具有比较高的文献史料价值,能为学术界的进一步研究提供基础性材料。

法律是人类之心灵的透视,意志的体现,智慧的结晶,行为的准则。在西方,因法治传统的长期浸染,法律,作为调整人们生活的首要规范,其位亦尊,其学亦盛。而在中国,由于两千年法律虚无主义的肆虐,法律之位亦卑,其学亦微。至目前,法律的春天才可以算是刚刚来临。但正因为是春天,所以也是一个播种的季节,希望的季节。

春天的嫩芽,总会结出累累的果实;涓涓之细流,必将汇成浩瀚之大海。希望"法学文库"能够以"原创性"之特色为中国法学领域的学术积累做贡献;也真切地期盼"法学文库"的编辑和出版能够得到各位法学界同仁的参与和关爱,使之成为展示理论法学研究前沿成果的一个窗口。

我们虽然还不够成熟,
但我们一直在努力探索……

何 勤 华

2004 年 5 月 1 日

General Preface

It's well known in the academic community that the Commercial Press has a long tradition of publishing books on legal science. During the period of Republic of China (1912—1949), most of the works and text books on legal science were published by the Commercial Press, only a few of them were published by Shanghai Edition and Translation Agency of Legal Science or Shanghai Dadong Publishing House. Especially the publishing of some classical works, such as on *Evolution of Laws*, *Introduction to the Study of the Law of the Constitution*, *Public Laws and Private Laws*, *the History of Laws*, *Theory of Constitution*, *History of the Laws in European Continents*, *Civil Law and Socialism* were all undertaken by the Commercial Press.

Now, the executors of Commercial Press, with great foresight, are seeking to strengthen the publishing of the works on the study of laws, and trying to devote more to the prosperity of legal science and the progress of the career of ruling of law by more and better academic works. One of their measures is to publish a set of books named "Jurisprudential Library".

Actually, several sets of " library" on legal science have been published in our country, what should be unique to this set of "Jurisprudential Library"? It reminded me of Gu Yanwu's(1632—1682) famous saying which has been quoted by Cheng Shude(1876—1944) in *Jiu Chao Lv Cao* (*Collection and Complication of the Laws in the Nine Dynasties*). Gu Yanwu was the great scholar of Confucianism in late Ming and early Qing Dynasties. He defined the value of a book like this: "the subject covered by the book has not been studied by our predecessors, and it is necessary to our descendents". According to this principal, he created the famous work *Ri Zhi Lu* (*Notes on Knowledge Accumulated Day by Day*).

Mr. Gu's words includes the following two points: the fruit of study must have the value of fulfilling the academic blanks; the object of research must be the significant question that our descendants cannot detour or omit, that means even if we didn't touch them, the descendants have to face them sooner or later. The two levels of the meaning expressed the fundamental pursuit of academy: originality, and this is the conception and purpose of our compiling this set of "Jurisprudential Library".

As for the requirement of choosing subjects, my opinion can be articulated like this: Ⅰ. All the subjects in this library have not been touched in our country, so they have the value of fulfilling the academic blanks; Ⅱ. The scholars, no matter at home and or abroad are interested in these subjects, but they have not published systematic and concentrated results; Ⅲ. All the sub-subjects included in the subjects chosen or the initial results have been published in the publication which is of high quality at home or abroad; Ⅳ. The subjects chosen should have comparatively high value of historical data, they can provide basic materials for the further research.

The law is the perspective of human hearts, reflection of their will, crystallization of their wisdom and the norms of their action. In western countries, because of the long tradition of ruling of law, law, the primary standard regulating people's conducts, is in a high position, and the study of law is also prosperous. But, in China, the rampancy of legal nihilism had been lasting for 2000 years, consequently, law is in a low position, and the study of law is also weak. Until now, the spring of legal science has just arrived. However, spring is a sowing season, and a season full of hopes and wishes.

The fresh bud in spring will surely be thickly hung with fruits; the little creeks will coverage into endless sea. I hope "Jurisprudential Library" can make great contribution to the academic accumulation of the area of Chinese legal science by it's originality; I also heartily hope the colleagues in the area of legal study can award their participation and love to the complication and publication of "Jurisprudential Library" and make it a wonderful window showing the theoretical frontier results in the area of legal research.

We are not mature enough

We are keeping on exploring and seeking

He Qinhua
May 1st, 2004

目 录

导论 ··· 1
  一、民法起源的标志 ··· 1
  二、民法起源的社会历史条件 ································· 5
  三、古代西亚地区民事规范的存在形式 ···················· 10
  四、古代西亚民事法律的若干问题界定 ···················· 17
  五、古代西亚地区民事规范研究综述 ······················· 19

第一章　苏美尔民事规范 ······································ 24
  一、苏美尔的社会经济结构 ···································· 25
  二、苏美尔的民事成文法 ······································· 53
  三、苏美尔的其他民事规范 ···································· 74
  四、小结：苏美尔民事规范的特色 ··························· 94

第二章　巴比伦民事成文法 ··································· 99
  一、巴比伦的民事法律渊源 ···································· 101
  二、巴比伦诸法典的民事成文法 ······························ 107
  三、小结：巴比伦民事成文法的特性 ························ 201

第三章　亚述民事习惯法 ······································ 209
  一、古亚述的民事习惯法 ······································· 210
  二、《中亚述法典》的民事规范 ······························ 246

三、新亚述的民事规范 …………………………………… 263
四、小结:亚述民事习惯法的特点 ……………………… 269

第四章 赫梯民法制度 ……………………………………… 273
一、赫梯的社会经济状况 …………………………………… 274
二、《赫梯法典》的民法制度 ……………………………… 279
三、小结:《赫梯法典》的私法成就 ……………………… 286

第五章 希伯来民事规约 …………………………………… 295
一、犹太社会的历史变迁及其法律发展 ………………… 298
二、《摩西律法》和《塔木德》的民事规约 ……………… 310
三、小结:希伯来民事规约的民法精神及其意义 ……… 380

结语 ……………………………………………………………… 385
一、古代西亚地区民事规范在古代社会中的地位 ……… 385
二、古代西亚地区各民族之间民法的传承 ……………… 400
三、古代西亚地区民事规范与古代西方法律文明的交融 … 429

附录 ……………………………………………………………… 464
一、古代西亚地区地图 ……………………………………… 464
二、古代西亚地区法律年表 ………………………………… 466
三、古代西亚文明与古埃及、中国历史年表对照 ……… 467

参考文献 ……………………………………………………… 469
Abstract(英文摘要) ……………………………………… 480
赘　言 ………………………………………………………… 486

Contents

Introduction ··· 1
1. The signs of the origin of civil law ······························ 1
2. The social and historical conditions of the origin of civil law ··· 5
3. The existences of the civil law norms of the Ancient Near East ··· 10
4. The interpretation of the several problems in the civil law of the Ancient Near East ··· 17
5. The summarization of the research into the civil law norms of the Ancient Near East ··· 19

Ⅰ. The Sumerian civil law norm ································ 24
1. The Sumerian social and economic structure ················ 25
2. The Sumerian written civil law ································ 53
3. The Sumerian other civil law norms ·························· 74
4. The characteristics of Sumerian civil norms ················ 94

Ⅱ. The Babylonian formal civil law ···························· 99
1. The Babylonian sources of civil law ··························· 101
2. The Babylonian formal civil law to be researched ········· 107

3. Summary: The specificity of Babylonian civil law 201

Ⅲ. The Assyrian customary civil law 209
1. The ancient-Assyrian customary civil law 210
2. The civil law norms of the Middle-Assyrian Laws 246
3. The Neo-Assyrian civil law norms 263
4. Summary: The feature of Assyrian civil law 269

Ⅳ. The content of Hittite civil law 273
1. The social and economic basis in Hittite 274
2. The civil law of the Hittite Laws 279
3. Summary: The result by private law of the Hittite Laws 286

Ⅴ. The general rules of Hebrew civil law 295
1. The development of economy in the Jewish society 298
2. The general rules of civil law in the Pentateuch and the Talmud 310
3. Summary: The spirit and influence of civil law in the Hebrew law and its significance 380

Conclusion 385
1. The status of the civil law norms of the Ancient Near East in the ancient society 385
2. The spread of civil law among various nations of the Ancient Near

East ··· 400
 3. The minglement of the civil law norms in the Ancient Near East
    and the ancient Western legal civilization ···················· 429

Appendix ·· 464
 1. The Ancient Near Eastern topographic maps ·················· 464
 2. The legal chronological table of the Ancient Near East ······ 466
 3. The Ancient Historical chronology of Near
    East – ancient Egypt – ancient China ························· 467

Bibliography ·· 469
Abstract (in English) ·· 480
Postscript ··· 486

导 论

哲人亚里士多德(Aristotle,公元前384年—公元前322年)曾经深刻地指出:"一个人对一切事物不论是对国家还是对别的什么,思考到它们最初的成长和起源,就能对它们获得明确的概念。"

一、民法起源的标志

民法,从狭义上说,是调整社会平等主体如自然人、法人等之间财产关系和人身关系的法律规范的总称。它是近代西方社会的产物,是17、18世纪资本主义商品经济崛起,资产阶级的自由、平等意识高扬,等价交换原则的普及,以及人们从封建时代身份的枷锁中解放出来进入契约社会以后产生的,其标志就是以1804年《法国民法典》为代表的一批资产阶级民法典的颁布。这种狭义的民法,我们也可以称之为现代民法。

除此以外,还有一种广义上的或者实质意义上的民法,这就是伴随着人类文明一起来到世界上的古代民法。说它是实质意义上的民法,是因为不管它成文与否,也不管是否刑民不分、诸法合体,它也调整着人们之间如买卖、租赁、借贷、承揽等各种经济交往关系,保护着人们对土地、房屋、果园、牲畜等的各种财产权利,规范着人类两性之间的关系以及由这种关系衍生出来的家庭关系。虽然,古代社会的民事主体之间的平等性和独立性不如现代发达,等价交换的意识和原则没有现代纯粹、彻底,人身关系中还残留着各种家长权、夫权等轻视妇女和子女的不公正现象,等等,但是,在古代社会已经形成了民事生活和规范这种生活的民法规则,则是得到学术界一致公认的。

本书所说的"民法的起源",首先就是指广义上(或古代社会)的民法的起源。其次,需要进一步说明的是,以往学术界一提及古代民法,一般都会谈到古代西方,或者是希腊,或者是罗马,而对古代东方的民事规范却很少关注,甚至认为在古代东方社会根本就没有民法,或者说不存在比较系统、成熟的民法。本书针对学术界的这一倾向,通过对古代西亚地区民事规范的详细解读,明确提出:在古代东方(西亚地区),不仅存在着比较系统和成熟的民事规范,而且它比人类的任何一个文明社会的民法都要早;民法起源于古代东方,起源于古代西亚地区。

这一观点的提出,还基于如下几个要素(笔者认为它们是判断民法起源的重要标志),这些要素包括是否存在条理比较清晰、用语比较规范而较为成熟的法典(或法律文集),是否存在主张民事主体权利义务对等的观念,是否存在一套比较系统的保护财产所有权、契约、婚姻家庭关系等的制度,是否存在(即使在没有成文法的状态下)稳定社会经济秩序、保障商品交易能够正常进行的原则体系,以及是否存在在民事交往中为大家都普遍接受的概念术语,等等。

本书所说的"古代西亚地区",即美索不达米亚的冲积平原,地处欧洲、亚洲和非洲三大洲之间,是人类诸多文明的摇篮。① 形成于这一地区的文明是古希腊、古罗马文明生成的背景与基石。美国学者威尔·杜兰(Will Durant)曾指出:"今天的西方文明,也可说就是欧美文明。

---

① 当代西方学者也常用"近东"(the Near East)一词来指称这一地区,因为以欧洲人的眼光来看,这一地区是离欧洲较近的"东方"。不论是"古代西亚"还是"近东",在一般习惯中都是在讨论此一地区的古代历史和文明时才使用,而在谈到近代的历史和政治时,则用的是"中东"一词。

欧美文明,与其说系起源于克里特、希腊、罗马,不如说系起源于近东。因为事实上,'雅利安人'并没有创造什么文明,他们的文明系来自巴比伦和埃及。希腊文明,世所称羡,然究其实际,其文明之绝大部分皆系来自近东各城市。"①

在古代西亚地区,人类文明源远流长,植根深厚。农耕文明是其主旋律,它凝聚了相当的人力、物力,创造出更多赖以生存的物资,也促使文字、宗教、王权、法律等得以形成。公元前3000年末,古代西亚地区苏美尔人发明了楔形文字。数百年之后,最早的法律记载就出现了。古代西亚地区是世界上最古老已知法律的故乡,其文明时间与文明程度大大领先于印度、中国等其他国度。此后巴比伦、亚述、赫梯、希伯来等各民族先后登上了古代西亚地区的历史舞台,成为他们所处的那个时代的文明典范,为后人留下了丰硕的文明遗产,其中以楔形文字写就的大量法律文集或法典,即所谓"楔形文字法典",最为耀眼。继楔形文字古典文明消亡后,希伯来人独具特色的宗教律法典籍也堪称人类文明的奇葩。

迄今考古出土文献业已证明,在这些古代西亚地区的文献中,属于民法范畴的内容非常多。可以说,是苏美尔人、巴比伦人、亚述人、赫梯人以及希伯来人共同缔造了古代西亚地区的民事规范。它对后世的影响力在《圣经》中还可以找寻得到,时至今日,古代西亚地区民事规范甚至借助于希腊法、罗马法以及教会法等,仍间接地影响着西方社会。

本书所说的"古代西亚地区民事规范",即古代西亚地区民法的外在表现形态。由于古代西亚地区民法既表现为楔形文字成文法中一个又一个的法条,也反映在各种各样的民事案例之中,有时也呈现为民事文书中的零零散散的习惯或者规则。这些法律条文和习俗惯例在共同

---

① 〔美〕威尔·杜兰:《东方的遗产》,幼狮文化公司译,东方出版社2003年版,第3页。

的价值观支配下,能在民事关系(人身关系和财产关系)中发挥出各自不同的规范功能,故在此笼统地称之为"民事规范"(the civil law norm)。

价值是内容,而规范则是形式。民事规范中的一般规定承载着一般价值,而具体条文或文书则负荷着具体价值。当适用其各项具体规定时,也就是在实现其所蕴涵的价值。透过现象看本质,古代西亚地区法律文明成就是以民事规范为载体,演绎了合意、对价、立约、诚实信用、情事变更乃至民事赔偿等原则与精神。为此,本书将一一解读苏美尔人、巴比伦人、亚述人、赫梯人和希伯来人等诸民族民事规范。通过这项浩大的研究工作,我们可以清楚地发现,上述这些判断民法是否起源的标志在古代西亚地区都已经出现了:以《汉穆拉比法典》为代表的楔形文字成文法典已经达到了条理比较清晰、用语比较规范的成熟法典的水平——而直至这些法典消亡之时,在其他古代文明社会也还没有编纂出类似的成文法典;在《乌尔纳姆法典》、《李必特·伊丝达法典》、《X法典》、《租牛法典》、《俾拉拉马法典》、《汉穆拉比法典》、《新巴比伦法典》、《中亚述法典》、《赫梯法典》、《摩西律法》、《塔木德》中都已经存在了关于民事主体的主张;在保护财产所有权、契约、婚姻家庭关系等方面已经形成了一整套的制度;在稳定社会经济秩序、保障商品交易能够正常进行方面,已经形成了比较完整的原则体系;在民事交往中,也已经提出了为大家所普遍接受的民事概念用语体系。

此外,还需要补充的是,是否存在一些始终影响着人们的民事行为,对成文民事法规范作用起着支持、补充及纠正的恒定规则,这也是判断民法起源的一个标志。[①] 古代西亚地区大量的民事文献(民事法

---

① 笔者的这一想法得益于朱苏力教授对民间法的主张与研究成果。参见苏力:《法治及其本土资源》(修订版),中国政法大学出版社2004年版,第42—61页。

律文书、信件、教本等），诸如《苏美尔法律研习本》、《苏美尔亲属法律研习本》、《苏美尔法律样式册》，以及古亚述、新亚述的民事文献，希伯来律法典籍中的民事规约，等等，均反映出当时的许多民事规则。这些规则混缠在具体的农耕、商旅、家事以及宗教信仰、日常操行等民众生活之中，它们经历了战争与时间的洗礼，在数千年的发展中均未发生太大的变化，在古代西亚社会的同一运行中基本发挥着规范人们民商事行为的功能，足以成为民法起源的又一个重要标志。

诚然，古代西亚地区的民事规范多是琐碎的，受时代与社会发展的局限，与近现代民法有着一定的距离，其"权利"、"公平"等观念还是相当浅显的。但是，古代西亚地区诸民族流传下来的民事规范向世人充分地展示了：与经济生活息息相关的民事条文范式，以及处理婚姻家庭继承关系的民事习俗规则及其基本精神，是亘古不变的。在此意义上说，民事规范是古代西亚地区人类行为的最早"规矩"。所以，民法起源于古代西亚。

二、民法起源的社会历史条件

古代西亚地区无可争议地成为了最古老法律的故乡，其诞生时间大大早于其他古代文明，诸如埃及、印度或中国最早的法律记载。甚至有西方学者断言，古代西亚地区也成为区分两大现代西方法系（即普通法系和大陆法系）的摇篮，当时的法典业已形成了现代法律的大体雏形。① 那么，接下来的问题是，民法为什么起源于东方即古代西亚地区？古代西亚地区各族人民拥有哪些特定的社会历史条件，能够孕育

---

① Raymond Westbrook (ed.), *A History of Ancient Near Eastern Law*, Vol. 1, Koninklijke Brill NV, Leiden, The Netherlands, 2003, p. 1.

出比较系统、完整和成熟的民事规范？在对古代西亚地区五大民族的民事规范的研读与剖析中，我们可以看到，在古代西亚地区，拥有如下特定的社会历史条件：

第一，拥有最早的比较发达的文字形态——楔形文字。这种楔形文字最初是由象形符号演变而来的。早在公元前 5000 年时，在西亚地区就已经有 300 多个记号，它们不断地被使用在贸易上，经过了一千多年的打磨，约公元前 3500 年，楔形文字终于由苏美尔人所创造，并最终定型。随着楔形文字的产生，苏美尔人的心灵也因此变得愈加开豁，民事交往以及商业活动中法律制度的创设也有了可能。公元前 2500 年左右，楔形文字日趋成熟，它由用芦苇做成的带有三角形笔尖的笔在湿泥板上刻画而成的楔形符号组成。这些楔形符号的意义在于使真实的生活和固定的制度（如圣书、法典和诗歌）永久流传，也使各种独特的民事规范和商业惯例变得更加鲜明。楔形文字，成了古代西亚地区人们物质交往和精神交流的主要手段，也成为记载古代西亚各种民事规范的唯一工具。

第二，拥有世界上最早的比较成熟的立法经验。在西亚地区，人们曾制定了世界上最早的一批成文法典，如，公元前 2100 年前后的《乌尔纳姆法典》，公元前 1930 年前后的《李必特·伊丝达法典》，公元前 1770 年前后的《俾拉拉马法典》，公元前 1750 年的《汉穆拉比法典》等。它们不仅编纂时间早——此时其他几大古代文明都还处在传说时代，[①]而且立法水平也非常高，法典一般都有序言、正文和结语等部分，体现了立法者逻辑思维的发达和完整。

成文法典的编纂，为民事规范的丰富、完善做了文化积累，也为通

---

① 与古代西亚地区文明大体处于同一时代的古埃及的比较研究，本书结语部分将作更详细的分析，在此不再赘述。

过法律规范社会平等主体的经济活动(民事活动)奠定了基础。在楔形文字成文法典中,前后各部法典之间的传承关系非常明显。《乌尔纳姆法典》的许多规则,为《李必特·伊丝达法典》、《俾拉拉马法典》等所吸收,而它们的许多规定又影响了《汉穆拉比法典》的内容。至于《汉穆拉比法典》的主要制度和原则对它之后法典(《赫梯法典》、《摩西律法》)的影响,更是比比皆是。因此,世界上最早的比较完整、成熟的民事规范诞生于古代西亚地区,是有着深厚的法典文化的支撑的。

第三,拥有比较特殊的政治文明形态。古代西亚地区各民族基本上都是游牧民族,以部落迁徙、军事征战为其生存特征。在这种生活模式之下,政权组成形式与传统中国、古埃及等以农业为生活背景的国家有很大的不同。作战胜利的部落首领,往往就是新建立的国家或王朝的统治者。为了维护其统治的秩序,希望社会长治久安,他们必须用政治的或经济的或军事的利益来笼络住手下的亲信和骨干。在这种基础上建立起来的国家政权其专制程度都要大大低于中国、古埃及等其他东方国家,可以说,古代西亚地区的诸城邦和各民族政权,其专制(或民主)程度大体介于传统中国、古埃及等东方专制国家和古希腊、古罗马等西方民主共和国之间。

上述政治状态,在政治文明(或政治生活)上的最重要表现就是在社会上,也有一个比较独立的自由民等级。这个自由民等级除了从事国家的行政管理活动以外,还构成了社会上相对自由能够进行繁复的经济活动的民事主体。这一主体,其等级色彩不如传统中国、古埃及那么严重,其行为能力的独立性也比古代东方专制国家中的臣民要强得多。希伯来人的自由、平等、独立之情况就不用说了,即使是在苏美尔、巴比伦社会中的自由民各等级中的阿维鲁和穆什根奴,其区别也不是绝对的,在一定的条件之下可以相互转换,而此后盛行黩武主义的亚述帝国甚至不存在这种等级划分。这样一种政治状态无疑也是民法产生和发达的重要社会条件。

第四，拥有比较发达的商品交易活动。古代西亚地区，是人类最早从事商业贸易活动的场所。早在公元前 2200 年前后，苏美尔社会就已经允许农村土地的买卖了。在拉伽什王国时期，已经有了比较发达的手工业和商业，其对外贸易也很活跃。出土文献表明，进入乌尔王朝之后，房屋、果园、奴隶以及牲畜的买卖就已经十分发达，虽然没有直接的考古资料证明此时的土地买卖，但土地出租的现象已经十分普遍。进入巴比伦王国时期，祭司和商人的份地已经可以公开出卖，至于动产包括奴隶的买卖更是十分盛行。在亚述王国，从亚述城到安纳托利亚地区的贸易往来关系曾持续并繁荣了数个多世纪，土地、房屋、果园、牲畜以及奴隶都是这一时期商业贸易的重要物品。

紧随其后的赫梯帝国时代，于公元前 15 世纪颁布的《赫梯法典》更是具有浓厚的民商色彩，该法典关于处理商业贸易的法律规范比较成熟，与帝国四处征战和商业贸易双重的特点十分吻合。此后，新巴比伦和新亚述帝国时代，尽管自古留存下来法典和习惯的实际效用因战乱和政权更迭而有所减损，但是在帝国境内均各自有着比较完备而通畅的商品交易通道，它们在一定层面上促进了征服者与被征服者之间通过自觉或不自觉的交往而互相发现、互相沟通、互相理解、互相扬弃，从而保证了古代西亚地区社会生产力的发展和法律文明成果(如诸多民事成文法和民事习惯法)的聚合与延续。

此后，当这一地区为更强大的外来民族所入侵统治时，生活于亚、非、欧大陆板块连接处的犹太人先祖希伯来人借助于一神教和商业特质的力量渐渐勃兴，上述这些民族纷纷衰微之际，犹太民族出现在人类历史的视野中。他们生活的狭长地带自古就是东西交通的枢纽和世界贸易的桥梁，这种独特的客观环境与社会氛围孕育了希伯来人的从商意识，其子孙一直处于不断迁徙、流散之中，这又进一步铸造了犹太民族一以贯之的商业特性。在广泛而频繁的对外贸易交往中,希伯来民事规约逐渐地丰富了自身的底蕴和内涵,最终成为了古代西亚地区民事规范的集大成者。随着时间的推移,该民族作为被征服者又与希腊、罗马有了商业交往和文明接触,通过长期融合和扬弃,希伯来文化与希腊文化一起孕育了基督教文化。在此期间,为了适应社会交往的扩展趋势,希伯来民事规约中的精髓部分也为西方民法文明所吸收和借鉴。

显见,商品交易活动的活跃和繁荣,刺激、孕育并滋养了调整这一活动中各民事主体之权利义务关系的民事规范,并使其有了"世界性特质"的因子。

第五,拥有比较成熟的私有财产形态。与发达的商品贸易活动相联系,古代西亚地区各民族国家中,居民个人的私有财产形态也比较充分、完善。由于古代西亚地区农业不发达,早期居民多以游牧方式为主要生存模式,人们的生活居住地变动性比较大,加上长年征战,王的地位的不确定性,因此,类似于古代中国那种"溥天之下,莫非王土,率土之滨,莫非王臣"的意识并不强。社会上的财富可以为各个等级、各个阶层所私人占有或所有。

比如,在古巴比伦时期,尽管土地分为王室土地和公社所有土地两大类型,但这种分类的界限是比较清晰的。王室土地,就是王室的私有财产,它不是那种比较模糊的国家财产。而王室财产之外,就是自由民等级(如公社全权自由民阿维鲁、为王室服役的非全权自由民穆什根奴等)所拥有的财产。又如,在犹太人从巴比伦返回巴勒斯坦定居、重建耶路撒冷的"第二圣殿"时期(公元前538年—公元135年),先知们开始致力于宗教和社会改革,消除不同阶层之间的财产贫富不均现象,建立民族自治共同体。几个世纪以来,通过拉比们的判例及其诠释,不断强化希伯来律法典籍所宣扬的平等观念。故希伯来社会十分强调平等保护本族人的私有财产,私权观念相当明确。然而,在古代其他东方国家如中国,情况就大不相同。无论哪一个朝代,以皇帝为首的官僚集团所拥有的土地与财富,与国家所拥有的资产之间的界限是不清晰的。皇权之下的臣民,虽然也都有着自己的财产,但这些财产上的权利是不甚确定的,臣民作为三纲五常等封建制度中的义务主体,朝廷对其私有财产的法律保护手段是十分单一而有限的,对私有财产流转状态的救济也是缺少力度的。

古代西亚地区社会的私有财产状态,也为民事规范在古代西亚地区的诞生、成长与发达提供了坚实的经济基础。需要指出的是,在人类最初的法律文明阶段,与刑法相似,民法并不产生于人类自觉的制度创造,而是人类自发的习惯发现,是源于生活的法,被发现的法。古代西亚地区的民事规范就是古代社会人类活动的最早制度规则之一。[1]

三、古代西亚地区民事规范的存在形式

迄今考古表明,古代西亚地区的法律及其实践是十分丰富的,记载这些法律活动的文献甚多,如王室铭文、成文法典、敕令、裁决、条约、契约泥板书等等,此外,文学作品诸如神话故事、圣歌、格言谚语、祷词以及预言等也从不同的侧面记录了相关的法律及其实践活动。[2] 那么面对这些久远的、有文字记载的上古文献,在探索民法起源时应当从何着手呢?应怎样科学地、客观地甄别这些文献中所包含的民事规范呢?这不得不触及以下两个新的问题,即古代西亚地区民事规范有哪些存

---

[1] 本小点论述所使用的资料虽然都由笔者收集,但分析的角度和运用的方法参考借鉴了我的导师何勤华教授的成果。参见何勤华:《西方法学史》第二章,中国政法大学出版社2003年版;《中国法学史》第一卷,序章,法律出版社2006年版。

[2] See Carlo Zaccagnini, "Sacred and Human Components in Ancient Near Eastern Law", *History of Religions*, Vol. 33, No. 3(Feb., 1994), p. 265.

在形式？应当怎么认识和考察古代西亚地区民事规范的这些存在形式？类似的问题有必要从以下两个角度进行方法论上的定位和提升。

（一）文字与法律：古代西亚地区的文明成就

"与美索不达米亚文字的产生相类似，法律可能也是社会经济发展到一定阶段的产物，其产生不会晚于文字太久。"[①]文明最显著的特征之一就是尊重法律、研习法律，"文明之抑制冲动不仅是通过深谋远虑，而且还通过法律、习惯与宗教"[②]。对于人类社会这些自律或他律的规则而言，楔形文字的实际功效因此呈现出来，通过这种楔形文字的记录和泥板契书的制作，致使古代西亚地区真实的生活和固定的制度（如圣书、法典和古典著作）永久流传，也促使各种独特的民事规范和商业惯例变得更加鲜明，进而推动诸城邦逐步地走向王国和强权的统治。

最初，为了适应日益复杂的各种具体需要，苏美尔人将社会中反复适用的习惯变成法律规范，制作了相关性质的法律文书，进而有了编纂这些法律规则、制定成文法典的行动。在苏美尔人那里，楔形文字中法律为"*kittum u mešarum*"[③]，相当于"真理和权利"之义。[④] 稍晚些，各城邦各代国王们有了一个很好的传统，就是向世人颁布新法律，宣布自己建立了秩序和正义。法律所代表的这种正义首先是宇宙万物的规则，由神赐予国王们权力来行使这些规则，以保障人们应享有的不可剥

[①] 于殿利、郑殿华：《巴比伦古文化探研》，江西人民出版社1998年版，第188页。

[②] 〔英〕罗素：《西方哲学史》（上卷），何兆武、李约瑟译，商务印书馆1963年版，第39页。

[③] 楔形文字印刷阅读均不方便，当代学界通例一般采取首先译为拉丁字母的做法，故在本书中，正如这个单词书写的字体，所有属于古代西亚地区楔形文字的专门术语，其拉丁化字母均采用斜体书写，而后世相近专业术语则使用英文一般字体写法。

[④] E. A. Speiser, "Cuneiform Law and the History of Civilization", *Proceedings of the American Philosophical Society*, Vol. 107, No. 6, Cuneiform Studies and the History of Civilization (Dec. 20, 1963), pp. 537-538.

夺的权利,确保大家能够过上安逸而富足的生活。因此这种"正义"很大程度上指的就是经济方面的正义,即减免或延缓债务。社会上也流行研习法律,比如,苏美尔书吏学校中的高年级学生需要花相当多的时间学习专业化的法律术语、法典以及一些具体案例的法庭判决书等,这些教育传统使得久远的法律典籍及案例作为教学范本得以永垂不朽。

因此,文字和法律是古代西亚地区灿烂文明的硕果,是人类社会生活的瑰宝,是研究西方法律文明和民法起源的第一手资料。法律在古代西亚地区人们的日常生活中占据了越来越重要的位置,这又得益于文字的发明创造,使其有了存在、推广以及遵行的可能。据英国学者H.W.F.萨格斯估算,在迄今所发现的楔形文字文献中,有关法律方面的内容在苏美尔文文献中占 95% 左右,在阿卡德文文献中所占的比例也不会少很多。① 这些以楔形文字写就的大量法律文集或法典,即"The Law Collections(Codes)",也称"楔形文字成文法"(Cuneiform Law),它有着自己的特点——"都是诸法合体,但其中民法的内容特别多,所占比例特别高"②。楔形文字法如实地记载了当时特别发达的商业规则和繁复的民事规范,奠定了美索不达米亚法系的基础。

但必须指出的是,以楔形文字记载的这些法律条文,虽是研究古代西亚地区法律文明的最重要资料,但这些习惯上被称为"法典"的文献,实质上应该严格地称之为"法律文集"(The Law Collection),而不是现代意义上的"法典"(Codes)。"法典"一词,其现代意义一般是指对法律规范的一个综合的概括,且具有法律一体遵行的效力。但其时的美索不达米亚法律并非如此。当时,这些法律背后蕴涵着两个基本事实:一是,古代西亚地区的人们倾向于遵循口头的传统和实践;二是,古代

---

① 参见于殿利:《〈巴比伦法〉的人本观初探——兼与传统的'同态复仇'原始残余说商榷》,《世界历史》1997 年第 6 期。
② 参见王立民:《古代东方法研究》,北京大学出版社 2006 年版,第 17 页。

西亚地区的人们也习惯于随着社会、经济甚至政治情况的变化而不断改变法律。①

或许，这些公社、城邦、国家的法典或法律文集实质上是颁布者对法律的一种权威设计；或许，这些法典或法律文集仅仅是对以往判例的简单汇编，而且也具有约束效力；或许，这些法典的许多条例实际上是摘抄以前"颁布"的法律，新任国王将旧的条文重新收集与颁行，无非是在向天下臣民昭示自己是主持公正的。但无论是何种缘由促成这些楔形文字法典的颁行，只要仔细地解读古代西亚地区的诸法典，就不难发现以下的事实，即这些楔形文字法典中大量的条文是有关当时的民事生活的内容和规则。这些制度化的民事习俗，以其翔实而朴素的条文折射了人类社会早期法律的文明曙光，特别是内蕴的民事精神，闪烁着古代人对于人和人类社会直接有关的两大根本问题，即人与超自然力（神灵或非人所理解或控制的力量）以及人与他人之间关系的种种现实思考与制度实践，警示着一个普遍的真理：有人与人交往的社会生活需要，就有民事规则产生的可能，就有产生民法文明的基础。

要言之，本书在探索民法起源、揭示古代西亚地区民事规范诸要素时认为，对文字的法律文献等古代西亚地区的文明成就应当从以下两个层面分析：从历史的视角，它应参照那些记录着历史学家们已获得的有关法律规则和制度的文献资料；就法律的角度，它又应依赖那些在法庭做出裁决时或在民间往来信件中所适用的成文或不成文的民事规范。因此，就历史的观点而言，可供研究的文献，其效力在于它的可信性；而从法理学的立场而言，可供研究的文献，应是在于它具有一体遵行的权威。

---

① Russ VerSteeg, *Early Mesopotamian Law*, Carolina Academic Press, Durham, North Carolina, 2000, p. 13.

故我们有必要从文献记载和法律效力两个方面,探求古代西亚地区的民事规范。换言之,作为古代西亚地区的文明成就,以文字和法律所展示的有关社会经济生活的记录、诸城邦或各民族的古老法典及有些残缺不全的民事文献是研究民法起源的基础。

(二) 制定法和习惯法:古代西亚地区民事规范的法源

萨维尼(Friedrich Karl von Savigny,1779年—1861年)在其名著《现代罗马法的体系》中指出:"一般的法的成立原因、法律制度的成立原因以及通过对法律制度进行抽象而形成的一个个法规的成立原因,就被称为法源(Rechtsquellen)。"[1]制定法是古代西亚最重要的一种民法法源,它以那些楔形文字成文法典为核心内容。这些制定法既可能是诸法合体的综合法典,比如,《乌尔纳姆法典》、《李必特·伊丝达法典》、《俾拉拉马法典》、《汉穆拉比法典》、《新巴比伦法典》、《中亚述法典》、《赫梯法典》等,也有可能是民事单行法和民事零散规范的汇集,前者如苏美尔的《租牛法典》、《苏美尔亲属法律研习本》、《苏美尔法律研习本》等;后者如古巴比伦的债务奴隶解负令(即 AS 法令),希伯来的《摩西律法》、《塔木德》等。

这些法律文集或法典在古代西亚历史上,其法律影响力是不甚一致的,像《汉穆拉比法典》在古代西亚地区施行了数百年,其法律效力遍及整个美索不达米亚平原;而有的法典,如《租牛法典》可能仅在局部地域有着极为短暂的效力,甚至没有一体遵行的法律效力,因此也有学者认为,它也有可能仅是当地学校里学习法律的教本,谈不上是一个真正的制定法。

综合考察古代西亚地区诸民族缔造的法律文化,不难发现苏美尔

---

[1] 何勤华:《西方法学史》,中国政法大学出版社 2003 年版,第 236 页。

以及他们的继承者古巴比伦人,是成文法制定与施行的典范,他们的民事规范更多地表现为民事制定法(诸如苏美尔民事成文法和巴比伦民事成文法),并以此彰显他们的农耕文明成就,调整人与神、王权与宗教、奴隶主与奴隶以及平民之间的关系,积极宣扬王权下的正义与公平。

习惯法是古代西亚民法法源的另一种表现形式,又称为"不成文法",即由"习俗认可的法(ius quod usus comprobavit)"①,是人类社会法律的最早表现形式,也是民法最自然和最自发的渊源。

在古代西亚地区,楔形文字法典未产生以前,人们曾在很长的一个时期中处于习惯法的时代。上古社会中,宗教信仰、道德观念等因素直接左右着上至国王、贵族、官员的制度安排和管理方式,下到自由民的日常生活和交往活动,习俗、惯例乃至通例、规则因此逐渐形成。在此,这些习俗、惯例、通例乃至规则,因约定俗成而统称之"习惯"。习惯是当时社会中"由最广泛的同意所认可的长期习俗(diuturni mores consensu utentiun comprobati)"②,是人们"惯行社会生活之规范"③。当时的城邦国家乃至以后的集权帝国,已经具备了生成习惯法的两大前提条件,一是古代西亚各民族自觉地将习惯规范奉为法来遵守,即社会对这些习惯规范形成了法律信念;二是对这些习惯规范的自发遵守已经普遍化,古代西亚各民族在民事生活中随时随地所作的誓约、无处不在的契约泥板,甚至达到了泛滥的程度。这些民事习俗广泛地存在于民间交往的文契之中,也分散在各种各样的王室敕令和当地学校法律教本之中。

---

① 〔意〕彼德罗·彭梵得:《罗马法教科书》,黄风译,中国政法大学出版社1992年版,第17页。
② 同上书,第16页。
③ 史尚宽:《民法总论》,中国政法大学出版社2003年版,第9页。

习惯法较成文法能更直接地回应社会民众生活,更具有客观性,更具有人性的光芒。但习惯法也有缺点,具有不明示性,不易观察。[①] 因此在楔形文字出现后,随着国家权力的增长,古代西亚习惯法往往为制定法所吸收,更多地以法条(Rechtssatz)的形式存在并在众多案例中被实际地适用和广泛地遵循。但在无法典的地域或一定历史时期,习惯法仍然是主要的民法法源。

与苏美尔、古巴比伦农耕文明相比较,亚述民族、犹太民族更擅长于经商,以增强强悍民族的殖民势力和弱小民族的生存能力,因此他们的法律制度或是表现为商业贸易中约定俗成交往规则,或是浸润于自己民族宗教戒律的行为规范中。前者以亚述民事习惯法为典型,后者以希伯来民事规约为代表。它们均一度是这个地区古老东方法律文化的最活跃的承继者和传播者。

当然,人类社会法律文明的发展道路既是渐进的,也是曲折的。由于古代西亚地区先后生活着强弱不一的各种人种和部族,在古代西亚广袤地域内不同区域地带的诸民族,其文明发展程度是不尽一致的,有些民族如苏美尔人、古巴比伦人、古亚述人可能文明程度高,法律文化水平也比较高,在他们的民事规范中所蕴涵的民法精神与理念也相对比较完整而系统;而有些民族如新亚述人、新巴比伦人以及赫梯、希伯来等,其法律文明萌发的外在因素比较复杂,或者是暴力型的(如新亚述、新巴比伦),或者是跳跃式的(如赫梯),或者是教化类的(如希伯来),为此这些因素映射到诸民族的民事规范中,其规定与观念等也是相对比较朴素而零乱的。

总之,本书从古代西亚地区民事规范的法源角度,有针对性地对苏美尔民事规范、巴比伦民事成文法、亚述民事习惯法、赫梯民法制度以

---

① 龙卫球:《民法总论》,中国法制出版社 2002 年版,第 31 页。

及希伯来民事规约进行全方位的梳理,以展现古代西亚地区诸民族各具特色的民事规范及其特征,印证古代西亚地区是民法起源的论断,进而以大量的法律史料文献来说明古代西亚地区民事规范在人类法律文明演进中的应有地位。

四、古代西亚民事法律的若干问题界定

通过上面的论述,我们对民法的起源及其标志、条件、古代西亚民事规范的存在方式等有了初步的认识(详细的论述将在正文中进一步展开)。接下来的问题是,古代西亚的民事法律规范是属于外国法制史视野下的民法史问题,那么,它们之间的关系如何?前文以及后面本书的正文所涉及的一些基本概念,如民事法律规范、民事规范、民事法律、民事规约、民事成文法、民事习惯法、民法制度、私法,以及古代西亚法与苏美尔法、巴比伦法、赫梯法、亚述法等的关系,也需要作出说明。因此,在对本书的主题进行系统论述之前,我们先对这些问题做些阐述。

首先,我们知道,外国法制史是一门以中国以外世界各个民族、国家和地区的法律的起源、发展、演变为研究对象的学科,楔形文字法作为世界上最早的法系,是其研究的重要内容之一。而楔形文字诞生于古代西亚,古代西亚的各个民族、各个国家都使用这一文字记录、传述和编纂法典,因此,外国法制史最先涉足的就是古代西亚法。

其次,本书所涉及的上述一些主要的法律概念,彼此之间都有着内在的联系。民事法律规范,或者说民事规范,我们是在其广义上使用的,指的就是古代民事法律规范,或称古代民法,或称古代民事法,这三个概念在本书中的含义是一样的,即调整人们之间如买卖、租赁、借贷、承揽等各种经济交往关系,保护人们对土地、房屋、果园、牲畜等的各种财产权利,以及规范人类两性之间的关系以及由这种关系衍生出来的

家庭关系的规范。民事成文法,是这种民事法律规范中已经制定成法典的部分,如《乌尔纳姆法典》、《汉穆拉比法典》等。民事习惯法则是其中尚未制定成法典,而只是在民间以口耳相传的形式流传适用的行为规则,亚述王国的民事习惯法就是这方面的典范。民事规约,在本书中特指希伯来的民事法律规范形式,说它是一种"规约",是因为希伯来法具有双重性,即一方面它是犹太教的教义,具有宗教性,是耶和华神与希伯来人之间的一种契约;另一方面,它又规范着每一个希伯来人的民事行为,和世俗社会中的民事规范具有相同的属性(本书第五章将详细展开论述)。民法制度,虽然是一个近现代用语,但在本书中,仍是指由古代西亚民事规范的适用所形成的制度,如买卖、租赁、继承等制度,使用它是为了分析论述的便利,也是能够让现代读者更容易理解。与此相类似的是"私法"一词,它是大陆法传统中的一个用语,在本书中使用,其含义大致等同于民事法律规范(现代意义上的私法则还包括了商法)。

再次,在本书中,比较多地还涉及古代西亚法与苏美尔法、巴比伦法、赫梯法、亚述法等的关系,也需要先做一些说明。苏美尔法,在本书中指的是苏美尔地区的法律规范,它是古代西亚最早诞生的法律,主要有《乌尔纳姆法典》、《李必特·伊丝达法典》等,其中大量的规范是属于民事方面的。巴比伦法,是古代西亚法的主体,其代表《汉穆拉比法典》也是古代西亚法的典范。赫梯法和亚述法,分别是公元前16世纪前后崛起的赫梯帝国和公元前11世纪中兴的亚述王国的法律体系,属于古代西亚法的分支体系。希伯来法也一样,虽然它最后为基督教所吸收,成为中世纪西欧教会法的历史渊源之一,但其至5世纪止在西亚地区的起源、发展、演变,在时空两个层面上,都是可以归入古代西亚法的范畴之中的(详细理由见本书第五章)。

上面,我们虽然仅仅是对一些本书所涉及的概念和几对关系做了简单的说明,目的是为了帮助读者加深对本书正文的理解,但已经可以从中看出,古代西亚法是一个恢弘庞大的、内容丰富多彩的法律体系,其中包含了众多的民事法律规范。而这些规范,不仅调整、规范着当时人们的民事法律行为,而且通过基督教的扩张,通过古代西亚与希腊、罗马之间的交往,影响了整个西方民法的形成和发展进程。因此,古代西亚地区的民事法律规范,是外国法制史学科的重要组成部分,也是西方民法的历史源头。

五、古代西亚地区民事规范研究综述

然而,令人遗憾的是,中国学界对这一地区这一时期法律构架的研究十分薄弱。现有的国内外国法制史学界仅局限于对一些楔形文字法典条文的编译,详见于1982年版的《外国法制史资料选编》,该书所收的法典系根据1952年的《古代史通报》(俄译本)翻译的,不仅在对法典颁行的时间断代上存在着一些低级错误,而且法典内容也残缺不全。近年来也有楔形文字法典,如《汉穆拉比法典》、《赫梯法典》等单行本的发行,但除了杨炽的《汉穆拉比法典》(高等教育出版社1992年版)是从阿卡德文直接翻译过来的之外,其他都仅是俄译本的翻版,并无新的增补。李启欣著译的《外国法制史研究文选》(中国法制出版社2000年版)、由嵘等主编的《外国法制史参考资料汇编》(北京大学出版社2004年版)[1],也未及时反映20世纪下半叶西方学界对这一时代考古文献的最新破译和研究成果。

国内对古代西亚的理论研究主要集中于语言、文化、经济乃至宗教

---

[1] 该书作为21世纪法学系列教材参考资料有一定的价值。但在上古部分有关西亚地区的法律资料选编上与1982年法学教材编辑部出版的《外国法制史资料选编》并无二致,仅增加了两个有关古巴比伦和古亚述的私法文书。

等领域。以东北师范大学古典文明史研究所为学术水平的代表,自1986年创办了英文版专业刊物《古典文明杂志》(*Journal of Ancient Civilization*),其学术队伍以杨炽先生、吴宇虹先生等老学者为代表,实证研究的水平甚高;中年学者如商务印书馆的于殿利先生、郑殿华先生等人对古巴比伦等文化的全方位探研也十分有价值;年轻学者国洪更、李海峰、霍文勇等人对古代西亚地区的民事个案,诸如土地制度、租金、收养等的专项研究也颇有史料价值。① 但迄今尚未有系统研究古代西亚地区法律的成果问世。

对古代西亚法律文明的整体研究,我国国内外国法制史学界尚处于起步阶段。就某一民族的法律进行个案研究已初显成效,例如,苏美尔法律的研究成果有:朱承思、董为奋的论文"《乌尔纳姆法典》和乌尔第三王朝早期社会"(《历史研究》1984年第5期),吴宇虹的论文"苏美尔早期地契研究"(《世界历史》2006年第6期);古巴比伦法律的研究成果有:叶秋华的论文"古巴比伦土地公有制与阶级结构的特点"(《法制与社会发展》2003年第3期),吴宇虹的论文"古巴比伦法典与秦汉法典比较:私有奴隶制和国家公有奴隶制"(《东北师大学报(哲学社会科学版)》2006年第6期),于殿利的数篇论文"试论《汉谟拉比法典》中商人的社会等级地位"(《比较法研究》1994年第1期)、"《巴比伦法》的人本观初探——兼与传统的'同态复仇'原始残余说商榷"(载《世界历史》1997年第6期)、"《巴比伦法》中'人'的地位研究"(北京师范大学1999年博士学位论文打印稿)以及"古巴比伦社会存在债务奴隶制吗?"(《北京师范大学学报(社会科学版)》2004年第4期)等;亚述法律的研究成果有:霍文勇、吴宇虹的论文"古代亚述奴孜地区土地所有权和收养问题研究"(《历史教学》2005年第11期);赫梯法律的研究成果

---

① 他们的研究成果请参见本书相关章节的脚注,限于篇幅,在此恕不再一一罗列。

有:易建平的论文"赫梯王权与法"(《世界历史》1997年第3期);希伯来法的研究成果比较多,主要有:何勤华的论文"论希伯来法"(载林榕年、李启欣主编:《外国法制史论文集》,中山大学出版社1990年版),何小莲的论文"希伯来法精神——犹太教对现代西方文明的贡献"(《陕西师范大学学报(哲学社会科学版)》2001年6月第30卷第2期),黄天海等人的论文"摩西法律的契约形式和以律法为核心的希伯来宗教"(《世界宗教研究》2002年第3期),以及徐菲的博士学位论文"希伯来法研究"(2004年华东政法学院打印稿)等,但这些论文的研究视野及学科深度与国际研究水平尚有差距。

在欧美等西方国家,研究东方文明的起步甚早,始于19世纪末,其学术水平也甚高。其中,深入钻研美索不达米亚法系、古代西亚法律发展史以及古代西亚诸法典的学者大有人在,著书论文颇丰。无须讳言,这些一个多世纪以来的论著是本书最重要的文献来源和研究基础。譬如,在美国,《东方社会经济史杂志》(Journal of the Economic and Social History of the Orient)、《楔形文字研究杂志》(Journal of Cuneiform Studies)、《美国东方社会杂志》(Journal of the American Oriental Society)、《近东研究杂志》(Journal of Near Eastern Studies)、《美国塞姆语言文字和文学杂志》(American Journal of Semitic Language and Literature)等杂志,自上世纪以来发表了各种论文,许多都反映了在各个时期中西方学者对东方文明的最新考证和研读成果。在欧洲,还有意大利罗马的《东方研究》(Orientalia, Nova Series)、法国巴黎的《亚述学》(Revue d'Assyriologie)以及德国莱比锡和柏林合办的《亚述学》(Zeitschrift fur Assyriologie)等杂志;此外,在伊拉克曾有双语(英文、阿拉伯文)的《苏美尔》(Sumer)杂志等,其中不乏研究古代西亚地区法律文明的论文,可谓硕果累累。

除了上述期刊杂志之外,欧美等国一些东方法研究学者的专著也比较完整地反映了他们对这一地区古代法律制度的研究进路与研究成绩。比如,1999年,拉斯·弗斯蒂(Russ VerSteeg)出版了《早期美索不达米亚法律》(Early Mesopotamian Law)一书,该书在介绍西亚地区诸楔形文字法典的基础上,从主体、家庭、继承、刑事犯罪、侵权、财产以及贸易、契约及商事法律等几个方面解析了法典所涵盖的内容。2003年,美国约翰斯·霍普金斯大学的东方法研究学者雷蒙德·韦斯特布鲁克斯(Raymond Westbrook)教授主编出版了《近东法律史》(A History of Ancient Near Eastern Law),该书囊括了在这一领域诸学者,例如加里·贝克曼(Gary Beckman)、理查德·贾斯诺(Richard Jasnow)、巴鲁克·莱文(Baruch Levine)、马沙·T.罗思(Martha T. Roth)等人的多年研究心得,该书分为两卷本,以时间为维度,论述了公元前3000年、公元前2000年及公元前1000年近东法律变迁史;以地域为跨度,从埃及到美索不达米亚,再到安纳托利亚等地,剖析了各个民族各个社会的法律渊源、宪法行政法以及诉讼、个人状态、家庭、财产及继承、契约以及不法行为等法律制度、判例、习俗及文献;以国别为纵度,归纳了国际交往法则。全书可谓相当得翔实,但对这些珍贵资料的考察,多是以现代法律部门体系的角度来诠释的,有些颇有道理,而有些就略显机械教条了。

纵览这些著书和文章,纯粹从民法史角度切入,专项研究古代西亚地区民事规范的,到目前为止还不多。鉴此,本书的研究进路是通过总结中外学者的研究成果,以民事规范为横切面,以历史更迭为经线,结合苏美尔人、巴比伦人、亚述人、赫梯人及希伯来人的社会构成和经济生活,逐一探研古代西亚地区的民事规范成果,最终得出自己的论断,即民事范式或规则是古代西亚地区人类行为的最早"规矩",民法起源于古代西亚地区。

本书将从苏美尔民事规范到巴比伦民事成文法,经由亚述民事习惯法再到赫梯民法制度,直至希伯来民事规约,通过对这一传承与创新历程进行比较系统的研究,以尽可能全面地考察公元前3500年至公元500年左右,古代西亚地区诸多法律典籍与文献,细致地探讨人类文明早期社会的民法起源问题。其中,本书将首次翻译《X法典》、《租牛法典》、《苏美尔法律样式册》、《新巴比伦法典》,勘校《乌尔纳姆法典》、《李必特·伊丝达法典》、《苏美尔法律研习本》、《俾拉拉马法典》、《汉穆拉比法典》,整理古亚述及新亚述的民事习惯法、《中亚述法典》、《赫梯法典》以及《旧约全书》中的《摩西律法》、《塔木德》等,同时还试图比较这五个民族民事规范的异同,揭示各民族民事规范之间的变迁脉络,分析古代西亚地区民事规范及其法律文化与其他东西方早期法律文明的区别与联系。本书通过这些研究工作的一步步推进,力图对古代西亚地区诸法律文献进行较为系统的梳理,争取在若干方面填补国内的研究空白;对古代西亚地区各民族缔造的法律文明进行较为客观的审视,以期拓展与完善国内的研究成果。

更为重要的是,基于上述三点研究思路,本书试图揭示如下一个事实,即有人类生活的地方,就有民事交往和商事活动,就有民事规范与习俗。与经济生活息息相关的民事范式以及处理婚姻家庭继承关系的民事规则,是伴随着人类一起成长的。

当然,本书也存在一些不足,主要在于笔者不懂楔形文字,对原始法律材料只能求助于英文解译,有些结论未免有出入。此外,由于时间比较仓促,还有其他一些小的遗憾,比如,本书仅就古代西亚民事规范与古希腊民法进行了法条的静态比较分析,未来得及联系古希腊、古罗马法律文明的发展轨迹与社会变迁历程,以希伯来口传律法的演进为中心来进行动态的、入微的阐析,从中揭示起源于古代西亚地区的民事规范对后世的影响,这是亟待补充的,也是笔者今后继续探索的目标!

第一章　苏美尔民事规范

苏美尔社会秩序的维持概以法律为准。早在公元前 2113 年左右，即苏美尔(Sumer)社会后期，乌尔城总督乌尔纳姆(Ur-Namma,公元前 2113 年—公元前 2095 年在位)在统一两河流域南部并建立了乌尔第三王朝(UR Ⅲ,约公元前 2113 年—公元前 2006 年)后，就颁行了《乌尔纳姆法典》(The Laws of Ur-Namma,简称 LU)。它代表了古代西亚地区最早法律文明的昌盛水平，是苏美尔人最早的成文法典。[①]乌尔第三王朝保持了相当长时间的强盛，但随着周围边境游牧民族的侵犯和王国内部纷争不断，王朝权力开始瓦解。

公元前 2017 年，乌尔第三王朝旧将伊什比·伊拉(Isnbi-Erra)在两河流域南部地区建立了伊新王国(The Kingdom of Isin)，其霸权一

[①]　正如撒母尔·克莱默(S. N. Kramer)所指出的："已经有迹象表明在乌尔纳姆降生之前许久就有立法者，或早或迟，一位幸运的发掘者将会找到早于乌尔纳姆一个世纪或更早时期的法典抄本。"(S. N. Kramer, *History Begins at Sumer*, New York, 1959, p.54.)这一说法未必都是猜测，是有一定事实依据的。因为在他之前，就有一系列的考古成就证实了，当代人所认识的上古法律发展史是在不断地被改写与修正的。例如，在学术界,1947 年以前,《汉穆拉比法典》被公认为世界上最早的法律汇编。而这一年，出土了伊新王国的《李必特·伊丝达法典》，人类制定法律的历史因此推前了约 150 余年。翌年，科学家又发现了埃什嫩那王国的《俾拉拉马法典》，人类制定法律的年代再度提前约 70 年。1952 年，撒母尔·克莱默发现了以乌尔第三王朝创立者乌尔纳姆的名义公布的法典；他在位年代一般定为公元前 2113 年至公元前 2095 年。因此,20 世纪末以前学术界普遍认为,《乌尔纳姆法典》是迄今所知人类历史上最早的法典。但是,1975 年至 1976 年间，在叙利亚北部发掘出土的 4000 余年前的埃卜拉帝国(Ebla)文化遗迹后，现在有些学者又认为公元前 2350 年的埃卜拉法令才是人类社会最早的法典。对此种观点以及埃卜拉文明的认识，详见本书"结语""古代西亚地区民事规范在古代社会中的地位"。

直维持到第五代统治者李必特·伊丝达(Lipit-Ishtar,约公元前 1934 年至公元前 1924 年在位)。他为后人留下了一部楔形文字法典,即《李必特·伊丝达法典》(*The Laws of Lipit-Ishtar*,简称 LL),这是两河流域在进入古巴比伦早期时,由苏美尔人颁行的又一部重要的楔形文字成文法典。

苏美尔人不仅适用楔形文字成文法典,而且他们还记录了大量的判例,在民间还有很多流传甚广的法律教本。这些文献所记载的内容包罗万象,所调整的民事关系特别丰富,有买卖、借贷、性行为、婚姻关系、收养、遗赠以及继承等,不一而足。调整这些关系的民事规范自然也成为了探究西方民法起源的首要环节。浩如烟海的现代民法中,具体的术语、范畴、观念以及原则、制度等,已经能够在苏美尔民事规范中可以找到很多痕迹与踪影了。

一、苏美尔的社会经济结构

"古代的起点是城市及其狭小领地"[①],苏美尔人是古代西亚地区城邦、商业、文字、法律以及宗教等文明成果的缔造者。[②] 起初,这些城邦本身虽是自给自足的生产单元,但出于资源的匮乏、社会的分工等原因,城邦之间的物品交换也十分频繁,特别是宗教的产生、王权的兴起,使得彼此的交流更为经常,或以战争的方式或以贡赋的方式,抑或以商业的方式。这一地区的民众生活和商业贸易本身浸透了时代的精神,冲淡了笼罩在各民族之间的战争与敌对的气氛。在这种殊死争斗的氛

---

① 〔德〕马克思、恩格斯:《德意志意识形态》,载《马克思恩格斯选集》(第一卷),人民出版社 1972 年版,第 28 页。

② Jonathan R. Ziskind, *The Sumerian Problem*, *The History Teacher*, Vol. 5, No. 2 (Jan.,1972), p. 34.

围中,日益活跃的商业贸易活动诞生了人类社会最早的文字——楔形文字①。认真地说来,没有文字记载,就没有历史,也没有文明。随着文字的发明,人类的心灵也因此变得愈加开豁。②

当时大量的陶土制品为文字的产生与传播提供了必要的物质条件。③ 最早的泥板上只有简单的物品(如牲畜、瓶罐、篮篓等)数量记录,一开始只是一种粗略的簿记方式。之后,易货活动已相当繁荣,文字被广泛地应用于记录日常生活的各种事务与行为:从最简单的商品存货清单到复杂的官方繁文缛节。刻于泥板上的契据,既包括账单、送货单、收据、存货清单、贷款、婚姻契约,也包括离婚协议、法院判决等。譬如,从苏美尔时代残存至今的所有楔形文字都是抄在泥板上的,其中,大约有90%的内容是有关商业和行政事务的。这些泥板契约书,大致均含两个要件:文书及证人。在契约的种类中借贷相当盛行,"所借东西,有货物及金银。借贷利息,规定以同类之物偿付。利率以年为

---

① 该词的英文为cuneiform,由楔子(cuneus)加形状(form)组成,是英国人最初使用这一名称称呼苏美尔文字的。这一文字最初是由象形符号演变而来的。约公元前5000年出现的300个记号,是最初的书画符号,不断地被使用在贸易上,由一地传播到另一地,最后有两打以上的记号成为商业上共同使用的工具,这些记号演化为字母的起源。这些早期商业符号又经过了一千年的打磨,约公元前3500年左右由苏美尔人实现了从借助图形以表达某种观念到文字的实质飞跃,创造了文字(writing)。公元前2500年左右,楔形文字成熟与稳定下来。它是由用芦苇做成的带有三角形笔尖的笔在湿泥板上刻画而成的楔形符号组成的。这些楔形符号共有500个左右,其中相当一部分具有复合含义。虽然这些楔形文字十分晦涩难懂,但在长达2000年的时间内,却一直是古代西亚地区唯一使用的文字,是这一地区及周边地区各民族商业交往的通用媒介。

② 1956年,美国著名史学家撒母尔·克莱默(Samuel Noah Kramer)就此项发明而盛赞苏美尔人,他的一部影响深远的论著书名就叫《历史始于苏美尔》(History Begins at Sumer)。在这本著作中,列举了苏美尔民族在世界历史上首创的27个"第一",其中包括最早的学校、最早的少年犯罪事例、最早的两院制议会、最早的减税事件、最早的立法者、最早的判例、最早的伦理标准等。See S. N. Kramer, History Begins at Sumer, New York Press, 1959; Jonathan R. Ziskind, The Sumerian Problem, The History Teacher, Vol. 5, No. 2 (Jan.,1972), p. 34.

③ Jonathan R. Ziskind, The Sumerian Problem, The History Teacher, Vol. 5, No. 2 (Jan.,1972), pp. 35-36.

准,最低为15%,最高为33⅓%"。① 这些契约泥板传递了古代西亚地区苏美尔人已滋生的各种民事规范和商业习惯。

当然,苏美尔社会经济结构的形成与发展不是一蹴而就的。早在公元前3500年至公元前3100年的乌克鲁文化(The Culture of Uruk)、公元前3100年至公元前2700年的捷姆迭特那色文化时期,苏美尔人的经济生活就很丰富。农业、畜牧业和手工业均有所发展,灌溉设施、土木工程和金属加工等技术有了明显的进步,在计算方法上采用了十进位和六十进位。苏美尔人将分散的小村庄发展成城镇,出现了大规模的神庙和宫殿建筑,形成了最早的城镇国家(city-state),涌现出大大小小的城邦。它们既是官僚体制与权力扩张的产物,同时也是社会生产力发展、交易发达的结果。②

譬如,这一时期乌鲁克文化最典型的圆筒印章(cylinder seal)和有斜边的钵,上面就印刻了苏美尔社会阶级分化的图景,记载了这一地区初民们物品交易的情形。这些苏美尔城邦往往建立在某一河流或其支流的两岸,控制着重要的水源命脉,诸城邦中既有最高权力者,也有较为稳定的底层民众,共同组成一个复杂而有序的社会秩序。以乌鲁克城为例,当时农村的人口相对减少,数十万人口定居在乌鲁克城内,其他城邦也有类似的情况。整个社会以城镇为核心,环绕着若干个村镇,周边有着肥沃而广阔的土地。与早前那些松散状况不同,生活在村镇中的人们与这些城镇之间形成了相当稳固而密切的联系。正是这些人的辛勤耕作为城邦统治者和定居者们提供了大量生活必需品和消费品。而生活在城镇中的自由民彼此间又有着具体的社会分工,构成层

---

① 参见〔美〕威尔·杜兰:《世界文明史——东方的遗产》(卷一),东方出版社1998年版,第86页。

② See Norman Yoffee, *Political Economy in Early Mesopotamian States*, Annual Review of Anthropology, Vol. 24 (1995), pp. 284-285.

层叠叠的相互依存关系。

继发明文字之后,在上述这些日常活动中苏美尔人便有了这样的习俗,即记录下土地、房屋等具体交换行为。譬如,最早的记录是有关大片土地的交换事宜,被刻在一块深埋于 Sin 神庙地下的石制品上,其最初的出处已不得而知。在公元前 24 世纪早期的石头、泥土碎片上也出现了动产买卖的记录。又如,据记录,大约在萨尔贡一世统治之前,某人以他所在的城邦定价(有可能还高于官方定价)出售了成片的土地。还有的甚至详细地记录了在某一土地交易中出现的一长串交易证人的名字。这些人多是买方或卖方的亲戚,他们因为鉴证了这一土地交易而从中分得了一些回报。这些珍贵的记录资料均表明:苏美尔社会已有大量土地属于私人所有,这些土地已经进入了交易流通领域。[1]

稍晚时期,各种契约、债务条款以及相关争讼的文书也频频问世。更多的土地交易被记录下来,大多是涉及某人从不同所有人处换取了大片土地的情况。值得注意的是,这一换取并非以强权兼并土地,而多是与嫁妆(dowry)紧密相关的。[2] 可见,在古代西亚地区,战争不再是夺取土地等财富的唯一方式,苏美尔人开始懂得利用联姻方式来交换土地,或者通过市场交易方式获得更多的土地。

早先,苏美尔城邦众多,小国寡民,国王尚不是专制君主,仍受长老会和公民大会的权力制约,各城邦几乎就是单个的自治王国,割据一方。[3] 约公元前 2371 年左右,阿卡德王国的创立者萨尔贡一世(Sargon I,约公元前 2371 年至公元前 2316 年在位)征服并统一了苏美尔

---

[1] See Norman Yoffee, *Political Economy in Early Mesopotamian States*, Annual Review of Anthropology, Vol. 24 (1995), p. 289.

[2] See Raymond Westbrook (ed.), *A History of Ancient Near Eastern Law*, Vol. 1, Koninklijke Brill NV, Leiden, The Netherlands, 2003, p. 143.

[3] See Norman Yoffee, *Political Economy in Early Mesopotamian States*, Annual Review of Anthropology, Vol. 24 (1995), pp. 292-294.

和阿卡德(Sumer-Akkad),他四处征战,在美索不达米亚平原上建立起第一个历史上的大帝国(In Akkadian:The First World Empire),开启了一个种族大融合和疆土大扩张的时代。阿卡德人武力征服了苏美尔,却为苏美尔文明所同化,在其孙子纳拉姆辛(Naram-Sin,约公元前2291年至公元前2255年在位)的统治下,土地和财产重新得到分封,加剧了土地在社会各阶层之间的高速流转,政治经济(the politicization of the economy)也获得空前的发展。但阿卡德统治者与各臣服地区当权者之间的权力斗争也愈演愈烈。他死后,阿卡德王国由盛转衰,这一地区成为各民族混战之地,城邦林立,各城邦社会经济结构大体相同。

苏美尔人创造了无数的神,国有国神,城有城神,家有家神,从各城邦到诸民众的每一项活动,基本上都与神有关。但随着时间的推移、社会的发展和阶级的出现,这些宗教神灵开始具有了人的属性和人的特征,自然神逐渐变成了统治之神和王权的庇护者,神庙和神职人员也多得数不胜数。在君权神授的政治统治下,整个苏美尔社会的经济格局呈现出一种"神庙经济"(the temple economy)的态势。

具体地说,土地,一般分为神庙、公社和私人三种所有形式。神庙是古代西亚地区诸城邦的政治活动中心,各城邦的神庙大都占有大量土地,故而神庙经济是各城邦的支柱经济,占着主导地位。以拉伽什(Lagash)城邦为例,神庙作为一个管理机构,在农业生产、商业贸易、国家财政、社会法律事务等领域发挥着极为重要的作用。[①] 就整个城邦而言,神庙占有土地的数量达到天然灌溉面积的1/4至1/2。属于神庙的土地可分为以下三类:一是神庙公用地;二是神庙所属人员的份地;

---

① See Richard L. A. Sterba, "The Organization and Management of the Temple Corporations in Ancient Mesopotamia", *The Academy of Management Review*, Vol. 1, No. 3 (Jul., 1976), pp. 16-26.

三是佃耕地,即耕作者租赁耕种份地,交付部分收获物充抵作地租。与神庙土地并存的农村土地,由村社分配给各个家族所占用,保有份地的公社成员即是城邦的自由民,对国家负有义务,必须向国家纳税、服役。当时的公社和社员只享有对土地的占有权和使用权,村社的农业和手工业开始密切结合,人们因此能自给自足。此后,禁止买卖神庙土地的同时,农村土地允许买卖。

库提人(nisku-people)入侵后,开始统治这一地区,破坏了阿卡德人统一两河流域南部的努力,苏美尔式的城邦国家在一定程度上得以恢复,最高统治者恩西(énsi)[1]执行着乌鲁卡基那的政治和宗教政策。[2] 起初,这些神庙土地是不能买卖的。但后来掌权的统治者夺取了神庙财产的控制权,神庙土地逐渐变成私产,进入交易领域。到恩西古地亚(Gudea)时期,神庙经济成分已不占主导地位。加之,农村公社土地可以自由买卖,社会成员的贫富差距进一步加剧。为了缓和社会矛盾,当时的铭文记载道,统治者捍卫正义、尊崇公道,确保"富者不欺压贫者,强者不欺压寡妇",执行保护小农的政策,独立生产者发展迅猛,社会经济繁荣,领土扩大,人口大增,私有经济得以确立。

从拉伽什恩西古地亚的颂歌和铭文中可以看出,统治者古地亚十分注意农业生产,按照他的命令,拉伽什扩建了灌溉网,增加了播种面积,开辟了花园,种植了树木,培育了新的品种,并发展了牲畜圈养。与此同时,手工业和商业也很繁荣,已出土的文件提到诸如冶金匠、木匠、石匠、雕刻师、珠宝匠等各种手工行业;他们所制各种日用品、饰物和武

---

[1] 古代西亚地区,城邦的首脑称为"恩西",平时为最高行政长官和最高祭司,战时则是军事统帅,苏美尔社会初期军事民主制的残余犹存。初期占统治地位的是氏族贵族,长老会议拥有较大的权力,恩西的职能受到一定的限制。军事民主制时期公社人民大会和长老会议还都存在。但随着恩西的权力不断增大,人民大会和长老议会的作用日益被削弱,演变成地方性自治机构。

[2] S. N. Kramer, *The Sumerian*, The University of Chicago Press, 1963, p. 66.

器成批量地输往邻近城市,从其他地方输入必需的原料;拉伽什与许多国家和地区保持着商业联系。① 经济上的这一迅猛发展,使得拉伽什的自由民人数达到 216000 左右。

至乌尔纳姆执政乌尔城邦之前,在这一地区,神庙和村社土地所有制已不占绝对优势。据考古挖掘资料表明,在巴比伦北部的 Kis 城,发现了许多以古阿卡德文书写的这一时期文献,如实地记载了有关土地、房屋的买卖活动。乌尔纳姆立国后,推翻了库提人的统治,乌尔城邦得以独立,之后又统一了各城邦,建立了统一的王朝。在位期间,他集中了众多官僚等行政力量和广大劳动力,修建宏大的金字形神塔(Ziggurats),并统一度量衡,复兴农业生产,修筑交通河道,继续推行保护贫弱、打击巧取豪夺、抑制土地兼并的策略,大大促进了以神庙、王权、奴隶主为主体的私有制经济发展,整个社会生产力和经济发展达到了相当水平。特别是乌尔纳姆之子舒尔吉(Shulgi,约公元前 2095 年至公元前 2048 年在位)统治时期,在他统治的第 20 年,他将自己的王权神化,扩建军队,重新设定神庙权力,建立了新的国家度量衡标准,改革行政管理体制,规范税收和贡赋制度;在其统治的第 39 年,他还下令创设仓库,专门用以储藏来自各地方的贡品,如牲畜(牛、绵羊、山羊)、粮食等。②

统治者的这些举措均极大地带动了整个社会经济生活的繁荣。同时,苏美尔社会中财产流转的活动也相当活跃,特别是私人间的各种契约合同,到了乌尔第三王朝时期已颇具规模。在这一日渐复杂的社会经济交往中,苏美尔社会中土地的流转、人的身份以及家庭的延续均得

---

① 见 G. A. Barton, *The Royal Inscription of Sumer and Akkad*,纽黑文 1929 年版,第 181 页以下,转引自朱承思、董为奋:"《乌尔纳姆法典》和乌尔第三王朝早期社会",《历史研究》1984 年第 5 期。

② Norman Yoffee, "Political Economy in Early Mesopotamian States", *Annual Review of Anthropology*, Vol. 24 (1995), p. 295.

到进一步的分化,初步形成了乌尔第三王朝早期一些相应的民事规则与习惯。

(一) 土地和契约

在农业状态下,"土地是生活的唯一来源,是构成财富的唯一条件。"[①]这一时期苏美尔人的土地是上至王室,下至平民最为重要的生活来源和生存支撑。以此为起点,为生活所需而发生的各种契约也是这一时期人们不可或缺的交往形式之一,"个别兴趣和自私欲望的满足的目的却是一切行动的最有势力的泉源"[②]。在重复无数次的交易过程中,契约成为一种节约交易成本、稳固行为规则的最佳行动选择。土地和契约因此构成了苏美尔社会结构的经济基点,具体地说:

1. 土地的划分

在这一时期复杂而活跃的商品交往中,与果园、城镇土地、奴隶以及牲畜等标的相比较,整个社会的土地,特别是可供耕作的土地,极少有买卖的记录。这是因为当时可耕种的土地既属于国王所有,又通过完备的受封制度归属于各特权阶层掌控。其时的法律也严加禁止这类土地的买卖。这时期的可耕地大致可分为以下三类:

第一类是佃耕地(ox-lands)。这类土地是自耕农以直接开垦的方法,诸如以人力或牛等其他方法,开辟可供耕作和种植的土地。

第二类是供奉地(prebend lands)。这类土地是定期地分封给宗教、行政职位较高的人士和其他一些永久臣服于该政权的人,以作为对他们忠诚的酬报。而具体份额取决于受奉者所处的等级。这些祭司和官员的供奉理论上是不可剥夺的,而且也可以继承。例如,有位寡妇请

---

① 〔比〕亨利·皮朗主编:《中世纪欧洲经济社会史》,乐文译,上海世纪出版集团、上海人民出版社2001年版,第6页。

② 〔德〕黑格尔:《历史哲学》,王造时译,上海世纪出版集团2001年版,第20页。

求继承她已故丈夫的受封地,获得许可。但事实中也有被迫失去所拥有土地的情况,如有文献记载道,一位供奉者为了偿还自己的债务,只得放弃一块分封给他的可耕地,转让给其债权人。

第三类是出租地(leased lands)。允许佃农以一定白银或大麦,比如,用该块土地年收成的 $1/3$ 庄稼作为租金租种这块土地。有时,佃农还须要以白银预先支付灌溉农田所需费用,即增加应纳税收的数额,称之为"水利灌溉税"(an irrigation tax)。

这一时期,虽无"可耕地"(arable land)买卖的记录,但正如允许出租人和牲畜一样,租赁土地也是许可的。其中,一些契约描述了保证人的责任,还有些契约须要牧人或商人等当事人鉴证后方可生效。而这些文书特别是有关出借的,有些来自于如寺庙等有关组织机构的档案卷宗,更多的则源于民间私人事务交往信件。

有关的铭文资料表明,享有职位薪俸的土地所有人,往往将其占有的可耕地出租给佃户,并由此形成了一种比较系统的出租制度。例如,在租赁土地时,承租人即佃户往往须要以少量银两或大麦作为地租的首付租金[1],苏美尔语称之为"méš"。这一租金有别于水利灌溉税,该税是政府要求农田耕种者应缴纳的,由其土地所有人支付给国家的。而土地租金,通常是"谷物的 $1/2$ 或 $1/3$",且有时是三年一租,更常见的是一年一租,由耕作土地的承租人向土地所有人缴纳这些租金。迄今为止,佃耕地、供奉地所占整个乌尔王朝土地比例尚未有确切数据,但出租地已构成了当时社会土地权利流转的主要份额。可耕地虽不可买卖,但其出租并获得的收益已经成为当时生产社会财富的重要支柱,出

---

[1] 国内学者李海峰在"古巴比伦时期土地租金问题研究"(《东北师大学报(哲学社会科学版)》2005年第6期)一文中认为,以少量银子作为地租的首付租金,在古巴比伦前期,这种现象并未出现。但笔者认为早在乌尔纳姆执政时期的文献资料中对此已有所记载,土地首付租金的事例早已存在于苏美尔社会,只是其普及性可能不及古巴比伦时期发达。

租土地因此成为乌尔第三王朝早期民间私人经济往来的常见现象之一。

2. 契约的运作

乌尔第三王朝时期,社会经济有了新的发展。青铜器普遍使用;农业上出现带有播种器的犁,开始用牛拖犁;水利灌溉网络也进一步扩大和改善;手工作坊的规模越来越大,分工越来越细,工匠类别很多,诸如纺织、冶炼、制革、制陶以及木匠等,还有从事其他技艺的工匠,为社会提供了更加富足的劳动产品,故物品贸易也有所发展。新的国家计量体系得以建立,统一的度量衡有利于商业贸易的顺畅进行,白银成为等价交换的公认尺度。因此承载着商贸往来的契约愈加发达。

根据这一时期文献的记载,乌尔第三王朝建立了一个庞大的金字塔式的官僚组织机构(an enormous bureaucratic pyramid),专门掌管公共的和私人的商业贸易活动,来自此时的王室或神庙记录均表明这类交换活动十分活跃。作为王权和神庙经济的衍生物——私人之间的买卖活动,多集中于奴隶和牲畜的交易,但也有财产、果园等买卖。这些私人活动多以契约的方式进行,并受到由个别权势家庭把持的国家机构的严密控制,因此当时买卖双方订立契约时盛行做出特别的誓约。其标准形式就是秉承古阿卡德人的传统,以"*mu lugal*"王国的名义,或以某一君王或保护神的名义,或以"*zi lugal*"国王的生命来立誓约。这些誓约在一定时间内具有强化契约约束力的辅助作用,不过对于如租借和出租等"设定用益权契约"(real contract)[①]的实施效力,其保证作用似乎有些多余。尽管如此,包含了这一誓约的契约种类在乌尔第三

[①] 设定用益权的契约,是当事人约定一方移转特定物的占有于他方,他方为使用收益的合同类型。这是依照合同中当事人给付义务的内容,即转移物的用益权而作的划分,属于这一类型的合同有租赁和使用借贷。参见张俊浩主编:《民法学原理》,中国政法大学出版社1991年版,第717页。

王朝早期王权经济中仍为数不少。

(1)买卖(sale)

这类契约较为常见,乌尔第三王朝开始出现的泥板文书(如法律文书或审判报告)大多记载了私人间广泛的买卖活动,这些买卖活动不再局限于土地,而是涵盖了房屋、果园、奴隶、牛以及驴等财产的交易。[1]这些书面记录至少说明了以下三个共同点:一是买卖活动必须制作书面文书。[2] 二是买卖价款的支付通常是一次性的,而支付方式又是多样的。其中,有关奴隶买卖的记录最多,购买奴隶多以白银支付,大麦支付的比较少见。甚至有一个例外的记载,是以一头牛为购买奴隶的价款。三是买卖活动不局限于双方当事人。譬如在一份买卖文书中要求,证人在场时订立该买卖契约,其动机在于协助卖方完成这一文件的签署。

这一时期,买卖契约泥板书的条款内容已经大大简化了,基本上含有三个典型的条款内容,即履行、完成和偶然性条款(contingency clauses)。

第一,买卖契约的履行。这一时期的买卖契约中,支付价款是重中之重,这一履行条款表述为:"A 从 B 处以 x 价格购得某物",频繁地出现在这一时期的买卖收据中。买卖收据中"B 已从 A 处收到相当于该物品的 x 价款"的表述,则很少见。而这两种表达方式在此后的古巴比伦时期常一并使用在同一份收据之中。

这一时期的人们已经意识到,价款的支付是至关重要的。*Neu-*

---

[1] See Norman Yoffee,"Political Economy in Early Mesopotamian States", *Annual Review of Anthropology*, Vol. 24 (1995), pp. 295-296.

[2] Russ VerSteeg, *Early Mesopotamian Law*, Carolina Academic Press, Durham, North Carolina, 2000, p. 146.

sumerische Gerichtsurkunden（以下简称 NG）①中第 68 节记述了一个人连续两次出售同一个奴隶，被判无效，审判裁决中指出转让所有权的标志就是支付价款。NG 中第 104 节进而指出，若发生这一种重复买卖的情况，第一购买人能够向第二购买人追索要回奴隶，第二购买人可以向出售方讨回自己已经给付的钱款。②

买卖契约中仅先行支付一部分价款的事例在文献中较为罕见。在实际履约中，这种情形的购买人虽未完全取得财产所有权，但因支付了部分价款，购买人有可能取得对该财产的一定权利。例如，能够以此抗辩第三方，或者在有限时间段内享有一定的收益权利。

在乌尔纳姆时期的许多契约文献中，买卖付款原则还清晰地表述为，"他（即购买人）已付清白银了"③。在出土于尼尼微（Nina）的一份契约文献中，有关"这些银两已经交给他（即卖方）"的记载就是这样的一个条款，可以视其为一个履约条款。但它与稍晚些的契约文献中"他（购买人）已经完成了这笔交易"④条款相比较，还是有些许差别的。因为后者未必仅指付款事宜，可能还包含标的物的给付或所有权的转移等。

第二，买卖契约的完成。一般而言，契约文书中均有完成条款，唯独这一时期的买卖契约中，交付往往是一个独立的事件，发生于证人在场时，由卖方将物品交给购买人。因此，所有物的转移，能够与所有权的让渡相分离。事实上，NG 的第 65、68、69 节中记录了，某一份判决报告查明数起延期交付的案件，其中在一个有关奴隶买卖的案例中，该判决仍指明：尽管奴隶以脱离原主人许多年了，但因该

---

① 转引自 Raymond Westbrook (ed.), *A History of Ancient Near Eastern Law*, Vol. 1, Koninklijke Brill NV, Leiden, The Netherlands, 2003, p. 222.
② Ibid., p. 210.
③ Ibid., p. 211.
④ Ibid.

买卖无效,被出售的奴隶仍应归属于卖方。其他一些文献资料也有类似的记载,譬如有一份信件提到,一个奴隶已被卖掉了,其身份牌却泄露了以下的事实,即他一直未被实际交付给新的主人。[1] 这些个案均表明,在当时买卖过程中交付标的,其所有权可能已经转让,但所有物却未必转移。为此,苏美尔人创造了许多确保买卖契约完成和标志买卖契约完成的方法,诸如誓约及其他的特别仪式,来确定所有物的让转。

在当时,一个已许诺的誓约常用于保证买卖契约能在已确定的日期完成交付。一旦标的物或价款未交付,购买人有以下四种可能的补救办法:或是索回已支付的价款;或是获得相当于一个奴隶的身价;或是要求以另一个奴隶来替代应得的价款;或是履行先前誓言所承诺的一大笔费用。

在有关奴隶或牲畜的买卖契约中出现了一种特殊仪式,常表现为:卖方敦促奴隶或引导牲畜"跨过一根棍棒或树枝"[2],这一条款起源于更早些的苏美尔人习俗,它清楚地表达了当时缔结契约双方对所有物转移的达成一个共识,即奴隶或牲畜等所有权的转移交付,是由其自身的行动来决定的,以此完成此项买卖契约。

第三,买卖契约的违背。虽然文献记载的多是已生效的契约,但在履约中仍有可能出现各种各样的偶发事件,致使当事人违背买卖契约。常见的偶发事件是订约后卖方自己改变了意愿,比如,卖方许下誓言保证在一个明确的期限内交付已售的财产,但遇到有人愿意出更大的价款购买这一标的物时,卖方有可能会违反先前的约定,提

---

[1] Raymond Westbrook (ed.), *A History of Ancient Near Eastern Law*, Vol. 1, Koninklijke Brill NV, Leiden, The Netherlands, 2003, p. 211.

[2] 这一仪式的含义大致推测是,一旦奴隶或牲畜跨越了棍棒或树枝,就意味着奴隶或牲畜及其所有权已经转移给购买人,如果奴隶或牲畜未跨越棍棒或树枝,则意味着所有权虽然转让了,但奴隶或牲畜这一所有物仍然由卖方占有。这一推想尚待更多史料加以佐证。

供替代物给先前的买主。据此，买方在未收到标的物之前，往往要求卖方提供一位担保人以保证买卖的履行，当卖方违约时，这位担保人将被抵债为奴。

另一种常见的偶发事件是所卖的奴隶有闪失。须指出的是，这一偶发事件不包括所卖的奴隶死亡或逃亡的情况，它主要指奴隶被卖方或其他人实际占有的情形。为了防患于未然，双方多在缔约时以誓约为保证，这类誓约约束了卖方(也包括买方)在将来不能否认这份契约。在违约发生之后，又多以恢复原状、惩罚赔偿为主要救济方式。譬如，NG 中第 204：2—13 节记述道，一个出售者重新将已售出的奴隶占为己有时，他受到了谴责，被处以归还原来的价款，并加收三年租金的处罚。① 这一时期买卖契约关系中甚至有时卖方不得不同意自己被变卖为奴。

(2)出借(loan)

这一时期有关出借或借贷文献所记录的大多是有关白银的出借，有些是关于小块土地或者大麦的出借，还有一些是有关其他种类物品的出借，如有特殊技艺的劳动力等。据考古资料的分析，这些借贷契约文书大致有以下三种形式：

第一种形式是一个简单的收据。这是最常见的，即"A 从 B 那里收到了 x 白银"。虽然这一简明的形式侧重于增强偿付义务，但这一条款可能与更明确的条款组合在一起，有时很难从一份经营收据(an administrative receipt)中把它区分出来。

第二种形式是一张表示允诺的字据。如"A 将在 y 月内向 B 支付 x 白银"，这一内容经常和已承诺的誓言组合在一起。这一形式也常用

---

① Raymond Westbrook (ed.), *A History of Ancient Near Eastern Law*, Vol. 1, Koninklijke Brill NV, Leiden, The Netherlands, 2003, p. 212.

于其他的许诺，例如，物品传送或提供服务的其他契约。

第三种形式是一张借方字据。如"B欠了A白银x"，这一形式仅用于债务之中，且除非文书中有其他增补条款，否则不能体现这一条款的积极效用。

在上述这些借贷文书形式中，第一类简单收据已足以说明这一借贷是一个物权契约，其效力核心在于，当事人间产生偿付义务的依据正是有关费用的收据。光有一个偿付的诺言是无济于事的，它们必须隐含在先前的借贷收据中，才产生实际的拘束力。在许多事例中，不考虑文字的确切表达方式的话，这些收据文书也同样包含了一个有关偿付的许诺誓言。

如前所述，誓言旨在起到担保的辅助效用，但就契约基本义务而言似乎有些多余，且在未来履行期内誓言未必能真正发挥这一功效。但为何当时各类出借或借贷契约中均包含了誓约呢？对此尚不得而知。或许只能说那时的人们对契约缔结中的誓言有着一种特别的偏好，或者那时神或国王在人们的心目中具有至高无上的权威，缔约双方很在乎彼此意思的真实表达和在神或国王这一权威面前的诚实，以及由此引发的实际效力。

至于契约中对有关借贷所产生的利息，在这一时期已出土的文献中，有些借贷称之为"ur_5-šè 或 ur_5-ra"，系借贷所生的孳息；有些借贷契约加注为"máš-nu-tuku"，相当于"无利息"之意；还有些文书中，认为利息源于未明的神谕誓约，来自神所赐。而在一些个案中，为何有无息的租借或借贷呢？像庙宇所作的借贷就是无息借贷。一般推断，它可能被视为是神的特别安排。这些均反映出这一时期的人们对利息或许有着自己独特的看法，将利息与誓约和神灵眷顾联系在一起。

而在有息借贷中，这一时期的利息水平一般为20%的白银或33%的大麦，但也有"牛犊"或"小孩"等其他利息形式。譬如，某一份泥板书记载：当时有一个家庭，不得不捡拾和搜集大量的芦苇、青草和树木（诸如杨木、柳树、柽柳等）作为租借王室小块土地的回报。① 这表明可供日常生活之需的植物也可以充当租金或利息。

通常情况下，双方订立契约时，如果对利息率未做具体说明的，可能是以约定俗成的利率来加以确定的。为何当时社会多以白银（以庄稼收成折算的结果）或大麦等为利息呢？现代西方学者因此认为，这可能源于当时社会文明是农耕文化，以农业生产为社会经济主要构造，农作物收成或牲畜的孳息是最初的、最自然的、最可实现的利息形态。②

当然，这一时期已出现了一些商业利息，譬如约定每月1明那的利息是1舍客勒③。但这一约定并非是当时社会较为普遍的恒定商业利率，只是偶尔出现在一些有息借贷之中，说明商业利益这一概念在苏美尔社会这一时期尚是模糊不清的。此外，劳动力的出借，也能产生利息，例如，木工按约定干活数天将得到应有的收益，在这一劳力租赁契约中，这一收益也被视为一种利息。

这一时期近一半的出借契约书包含了偿付款项的条款，而这些条款也或多或少地与誓约有联系。偿付时间的约定，农耕用具的出借可以在庄稼收成之后或打谷之际偿还；商业上的借贷则发生在贸易往来之中。有一些出借契约甚至未提及偿付。但是，有关偿付中的减免约定早在乌尔第三王朝时期就已经出现。④ 因为在这一时期的庙宇借贷文书中，其除外条款中就规定："他（债务人）将不能以国王或神的名义

---

① Steinkeller P., "Foresters of Umma", See Norman Yoffee, "Political Economy in Early Mesopotamian States", *Annual Review of Anthropology*, Vol. 24 (1995), p. 295.
② Michael Hudson, "How Interest Rates Were Set, 2500 BC—1000 AD; Máš, tokos and fœnus as Metaphors for Interest Accruals", *Journal of the Economic and Social History of the Orient*, Vol. 43, No. 2 (2000), pp. 132-161.
③ 舍客勒，苏美尔语为 *shekel*，阿卡德语为 *šiqlu*，古代西亚的重量单位，即 8.4 厘米；60舍客勒等于1明那（苏美尔语为 *mina*，阿卡德语为 *mana*），1明那约合 0.5 公斤。
④ 此后古巴比伦的《汉穆拉比法典》也有这一专门的条文规定。

说'我的田地将被大水冲垮；我的田地将被风暴冲毁'."①这意味着此时的债务人已经萌发了通过天灾誓约来逃避偿付应付款项的企图。

在契约完成过程中，债务人一旦偿清款项后，债权人应当向债务人归还记载着这笔债的泥板或石板，以示此契约已履行完毕。倘若未能履行，将遭受的处罚也往往与誓约发生联系。例如，*Neo-Sumerian Archival Texts*（以下简称为 *NATN*）②中第 72、102、266 节记录了，未履行借贷契约的惩罚由原支付大麦的要求改为以白银或其他商品作为支付内容，这势必将该借贷的利息从 25% 升至 40%；另一种苛刻的处罚是加倍返还出借物，对早已过期的欠款，甚至宣布债务人为犯罪，处以拘役或死刑。而上述这些处罚又通常以一个独立的誓言来作为保障，即一旦未履行契约，债务人将以自己儿子抵债为奴。这一诺言与一项虚无的誓约相比较，的确更具有惩罚性。③ 总之，不管誓约是否是多余的或是必备的，在这一时期的契约中，它是无处不在的。

（3）誓约（pledge）及保证（suretyship）

已践行的誓约具有神赐的特点，即从誓约中获得的收入常被视为孳息（即利息）。可耕地虽无法出售，但亦可作为誓约内容，常在一笔交易中充当债权人约束债务人的"保证"。而能够成为人身担保的则可以是债务人的妻儿、奴隶以及他本人。就土地而言，出借租赁并无限制，但一般是一年期的租借；就劳动力而言，出借收益虽未作规定，但其服务期限则有所限制，例如，一般为期 5 年。

如前所述，债务人违背誓约将受到惩罚。如故意违背誓约的，其代价就是被出卖为奴隶。NG 中第 8 节记载了有些违约可以赎回；但 NG

---

① Raymond Westbrook (ed.), *A History of Ancient Near Eastern Law*, Vol. 1, Koninklijke Brill NV, Leiden, The Netherlands, 2003, p. 214.
② Ibid., p. 222.
③ Ibid., p. 214.

中第 30、116 节则记录了有些违背誓约的债务人,将被排斥于社会之外。①

而保证在这一时期也已出现。例如,以人为担保的,称之为"$šu$-du_8-a-$ni...de_6$",迄今的研究尚无法从词源上解释它的法律内涵。在一些契约中,当担保关系被省略时,誓言虽不常加以提及,但它已落实为实际履行的义务。因此,这项实际履行义务的效力基础仍是一个默示的誓言,并继续发挥着担保的作用。

在买卖中,担保人保证购买人能够从出售方获得标的财产所有权。保证人称之为"$l\acute{u}$-gi-na-ab-$t\acute{u}m$",其作用类似于"共同出售方"(a co-seller),承担连带责任。倘若出售方未履行其交付义务时,购买人能向保证人主张自己的权利。因此,这一特别效力在于双方必须按约定践行。例如,有文献记载道,当已出售的羊被证实是偷来的羊时,出售方的保证人不得不补偿购买人所支付的价款,并加罚一定金钱。还有一则故事记载道,一位妇女将自己变卖为奴后,如果第三人要求购买方将她依法归还时,她的保证人只得代替她为奴。②

在出借中,担保人的作用就如同共同债务人,如果债务人未履行债务,担保人须承担相应偿付的责任。这一担保形式有时也源自于某项犯罪,如在偷窃或杀人案中,罚金经常超出罪犯所能承受的范围,因此他的保证人应为他支付所超出部分的费用。有时为防止某劳力从苦役或劳役中逃跑,其亲戚(如母亲或妻子)也时常为他作保证,保证人的义务就是一旦出现这一情形时代为服劳役。当然,更常见的情形是保证人有责任在既定的日期将逃逸者送到指定现场。倘若完成不了,自己

---

① Raymond Westbrook (ed.), *History of Ancient Near Eastern Law*, Vol. 1, Koninklijke Brill NV, Leiden, The Netherlands, 2003, p. 215.
② Ibid., p. 216.

才代为受过,或者是支付一大笔罚金。①

(二) 个人身份

这一时期苏美尔社会中人的地位与身份愈发丰富而多样,个人身份(personal status)支撑着社会结构的组织构架,通观整个社会可以从阶层、自由民、奴隶以及性别四个不同的角度,较丰满地勾勒这一社会民事主体。

1. 阶层

乌尔第三王朝的建立,标志着两河流域南部又趋于统一,并且为确立中央集权的专制统治奠定了基础,但这一王朝早期尚不具备典型的东方专制统治特征,中央集权专制形成于这一王朝的中晚期。据当时的铭文资料记载,乌尔第三王朝早期,除边界地区外,恩西已经成为王所任命的地方官吏,对王自称"您的仆人"(苏美尔语为 *ir-zu*)。然而,尼普尔、拉伽什等的恩西职位仍是世袭的,仅在形式上由国王任命。当时社会阶层中大部分人,是社会的受供养者和一个庞大机构团体的具体成员。以他们为核心形成了一个松散的等级制度结构。之所以松散,是因为这一结构不是固定的,成员身份始终处于变动之中。其中能区分出的最大获益者,是因受封得到的供奉农地的少数人,这些田地是这一阶层获得供养粮食权利的基础。他们的身份是世袭的,并终身享有这一俸禄。因此也就相对游离于王权的威慑范围之外。居于其后,是处于最低阶层的人,其各种类别由《乌尔纳姆法典》做了具体规定,无疑包括了各种各样的劳动者和搬运者,后者主要是没有技能的劳动

---

① Raymond Westbrook (ed.), *History of Ancient Near Eastern Law*, Vol. 1, Koninklijke Brill NV, Leiden, The Netherlands, 2003, p. 216.

力。①

当时的法典条文尚未触及自由民内部的等级划分,也未曾提出无权自由民"穆什根奴"这一概念,这一立法水准与乌尔第三王朝早期小农经济发展水平大致相吻合,这一时期中央集权的专制统治还很不完整,社会贫富分化和斗争的情况也不甚剧烈,所以社会文明的特征之———阶级的分化还在进行之中。但有一点是十分清楚的,即此时苏美尔社会关系已基本建立在纳贡关系,而非血亲关系之上了,整个社会阶层的构成由税收、地租和劳役等的纳贡关系来决定,剥削成为苏美尔文明的一个普遍规则了。

2. 自由民

随着生产力的进步,乌尔王室经济有了空前的发展,乌尔第三王朝早期小农私有经济进入了向奴隶制大经济演进的过程。王室的农场、牧场和手工业作坊遍布全国各地,因此,依附于王室经济的自由民,与奴隶共同构成社会劳动者阶层。王室经济的众多管理人员,则往往成为全权自由民,对这些劳动者实行严密管理。但如前所述,由于阶层的构成尚处于发展之中,这种自由民内部的划分还未真正形成。

其时的苏美尔人大多普遍地称自由民为"*lú*",即男人,占有房子的人,其假定的成分要多于身份的断言。② 而另一更特别的称谓是"*dumulú/dumu-munus-lú*",即"一个人的儿子或女儿",这意味着一个人生来是自由的。不过,有关"妇女"(称之为"*munus*")的含义,却不能做此类推,因为一个妇女是否自由取决于她是否拥有家长权,所以,苏美尔妇女可以有多种称谓,如自由民的妻子,称为"*dam*";主妻则称为"*nitadam*"。又如,寡妇称为"*nu-ma-su*"。这些不同称谓意味着不同的身

---

① Raymond Westbrook (ed.), *History of Ancient Near Eastern Law*, Vol. 1, Koninklijke Brill NV, Leiden, The Netherlands, 2003, p. 198.
② Ibid., p. 197.

份和地位，享有着不同的民事权利。①

不同自由民所应享有的权利，其差别在于出生地点。苏美尔语中"*dumu-uru GN*"，即"GN 城的儿子"，常被广泛地用以说明一个自由民身份的核心标准。作为复数时，它则用以泛指一个特殊区域的公民，即某一苏美尔城邦的自由民身份。

另一苏美尔术语是"*dumu-gi$_7$*"，照字义即为"本地的儿子"。其字义渊源专指城市的居住者或本地居民；其法律意义则常指获得自由的奴隶。在诸多意义中，最重要的区别在于：一个解放的奴隶被称为"*dumu-gi$_7$*"，但仅相当于"某城市的一个人的儿子"。尤其是，获得解放的权利不能超乎于一个生来是自由的人之上。为此，法律所能做的就是界定一个类似自由民的身份，并因此赋予其相应的权利。严格地说，出生并非是一个绝对的标准，因为它仅是对更早一代人身份转换的一种继受。无限地追溯是不可能的，所以就如同绝对权利很少存在一样，当时社会承认人的某些相对权利。

3. 性别

在人类石器时代，妇女享受与男子同等的社会权利。当苏美尔人进入古代文明后，由于生产力的发展，新型农业文明为文明进化和男性地位的提高提供了经济基础，同时，也破坏了妇女在经济上的独立能力，并降低了她们的社会地位。在古代西亚地区，所谓结婚就意味着女子离开自己父母家进入丈夫的房子，与之组建成家庭。② 尽管苏美尔社会的自由民中妇女似乎享有民法意义上的完全行为能力，诸如参加诉讼、作证，担当所有权人以及契约当事人。譬如，在一份有关妻子的

---

① Martha T. Roth, *Law Collections from Mesopotamia and Asia Minor*, Scholars Press, Atlanta, Georgia, 1995, p.14.

② See I. Mendelsohn, "The Family in the Ancient Near East, The Biblical Archaeologist", Vol.11, No.2 (May, 1948), p.25.

文献中,强调与她的丈夫一起出售土地。然而,妇女作为一家之主而享有类似于男性的家长权力和社会地位,这种情形多发生在这些妇女成为寡妇之后。例如,有一则事例记载道,某位丈夫和妻子决定出卖奴隶,在随后双方签订合同时,设定将来可能发生的条款的民事主体是妻子,而此时她已成为寡妇。当然,由于儿子长大成人,寡妇有可能被取消她的处分能力,由儿子取代她行使家长权。所以,这一时期妇女虽有一定的民事主体资格,但已被看成是不那么重要的"二等性别"[①]。

4. 奴隶

一般意义上,苏美尔语中奴隶称之为"*arad*"或"*arád*";女性奴隶则称之为"*géme*"或"*gemé*",但行政文书中多笼统地称为"女工",相当于"能活动身体的人"。战争是奴隶的主要来源,在当时社会中,更常见的渠道是由父母出卖他们的孩子。其时,大多数既存的奴隶买卖文件记录表明,亲人间买卖致使一方沦为奴的情况要猖獗于主人转卖奴隶,近1/3的奴隶是来自于其家庭成员的处分,诸如,母亲或父亲出售子女、父亲或兄弟出售他们的姐妹、丈夫出卖妻子等。其中,又以妇女(特别是寡妇)居多,这些妇女出售自己女儿的情况时有发生。有时甚至出现母亲或祖母卖男孩的,父亲卖女儿或父母亲卖掉一个儿子的情形亦不少见。而这些买卖亲人是自愿做出的。究其原因,主要是经济窘迫所致。当然,也有的奴隶是刑罚处罚的产物,或者某人的犯罪殃及一家人被集体出售。此外,契约债务或设定担保关系,也会以沦为奴隶为最终代价。因此,苏美尔社会出现了更多的家养奴隶,且一律被视为财产。在买卖文书中,一个不分性别的奴隶则往往十分卑贱地被冠之为"一头"。

[①] 〔美〕斯塔夫里阿诺斯:《全球通史》(上),董书慧、王昶、徐正源译,北京大学出版社2005年版,第57页。

奴隶属于私人(private person)或村社团体(institution)所有,可以自由买卖。诚然,奴隶作为财产可以出卖、出租、抵押以及继承,但在人身和财产方面,苏美尔社会也赋予了他们少量的权利及行为能力。诸如,倘若他们的自由被诉之于法,他们能够出庭,以证人身份受到传唤,并为自己作证;他们也有权解除属于自己的一个有效婚姻;他们的后代被视为合法的嫡出,这些子孙往往以其父权为参照,源于父系的姓来取名。对于奴隶的婚娶及其所有权的变化,乌尔第三王朝对此有专门的规定,即如果一个奴隶娶了一位自由女子,他们所育的子女中除一个儿子将被指定为奴隶外,其他后代子孙将获得自由,但他本人不因其妻而自动地获得解放。

此外,奴隶还能获得并拥有些许财产,但这必须得到他主人的许可。奴隶能够以此财产从事某些交易,积累更多的财富,财富所有权最终会由其主人收回。例如,奴隶娶了自由女子而享有她的嫁妆权利,他死后,其财产(房子等,包括妻子的嫁妆)的一半仍归属于他的主人。

必须指出的是,其时的奴隶还拥有其他一些财产上的民事行为能力,如他们可以签署合同,买卖人口(如弃儿)给别的奴隶,甚至可以争取到他或她的自由或财产权利。以此为基础,奴隶才取得财产,有可能成为自己财产的所有人。

其他出土文献记载,奴隶可以为自己赎身(redemption)。例如,有一个女奴以20舍客勒和一头牛的高昂价格从她的男主人那里赎回了自己。但前提条件是,赎身后,她仍必须继续为她的男主人及其妻服务,直至他们死亡后,她才获得了真正的自由,可以去她想去的任何地方。当然,被无嗣的主人收养,也促使奴隶成为完全意义上的一个自由民,享有完整的民事权利与行为能力。

上述这些社会成员的身份支撑起这一时期整个社会的框架,而奠定这一社会有序运作的强有力基础是土地和契约、家庭及其代代相传的人伦秩序。

(三) 家庭承继

家庭是社会的最重要组成部分,延续了社会结构的物质命脉,提供了人口和财富衍生的保障。如何确保一个家族的传承(inheritance)和捍卫家庭财产的独立,是当时苏美尔人十分重视的问题,也是当时民事规范所着力强调的内容。

1. 新型家庭关系的出现

婚姻和血缘是构筑一个家庭牢不可破的纽带。苏美尔社会中家庭关系在婚姻和血缘的基础上又有所突破,出现了一种新型的关系,即收养关系。在家庭各种关系中,收养(adoption)是文明社会发展到一定阶段出现的一种必然现象。乌尔第三王朝时期法典残缺的条文虽未直接涉及收养,且在当时社会中收养尚是较为零碎而孤立的例子,但许多文献中提及的一些特殊情况表明,它可能已经事实地存在于苏美尔家庭关系之中了,而且,苏美尔人对此也有了自己的处理规则。

因抚恤金(pension)而形成的收养事例。例如,在 NATN 中第131节讲述了一则故事,某人承诺将另一人列入他的财产继承人中,就如同一笔商业往来似的。一旦被收养人偿清了收养人的债务,并按照约定支付给收养人一定的抚恤金,作为回报权利,被收养人就可以获得收养人的财产,即被纳入收养人的财产继承人名单之中。[①] 抚恤金成为联系两个毫无血缘关系的人之间的重要纽带,以此确立了两人的收养和继承关系。

[①] See Raymond Westbrook (ed.), *A History of Ancient Near Eastern Law*, Vol. 1, Koninklijke Brill NV, Leiden, The Netherlands, 2003, p. 204.

因解放(manumission)而形成的收养关系,譬如,在 NATN 第 920 节中一则故事描述了,一位父亲以承认奴隶的继承人身份而释放了他的"奴隶"。① 事实上,这名奴隶正是他和一个女奴隶所生的,以解放的方式,他接受了这个非法的儿子,确认了两人的收养关系。

其他种类的收养情况,举如,在 NG 的第 204:21—33 节中记录了,债务人为了抵偿到期的债务,将其女儿出售给他的债权人,并剥夺了他自己儿子的继承权,为此债权人有可能同意收养债务人这一无继承权的儿子,以取代该儿子的位置,得到他对其父亲的财产继承份额。换言之,债务人别无他法来偿清债务,只得以此清偿债务,遂有可能产生一种新型的收养关系。② 此外,NG 的第 27 节还记载了弃儿被他人抚养;第 211:61—65 节讲述了妇女收养别的女孩作为自己的姐妹等事例。③

这些间接材料均说明,苏美尔家庭成员的关系已不再局限于血亲关系或婚姻关系,无血缘关系的人,出于经济原因、人道原因,均有可能形成彼此新的家庭关系。

2. 新型继承规则的出现

苏美尔是父系社会,对家庭而言,强调私人财产的继承。男人竭尽全力地捍卫自己的父亲身份,以确保他的继承人将继承他所有的财产。因此,父亲财产的继承成为生活中头等大事。而继承的程序、遗嘱继承、女性财产来源及其占有以及父亲财产分割的方案等,均围绕这一宗旨而设定,并备受法律的关注。

首先,有关父亲财产的继承。一旦父亲死亡,他的继承者自然是他

---

① Raymond Westbrook (ed.), *A History of Ancient Near Eastern Law*, Vol. 1, Koninklijke Brill NV, Leiden, The Netherlands, 2003, p. 204.
② Ibid.
③ Ibid., p. 205.

的儿子们,女儿们则一般不能继承父亲的财产。① 但按照当时法典规定,如果父亲死后无子,他的未出嫁女儿应当成为继承者,称之为"*ibila*"。②

NG 中第 80 183:8′—20′节提到的两份文书,记载了两个事例,由于死者无子亦无女,他的财产才归属于他的兄弟所有。在此,死者兄弟继承死者财产的前提,必须经过法庭确认。③ 这有可能说明死者兄弟或者其他更多亲戚间接继承财产的资格并非自动生成的,而必须经外在权力(或是国王或是判决)加以确认。

在当时,对父亲财产的继承是完整的,即继承死者的所有财产,包括他享有的权利和应履行的义务。其中应享有的权利,诸如死者生前仍在进行的诉讼、向债权人追索所抵押财产或赎回奴隶的权利;而应履行的义务则包括继续履行死者应提供劳役的契约等。

当然,无论是共同继承还是按份继承,均有可能出现分割死者全部或部分财产的情形。尽管能概括分割遗产原则的资料甚少,但此时美索不达米亚民事法律的一般原则是儿子们平均继承父亲的财产。④ 有时最年长的儿子也有可能得到更大的财产份额。

其次,有关遗嘱的继承。从上述个案中不难发现,在某种程度上,父亲可以在生前就确定好每一位继承者的继承份额,也可以将其中一大块土地或奴隶特别赠与其中某一个儿子。而别的儿子们对此无权染指或提出异议。当然,大多数情况下,这种特别赠与往往发生于父亲死

---

① Russ VerSteeg, *Early Mesopotamian Law*, Carolina Academic Press, Durham, North Carolina, 2000, p. 97.
② Raymond Westbrook (ed.), *A History of Ancient Near Eastern Law*, Vol. 1, Koninklijke Brill NV, Leiden, The Netherlands, 2003, p. 206.
③ Ibid.
④ Russ VerSteeg, *Early Mesopotamian Law*, Carolina Academic Press, Durham, North Carolina, 2000, p. 97.

后，由遗嘱来确定与执行。但也有其他文献记载到，父亲有时会在儿子的婚礼上宣布赠与其子（新郎）一幢房子等。[1]

这一时期以遗嘱方式剥夺继承权的事例甚少，即使出现这一废嫡举动，目前所出土的资料也还无法确定究竟是由父亲单方面行使家长权，还是征得该儿子同意之后做出的。但有一点是可以肯定的，即只有在儿子严重触犯父亲的情况下，其继承权利才有可能被剥夺。

再次，有关女性的财产及继承。此时的苏美尔社会中，除非父亲没有任何男性继承人，否则女儿将无法继承她父亲的财产。除继承以外，女性获得财产大致有以下三种渠道：一是嫁妆，这是最重要的途径，通常是来自父亲的赠与，有可能是房屋和奴隶，也有可能是个人财产。二是结婚礼物，这是从她丈夫那里得到的实物，可能是土地和奴隶，甚至有可能是所有的家当。当然，结婚礼物还包括来自她自己兄弟赠送她的贺礼，如数个奴隶等。三是个人的财产收益，这是她从自己掌管的私人财产中获取的，并能自由支配的财产，如购置的新土地等。

苏美尔社会中女性的这些财产，在婚姻存续期内，主要是由其丈夫代为管理。例如，NG 中第 195:24′—32 节记述了，一位妇女驳斥对她的指控，宣称某一奴隶是结婚时她母亲送给她的，但法庭却将这个奴隶判决给她丈夫了。在另一叙述的故事中，新娘的父亲答应赠与"我的房屋"（这有可能是他全部的家产），这一房屋既可以交给新郎，也可以交给他自己的女儿（即新娘）。[2] 在这些事例中，女性财产以嫁妆方式获取的，几乎均由其丈夫占有。除此之外，苏美尔社会的女性，在自己婚姻期间内尚可以支配自己的一些财产，以从事一些必要的交易活动。

---

[1] See Raymond Westbrook (ed.), *A History of Ancient Near Eastern Law*, Vol. 1, Koninklijke Brill NV, Leiden, The Netherlands, 2003, p. 207.

[2] Ibid., p. 208.

而在孀居期间,她可以完全掌管自己所有的嫁妆、财物,有时甚至包括已故丈夫的财产,这可能源自丈夫的馈赠,也可能是出于保护年幼子女的利益所需。当寡妇再嫁时,她必须将这些财产归还给她的儿子。这意味着外人是被排除于亡夫家庭之外的。与之相仿,寡妇重新嫁人后,也将被剔除于原丈夫家族之外了。

此外,对妇女的这一婚姻财产的继承有别于对丈夫财产的继承,一般情况下,儿子们能自动继承和瓜分父亲财产。而如果母亲先死,则儿子们只有等到父亲去世后,才能继承母亲的财产。母亲在世时,有权自行处分这部分财产,例如,将一幢房屋作为嫁妆赠送给另一女性,这一女性多数情况下是她的女儿,或者赠送给她的小姑子,以回报自己年迈时她们对她的悉心照料。在 NG 第 171:2—9 节中,提及一个奴隶被赠送给一位女祭司,尽管无法确定立遗嘱赠送此物的人与她是何种关系,但她的儿子们却无权向她索取这一财产。① 有趣的是,此时苏美尔妇女处分自己财产时,赠与对象多是其他女性。这既说明了苏美尔妇女在文明进程中逐渐沦为"二等性别"之际,尚留存了一点有限的自由与权利,同时也道出了苏美尔人对女性的独特尊崇,反映了早期人类母系社会的历史痕迹。

综上所述,乌尔第三王朝早期的苏美尔社会中人与人之间的经济交往规则已逐渐确定下来,这不仅表现在土地、契约的行为规范上,而且也反映在当时人们对家庭、亲情乃至财产的认知准则上。这些认识与习俗最终在《乌尔纳姆法典》中得到了淋漓尽致的展现,所以,《乌尔纳姆法典》就如同当时苏美尔社会生活的一幅写实画,栩栩如生地演绎了人类最初交往的民事规范。

---

① See Raymond Westbrook (ed.), *A History of Ancient Near Eastern Law*, Vol. 1, Koninklijke Brill NV, Leiden, The Netherlands, 2003, p. 209.

二、苏美尔的民事成文法

(一) 乌尔第三王朝的《乌尔纳姆法典》

乌尔纳姆的统治年代一般定为公元前2113年至公元前2096年期间,他以乌尔城邦为据点创立了乌尔第三王朝,一度统一了美索不达米亚南北广大地区。该法典有可能是由乌尔纳姆本人,也可能是他的儿子舒尔吉颁布的。舒尔吉在位时间长达48年之久,他以其行政治理与司法改革闻名于世。但该法典的序言部分并无任何有关这位王位继承者这方面业绩的记载,因此比较可靠的推断是乌尔纳姆颁布了这一法典,法典施行于他儿子统治时代。[1]

现存的《乌尔纳姆法典》为残片,仅有一个序言和由四十多个法律条文组成的正文。它被视为迄今所知的人类历史上最早的法典,《乌尔纳姆法典》起初是刻在石柱上的。最初被发现的不是原始的石柱,也不是当初的抄本,而是几百年后的泥板抄本,现被收藏于伊斯坦布尔的古代东方博物馆,编号为馆藏尼普尔泥板(the Nippur tablet) No. 3191。尼普尔泥板共分八栏,正反面各有四栏,每栏约四十五个规整字格。泥板正面为序言部分,保存较完整;反面为条文部分,记载了第4条至第20条内容,但缺损比较严重,较完整保存下来的条文仅有5条。之后,古尔内(O. R. Gurney)和撒母尔·克莱默又发现了乌尔泥板(the Ur tablet) No. 7739和No. 7740的泥板残片,保存了第7条至第37条法

---

[1] Martha T. Roth, *Law Collections from Mesopotamia and Asia Minor*, Scholars Press, Atlanta, Georgia, 1995, p. 13.

律条文,使该法典较为完整的条文从 5 条增至 23 条。①

该法典由序言和正文两部分组成,没有结语。第一部分,序言约占 2/5 的篇幅,不足 1000 字;条文约占 3/5,不足 1500 字。该序言首先强调了两河流域最高神安(Anu)和恩利尔(Enlil)对乌尔地方神南那(Nanna)和统治者乌尔纳姆的特殊恩宠和爱护,说明立法者——王的权力来自神授。接着,叙述了乌尔纳姆杀死投靠库提人的拉伽什恩西那马赫尼(Namhani)后,解放了 Akshak、Marad、Girkal、Kazallu 等诸城邦,恢复了通向四周的商道,说明苏美尔和阿卡德此时开始再度统一并趋向强大。乌尔纳姆正是因此获得了"苏美尔和阿卡德之王"的称号。最后,列举了乌尔纳姆所采取的保护贫弱,抑制豪强,消除不和,确立公道等内部措施。② 这一序言的宗旨在于宣扬法典制定者乌尔纳姆的神圣出身,歌颂他按照神的意图在人世间建立正义和秩序的业绩。乌尔纳姆规定的诚信无欺、不得更改的度量衡充分表明了:苏美尔社会各种制度正趋于统一,力保经济发展的大举措也正在推进上古法律的昌明。

《乌尔纳姆法典》的第二部分是法律条文,内容并不完整。③ 根据马沙·T.罗思的英译本④,共编为 37 条,其中第 12、16、23′、27′、33′—37′条因损毁而付阙,实际只有 29 条。在这 29 条中,尽管有的还不完整,不过已经可以看出它们包含了很多方面的民事内容。

---

① See J. J. Finkelstein, "The Laws of Ur-Nammu", *Journal of Cuneiform Studies*, Vol. 22, No. 3/4(1968—1969), p.66. 或者参见朱承思、董为奋:"《乌尔纳姆法典》和乌尔第三王朝早期社会",《历史研究》1984 年第 5 期。

② See Martha T. Roth, *Law Collections from Mesopotamia and Asia Minor*, Scholars Press, Atlanta, Georgia, 1995, pp.15-17.

③ See J. J. Finkelstein, "The Laws of Ur-Nammu", *Journal of Cuneiform Studies*, Vol. 22, No. 3/4 (1968—1969), pp.66-72.

④ See Martha T. Roth, *Law Collections from Mesopotamia and Asia Minor*, Scholars Press, Atlanta, Georgia, 1995, pp.15-21. 本书中有关《乌尔纳姆法典》法律条文的译文均来自该著作。

1. 所有权及其他各项权利

第8条、第17条及第21′①条的部分内容均涉及对奴隶的所有权;而对土地的所有权则反映在第27′、28′、29′条中。具体条文如下:

第8条　倘有人侵犯他人的权利,以强力奸污他人妻子的童贞,该妻子为女奴,则该人须赔偿银五舍客勒。

第17条　倘②有女奴[或男奴从主人家逃跑][…]并越出城界,(他)人将她/他带回,则该奴隶的主人应付替他带回者银 x 舍客勒。

第24′条　……他一定得带来[一个女奴];倘他没有女奴,则他必须赔偿银十舍客勒;倘他没有银子,则他应(以)他所(拥有)的财产赔偿他。

第30′条　倘有人侵犯他人的权利,强行耕种(他)人耕田,他(即后者)(对他)提出诉讼,而他嗤之以鼻,则该人将丧失其付出的所有(劳动)。

第31′条　倘有人以水淹没他人田地,则他应按每伊库③田地赔偿(他)三古尔④大麦。

第32′条　倘有人出租耕地与(他)人耕种,但他并不耕种,致

---

① 《乌尔纳姆法典》的条文从第20条起,尼普尔泥板失落,从第21′条起系芬开尔斯坦(Finkelstein)因据乌尔泥板所续,故法条编号标记上前后有些差异。

② 本书中在法律条文翻译中出现的[…],均系因原始出土文献过于破碎,而无法破译其实质内容。

③ 伊库,苏美尔语为 iku,阿卡德语为 ikū,古西亚土地面积单位,1伊库合0.35至0.36公顷左右。

④ 古尔,苏美尔语为 kur,阿卡德语为 kurru,古代西亚计量容积单位,1古尔等于300公升。参见李海峰:"古巴比伦时期土地租金问题研究",《东北师大学报(哲学社会科学版)》2005年第6期。

使田地荒芜,则他应按每伊库田地赔偿(出租人)三古尔大麦。①

从上述条文内容看,无论是对奴隶的所有权或是对土地的所有权,都是属于私人的财产。该法典竭力维护所有权,捍卫自由民的财产权利,表明该法典维护私有财产的性质。同时,大量的其他条文揭示出这一法典旨在保护家庭结构的利益、个人身体的完整和人身的自由,以及个人的财产和所拥有的权力(authority)。②

令人关注的是,该法典第 3 条规定:"倘有人扣押他人,对扣押行为人应处以监禁和 15 舍客勒的罚款。"③西方学者据此认为该法典保护了个人的迁徙自由(an individual's freedom of movement),因为这可能是人类对于非法拘禁(false imprisonment)的一种较早看法。④ 这一规定也是对自由民人身自由的一种法律保护。

全面地考察《乌尔纳姆法典》的条文,有以下两个特别现象,值得思考:

第一,该法典仅有的数条有关奴隶这一财产形态的法律条文中,仅第 17 条奴隶的性别在翻译上尚存疑惑,无法推定是女奴还是男奴。其余的条文所涉及的财产形态均是女奴,其缘由何在?笔者认为,可能与当时的奴隶来源有关。如前所述,当时的奴隶主要来源仍是买来的外族人(即那些遭到亲人变卖或抵债的人),这其中主要以女性为主。因此,该法典中女奴成为了最常见的财产对象,也就不足为奇了。当时一个女奴的价格相当于第 24′条规定的法定赔偿代价,为十舍客勒。

---

① See Martha T. Roth, *Law Collections from Mesopotamia and Asia Minor*, Scholars Press, Atlanta, Georgia, 1995, pp. 17-21.

② Russ VerSteeg, *Early Mesopotamian Law*, Carolina Academic Press, Durham, North Carolina, 2000, p. 22.

③ Martha T. Roth, *Law Collections from Mesopotamia and Asia Minor*, Scholars Press, Atlanta, Georgia, 1995, p: 17.

④ Russ VerSteeg, *Early Mesopotamian Law*, Carolina Academic Press, Durham, North Carolina, 2000, p. 23.

第二，该法典其他有关量化的数字规定，其数据从何而来？对此应如何看待呢？例如，第31′、32′条规定的侵权行为，其民事赔偿额为每伊库3古尔大麦。显然，这是一个确凿无疑的数字，在一个缺乏精确统计的古代，这一数值是弥足珍贵的。"它当然不是某个人的任意规定，而是取决于当时正常年景的单位平均产量。"[①]这些量化的条款只有符合了客观实际，符合了当时苏美尔社会的生产力水平，才能保障这些法条的有效性和可操作性。

2. 债

债是指依照法律或契约的约定以及由损害原因而在当事人之间产生的一种权利和义务关系。由于这一时期苏美尔社会经济交往频繁，契约的形式比较丰富，契约是发生债的主要原因，因当事人侵权行为而致使的损害赔偿也会产生债的效果。

第一，契约是这一时期最常见的类型——虽然其种类尚不多。根据《乌尔纳姆法典》的规定，有关契约的内容，相对于后世法典而言，诸如买卖、财产租赁、借贷的法律规定相对比较贫乏。当今美国学者伯特兰·拉丰(Bertrand Lafont)和雷蒙德·韦斯特布鲁克斯两位教授在《近东法律史》一书中考证了该法典其余的残缺条文后，认为这一时期的债主要是因租赁契约而发生的。他们的研究成果大体表现为以下三个方面[②]：

一是有关财产的出租，该法典第e4条规定了房屋出租的价格；第a6条规定了对租赁期内未耕作土地的佃户应予以确定的罚款。这一

[①] 朱承思、董为奋："《乌尔纳姆法典》和乌尔第三王朝早期社会"，《历史研究》1984年第5期。

[②] See Raymond Westbrook (ed.), *A History of Ancient Near Eastern Law*, Vol. 1, Koninklijke Brill NV, Leiden, The Netherlands, 2003, pp. 217-219. 在这一新近研究破译成果中，对法典的残缺条文编码颇为特殊，是对原有37条法律条文的补充，甚为珍贵。但仍需指出的是，因为法典泥板原始材料的缺乏和古代语言文字的障碍，加之两位学者合著的论文中并未附加这些原始条款，故对于这些新增条文的可靠性和准确性，笔者认为仍需做更深入的探讨与求证。

条规定,在租种期内未耕作土地的佃户须按每亩支付赔偿。换言之,租赁誓约尚不足以确保出租人的土地收益时,作为现实的补偿就是要求佃户即承租人加倍返还租金,尔后承租人将继续租种这块土地。

二是有关特殊技能人群应完成的劳务,该法典第 d1—4 条列举了一个医生不同诊疗的价目种类;第 d6—7 条列出了一个织布女工的月薪和周薪。在一个固定的时期或者在庄稼的收成时候,租种人可能租用别的自由民,因此需要支付一定量的租金;自由民也可能自己出卖劳力为别人耕作,以此获得相应的租金收益。

三是有关动产(movables)的规定,该法典第 a8′ 条罗列了出租的耕牛,按照其犁田水平的低、中、高而设定的一年两次租金。此外,租借船只也必须付租金,但倘若船只沉没后被捞回,经修补后归还船主,船主不得否认这一出租合约,以企图逃避对承租者遗失物品的赔偿责任。

此外,该法典第 32′ 条也提到了土地出租。

该法典中有关契约条文的单一,或许表明乌尔第三王朝立国之初人与人为需求而进行的交换形式尚比较简单,商品货币关系的发展、社会分化均未达到后来特别是公元前 2000 年初古巴比伦那种繁荣程度。

第二,因侵权而导致损害赔偿是债的又一个原因。一般情况下,所谓受害者就是债权人,侵害者就是债务人。出于生存所需,该法典有必要界定人与人的合理秩序,故法典中有类似于法定之债的内容,诸如侵权行为之债、无因管理之债等均有所涉及。

关于侵权行为之债,该法典仅有四个条文对其做了刑事处罚的规定,将这种处罚作为主要的救济方式。[①] 这说明当时的人们已经认识

---

① 第1条:"倘有人杀人,应被处死。"第2条:"倘有人行为不法,应被处死。"这些规定均是刑法范畴的。属于这一法律性质的还有,第 6 条:"倘有人侵犯了他人的权利,奸污他的妻子,使之失贞,由于该妇女也是自由民,故该行为人应被处死。"第7条:"倘自由民妻子主动接近别的男人并与他主动发生性关系,应被处死,而该男人无罪。"

到保护个人身体完整性的必要，故而更多的法律条文则是以民事赔偿为救济手段，属于民法范畴。例如，对于人身特殊伤害，法典第18、19、20、21、22条分别规定道：施暴者打断[他人]之足、用棍棒打碎他人肢骨（又译为"四肢"）、用铜刀割掉他人之鼻、以[…]打断[他人]之[…]、用[…]将其一颗牙齿[打落]，则他应支付给受害人不同数额的赔偿金，从银十舍客勒、六十舍客勒到四十舍客勒、二舍客勒不等。

该法典非常注重对所有权人至高权力的维护，奴隶是属于私人所有，法典第25″、26′条均规定道："倘有人的女奴把自己与其女主人相比，诅咒她，则应以一夸脱（sila）盐擦洗其嘴。"当时村社私有经济成分具有绝对优势，这些奴隶被纳入私有财产之中，对她的言行举止实行严格的监督与控制。与自由妇女被强奸应追究行为人刑事责任相反，根据该法典第8条的规定，如果有人对女奴进行性侵害的话，即"以强力奸污他人妻子的贞节（deflowers），该妻子为女奴"，应视为对奴隶主财产的侵权，仅须要承担对奴隶主的民事赔偿责任。①

该法典还相当重视对全权自由民的财产保护。如对于田产，如前所述该法典第30′、31′条均是对侵犯他人合法财产——可耕地的调整，它们强调了当时的法律对土地权利的严格保护。

乌尔第三王朝的这一法典并未涉及对政治经济的重点保护，相反却有大量篇幅直接涉及对王权和神庙所拥有的奴隶、农耕地等私有财产的保护，而无论对土地的所有权还是对奴隶的所有权，大多是属于私有制经济的性质，《乌尔纳姆法典》维护私权神圣不可侵犯的宗旨由此可见一斑。

关于无因管理之债，主要体现在该法典第17条的规定之中，其内

---

① Russ VerSteeg, *Early Mesopotamian Law*, Carolina Academic Press, Durham, North Carolina, 2000, p.140.

容注重于鼓励带回奴隶的人,要求对返还他人财产的人给予一定的金钱奖励,其实质就是对"无法律上的义务"的行为人积极而作为的一种法律肯定和道德褒奖。

在此,之所以将这些法条归为民事性质的规范,最重要的原因在于,法典虽是诸法混为一体,但以上列举的数个法条原文,基本上均是以民事赔偿或补偿为共同特征,而非像其他同时期的或者其他地域的人类文明(如夏商周时期的华夏文明)那样,法律往往以刑罚为主要举措,甚至是唯一的手段。譬如,与乌尔第三王朝相近的中国夏朝(约公元前2070年至公元前1600年),法律概以刑为准,史称夏刑。据《周礼·司刑》郑注:"夏刑大辟、膑辟、宫辟、劓、墨";《汉·刑法志》:"禹承尧舜之后,自以德衰,始制肉刑";《隋书·经籍志》刑法:"夏后氏五刑有五,科条三千",[①]等等,不一而足,这些文献均说明夏的法律均是以身体刑为常见处罚手段,其刑事特征一览无遗。因而,与之相比较,进一步印证了古代西亚地区孕育民法之早,大大超乎世人的想象。

除了连年征战之外,当时苏美尔社会中人与人的交往更多的是各种财产及物品交往,而这是为生存所需,通行某些私人契约。苏美尔文明中,在神权与王权的庇护下,在城市、宫殿、神庙、书吏、商人和政府官员的实际运作下,人们懂得了借助于外在力量来保障各类交易活动,并因此诞生了各种各样的契约习俗,形成了稳定的交往规则与法律典范。

3. 婚姻、家庭和继承

这一时期,苏美尔社会由于婚姻必须付出较高的代价,故有些地区已逐步废除了一妻多夫制(polyandry),与之对应,一夫多妻制(polygamy)也不多见,虽纳女奴为妾的情况屡见不鲜,但已开始出现了相对于妻子而言的一夫一妻制(monogamy)的婚姻关系。同时,寡妇再嫁仍

---

① 沈家本:《历代刑法考》,张全民点校,中国检察出版社2003年版,第8页。

是允许的。由婚姻而组建家庭是当时个人、家族乃至社会极为重要的大事。结婚的第一个法律程序就是两个家庭的父母(至少其中一方)需要做出口头宣示,相互缔结婚约即一个订婚契约(an oral betrothal contract)。这一契约的当事人可以是两位父亲,也可以是家庭的男性成员,还可以是新郎与新娘的父亲,很少是男女双方本人。

该法典对于婚姻和家庭倍加关注,约有3条(第4、5、8条)涉及奴隶的婚姻关系,另约有6条(第6、7、9、10、11、15条)涉及自由民的婚姻、家庭及忠贞问题。① 但残缺的法典并无关于继承的条文。究其原因不详,尚待更多史料的考证与探究。

对于奴隶的婚姻和家庭,第4条规定:"倘奴隶娶了另一个奴隶后,他或她获得自由,仍不得离开他们的家。"

第5条规定:"倘奴隶娶了自由妇女,他们的一个孩子将为奴隶继续为主人服务,获得他父母的财产、[…]围墙、房屋、[…],而其他孩子将不属于主人,也不能被迫为奴隶。"

上述这两条规定说明,法典保护奴隶的婚姻,允许奴隶与自由民缔结婚姻关系,保护他们子女的权利。同时法典也强调奴隶夫妇彼此之间的忠诚,特别是丈夫对妻儿应尽的赡养义务。

对于自由民的婚姻与家庭,该法典除第6、7条强调妇女对丈夫的忠诚之外,法典规定了结婚前男方必须交付聘金,对这笔聘金,第15条规定:"倘(未来的)女婿进了他(未来的)岳父家,但他岳父后来又将[其女(即未来的新娘)]另许他人,则他(岳父)应加倍退还他(即被休掉的女婿)所带来的聘礼。"② 这说明男方付出一定数量的聘礼具有定金的

---

① Russ VerSteeg, *Early Mesopotamian Law*, Carolina Academic Press, Durham, North Carolina, 2000, p. 22.
② 朱承思、董为奋:"《乌尔纳姆法典》和乌尔第三王朝早期社会",《历史研究》1984年第5期。

功效,岳父解除婚约时,必须加倍退还所付聘礼,这是买卖婚姻的一个典型表现。

第 9 条规定:"倘有人离弃其发妻,则他须赔偿(她)银一明那。"第 10 条规定:"倘他离弃的(原是)寡妇,则他须赔偿(她)银二分之一明那。"这些有关离婚的条文,既说明当时婚姻的主动权操诸于男方,表明丈夫在家庭里的中心地位,也表明当时社会有一定的等级保护,结发之妻和寡妇的离婚权益是有所差异的。

必须指出,这一时期的婚姻,其解除主要是由丈夫做出或由法庭判决做出。这一解除方法也适用于婚约的解除。上述法律条文的适用前提是,如果离婚无正当理由时,丈夫须要向对方支付一定银两的离婚赔偿金。在苏美人的实际生活中,如果妻子同意庭外解决,往往是源于她自身潜在的过错,如她已移情别恋等原因,那么有过错的她只能得到不足 10 舍客勒的赔偿。

从一定意义上说,这一时期出现的离婚是相当进步的。它既是对一个既存婚姻的合理结束,也是对婚外情的一种适度默许。且以经济上的金钱为代价,来补偿因婚姻破裂、家庭解体所带来的影响,具有一定的人道性。同时,这一离婚观念及其补偿方式也充分反映了苏美尔人商品意识的提升。

从公正的价值取向上看,上述所有的法律条文也保护了处于相对弱势的群体(主要是妇女、已付聘金却被毁约的女婿等)的合理利益。[①]譬如,寡妇再嫁无须口头承诺或一个正式仪式,但她仍需要一个书面婚约。根据该法典第 11 条的规定:"倘一个男人与一位寡妇保持性关系

---

① Russ VerSteeg, *Early Mesopotamian Law*, Carolina Academic Press, Durham, North Carolina, 2000, p. 23.

却无一个书面婚约,他离开她将无须做出(如离婚那样的)赔偿。"①这意味着,寡妇即使已与他人姘居很长时间,但风俗习惯仍然是不承认这一同居关系的,除非有书面契约书证明双方当事人已具备了实质婚姻的事实。当时的法律只保护有婚约的婚姻,而不保护事实婚姻。

与后世相比较,这一时期的父权仍是有限的。② 当然,相对于男子而言,妇女整体地位是非常低下的。这一点可以从其他条文得到补证,例如,该法典第7条有关通奸的规定,女方应予处死,男方则无罪释放。寡妇的地位更低一等,第10条的规定意味着男子对寡妇的赔偿仅为离弃发妻之半数,或者甚至无须赔偿。

该法典并未就已存续于家庭中的收养关系做任何规定,条文中也无任何有关主人与女奴同居后他们子女及家庭关系的规定。与之相反,后来的《李必特·伊丝达法典》(第25、26条)、《俾拉拉马法典》(第33、35条)、《汉穆拉比法典》(第119、144—147、170、171条)中,这类条文明显增多。③ 诸法典的这一显著差别说明:在乌尔第三王朝早期,家养奴隶在苏美尔人家庭中并不占主要比例,家养奴隶也并非是财产的主要构成部分,由家养奴隶引发的问题尚未发展到需要法典加以明确处理和专门规定的程度,故以抚恤金支付或解放等方式形成的收养关系虽然已出现于乌尔第三王朝,但尚不构成苏美尔社会各个家庭关系的重心,因此也就未得到《乌尔纳姆法典》的足够重视。

---

① Martha T. Roth, *Law Collections from Mesopotamia and Asia Minor*, Scholars Press, Atlanta, Georgia, 1995, p. 18.
② See I. Mendelsohn, "The Family in the Ancient Near East", *The Biblical Archaeologist*, Vol. 11, No. 2(May, 1948), p. 24.
③ 有关《乌尔纳姆法典》各法律条文与此后的《李必特·伊丝达法典》、《俾拉拉马法典》及《汉穆拉比法典》相关条文的对照比较与深入分析,请参见 J. J. Finkelstein, "The Laws of Ur-Nammu", *Journal of Cuneiform Studies*, Vol. 22, No. 3/4(1968—1969), pp. 73-82.

（二）伊新王国的《李必特·伊丝达法典》

在诸侯称雄之际，约公元前2017年左右，苏美尔人在美索不达米亚南部建立了伊新王国第一王朝。该王朝一直存在了两百多年，直到约公元前1784年才为北部的拉尔萨王国最后一任国王里姆—辛（Rim-Sin，约公元前1822年至公元前1763年在位）所灭。李必特·伊丝达是伊新第一王朝的第五任国王，于公元前1930年颁布了《李必特·伊丝达法典》，这是由苏美尔人颁行的又一部楔形文字法典。这部法典分为序言、结语和正文三大部分。① 在序言中，李必特·伊丝达宣称自己依照最高神"安"和"恩利尔"的嘱咐，"在大地上建立公正，驱除怨恨"，并给"受束缚的苏美尔和阿卡德人以自由，带给他们极大的富裕"②，使"父母抚养其子女，使子女扶持其父母"，真正地使"父母与其子女共处，使子女与其父母共处"③。换言之，就是倡导"老吾老"、"幼吾幼"④。这一高尚道德准则在此前的苏美尔法典中还未曾出现过，当然在这一法典的具体内容中也未见深化，但为此后《汉穆拉比法典》正义精神的精湛表述与法律制度的缜密体例打下了深厚的基础。因此无论是时空衔接上还是制度创设上，这部法典均是一部承上启下的重要法典，是架接《乌尔纳姆法典》和《汉穆拉比法典》的文明桥梁。

尽管序言部分说明了这是一部君权神授的法典，但其法律制度的

---

① 该法典的大部分楔形文字A,B,C+H泥板内容出土于尼普尔（Nippur），其余部分中R泥板来自Kish城，N泥板来自Sippar城，是作为古巴比伦时期学校法律研习教材得以保存下来，20世纪初为考古学家发掘出土并破译。See Francis Rue Steele, "The Code of Lipit-Ishtar", *American Journal of Archaeology*, Vol. 52, No. 3 (Jul.—Sep., 1948), pp. 425-450.

② See Francis Rue Steele, "The Code of Lipit-Ishtar", *American Journal of Archaeology*, Vol. 52, No. 3 (Jul.—Sep., 1948), pp. 427-432.

③ 法学教材编辑部、《外国法制史》编写组：《外国法制史资料选编》（上册），北京大学出版社1982年版，第12页。

④ 杨伯峻译注：《孟子译注·梁惠王上》，中华书局1960年版，第16页。

调整对象是人伦关系,旨在建立新的社会秩序,即如其所言"确立新创的父家族和兄弟家族"①。现残存的 9 个楔形文字泥板断片,除序言、结语之外,正文部分每一个法律条文均采用苏美尔人习惯的"倘若"(*tukum-bi*)体例。② 其法律条文内容大多是关于民事方面的,旨在解决有关农业上的财产权利(诸如土地的出租或遭到非法入侵、侵占以及荒地的开垦与维持等)、逃亡奴隶、抚养关系及学徒身份、结婚及共同财产权利以及耕牛的租借等事项。

迄今为止,国内可见到的该法典唯一中译文是出自于 1982 年 10 月法学教材编辑部、《外国法制史》编写组选编的《外国法制史资料选编》(上册),该版本摘译了 1952 年该法典的俄译本,破译的正文是从第 8 条开始至第 38 条,仅 30 条,其中第 19、20、21、31、32、33 条以及第 38 条仅是只言片语,其内容不甚明了。

在此,根据 1995 年出版的《美索不达米亚和小亚细亚法律汇编》(*Law Collections from Mesopotamia and Asia Minor*)以及 2000 年出版的《美索不达米亚早期法律》(*Early Mesopotamian Law*)相关资料,增译正文第 8 条之前的 P 泥板第 1a+f 条的部分内容,C 泥板第 4 条至第 7 条,B 泥板第 20、21、33 条,N 泥板第 20a、20b、20c 条,F 泥板第 31 条,G 泥板第 32 条等诸多内容:

第 1a 条 倘自由民租一头牛及车驾,则彼应偿两年租期的租金,此要价为谷物八古尔(*gur*);倘自由民租车驾数头牛中的一头,则彼应偿谷物六古尔。

第 1b 条 倘已故的自由民无子,则彼未嫁之女应继承其父财产。

---

① 法学教材编辑部、《外国法制史》编写组:《外国法制史资料选编》(上册),北京大学出版社 1982 年版,第 12 页。

② Martha T. Roth, *Law Collections from Mesopotamia and Asia Minor*, Scholars Press, Atlanta, Georgia, 1995, pp. 23-24.

第1c条　倘[自由民已死]及他的女儿[已嫁],父亲家族财产[⋯],已嫁的自由民之妻在[⋯]房屋之后[⋯]。

第1d条　倘自由民殴打另一自由民正在怀孕的妻子,致使她流产,则彼应偿银30舍客勒。

第1e条　倘自由民殴打另一自由民正在怀孕的妻,致其死亡,则彼应被处死。

第1f条　倘自由民殴打另一自由民的奴隶妻子,致使她流产,则彼应偿银5舍客勒。

第4条　[倘⋯]船只[失事],则租船人应[偿]船只。

第5条　倘自由民租船并同意依照指定的航线行驶,但彼未按照航线行驶而使船[⋯],此视为彼实施了不法行为;则彼(租船者)应偿还船只和[以谷物偿付租船之费]。

第6条　[⋯]彼应给付礼物[⋯]。

第7条　倘自由民以一定的租金出租果园给某一园丁,则该园丁应种植该果园[⋯],在收成季节应偿付十分之一的棕榈树。

第7a条　倘自由民[⋯]。

……①

第20条　倘自由民从井中救起一个小孩,则彼应[收养]他,[并在他的脚踝系上身份牌]以证明其身份。

第20a条　[⋯]当[⋯]自由民[⋯]儿童的收养[⋯]。

第20b条　倘自由民未解除学徒的收养关系,视该学徒为其儿子,只有经法庭裁决予以解除,该学徒方可被遣送回其生母身边。

第20c条　倘自由民[未解除]收养女儿身份[⋯]。

---

① 该法典以下法律条文(第8—19条)参见法学教材编辑部、《外国法制史》编写组:《外国法制史资料选编》(上册),北京大学出版社1982年版,第12—13页。

第21条　[倘…]结婚,则她(妻子)自父家所接受的(结婚)礼物,他可以作为她的继承者,[…](O)[倘…]给予妻子,她或他的兄弟们不应参与继承属于她的结婚礼物,但[…]

……①

第23条　倘自由民系居住父家之女,父亲在世时尚未婚嫁,则彼兄弟们应为其操办婚嫁。

……②

第31条　倘自由民以家产赠与其所喜爱的继承人,且给他以盖章的文书,则父死之后,诸兄弟应平均地分得父家剩余之财产;他们不得染指其父之赠物,也不得否认父亲的遗愿。

第32条　倘自由民于生前为其子——长兄——规定聘礼,而子在父生前娶妻,则父死之后,诸兄弟[应…]财产[…]从父家的财产[…]聘礼应[…](余下断片太碎难以分类编译)。

第33条　倘自由民宣称与另一自由民之女有性关系,但(事后)证明她仍是处女,与他并无任何性关系,则彼应偿付银10舍客勒。

……③

纵观这些增补的法律条文内容"大多是处理继承、不动产、租赁以及属于私人所有的奴隶等"④,结合国内现有版本已知的正文,其具体涉及侵犯财产的条文共计有10条,有关契约的条文9条,有关婚姻家庭规定的条文有12条,共计31条之多,占整个法典的2/3。故该法典的

----

① 该法典第22条请参见法学教材编辑部、《外国法制史》编写组:《外国法制史资料选编》(上册),北京大学出版社1982年版,第14页。

② 该法典以下法律条文(第24—30条)参见法学教材编辑部、《外国法制史》编写组:《外国法制史资料选编》(上册),北京大学出版社1982年版,第13—15页。

③ 该法典以下法律条文(第34—38条)参见法学教材编辑部、《外国法制史》编写组:《外国法制史资料选编》(上册),北京大学出版社1982年版,第15页。

④ Roux, ANCIENT IRAQ 172. See Russ VerSteeg, *Early Mesopotamian Law*, Carolina Academic Press, Durham, North Carolina, 2000, p.25.

最大贡献是总结性地概括了古代西亚这一地区这一时段的民事法律规范。[1]

《李必特·伊丝达法典》的民事主体以自由民(*lú*)为主,同时也调整家庭收养关系中的小孩(*dumu*)或学徒、无继承权的私生子或有继承权的儿子们以及自由民的发妻(*nitadam*)和妻子(*dam*)等特殊群体,对恩图(*naditu*)、纳第图(*qadištu*)和卡第什图(*ugbabtu*)这三种女性僧侣的民事权利(主要是财产权利)也有所涉及。出于保护自由民的权利,该法典还对男女奴隶(*arad* and *géme*)、依附于他人者米克图(*miqtu* 或 *miqtum*)以及游离于王权之外的平民进行法律规范。[2] 因此这些人均是该法典的基本民事主体。

该法典的民事规范大致可以从契约制度、侵权制度、婚姻家庭继承制度等方面做如下的分析:

第一方面,是有关契约制度。苏美尔人对土地、园林实行法律的保护,在其租借契约中得到了具体落实,譬如该法典第 7 条规定,倘自由民以一定的租金出租果园给某一园丁,则该园丁应当种植该果园,并在收成季节应偿付十分之一的棕榈树(the palm tree)。这一条文旨在强调园丁应履行租佃契约,完成果园耕作的义务。第 8 条规定:"倘自由民以荒地给予自由民作为培植果园之用,而此人并未将此荒地全部培植,则应将尚未耕垦的荒地交与此种园之人,为其应得之份。"[3]这就是说,荒地出租后,承租人有义务开垦种植为果园;收成时,出租方有权获

---

[1] Russ VerSteeg, *Early Mesopotamian Law*, Carolina Academic Press, Durham, North Carolina, 2000, p. 26.

[2] Martha T. Roth, *Law Collections from Mesopotamia and Asia Minor*, Scholars Press, Atlanta, Georgia, 1995, p. 24.

[3] 法学教材编辑部、《外国法制史》编写组:《外国法制史资料选编》(上册),北京大学出版社 1982 年版,第 12 页。本书中有关《李必特·伊丝达法典》的第 8 条至第 38 条均引自该书,以下不再另加注。

得已开垦土地上的收获物的大部分,其余部分归承租人。但如果承租人不曾将园地全部耕种培植,则未垦部分归承租人,承租人因此将一无所得。这实质上是一个具有租佃性质的法律责任规定。这些不同法条的共同宗旨就是鼓励人们积极耕种荒地、大力培植果园,避免土地的荒芜。这对提高土地的使用效率,丰富食物果蔬的供应有着一定积极的经济意义和社会意义。

该法典也涉及对其他财产的法律保护,特别是这一时期苏美尔社会以农业为主,故该法典十分重视当时主要劳动工具——牛的保护,其中第1a、34、35、36、37条就牛的租赁规定了,承租人租牛而伤及牛,根据伤害牛的鼻环之筋肉、眼、角、尾等不同部位,要求他承担不同的赔偿责任,一般须要承担赔偿牛主人的$1/2$、$1/3$至$1/4$不等的买价。该法典还重视对当时主要的交通运输工具——船只的保护,其中第4、5条对船只的租赁,规定了租赁人对承租船的损毁应负除船价本身之外的赔偿责任。

第二方面,是有关侵权制度。该法典在侵权方面既强调保障自由民的人身权利,也关注对自由民或奴隶主私有财产的保护。究其原因,正如该法典序言所强调的,通过神意立法,对自由民或奴隶主财产加以保护,延续了"苏美尔和阿卡德"王朝的统治,法典因此为自由民的人身安全以及自由民的私有财产,诸如奴隶、土地、果园等最常见的私有财产,均提供了有力的法律保障。

《李必特·伊丝达法典》第1d条对自由民之妻(本人亦是自由民)的人身提供了最切实的保护,倘若造成身体伤害,法律要求不法行为人应给予受害人民事侵权赔偿。然而第1f条表明自由民之妻如果是奴隶身份,即便遭受同样的伤害,却也无法得到相同的金钱赔偿,对她仅有的一点赔偿,也仅是对其主人的财产补偿而已。

该法典第9、10条则对不法行为人以盗窃或擅自砍伐损害他人果园的行为,规定了相应的民事赔偿责任。

该法典第11条对土地的义务与责任规定得更为具体,要求:"倘自由民房屋之旁有一块他人之荒地,房屋主人告荒地主人云:'因你地荒凉,将有人侵入我屋;请将你屋加固',倘其事已经决定,而约字已立,则遇失物之时,荒地主人应对房屋主人赔偿其遗失之财产。"与此同时,为了保护园林,该法典第9、10条规定,擅自进入他人果园盗窃或砍伐他人园中树木,行为人须要承担赔偿责任,并对赔偿数额做了具体规定。

《李必特·伊丝达法典》对奴隶主财产也实行最有力的保护,奴隶是当时社会全权自由民的重要财产之一,该法典仍一如既往地重视保护这些私人财产。例如,该法典第12条规定:"倘自由民之婢或奴逃往一个地方,在另一自由民之家住居一月,而被揭发,则此自由民应以一头还一头。"第13条进一步规定道:"倘此自由民并无一头,则应偿银十五舍客勒。"这些奴隶有可能是战争的俘虏,也有可能是债务奴隶,他们失去了人身权利与社会地位,而沦为全权自由民的私产,其他自由民不得侵犯此自由民的这一财产,否则如法条中规定侵权者须承担相应的民事责任,双倍返还原物。若无法履行的,则应负金钱赔偿责任。

米克图,是另一种依附之人,是事实上的奴隶。他们大约出现于公元前3000年,到公元前2000年初虽已不多见,但从该法典第15条对米克图的规定可推知,苏美尔社会后期尚存留着这种特殊的社会成员,其人身自由很有限,譬如国王可以将此等人赐予私人做奴仆,但自由民不得通过强力夺取这些人。该法典第16条甚至规定:"米克图自己来到自由民之处,则自由民不应将彼强留奴隶,而应听彼去所欲往之处。"这意味着米克图虽不能离开自己的主人,但其他自由民也无权擅自成为他的主人。米克图自己似乎有着一点行动自由,境遇稍好于奴隶,至少法律未对他做出如第12、13条那样对逃亡奴隶的惩罚性规定,对其"离开自己主人"的行为也未处以刑事责罚。

此外，从残缺不全的其他条文看得出，该法典还对自由民的房屋等其他财产也做了适当的规定。

第三方面，是有关婚姻家庭继承制度。这一时期伊新王国不仅实行买卖婚姻，而且还支持一夫多妻。一夫一妻制仅是相对于妻子而言的，因为实际上丈夫是能纳妾的。同时，当时的社会卖淫是很常见的，为社会所认可，甚至是被视为神圣的活动。这种类型的妓女被称为"神妓"，或者是"献神女奴"。围绕着这些婚嫁习俗及人伦关系，该法典从夫妻关系、继承关系等角度进行了特别的规定。

首先，是对妻子的保护。自由民妻子如果也是自由民，则其人身安全是受到绝对保护的，一如该法典第1d条的规定。在婚姻持续期间，丈夫若要纳妾，该法典第28条就规定："倘自由民避而不与其妻晤面，但尚未立约解决，而妻亦尚未离家，他的另一个妻，即他所娶之爱妻，则为第二妻；他应赡养其第一妻。"显见，法律保护正妻（即发妻）的家庭地位与婚姻权利。

第30条还规定："倘有妻之青年取街头之献神女奴，而法官告彼，使彼勿与此献神女奴往来，但彼终于抛弃其妻，则彼应加倍付出离弃之银。"这表明，有过错的丈夫提出离婚，须加倍赔偿妻子的损失，不过该法典并未规定有家室的男子须要对妓女承担类似的责任，这也说明一般妓女虽得到了苏美尔社会道德的认可，但其身份地位却十分卑微，法律并不保障她们的人身权利。

这一点还反映在同样是女性，妻子与妓女各自对自由民男子应尽的法律义务是大相径庭的。例如，该法典第27条就直接规定道："倘自由民之妻未为之生子，而街头献神女奴为之生子，则彼应以谷、油及衣服扶养此献神女奴。献神女奴所生之子为彼之继承人，但在其妻在世之日，献神女奴不得与其妻同居于家。"在此，妻子的正统地位再次得到肯定,妓女的必要生活保障也有了法律的规范。①

其次,是对聘礼的保护。该法典第 29 条规定:"倘女婿至岳父家,并带来聘礼,而后来被逐,其妻又被转予其友,则岳家应退还彼所带来之聘礼,其友亦不得娶其妻。"这充分反映出买卖婚姻仍是伊新王国最为常见的缔结婚姻的形式之一,法律保护男方的财产权利,而对女方并无类似规定,男女不平等由此可窥见一斑。第 32 条亦是对聘礼的规定,它道出了当时苏美尔男人的聘礼一般是来自父之家产,它实际上是儿子从父亲那里得到的财产庇护,通常应计算在应继承的财产份额之中。该法条意味着伊新王国的聘礼不是定金而是预付款,仅用以确定双方的婚约关系。须指出的是,该法典对聘礼的这一规定与《乌尔纳姆法典》赋予聘礼定金法律属性是有所不同的。它说明了:不同苏美尔城邦的法典在调整同一种民事关系时,遵循的规则是各自不同的。

再次,是对继承权的保护,该法典有许多关于继承的条文,如第 1b、1c、第 21 条至第 27 条以及第 31、32 条。这些继承规定均是财产继承,而非后世封建时代的宗祧继承②,且主要是有关男性继承人的规定,以捍卫父权和男性权力的一脉相承,只有在无嗣之不得已的情况下,才给予未嫁女儿或已嫁女儿继承父亲财产的机会。必须指出,根据该法典第 32 条内容可推断,苏美尔家庭中已出现了遗嘱继承的雏形,父亲可以按照自己的意愿安排身后之事,将财产赠与某一儿子,法律对此予以保护,强调诸兄弟不得违抗父亲的遗愿。

《李必特·伊丝达法典》是以婚姻关系的存在和血缘关系的亲疏程度作为确定继承人范围的根据,相对于妻子,丈夫是第一位继承人;相

---

① See I. M. Diakonoff, "Women in Old Babylonia Not under Patriarchal Authority", *Journal of the Economic and Social History of the Orient*, Vol. 29, No. 3 (Oct., 1986), p. 232.

② 封建社会的宗祧继承,包括对死者身份的继承、祭祀权的继承和财产权的继承。

对于父亲,身份高贵的女儿可以参与继承。譬如,第21条的规定表明了丈夫可以继承妻子的财产,第22条的规定意味着在实际生活中恩图、纳第图或卡第什图这类女性僧侣因其地位较高,不仅可以结婚、生育,也可以做奶妈,还可以根据该法律规定继承父家之产。众所周知,在苏美尔文明史上,女人始终是属于神和神庙的,因此那时的女性几乎和每一座神庙都有关联。如果是女神庙,那她们是神的管家;如果是男神庙,那她们是神的妾媵。成为神的家眷,是当时社会中每一位女孩和整个家族的一种无上荣耀。法律自然要保护"神妻"或女僧侣们的社会地位,赋予她们如男子般的权利。

丈夫可以成为妻子的财产继承人,具备"神妻"身份的女子也可以成为父亲的继承人。那么,儿子能否成为父母财产的继承人呢?该法典对此又有着以下三种不同情况的规定:

第一种情况,妻所生之子是当然的继承人。根据该法典第24条的规定:"倘彼所取之第二妻曾为彼生子,则第二妻从其父家所带来之妆奁归于其子所有;而父之财产应由第一妻之子及第二妻之子平均分配之。"这表明,妻所生之子是父亲财产的当然继承人,而对于母亲的财产,仅其所生之子有权继承。

第二种情况,诸婢所生之子,视具体情况而定。根据该法典第25条规定可以经其父同意获得解放,但无继承权,不得与主人之子分产。但根据第26条的规定,"倘其前妻已死,而彼取婢为妻",则其前妻之子和婢之子均可以享有"彼之家产"。

第三种情况,妓女所生之子,特殊情况下可以成为继承人。根据该法典第27条规定,"倘自由民之妻未为之生子",则"献神女奴所生之子为彼之继承人"。可见,当时富裕的男性精英们制定了严格的预防措施,以构筑男尊女卑的社会整体格局。

《李必特·伊丝达法典》并未忽视对新型家庭关系——收养的法律

调整，较苏美尔早期社会的《乌尔纳姆法典》要有所进步。根据该法典第20、20a、20b、20c条的规定，既反映了当时社会常见的收养情形包括收养弃儿（从井中救起小孩可以推测这一小孩应该是被人遗弃的）、收养学徒以及收养女性三种，且该法典对此作了详尽规定，也体现出当时法律对收养关系的正式承认与积极保护，且这些条文均是侧重于维护收养人的权利。譬如，给被收养人系上身份牌、收养关系非经收养人或法庭同意不得解除等，均是单方面强调收养人的权利，而对被收养人的抚养及继承等权利则未曾涉及。这些规定均不如此后巴比伦人和亚述人所制定的法典中对类似问题的周详考虑与全面调整。

此后，《李必特·伊丝达法典》的这些民事规范大量地出现在《汉穆拉比法典》中，两部法典均以较大篇幅罗列了船只、果园及房屋等不动产、奴隶、王室封地、继承、结婚以及租牛等事宜的具体规范。①

三、苏美尔的其他民事规范

（一）《X法典》

公元前2050年至公元前1800年左右的《X法典》(*Laws of X*，简称*LX*)，因无从知晓其制定和颁布者的姓名，故一般冠之为"X"，它有可能是继《乌尔纳姆法典》之后的又一部新的苏美尔法律。该法典包括正文和结语(an epilogue)两部分，结语比较简短，只有两段楔形文字，大致是对将来任何不遵从该法典的统治者的咒语。正文部分现残存近二十多个法律条文，仍采用"tukum-bi"（倘若）的文法形式。该法典残

---

① 有关《李必特·伊丝达法典》与《汉穆拉比法典》逐条进行的对比与分析，请参见Francis Rue Steele, "The Code of Lipit-Ishtar", *American Journal of Archaeology*, Vol. 52, No. 3(Jul.—Sep., 1948), pp. 446-450。

存的法律条文如下：

第 a 条　倘自由民[出租?]房屋给他人,则他的房屋[…]承租人[?]应发誓保证偿以谷物,且彼应得到[这一租借?]费用。

第 b 条　倘自由民[出租?]房屋给他人,[…]证实[…房屋所有人…],则彼不得获得谷物[…]。

第 c 条　倘自由民[出租?]房屋给他人,[…]它的租金应为[…]。

第 d 条　倘自由民之妇女[…]她的丈夫,此妻子[…]。

第 e 条　倘自由民[…]他的妻子[…]。

第 f 条　倘[自由民…和]医生[治愈其病,…]。

第 g 条　倘自由民[…和]医生治愈其病(具体疾病?),[则彼应交付]银 5 舍客勒。

第 h 条　倘[自由民…和]医生治愈其病(具体疾病?),[则彼应交付]银 4 舍客勒。

第 i 条　倘[自由民…和]医生治愈其病(具体疾病?),[则彼应交付]银 1 舍客勒。

第 j 条　倘女织工(或洗衣工)受雇,彼应得每日工钱[是…];……

第 k 条　[倘]他/她的租金为谷物二十塞①;[…]他/她的租金为谷物六塞;[…]他/她的租金为谷物七十塞。

第 l 条　倘卖酒妇给他人大桶啤酒,则庄稼收获时[她应得]谷物五十塞。

第 m 条　倘自由民[给他人]三百塞的谷物为有息借贷,它的利率应为[百分之三十三]。

第 n 条　倘自由民[给]他人十舍客勒的银为有息借贷,它的利率

---

① 塞,苏美尔文为 sìla,阿卡德文为 sìla,古代西亚容积计量单位,1 塞相当于 1 卡($q\hat{u}$)或 60 舍客勒;也相当于 1/10 苏图(苏美尔文为 seah,阿卡德文为 sūtu),1 苏图约 4 公升。

应为[百分之二十]。

第 o 条　（该断片太碎难以分类编译）。

第 p 条　（该断片太碎难以分类编译）。

第 q 条　倘[自由民购买]一沙①房屋,则它的售价[应为银 x 舍客勒]。

第 r 条　倘[自由民]购买一沙[⋯]土地,则它的售价应为银一舍客勒。

第 s 条　倘自由民租用一沙有屋顶的区域[⋯],则彼应交付银一舍客勒。

《X 法典》秉承了苏美尔社会民事规范的传统,其法律条文断片几乎涵盖了社会生活的方方面面,诸如,寄存、婚姻、医生或编织者或其他工匠或耕作者的服务费用、出借及其利息、不动产的买卖或租借收益等民事领域,主要处理发生在这些领域内的自由民之间的民事纠纷,同时,也对夫妻关系以及一些特殊技艺者进行特别的调整。② 这些民事关系的调整手段和法律救济手段仍然是以民事赔偿为主,对每一种侵权之债或契约之债,金钱罚的数目是极为精确的谷物或白银,其立法水平甚高,可操作性极强。

（二）《租牛法典》

约公元前 1800 年的《租牛法典》(*Laws about Rented Oxen*,简称 *LOx*),也是苏美尔法律教本中的一部分,涉及对租借牛的伤害和损失的法律规定。这些法律条文与《李必特·伊丝达法典》第 34 条至第 37

---

① 沙,苏美尔文为 sar,阿卡德文为 mušaru,古代西亚地区土地面积计量单位,1 沙相当于 35 至 36 平方公尺。

② Martha T. Roth, *Law Collections from Mesopotamia and Asia Minor*, Scholars Press, Atlanta, Georgia, 1995, p. 36.

条、《苏美尔法律研习本》第 9 条至第 10 条以及《苏美尔法律样式册》第 vi 条、《汉穆拉比法典》第 244 条至第 249 条、《赫梯法典》第 72 条至第 78 条等规定均十分的相似,充分表明它们有着共同的社会基础和民事习俗。同时该法典每一个法律条文也采用"*tukum-bi*"体例,总共有 9 条规定,大致为[1]:

第 1 条 倘自由民租牛而伤其眼,则彼应赔偿牛价的一半银两。

第 2 条 倘自由民租牛而折断其角,则彼应赔偿牛价之三分之一银两。

第 3 条 倘自由民租牛而割断其蹄腱,则彼应赔偿牛价的四分之一银两。

第 4 条 倘自由民租牛而折断其尾,[则彼应赔偿牛价的…]银两。

第 5 条 倘自由民租牛而伤[…],则彼应赔偿牛价的四分之一银两。

第 6 条 倘自由民所租之牛淌河时溺水而亡,则彼应赔偿全部牛价。

第 7 条 倘自由民所租之牛,已上轭却为狮所杀,则彼不应承担其损失。

第 8 条 倘自由民所租之牛或驴在原野上为狮所杀,则彼不应承担其损失。

第 9 条 倘[…]穿过[…],则彼应[赔偿牛价的…]银两。

在农耕时代,耕牛是最重要的生产资料,也是当时苏美尔人最宝贵的财产形式,租赁耕牛是财产流转、聚敛财富的最主要方式之一,因此苏美尔法律就有了这一专门的规范,列举了租借牛的契约在履行中遇

---

[1] See Martha T. Roth, *Law Collections from Mesopotamia and Asia Minor*, Scholars Press, Atlanta, Georgia, 1995, pp. 40-41.

到的种种事例,规定了租牛者应当承担的相应民事赔偿责任,其法律制裁方式均是金钱赔偿,而且基本上是根据牛遭受的损害的部位不同而规定了不同的赔付数额,由此映射了苏美尔人对牛这一重要农业生产资料具有极高的法律保护意识,也体现出苏美尔人对财产流转中人与人之间权责相当的法律价值观念。

(三)《苏美尔法律研习本》、《苏美尔亲属法律研习本》

约公元前1800年的《苏美尔法律研习本》(*A Sumerian Laws Exercise Tablet*,简称 *SLEx*),国内根据1952年的俄文本译为《苏美尔法典》①,是楔形文字大泥板之一部分。泥板共有文字5行,仅存其中的最后两行为该法律内容。原文为草书体的后期苏美尔文,当属于公元前19世纪左右的文明成就,大致推定出自乌鲁克城(Uruk),为拉尔沙王国(The Kingdom of Larsa)法律的一部分。拉尔沙王国曾于公元前2000年左右与伊新王国共同取替了以乌尔为首都的"苏美尔及阿卡德"王国即乌尔第三王朝,位于美索不达米亚南部。②

《苏美尔法律研习本》是迄今发现的世界上较早的法典之一。现残缺的法典原文大约自法典中间开始,仅存9条,每一条规定仍采用"*tukum-bi*"(倘若)体例。但简单的法条蕴涵着丰富的民法要素,继续展示了苏美尔民法的一些观念、制度、范畴及原则,勾画出一个较为清晰的民法雏形。

---

① 参见法学教材编辑部、《外国法制史》编写组:《外国法制史资料选编》(上册),北京大学出版社1982年版,第1页。需指出的是在该书中,将这一法律颁行时间断定为约公元前20世纪,笔者认为这是不确切的,根据史料表明该法典应制定于约公元前19世纪初期。See Martha T. Roth, *Law Collections from Mesopotamia and Asia Minor*, Scholars Press, Atlanta, Georgia, 1995, pp. 42-43.

② 法学教材编辑部、《外国法制史》编写组:《外国法制史资料选编》(上册),北京大学出版社1982年版,第1页。

其一,崇尚私权神圣观念。

这是民法的重要观念之一,即民事权利受到法律充分保障,任何人或者任何权利均不得侵犯。《苏美尔法律研习本》中的具体条文鲜明地体现了这一观念。

例如,第1条规定:"倘彼推撞自由民之女,致堕其身内之物,彼应赔偿银十舍客勒。"[①]

第2条规定:"倘殴打自由民之女,致堕其身内之物,彼应赔偿银三分之一明那。"

第3条规定:"倘变更已指定他的航线行驶而使船失事者,除船价本身外,应对船主人按一半租船之费偿付谷物。"

上述这三条的规定十分清晰地表明,苏美尔人以法律的形式确认私有财产神圣不可侵犯,并以法律为手段保护私有财产。自由民及其子女的身体、财产等均受法律保护,一旦受到侵犯,侵犯者应承担各自相应的法律责任。这些法律责任主要是民事责任,而非其他初民法律以刑罚责任来落实私权神圣观念。这是《苏美尔法律研习本》的一大特色所在。

其二,建立侵权和违约的赔偿制度。

上述三条法律规定也表明了在苏美尔,早先初民的同态复仇已为赔偿责任所替代。这一时期的苏美尔人已具备了相当完整的侵权观念和赔偿观念,并继续在法律上以制度的方式加以落实。与生活在公元前30世纪的苏美尔人不同的是,这一时期的苏美尔人对侵权行为的具体表现形态有了更加清晰的认识,并在法律中做了较为细致的区分,确立了鲜明的侵权赔偿制度。

---

① 本书中有关《苏美尔法律研习本》的条文均译自 Martha T. Roth, *Law Collections from Mesopotamia and Asia Minor*,以下不再另外加注。

就侵权类别而言,这一法律将侵权划分为推撞(jostle)与殴打(strike)两种不同形态,界定两种行动用语,以不同的法条分别予以规定,并追究不同的赔偿责任。从其具体赔偿额度可以发现,在《苏美尔法律研习本》中推撞轻于殴打,故承担的民事赔偿责任相应较轻;而殴打行为的后果尽管与推撞的后果完全相同,即致堕孕妇身内之物,但因其行为本身决定了殴打所承担的法律责任明显重于推撞的法律责任。

就违约赔偿而言,苏美尔人在保护船主的规定中,不仅强调违约的当事人应赔偿船主的直接损失,实行等额补偿,而且还要求"按除船价本身外,应对船主人按一半租船之费偿付谷物",这一规定肯定了船主是能够获得间接损失的补偿。这应该是一种相当进步的权利意识,这一违约赔偿的具体落实显然能够进一步贯彻私权神圣的民法观念。

类似的保护私有财产、侵权和违约赔偿等民法观念及制度在该法律第9条也有所体现。该条规定:"倘牛伤害栏中之牛,则应以牛还牛。"这意味着行为人伤害他人栏中的牛,应以活牛偿还死牛之主。这种法律上确认的赔偿方式从一个侧面反映了苏美尔人对正义或对等所内蕴的法律价值有着纯朴的理解与直观的判断——尽管这种判断残留着原始社会同态复仇的观念。

其三,确定民事主体资格。

《苏美尔法律研习本》中不同内容的法条,均共同指向了一种主体——自由民(例如船主等)。那么,自由民究竟是此时苏美尔社会阶层结构中的哪一部分人呢?

在苏美尔社会历史上的各个时期,多数苏美尔人不管是否为城市居民,都是自由民,他们始终肩负着家庭、村落和国家的三重义务。自由民又分为贵族和依附民两种。贵族阶层的人叫做"阿维鲁"(阿卡德文为 *awilum*),可译为"男人、公民,或贵族",他们属于家族公社,在王室或地方政府中任职,有的是世袭的,有的是国王的新贵。这些人拥有房屋、地产、牲畜等,较富有的还占有奴隶。他们中许多人虽无条件依附于神庙祭司或国王,但却生活富裕,是从事商业贸易的最活跃参与者,是诸多民事关系中最常见的主体。

自由农民则拥有最差的田地,有时为了生存往往不得不向神庙告债,因此成为借贷关系中的另一方常见主体。也有很多自由农民没有自己的财产和生产工具,被称为"依附民",他们有可能是脱离了氏族、家族、公社,而依附于王室或神庙的人。在苏美尔社会中他们做工匠、雇工,或在富人的土地上做牧人或佃农。这些依附王室土地生存、将劳动产品的一部分交给王室的依附民叫做"穆什根奴"(阿卡德文为 muškenum)。从目前掌握的史料来看,在苏美尔社会后期,穆什根奴与阿维鲁之间并不存在政治地位或经济地位的明显不同。[1] 有关民事主体中这两类人的身份在古巴比伦时期中将有更进一步的分化。在此必须指出的是,由于各王国统治阶层均需要自由民身份的劳动者为其服务与效劳,所以各时期执政者均很注意保护穆什根奴的利益。

公元前 20 世纪的文献还记载了另一种社会地位低下的人,叫做"户普苏",这些人似乎是被释放的奴隶,身份也是自由的,但社会地位更为低下。至于奴隶,文字记录几乎不注意他们的存在,可以肯定其生活一定很悲惨。奴隶没有人身自由,其主要来源有三:战俘、外邦人、奴隶所生子女。也有相当数量的奴隶是由于破产而无法偿还欠债,被迫沦为债务奴隶的自由民转来。在特殊的情况下,奴隶也有可能得到释放,与主人感情好的还可能被收养而成为主人家的家庭成员之一。例如,女奴可以为自由人或奴隶生育子女,这些子女虽是奴隶,但他们有可能获得自由或为主人收养。没有子女的奴隶主也经常会收养那些无

---

[1] 杨炽译:《汉穆拉比法典》,高等教育出版社 1992 年版,第 165 页。

任何血亲关系的奴隶。

显见,《苏美尔法律研习本》所称道的"自由民",主要是指有产者——财产的所有人,还有一小部分是指具有获取财产能力的劳动者。

其四,保护家长权及收养关系

该法律第 4 条规定:"倘彼(养子)告其父母云:'尔非吾父'或'尔非吾母',则彼应放弃房屋、果园、所有奴隶及其他财产,且父母应将养子按其全价出卖。"

第 5 条规定:"倘其(收养的)父母云:'尔非吾子',则他们(养父母)应放弃[⋯]财产。"

在此,必须指出的是美国学者约翰·H. 威格摩尔(John Henry Wigmore)在《世界法系概览》中对《苏美尔法律研习本》第 4 条规定的英文版记述,译成中文是:"如果一个儿子对他父亲和母亲说'你们不是我的父亲母亲',他就将放弃房屋、田地、种植园和其他财产,但属于他本人的全部份额应由他父亲交给他。然后,他父亲和母亲将对他说'你不是我们的儿子',他应离开这个地方。"[①]约翰·H. 威格摩尔理解为"儿子应离开这个地方"。因此,与"浪子寓言"(《路加福音》15,11)(Parable of the Prodigal Son)相比较后,约翰·H. 威格摩尔认为,这两条所述的分家析产行为,不过就是"浪子寓言"中父亲把儿子的财产交给儿子让其自由独立的法律表达方式。在"浪子寓言"里,事实上父

---

① 该著作中解读该法律条文的原文为:"Sumerian Code, par. 4: If a son says to his father and his mother,'Thou art not my father nor my mother',he shall abandon the house, field, plantation, and other property, but his own full portion shall be delivered to him by his father. His father and his mother shall say to him, 'Thou art not our son'; and he shall go out from the place." "Parable of the Prodigal Son(Luke, XV, 11): And the younger son said to his father,'Father, give me the portion of goods that falleth to me'. And the father divided unto them his estate. And not many days after, the younger son gathered all together and took his journey into a far country." See John Henry Wigmore, World's Legal Systems, Washington Law Book Company, 1936, p. 86.

亲最终给了他大笔遗产,《苏美尔法律研习本》的规定促使儿子独立,但他永远不再对家庭财产享有任何份额。约翰·H. 威格摩尔由此得出结论:"浪子寓言中深刻的寓意与苏美尔法典严格的法律规则是一脉相承的,都是一种内心深处正义的体现。"①

约翰·H. 威格摩尔的这一结论或许是有一定价值的,他将两个不同时代不同民族的文献进行比较,试图找寻出两者之间的历史渊源关系,其动机也是好的,但其前提不甚严谨,因为他的结论是基于对条文的不同翻译和理解而得出的,根据对《苏美尔法律研习本》第 4 条的破译,实际是忤逆之子"应放弃房屋、果园、所有奴隶及其他财产,且父母应将养子按其全价出卖"②。是故,他对这一条文的解读还是很值得商榷的,自然他的结论也就令人生疑了。

根据约翰·H. 威格摩尔对《苏美尔法律研习本》第 4 条的解释,与当时拉尔沙王国的另一部法律,即《苏美尔亲属法律研习本》中第 1 条至第 4 条的规定进行比较,不难发现它们之间是自相矛盾的。根据《苏美尔亲属法律研习本》的第 3、4 条,很清晰地得出以下结论,即《苏美尔法律研习本》的第 4 条与《苏美尔亲属法律研习本》的第 3、4 条的精神是一脉相承的,出于维护家长权的至高地位,苏美尔人的法律是绝对不允许儿子包括养子擅自解除这一收养关系的,这与《李必特·伊丝达法典》的相关规定也是前后一致的。从苏美尔诸法典的时代精神来看,

---

① 〔美〕约翰·H. 威格摩尔:《世界法系概览》(上),何勤华、李秀清、郭光东等译,上海人民出版社 2004 年版,第 69 页。
② 第 4 条的楔形原文为:"(iv 19—29) *tukum-bi ad-da-ni ù ama-ni nu ad-da-mu nu ama-mu ba-an-dug₄ é a-šà kiri₆ arad-arad nıg-gur₁₁-ra ıb-ta-é-a ù kù-bi šám til-la-a-ni-šè in-na-ab-sum-mu.*"英文对译为:"If he (the adopted son) declares to his father and mother,'You are not my father', or 'You are not my mother', he shall forfeit house, field, orchard, slaves, and possessions, and they shall sell him for silver (into slavery) for his full value."See Martha T. Roth, *Law Collections from Mesopotamia and Asia Minor*, Scholars Press, Atlanta, Georgia, 1995, p. 44.

《苏美尔法律研习本》的第 5 条实质上主要是从家长权的角度出发,保护父母或养父母的财产。尤其是当时的苏美尔人有产者经常将奴隶或奴隶与自己所生的子女收养为家庭成员,收养关系已经成为这一时期比较常见的家庭关系之一。这一时期的法律自然应首先保护这些贵族阶层的利益,维护至上的家长权。

不过,当时生产力还不甚发达,在这一社会条件下,个人脱离群体(主要是家庭或区域性国家)实际上是无法完全独立生活下去的,因此,当时的社会伦理和国家法律也不能容忍父母滥用家长权破坏人伦秩序的行为,法律也适度地维护子女的生存权利。对于破坏家庭人伦秩序的人,如不认其子的父或母,也同样施以严厉责罚,逐出公社。例如,该法律第 5 条规定如果父母对养子说"尔非吾子",父母必须离开房屋和居地。① 而养子将获得父家之产,如围墙、居所等财产,也获得了独立主体资格。

在苏美尔社会收养关系的解除一般需要经养父母的请求,由法庭裁决,方可解除彼此的关系,任何人均不得擅自做出单方面的行为,以侵犯任何一方的民事权利,这也包括享有至高地位的家长也不得随意解除收养关系,剥夺无过错的养子的继承权。

在这一意义上,苏美尔人对权利义务对等的价值判断,在法律运作层面上得到了很好的诠释。而这一规范运作或许才真正地印证了约翰・H. 威格摩尔的论断,"苏美尔法典严格的法律规则……都是一种内心深处正义的体现"②。但是这种平等权利观尚处于萌芽状态,有些

---

① 第 5 条的楔形原文为:"(iv 30—33) *ad-da-ni ù ama-ni nu dumu-[mu]-meš ba-an-na-ab-dug₄ ub⁷ é-ta bar-ra-è-a*."英文对译为:"(If) his (adoptive) father and mother declare to him, 'You are not our son', they shall forfeit... the estate."See Martha T. Roth, *Law Collections from Mesopotamia and Asia Minor*, Scholars Press, Atlanta, Georgia, 1995, p. 44.

② 〔美〕约翰・H. 威格摩尔:《世界法系概览》(上),何勤华、李秀清、郭光东等译,上海人民出版社 2004 年版,第 69 页。

法律条文能超水平地体现民法的公平精神,而有些法律条文则不可避免地带有时代烙印,呈显出另一种不平等权的态势。

例如,该法律第 6 条规定:"倘彼引诱自由民之女离家外出,女之父母不知,而彼应告知此女之父母对该女宣称'我将娶你',此女之父母应以女嫁之。"

第 7 条规定:"倘彼引诱自由民之女离家外出,女之父母知之,而彼否认引诱此女,彼应对神发誓云'其父母实知情,过(错)应在他们'。"

该苏美尔法律对引诱女性结婚的宽宥规定似乎与亚述或赫梯时期的盛行劫婚习俗颇有异曲同工之妙。但这一规定仍是从维护家长权的角度出发,强调子女必须听命于父母,其教育、婚姻及日常活动一般均由父母做主,苏美尔法律并未赋予女儿择偶的权利。在此基础之上,苏美尔法律也有限度地保护其他家庭成员,特别是儿子选择婚姻的有限机会。

女性地位低下,不仅体现在法律的制定因子女性别不同而区别对待,而且在法律规定的处罚上也是不尽相同的,对女儿的保护力度远不如对儿子的保护。譬如,根据该法律第 5 条规定在父母与儿子之间,父母因不认其子,规定应被逐出村落(或公社),以此有效地保护儿子的财产。而根据第 6 条,对于女儿的保护,当其人身权受到侵害时,仅是要求引诱者"应告知此女之父母",而此女的父母就可以"以女嫁之"。与儿子的地位相比较,女儿的卑微地位不仅形象地烘托了家长权的至高地位,而且生动地说明了这一时期男女社会地位不平等状况进一步加剧,这也正是当时西亚文明秩序中民众生活在法律上的真实记载。

公元前 1800 年左右的《苏美尔亲属法律研习本》,国内又将之译为《苏美尔亲属法》,是拉尔沙王国的另一部法典残片,是阿卡德译文的苏美尔原文,也是出自"法律家"所用的苏美尔教本,教本包含字典、文法形式及法律程式,以及法律内容的种种样式的原文,这一文献也反映了拉尔萨王国的法律实践。①

该法律现残存的条文共有 7 条,主要涉及家庭关系、夫妻关系、家庭财产等民事方面,其法律精神的核心是维护父权和夫权,与《苏美尔法律研习本》的立法宗旨十分相近。

首先,有关父母与子女关系的民事规定。在苏美尔人的社会里,男子对妻子儿女有着绝对的权威。子女在苏美尔人家庭中毫无地位。对忤逆不孝子女,父母可当众宣称和其脱离亲子关系。被父母宣称脱离亲子关系的事是很严重的,因为法律对于这类子女,所给予的处分是:一律驱逐出境。②

该法律第 1 条规定:"倘子告其父云:'尔非吾父',则应髡彼之发,加之以奴隶之标记,并卖之以易银。"③

第 2 条规定:"倘子告其母云:'尔非吾母',则应髯彼之鬓,并逐出公社,逐之于家庭经济之外。"

这一民事法律要求子女对父母应当孝顺。如果子女对父母说:"你不是我的父母",就是一种最大的不孝。它直接构成对父权的侵犯。对于父亲而言,子女就是他的私有财产。因此,对于这一不孝之子,法律规定应当处以剃去头发的刑罚,同时剥夺儿子的自由民身份,施以奴隶标记并予以出售,换取银两。

相对于父亲,母亲在家庭中的地位则较低。儿子以同样的言行冒犯了母亲,法律出于对家长权的维护,规定了对儿子的相应处罚,但这

---

① 法学教材编辑部、《外国法制史》编写组:《外国法制史资料选编》(上册),北京大学出版社 1982 年版,第 3 页。
② 参见〔美〕威尔·杜兰:《东方的遗产》,幼狮文化公司译,东方出版社 2003 年版,第 19 页。
③ 法学教材编辑部、《外国法制史》编写组:《外国法制史资料选编》(上册),北京大学出版社 1982 年版,第 3 页。本书中有关《苏美尔亲属法律研习本》(即《苏美尔亲属法》)的条文均引自该书,以下不再另加注。

一规定明显轻于前条款。法律上只规定应当剪去他的鬓角,驱逐出原公社或村落,并脱离家庭经济关系,但却未规定剥夺其自由民身份,这说明对母亲不孝的儿子仍享有自由民身份,从中也间接地说明了夫妻关系的不平等、男女关系的不平等。

与之相对应,该法律第3、4条针对父母的类似行为也做了具体规定。其中,第3条规定:"倘父告其子云:'尔非吾子',则彼丧失房屋与围墙。"

第4条规定:"倘母告其子云:'尔非吾子',则她丧失房屋与器具。"

如前所述,这两个法条在一定程度上也保护了儿子的生存权利,但也不难看出,父母对子女的侵犯,法律上的处罚相应较轻。总体上说,当时的苏美尔社会还是十分注重家族和睦团结的必要性与重要性,强调家长权力的至高无上。因此,上述四条法律文献充分展现了古代西亚地区亲属法产生与存在的实用功效。

其次,有关夫妻关系的民事规定。对于婚姻关系,苏美尔人看得很慎重。不少法律和规定关涉诸多问题中妻子的有限权利。例如,在妻子嫁妆方面,妻子对其嫁妆,有权管理和支配。丈夫对于妻子的嫁妆,虽也有权过问,但当涉及这部分财产的遗赠时,唯有妻子才有决定权。又如,在管教孩子方面,母亲和父亲有着同等的权利。在家庭的日常事务方面,对于不动产的处分规定,夫在由夫,夫不在由已成年之子,无成年之子,她才可以做决定。对于属于她自己的奴仆,她更可以支配和处理。[1]

然而,苏美尔毕竟是以男性为中心的社会,本质上两性间是不平等的。男性,经常为一国或一家之主。在一些特定情况下,丈夫可以卖掉妻子,或以妻子与人为奴隶而抵偿其债务。丈夫与别人通奸,没有任何

---

[1] 〔美〕威尔·杜兰:《东方的遗产》,幼狮文化公司译,东方出版社2003年版,第18—19页。

法律责任。但是,妻子有外遇,便会受到很严重的惩罚。苏美尔人视生男育女为女性之天职,对于不能生育之妻子,丈夫可以随时和她离婚。妇女不想生孩子,或对所生的孩子不尽哺育责任,在苏美尔人看来,系属罪大恶极。对于这种女性,依法应予淹毙。男尊女卑的整体格局一目了然。

该法律第 5 条规定:"倘妻恨其夫而告之云:'尔非吾夫',则应投之于河。"

第 6 条规定:"倘夫告其妻云:'尔非吾妻',则彼应给银半明那。"

这些均是从维护夫权的立场出发,确定了以夫为中心的夫妻关系。无故受害的妻子,因其夫的抛弃,虽然能得到一点金钱补偿,很显然与她离开丈夫所受到的严惩相比较是微不足道的。可见,苏美尔社会中夫妻的权利与义务是不对等的。

再次,有关家庭财产关系的民事规定。该法律还就奴隶的雇用做了专门规定。因为在苏美尔社会里,奴隶是苏美尔人家庭财产的重要组成部分,所以法律有必要就其相关问题做具体规范。该法典第 7 条规定:"自由民雇用奴隶而奴隶死亡、逃走、失踪、规避或患病,则彼应每日按约定之半付给谷物,以为奴隶受雇之工资。"该条文中"彼"是指自由民,即雇主。这说明,自由民在有偿雇用奴隶期间有监护的义务。如果出现奴隶死亡、逃走、失踪、规避或患病的任何一种情况,自由民就必须对奴隶的主人(即出租方)承担法律规定的责任。在此,这种法律责任主要是民事赔偿责任,即向该财产所有人——奴隶主支付赔偿额为每日按约定的一半付给谷物,主要是大麦。

(四)《苏美尔法律样式册》

约公元前 1700 年的《苏美尔法律样式册》(*Sumerian Laws Handbook of Forms*,简称 SLHF)是来自一个古巴比伦的棱柱(the Old

Babylonian Prism)①,它论载了有关苏美尔人契约及其条款的概要,是当时某位对法律颇有造诣的无名抄写员的杰作,由某一个专业机构精心保存下来的。这一苏美尔教本手册与诸法典条文相比较,其中许多术语均能够在古巴比伦的契约之中找到,譬如,解放(奴隶)、誓言、盗窃、房屋的出售和出借、强奸、结婚、收养、继承关系和学徒身份、农事中的违法行为和出借、契约履行中的违约、租船(或牛)的损害、奴隶以及债务抵押等,不一而足。

一如其他的苏美尔法律条文一样,这一苏美尔教本手册中法律规定和一部分的契约条款也采用了"*tukum-bi*"体例,另外,有些法律规定及契约条款则采用陈述体例,以某一事例来表达一个法律规则。这两种不同体例出现在同一个法律教本之中,或许能够说明,晚期的苏美尔法律随着文明的更迭也发生了变化。尽管这些苏美尔法律样式的教本手册中独立的样式或规范的程式未必十分突出,但它们仍然真实地记载了苏美尔社会自由民的诸多民事权利,——记录了苏美尔人是如何解决自由民的夫妻关系、养父母与养子关系以及女奴在家庭中的地位等问题的。现存该文献共有十个残缺片段,②大致可以分为以下三个部分来解读。

第一部分,是从(i1—3)至(iv31—34),共45个条文的记录,其中夹杂地采用"*tukum-bi*"体例的条文甚少,仅有(iii10—12)、(iii13—15)、(iii39—47)三个条文是常见的假定式,分别规定自由民盗窃船或猪、侵犯房屋用地的双倍赔偿(double its value)责任,其余多数内容均是一般的叙事风格,往往几个连续的条文组成一个完整的个案,主要记载了

---

① 这是一个有四个面的棱柱,大约19.5公分高,每面写有三段楔形文字,现收藏于美国费城自由图书馆。
② See Martha T. Roth, *Law Collections from Mesopotamia and Asia Minor*, Scholars Press, Atlanta, Georgia, 1995, pp. 46-54.

具体的法律程式或详尽的法律流程,体现出苏美尔人处理这些事件的规则。分别涉及:

其一,有关解放奴隶的个案。

(ii 4—6)　他们给他解放奴隶身份泥板书。

(ii 7—9)　他洗去前额(的奴隶标记),解掉脚镣,打碎他的罐。

(ii 10—13)　他获得自由,且得到为他的自由制作的文契。

其二,有关誓言的个案。

(i 6—8)　他发誓,他们发誓。

(ii 43—45)　他发誓……以国王的名字起那个誓。

(iii 3—5)　他们联合地以国王的名字起那个誓。

(iii 6—7)　他们一起共同以国王的名字起那个誓。

(iii 8—9)　他们彼此平等地(或连带地承担责任)。

其三,有关建筑物相邻权的个案。

(iii 18—19)　他们对共用墙负有(维护的)义务。

(iii 24—25)　他毁坏了共用墙,应自己重建这一面墙。

(iii 26—31)　因为他自己毁坏并又重建了这面共用墙,(该面共用墙的另一所有人)应偿付他修缮这面墙所花费用的一半银两。

(iii 32—38)　(由于获得了修缮费用,第一个当事人须发誓)道,以后他不得向已偿付了修缮费用的当事人做如下的声称,即他不可依此墙建造任何建筑物,不可在墙上钉钉子,也不可在共用墙上架梁等。

其四,有关夫妻关系的个案。

(iv 12—14)　他藐视她,他应给她离婚费用之银。

(iv 15—16)　他将割断她的裙边。

(iv 17—18)　(另一个男人)可以娶她;他(第一任丈夫)不得宣称"她是我的配偶"。

(iv 19—20)　他给她选择自己配偶的机会。

(iv 21—22) 他亦可结婚。

其五,有关收养关系的个案。

(iv 23—24) 他以"国王的名字"发一个誓约。

(iv 25—26) 他收养了他做儿子。

(iv 27—28) 他已确定他为(自己财产的)继承人。

(iv 29—30) (他是)养子身份。他是学徒身份(的养子)。

(iv 31—34) 应有五个继承人,他们应平均继承(养子是其中一个继承人)。

上述这些个案所承载的苏美尔法律程式均能在《俾拉拉马法典》、《汉穆拉比法典》中找寻得到它们的痕迹,甚至在古亚述的民事习惯法中也能看到它们的踪影,苏美尔民事规范的点点滴滴成就均为巴比伦人和亚述人所承继与发扬。正是通过这些古代西亚地区的后人,苏美尔人创造的民事规范才得以流芳百世,并汇入了古代西亚法律文明的长河之中,成为人类社会近现代民法的历史源泉。

第二部分,是从(iv 35—41)至(iv 35—41),共 13 个条文,调整对象与苏美尔民事成文法诸种规定并无二致,关涉田园、租船、牛等主要财产的侵权或契约。

之一,关于土地耕作中的灌溉之事。

(iv 35—41) 倘自由民改道水流灌溉,弄毁和淹没其邻人的田,则他应按照邻人的收成,以谷为偿。

这一规定与《乌尔纳姆法典》第 31 条是一脉相承的,古巴比伦的《汉穆拉比法典》第 55 条与之也甚为相似,均强调在农事上自由民彼此相互尊重各自田产与收成,对有过错或故意或过失地损毁他人农田、影响他人农业收成的不法行为,法律规定相应的民事处罚,这是一个典型的侵权行为法律救济。

之二,关于船只租借事宜。

(iv 42—v 11) 倘自由民租船并同意依照指定的航线行驶,但他未按照航线行驶而使船沉没,因此视为实施了不法行为;则他应赔偿船只,并以谷偿付租船之费。

(v 12—20) 倘自由民租船,损毁木头……和木头……,则他应偿船价的一半银两。

(v 21—26) 倘租船沉没,则他应赔偿船只,并将它运回码头。

(v 27—31) 倘逆流之船撞沉顺流之船,则他(逆流之船的船长或船主)应赔偿沉船。

(v 32—36) 倘顺流之船撞沉逆流之船,则他(顺流之船的船长或船主)无须赔偿沉船。

(v 37—44) 倘自由民将船交给船工为期一年,则他(船工)应在租期结束之际偿付租船之费。

上述这些法律规定中(iv 42—v 11)与《李必特·伊丝达法典》第5条几乎完全相同,而(v 27—31)与《汉穆拉比法典》第240条极其相似,均主张逆流之船应负赔偿责任,因为逆流之船的行为人明显有主观故意或过错,而(v 32—36)的法律豁免,实际上是根据自然规律得出的,顺流之船的行为人可能并不存在过错或故意,因此苏美尔人有了法律上的这一除外规定,似乎很符合客观规律,有一定科学意义,遗憾的是《汉穆拉比法典》却未沿袭这一苏美尔法律条款。但就船只租金数额,《汉穆拉比法典》第236、238、239条的规定,在苏美尔教本这一手册的(v 12—20)、(v 21—26)及(v 37—44)基础上要精细得多,其违约责任的追究更具可操作性,对债权人船主的法律保护也更为切实。在此意义上,《苏美尔法律样式册》为巴比伦的民法发达奠定了历史基础,提供了丰富经验。

之三,关于牛的问题。

(vi 11—15) 倘他(租牛者)[…(伤害)]牛的……,则他应赔偿牛价的四分之一银。

（vi 16—22） 倘租牛由放牧地进入藤丛,遭致为狮所杀,则他（租牛者）无须赔偿。

（vi 23—31） 倘蹚河时牛被淹死,则他（租牛者）应赔偿牛,应偿还一头健康的牛以及租牛补偿费用。

（vi 32—36） 倘狮子杀死已上轭的牛,则他（租牛者）无须赔偿。

这些法律条文规定,在《租牛法典》中均有着提及,其法律认定和处理结果大同小异,再次表明了苏美尔人对农业生产的足够重视,也充分意识到早期民事法律规范对经济生活的保障作用。

第三部分,是从（vi 37—39）至（ix 15—25）,共 21 个条文,包括誓约、债务抵押、耕作、建房及出售房屋等内容,但仅有债务抵押和农田耕作的法律文献保存得比较完整。

在债务抵押方面,有如下两个规定：

（viii 3—10） 倘被抵押为债奴的妇女死亡,或逃走,或消失,或生病,则他（即债务人）应按照委派她所完成的劳作全价赔偿。

（viii 11—15） 被抵押为债奴的妇女与债务总价是等值的,当他（即债务人）以银还（债权人）时,他应重新收回自己的女奴。

这两条法律内容是苏美尔人创制了以人为质、抵偿债务规则的最重要依据,此前的《乌尔纳姆法典》、《李必特·伊丝达法典》等苏美尔民事成文法典中均无类似条款;相反,古巴比伦《汉穆拉比法典》第 117 条至第 119 条也有关于以人为质的规定,这表明了债务抵押制度始出现于公元前 18 世纪西亚地区,苏美尔人独创了这一规则,古巴比伦人得以继承与发扬,此后的赫梯人和亚述人对它们又加以完善。

在农田耕作方面,具有价值的是以下 5 个条文的规定：

（viii 16—19） 他以每个收获季节谷物收成的四分之一为租金出租耕地。

（viii 20—21） 他（即出租人）已先期获得耕地租金。

（viii 22—25） 收获季节,田主应取得尽可能多的谷物。

（viii 26—30） 收获季节,他应取得谷物收成的四分之一（为租金收益）。

（viii 31—34） 田主有纳贡义务,并应维护其土地上的土方工程。

上述的这些规定,表明这一时期的土地主要是耕地,是附有纳贡义务的耕地,是公社分配给社员或国王分封给臣民（即全权自由民）的,全权自由民通过出租与农人佃耕,获取收益,并对公社或国王承担纳贡服役的义务。其他无地的自由民或农人佃地以耕,以获得生活资料,但不负该佃地的纳贡、服役义务。这些规定较《乌尔纳姆法典》、《李必特·伊丝达法典》要详细而具体,明显带有古巴比伦时期早期法律的色彩,应当推断是介于苏美尔法律和巴比伦法律之间的过渡法律,并深刻地反映出该法律条文所施行的社会正处于由村社或城邦王权走向奴隶制和中央集权帝制的过渡阶段。因此,很有可能有着两种承载不同文化（苏美尔晚期文明和巴比伦早期文明）的民事规范同时运行于这一社会。

其余的 ix 以及 x 至 xii 的所有文献内容,均因损毁严重而无法破译解读。[1] 相信这些湮灭的条文也可能是一些详尽的民事规则或范例。

四、小结：苏美尔民事规范的特色

如前所述,公元前 2100 年至公元前 1700 年左右,位于美索不达米

---

[1] Martha T. Roth, *Law Collections from Mesopotamia and Asia Minor*, Scholars Press, Atlanta, Georgia, 1995, p. 54.

亚平原南部的苏美尔诸城邦先后制定了《乌尔纳姆法典》、《李必特·伊丝达法典》、《X法典》、《租牛法典》、《苏美尔法律研习本》、《苏美尔法律样式册》等成文法。它们有着特别的文法,由许多法律规范组成。虽各自记录在不同物体上,得以保存,但却有着相同的体例风格和相似的法律内容。这些楔形文字法典一般由序言、正文和结语三部分组成,均调整自由民的人身关系和财产关系,涉及婚姻、家庭、财产及继承、各类契约及侵权之债等内容,其民法条文十分生动、民法观念十分朴素、民法制度也十分成熟,因此可以推断:民法始于苏美尔。

从整体上说,苏美尔文明主要是以农业为主,由此生成的经济交往和社会结构还相对单一。以《乌尔纳姆法典》、《李必特·伊丝达法典》为代表的楔形文字成文法典,是"诸法合体、民刑不分"的,侧重于调整国家和自由民之间、自由民之间的权利义务关系。其中有关所有权及其他各项权利、债等法律条文,为苏美尔人从事各类民事活动提供了主要的制度范式,为此后民法规范的进一步发展奠定了一定的制度基础。

通过对苏美尔人的各部法典及习俗中民事规范的详细甚至烦琐的考证和解读,我们可以看到苏美尔人的民事规范具有非常鲜明的特色,概括地说有以下三个方面:

第一,苏美尔成文法典中的民事条文十分生动。古代西亚地区的人们倾向于按照具体生活或现实题材组合他们的法律,而并非像现代法律框架那样理智而概括地梳理繁杂的资讯。这一时期的苏美尔法律中民事条文占据了绝大部分,而这些民事条文又是相当世俗而实用的,它们源自生活,贴近生活。例如,他们的法律中将有关牛的内容制定在一起,将有关船的内容归纳在一起,将有关奴隶的内容组合在一起,等等。另一方面,古老的苏美尔人在法律中具体而周到地回答了各种买卖合同,如涉及一头牛、一个奴隶或一辆运货马(或牛)车的买卖细节问题,而非像现代法律那样简明地以契约、过失或代理等类别加以抽象界定,仅作扼要而宽泛的约束。因此,苏美尔人尚未产生特定的法律术语或抽象的法律范畴,以清晰表达诸如现代意识中的法律原则或法律等概念。① 他们以质朴的语言和审慎的尺度,创造了形象而生动的民事条文规范。

第二,苏美尔成文法典中的民事观念十分朴素。诚然,记载美索不达米亚早期法律文明的文献尚十分稀少,但仍然能从苏美尔诸法典有限的条文中还原出一个较为清晰的法律框架。而它呈现给后人的正是一个民事规范的精确构架。对此,虽不能以现代法律的眼光衡量或评判苏美尔人的法律成果,但现代民法的一些基本概念、观念、范畴、原则等,却已孕育于这些有关"牛买卖"等远古法律规矩之中。不可否认,正是在这些不断重复并时时发生的简单交换信条中,传达了古老的苏美尔人的价值观念,产生了有关契约、侵权的民事处理方法,诞生了诸多的交易习惯和守信规则,最后形成成文的楔形法律。这无疑是一个相当缓慢而渐进的千年进程,最终一个成文法律的轮廓逐渐凸现。苏美尔成文法典的民事观念因契合了人类物质生活和精神追求而显得格外地纯朴。

第三,苏美尔成文法典中的民事制度十分成熟。苏美尔成文法典不仅在形式特征上,以序言开始的风格和连续使用"*tukum-bi*"体例,表明当时西亚社会立法技巧已经达到相当发展的程度,而且在内容实质上,既定的行为规则和具体的解决方案无不昭示一个普遍的真理:自从人类诞生、组建家庭、构成社会之后,人们之间便发生了各种各样的交际与往来。有了人与人、家族与家族、个人与家族等之间的生产资料和

---

① Russ VerSteeg, *Early Mesopotamian Law*, Carolina Academic Press, Durham, North Carolina, 2000, pp. 5-6.

生活用品等的交换行为,也有了男女之间性的结合行为,老人与后代之间的生活供养(抚养与赡养)和财产转移(继承)行为,以及人们在生存过程中不可避免会发生的一些违背誓言甚至伤害事件而导致的赔偿行为等。

为了使人类的上述诸种行为能够有序地展开,便相应出现了一些调整这些行为的规则。这些规则随着人类的进化,交际与往来行为的频繁,日积月累,逐步地变得清晰、明朗、系统、确定,从而形成了一个可以知晓、把握并预测的制度体系,这个体系,即所谓"民法"。因此,苏美尔民法制度在一定意义上是与人类共同成长起来的,只是在苏美尔城邦国家诞生之前,它由风俗、习惯、道德、舆论或宗教以及社会性公权力保障实施,而在苏美尔城邦国家诞生之后,它获得了法律等国家强制力的执行而已,民事规范及其实施经诸多苏美尔成文法典的提炼愈发成熟而确定。

法律文明的成长与传播,是一种法律文明向其他范围转移或扩散,引发法律的互动、采借以及整合的过程。可以肯定地说,规范人与人交往的民事规范是在人类文明诞生地产生的,并向四周地区传播开来。一种全新的民事规范(与宗教信仰、道德规范交织与融合的)在苏美尔民族、在古代西亚地区形成,在经历了一段时间的完善之后,其功能与价值被充分显现出来,它不仅为该民族、该地区的国家和民众所接受,成为传统文化的延续和发展,而且开始向其他民族、其他地区渗透。鉴于此,肇始于苏美尔社会的习俗与法律,通过以后众多民族诸如巴比伦、亚述、赫梯、希伯来等之间相互吸收、互相继承、彼此促进,历经数千年来的岁月洗礼,从萌芽到发展并最终走向成熟。

概言之,尽管苏美尔法典条文简单而粗糙,但无论法典结构还是法条内容,均成为后世古代西亚地区楔形文字成文法典,特别是古巴比伦时期的《俾拉拉马法典》、《汉穆拉比法典》等的范本,苏美尔诸法典开美索不达米亚成文法之先河,在世界法制史占有着极为重要地位,苏美尔民事规范在民法史上也有着积极的意义,这一点应当引起现代学者的高度重视。

第二章　巴比伦民事成文法

乌尔第三王朝衰落之后,两河流域再次陷入分裂局面。此间,相继出现过一些大大小小的城邦国家,如美索不达米亚北部的埃什嫩那王国(The Kingdom of Eshnunna)、南部的古巴比伦王国(The Kingdom of Babylon)[①]等。

[①] 巴比伦城最初不过是幼发拉底河边一个不知名的小城市。在苏美尔时代阿卡德文的一块碑文中,列举了许多被征服的城市,其中就有巴比伦的名字。约公元前 2200 年,由一支来自叙利亚草原的闪米特族亚摩利人(Amorite)攻占。首领苏姆阿布姆(Sumu-abum,公元前 1894 年—公元前 1881 年在位)继承了乌尔王朝的疆域,建立起自己的政权,即古巴比伦王国(史称巴比伦第一王朝)。但在乌尔第三王朝时,还只是乌尔王朝的附庸。之后,骁勇善战、争强尚武的亚摩利人以此为中心,南征北战,四处扩张,同时作为西亚地区新移民,迅速吸收了当地苏美尔文化,逐渐壮大,最终建立了强大的巴比伦帝国(约公元前 1894 年—公元前 1595 年),这一支亚摩利人也因此被称为"古巴比伦人"。这一时期,美索不达米亚文明进入了第 2 个重要阶段,史称为"古巴比伦时期"(the Old Babylonian Period)。它大致可以分为三个阶段,第一阶段为古巴比伦早期,主要指汉穆拉比统治之前的时期,美索不达米亚政治版图上各城邦或王国诸如埃什嫩那王国等的实力也日益壮大,与古巴比伦王国形成了诸雄鼎立的态势。第二阶段为巴比伦中期,主要指巴比伦第六位国王汉穆拉比及其继任者统治时期。公元前 1792 年,汉穆拉比缔造了第一个巴比伦帝国,消灭了埃什嫩那,控制了美索不达米亚南部的大部分地区。公元前 1750 年,他死后,他的儿子萨穆苏伊鲁纳(Samsu-iluna)继位不到十年,王国就开始陷入内外交困的境地。第三阶段为古巴比伦晚期,始于公元前 1740 年,由伊鲁玛·伊鲁在尼普尔(Nippur)以南整个地区建立了巴比伦第二王朝(Kingdom "of the Sealand"或称海国王朝)。巴比伦帝国的北部仍由汉穆拉比的子孙控制着,但疆域已经大大缩小了,至公元前 1595 年,赫梯人(Hittites)长驱直入巴比伦城,王国惨遭洗劫。此后,以巴比伦为中心的两河流域,其统治权力几经易手,进入了黑暗时代。约于公元前 1530 年,原居住在底格里斯河以东山区的半农半牧的加喜特人(Kassites 或 Cosseans,又译喀西特人)在巴比伦建立起加喜特王朝,即巴比伦第三王朝(约公元前 1530 年至公元前 1157 年)。在其四百多年的统治期间,逐渐接受苏美尔、巴比伦文化和语言。自公元前 13 世纪起,该王朝受到亚述、埃兰的打击趋于衰落。代之而起的巴比伦第四王朝未能改变地方分裂割据的颓势,也未能抵御阿拉米亚人的入侵,于公元前 729 年为新亚述所吞并。参见崔连仲主编:《世界通史》(古代卷),人民出版社 1997 年版,第 105 页。对于这段历史的考证还可以参考 Norman Yoffee, "Political Economy in Early Mesopotamian States", Annual Review of Anthropology, Vol. 24 (1995), pp. 281-311。

曾有学者认为:"如果说苏美尔人和古巴比伦人之间有什么明显的不同,那只有两个标准:地理和语言。"①其实不然,古巴比伦人(old Babylonian)不仅继承了苏美尔人的语言,而且还继承了苏美尔—阿卡德文明的许多遗产,包括苏美尔的民事规范,并加以发扬光大,"虽然许多细节有所发展、延误和改变,但作为一种由闪米特族人移民的继承者们承继的浪潮,苏美尔人的制度或习俗非常适合于其他后来人所处的环境,以至于这些制度或习俗在古巴比伦文明中仍处处得以保留其痕迹。"②巴比伦民事成文法正是在苏美尔民事规范的基础上发展而来的。

以楔形文字法典为划分标准,巴比伦民事成文法的发展大致可以分为早、中、晚三个阶段。早期,美索不达米亚平原上的一些小王国编纂过自己的法典,其代表作是埃什嫩那王国的《俾拉拉马法典》(The Laws of Eshnunna,简称LE);中期,即古巴比伦王国鼎盛时期,统一了美索不达米亚广大地区的古巴比伦国王汉穆拉比(The Great Hammurabi,公元前1792年至公元前1750年在位)颁布了《汉穆拉比法典》(The Laws of Hammurabi,简称LH);晚期,新巴比伦王国③秉承古巴比伦人悠久的法律传统,尼布甲尼撒二世(Nebuchadnezzar Ⅱ,公元前604年至公元前562年在位)在其统治早期施行了《新巴比伦法典》

---

① 〔美〕菲利普·李·拉尔夫、罗伯特·E.勒纳、斯坦迪什·米查姆、爱德华·伯恩斯:《世界文明史》(上卷),赵丰等译,商务印书馆1998年版,第54页。

② H. W. F. Saggs, *The Greatness that was Babylon* (1962), p. 157. See Russ Ver-Steeg, *Early Mesopotamian Law*, Carolina Academic Press, Durham, North Carolina, 2000, pp. 4-5.

③ 约公元前626年,迦勒底人(Chaldeaus,即新巴比伦人)作为闪米特族的一支,约在公元前1000年初进入两河流域南端,其势力日益壮大。首领帕拉萨尔(Nabopolassar,公元前625年至公元前605年在位)在巴比伦城自立为王,建立了迦勒底王朝,史称"新巴比伦王国"。其儿子尼布甲尼撒二世是最强大的一位王,将巴比伦势力扩张到地中海之滨以及非洲的古埃及。新巴比伦的社会政治、经济、文化等均有比较大的发展。

(*Neo-Babylon Laws*,简称 LNB)。[1]

历经千年的这些楔形文字成文法典再次向世人证明：用法律来确立权力统治、规范社会秩序和人们的行为，并非欧洲人的发明，而是生活在古代西亚地区的先人们。继苏美尔民事规范之后，法律规范在最大程度上促进了古巴比伦社会的进一步发展与城市经济的空前繁荣。高度发达的商业贸易及由此产生的民事条文规范或习惯法，此时愈加发达。在这些法典中，以巴比伦民事成文法为主要内容，真实而准确地记录了当时民众的沸腾生活，巴比伦的民事成文法因此也开启了古代西亚民事规范发展的一个更为重要的时代。

一、巴比伦的民事法律渊源

由于苏美尔文明的积淀，古巴比伦时期的法律文明也同样灿烂无比。无论是在质量上还是在类型上，这一时期为后人留下了无比丰硕的法律成果。这些成果中属于民事法律渊源的有法典、敕令（Edicts）以及民事文书、学校教学文本等，这些不可多得的法律渊源是当时人们普遍遵行的民事规范以及商业习惯的基本表现形式。

（一）楔形文字成文法典

公元前 1770 年左右的《俾拉拉马法典》，是出自美索不达米亚北部王国埃什嫩那王国的法典，故也称《埃什嫩那法典》。埃什嫩那古城（Eshnunna）是巴比伦东北边狄雅拉（Diyala）河谷的一个城市，是美索

---

[1] Martha T. Roth, *Law Collections from Mesopotamia and Asia Minor*, Scholars Press, Atlanta, Georgia, 1995, p. 144.

不达米亚平原通往埃兰(Elam)王国①之路的中转站,其文明与法律深受多元文化的影响,苏美尔—阿卡德文明对其影响较大。俾拉拉马(Bilalama)系年号,具体时间尚不得而知。②

该法典共有六个段落。法典抄本保存在今巴格达博物馆的两块泥板上,分为序言和正文两部分,序言用苏美尔文写成,正文则是阿卡德文。序言内容很简洁,仅强调了制定法典的大致时间。现残存的正文共有 59 条法律规定,其中涉及民事关系、民事行为的规范占了绝大多数。许多法律条文与《汉穆拉比法典》十分相近,说明它们拥有共同的社会基础和文明传统,是后人洞察古巴比伦早期社会结构和民众生活的重要文献。③

公元前 1750 年的《汉穆拉比法典》是楔形文字法典中集大成者。在继承先民智慧的基础之上,古巴比伦第六代王汉穆拉比在其统治期间完成了这一宏伟事业。该法典也是迄今所知的历史上第一部完整保存下来的成文法典,发现于苏萨古城。④《汉穆拉比法典》的铭

---

① 约公元前 2500 年至公元 100 年间,地处扎格罗斯山脉地区(the Zagros Area),亚洲伊朗西南部古代王国。

② 一种推断是公元前 3000 年末至公元前 2000 年初两河流域许多城邦王国所用的年号,一般取前年所发生的大事,俾拉拉马的年号,全称应当是"埃什嫩那王俾拉拉马献大兵器于某庙之某神"(参见法学教材编辑部、《外国法制史》编写组:《外国法制史资料选编》(上册),北京大学出版社 1982 年版,第 4 页)。故从时间上看,《俾拉拉马法典》可能早于《李必特·伊丝达法典》。另一种推断是该法典颁布之时,可能时值埃什嫩那国王 Dadusha 统治之际,大约是公元前 1770 年(See Raymond Westbrook (ed.), *A History of Ancient Near Eastern Law*, Vol. 1, Koninklijke Brill NV, Leiden, The Netherlands, 2003, p. 361),本书倾向于采纳后者的时间推断,那么在时间上应该晚于《李必特·伊丝达法典》。此外,有的学者甚至认为它产生于公元前 1800 年左右,稍早于《汉穆拉比法典》,是古巴比伦早期阿卡德人的法律成果(See Russ VerSteeg, *Early Mesopotamian Law*, Carolina Academic Press, Durham, North Carolina, 2000, p. 27)。

③ Russ VerSteeg, *Early Mesopotamian Law*, Carolina Academic Press, Durham, North Carolina, 2000, p. 27.

④ 公元前 12 世纪,埃兰国王 Sutruknahunte 入侵巴比伦,将石碑作为战利品劫掠至首都苏萨,正是在那里,法国考古学家于 1901 年发现了它,并将其保存于法国巴黎卢浮宫博物馆。

文刻在一根黑色玄武岩柱上,高2.25米,上部周长1.65米,底部周长1.90米。石碑上部是一幅浮雕,内容是太阳神和正义之神沙马什把象征帝王权力的标志——权标授予汉穆拉比王。石碑的下部用楔形文字刻有法典的全文。全文共3500行,用阿卡德文写成,原文的第69条至第100条被人为地损毁,据说是被埃兰人抹去了。[1] 后来考古学家借助于另一石碑上措辞相似的碑文和写在泥板上的律法副本,[2]才将这段失落的铭文补充完整。[3] 所以,该法典内容十分详尽而完整。

《汉穆拉比法典》由序言、正文和结语三个部分组成。序言和结语宣扬王权神授和国王的功德,标榜立法宗旨是"公平"和"正义"。尤其是"序言"部分的内容与《李必特·伊丝达法典》有着惊人的相似,充满了对神的敬慕和对君王的溢美之词,还有对正义与法律的崇尚理念。[4] 该法典正文共282条,其中,具有民事规范性质的条文占了法典绝大部分的篇幅。古巴比伦人制定的这部法典在继承苏美尔法律的基础上又有了新的发展,尤其是有关民事、商业的条款增加了不少。因此,"它的制定,标志着楔形文字法乃至整个古东方法发展到完备阶段"[5],该法典在世界法制史上具有极为重要的历史地位。尽管它在体例上是诸法合体、民刑不分,但在民法的起源上仍极具影响力。

---

[1] See Ira Maurice Price, "The Stele of Hammurabi", *The Biblical World*, Vol. 24, No. 6 (Dec., 1904), pp. 468-472.

[2] 那些写有律法的泥板保存在公元前7世纪的亚述王国巴巴拔的图书馆中,该馆位于距巴比伦以北240英里的尼尼微。

[3] See Jørgen Laessøe, "On the Fragments of the Hammurabi Code", *Journal of Cuneiform Studies*, Vol. 4, No. 3 (1950), pp. 173-187.

[4] See Francis Rue Steele, *The Code of Lipit-Ishtar*, *American Journal of Archaeology*, Vol. 52, No. 3 (Jul.—Sep., 1948), pp. 446-447.

[5] 何勤华主编:《外国法制史》,法律出版社2006年版,第20页。

公元前 605 年左右的《新巴比伦法典》是巴比伦法律文明最后的辉煌。[1] 现存于伦敦大英博物馆(the British Museum)的泥板文献，是某无名者对这一法典条文的复制残品，共有二十多行记号标注的简短条文内容，其中接近第 10 行的第 7 条处，断裂为两个部分，两部分泥板中间有些损毁。

这一泥板首尾部分均被侵蚀，故已无清晰可辨的序言和结语了，仅留存了正文部分，约 15 至 18 个法律条文，涵盖了农事、灌溉、买卖代理、奴隶买卖、结婚、夫妻财产及继承、违规所为的巫术或仪规等。这些条文除了第 13 条之外，均采用条件从句的方式，每一条以"自由民(amelu ša)……"为开始，以过去时的虚拟形式描述一个典型案例，表达一个明确的法律规定。

正文最后以新巴比伦国王的名字签署为结束。可惜的是这一国王的名字已经无法辨认，故后人推断为重建巴比伦文明的尼布甲尼撒二世制定了《新巴比伦法典》，因为在他持续了 43 年的统治期间，新巴比伦成为西亚地区唯一的主人，创造了新巴比伦的许多文明奇迹，巴比伦的政治、经济、法律、建筑以及科学因此达到了这一时期人类文明的最高峰。

虽时隔千年，但《新巴比伦法典》的立法精神与古巴比伦法律颇为相近，其主要内容仍然是以民事规范为主，调整男人、女人以及妻子这三类自由民，每一个法律条文均笼统地称他们为"amelu"，法律也涉及对奴隶(ameluttu)买卖活动的调整，当然他们仍是属于自由民的财产

---

[1] 古巴比伦王国灭亡后，古亚述进入帝国时期，亚述曾扩张到整个美索不达米亚平原、地中海东岸和埃及。公元前 626 年，迦勒底人(Chaldean，闪米特人的一支，后也称 Neo-Babylonian，即新巴比伦人)首领那波勃来萨(Nabpolassar)占据巴比伦，建立了新巴比伦王国。公元前 612 年至公元前 610 年，新巴比伦国王储尼布甲尼撒一世(Nebuchadnezzar Ⅰ)又联合米底人(Median)灭了亚述帝国，称盛一时。在尼布甲尼撒二世长达 43 年的统治期间，巴比伦经历了一次辉煌的复兴，直至公元前 539 年亡于波斯。

之一。

上述三部颁行于巴比伦社会的楔形文字法典，尽管其始作俑者是不同时代的统治者，但它们均承载了巴比伦最一般的民事规范和民法精神，成为公元前第二个千年的最突出的法律成就，是巴比伦民事法律的重要渊源之一。

（二）王室敕令

王室敕令，特别是古巴比伦王国后期的三份法令或布告，即所谓"正义"或"平等"法令（阿卡德文称 mišarum）极具价值。这些法令的主要内容是减免债务和其他义务，将小块土地归还原主等，因此后人称为《巴比伦解负令》。其中，公元前1640年，古巴比伦国王安米·萨杜卡（Ammi-Saduqa）颁布的《债务奴隶解负令》（Edict of Ammi-Saduqa，简称 AS）最为完整，包括一个序言（开场白）和二十四段内容。另一份是公元前1740年，由古巴比伦国王萨姆休·伊路那（Samsu-iluna）颁布的，仅留下有一个日期和三段内容。还有一份法令的断片残骸可能也是来自古巴比伦第三任国王的，当然，这仅是推测而已，其内容不详。

上述这些法令多是王室针对当时社会突出的债务问题所施行的改革举措，目的在于缓和社会矛盾，推动生产力发展。其他的一些行政规则主要反映在国王与其高级官员们之间往来的信件之中，这些国王或官员的命令并非一味地维护神权和王权，也不是纯粹的行政事务，有时也发表一些民事纠纷的处理意见以及落实一些民事判决的执行情况，甚至他们也重视强调如何防止权力的滥用以保障个人的权利。因此，王室敕令也是巴比伦不可或缺的民事法律渊源之一。

（三）民事文书

大量的民事文书，是巴比伦时期的又一个民事法律渊源。这些具

有法律效力的文献大体上分为三类:

第一类是民间文据。它多来自家庭或商业活动之中,很有史料价值。例如,古巴比伦早期,约公元前 1830 年至公元前 1790 年,由瓦拉德—辛(Warad-Sin)和里姆—辛(Rim-Sin)联合统治的拉尔沙王国(The Kingdom of Larsa),在其民间文据中就出现了称之为 *Balmunanmhe* 的商人。记载他们所从事的商业活动,绝大部分是有关买卖、出借、出租、出贷、合伙、婚姻、收养以及继承等类别的交易法律文件。它们不仅记载了许多客观而真实的交易活动,同时还记录了这些活动中的证人名字和制作文件的日期,且在这些文据上加盖了具体证人和双方当事人的印章(the seal)[1]。又如,新巴比伦王国,约公元前 6 世纪尼布甲尼撒二世及其后任的统治时期,据 UNC 14—17 文献[2]记载了数个这一时期各种民事活动的片段,既有某人之子继承父亲遗产的记载,也有某侵权人的兄弟押解该侵权人送交神庙裁决的记载,还有某侵权人赔偿 30 只羊的民事责任等内容记载。这些民间文据均十分珍贵,尽管文献中有些文字内容缺损,但在具体案情及当事人方面做了较为完整的记录,清晰地表明新巴比伦时期解决民事纠纷的规则与古巴比伦时期是一脉相承的。[3]

第二类是法庭裁决(*dinum*)。这类文献得以保存下来,非常详细

---

[1] 现代人通过将自己的印章盖在某个人的签名之后来证实其有效性,现代政府也通过在官方文件上加盖官方印章来证明其真实有效。这些做法是对约 7000 年前始于美索不达米亚的一种习俗的延续。最早的印章往往只是一些上面刻有简单的标记的卵石,用来在泥板上印下一个证明货主身份的标志。随着时间的推移,这些印章的制作工艺变得越来越复杂,印章的材质也越来越考究。大约在公元前 3500 年至公元前 3400 年,苏美尔人最终创造了圆筒印章。在接下去的 3000 年间,这些印章被加盖在货物和以楔形文字写成的黏土文献上以鉴证其归属和有效性。笔者认为,印章是古代西亚地区简单商品经济发达的最直接例证,也是古代西亚地区发达的民事规范的最有力注脚。

[2] 现藏于美国北卡罗来纳大学威尔逊图书馆。

[3] See Ronald H. Sack, "Some Miscellaneous Neo-Babylonian Documents", *Journal of Cuneiform Studies*, Vol. 24, No. 4(1972), pp. 105-106.

地记录了当事人争讼的相关事宜,譬如确定当事人的数量、诉讼争议的内容以及裁判结果,还附有一份明确无误的证人名单等。这些民事规范文献的制作,大多数是由败诉方为了主张利益,或者胜诉方为了行使权利而制作的,是这些权利的证明文件,而且这些权利又多是已获得承认的财产权利。因此,这些法庭裁决文书也是巴比伦民事法律渊源之一。

第三类是法律教本。在秉承苏美尔人办学传统的基础上,这一时期的学校里通常所用的教学素材仍直接来自于法律实践,它们主要有两类:一类是典型的法庭判决,是书面审判词,诸如当事人的基本情况介绍和他们各自的诉求等;另一类是法律条文的研读心得,包括对法典、合同条款以及国王敕令中的术语答疑。这些法律教材因此也是间接普及法律和习俗的一种有效手段,同时也是了解当时法律运行体制的一种良好渠道。

此外,还有不少其他文献中,也常提及相关的法律规范或习俗事例,它们大多存在于私人间的往来信件与处理日常事务的账簿、账单之中。偶尔,私人的某篇祈祷文或者一个预言也可能包含了某种法律规范及其价值取向,例如,当时那些看似无足轻重的债权人,其所作的祈祷文却是展示当时有关结婚法律及相关诉讼的最有价值的资料,[1]有时也不妨将其视为民事规范的渊源之一。

二、巴比伦诸法典的民事成文法

深入考证巴比伦诸法典的民事成文法,就三部法典中民事规范条

---

[1] See Raymond Westbrook (ed.), *A History of Ancient Near Eastern Law*, Vol.1, Koninklijke Brill NV, Leiden, The Netherlands, 2003, pp. 361-363.

文进行逐一的解读,无疑将有助于完善对这一时期巴比伦民法成就的感性认识和理性思考。

(一) 诸民事成文法探研

第一部:埃什嫩那王国的《俾拉拉马法典》

《俾拉拉马法典》中刑事规范仅占近30%,而有70%内容均属于民事性质。《俾拉拉马法典》中这些民事规范内容大体可以从契约制度、侵权制度以及婚姻家庭继承制度三方面作如下的剖析。

有关契约制度的法律规定——

《俾拉拉马法典》记录了契约内容的细致划分,就不同种类的契约作了具体规定,主要有租赁、代理、借贷、委托保管以及买卖等类型的契约关系,这些民事交往显然是以双方自愿交往为基点的。

面对各种形态的财产关系,这一时期的人们已学会利用信用的手段来实现自己的特定利益。在这方面,《俾拉拉马法典》的立法水平明显较《乌尔纳姆法典》、《苏美尔法律研习本》高得多。这时期的契约文献中包含了丰富的内涵,双方的权利义务十分明确,尽管因缺乏足够史料,无法查实当时契约关系的成立是否一定是合意的必要产物,但至少从现存的这部法典可以窥知,基于各种各样的实际原因就有可能成立各种各样的契约,当事人双方的权利义务也由此产生,并获得法律的首肯。这些契约类型共有以下五种形式:

第一种,租赁契约。是当事人约定一方移转特定物于他方使用、他方给付租金的合同。在当事人中,提供物的用益权的一方是出租人;而使用租赁物的一方则是承租人。租赁作为商品交换的重要形式之一,自古存在,经久不衰。巴比伦人是较早缔造租赁契约的民族之一,并以法律的形式为其提供有效的保护。早在公元前20世纪前后,租赁物品(标的)就有车辆、船、驴等运输工具,租金则多以实物形式支付,也有的以银计付。给付的数额,在《俾拉拉马法典》中有着更为严格而详细的规定。

《俾拉拉马法典》第3条规定:"有牛及御者之车,其租用之费为大麦一马西克图四苏图;如以银计,则其租用之费为三分之一舍客勒;他可以用车终日。"①在此,"马西克图"、"苏图"和"舍客勒"一样是古代美索不达米亚计量单位,如1马西克图为约24公升,1苏图为约4公升。②该法条最值得注意的是,承租人如数地支付了租用费用后,法律规定他获得了使用车辆的相应权利,该权利仅限1日。这或许意味着该租赁契约为即时清结的合约,其成立未必需要书面形式,支出的费用和获得的权益大致是相当的,是等值的,对等观念隐约可见。

该法典第4、5、6条是有关租船的详细规定。第4条规定:"船之租用之费,以每一库鲁容积计,为二卡,而船夫雇用之费为……马西克图四苏图;他可以用船终日。"在这,1库鲁约为121公升;1卡约为2/5—4/5公升。③尽管因条文的残缺,无法推断租用船的租金、雇用船夫的费用究竟是何种实物,抑或仍是大麦等实物。但有一点可以肯定,租赁契约中承租方所承担的应支付租金既包括了租用船的费用,也包括雇用船夫的费用。与此相对应,承租方享有的权利是"可以用船终日"。

进而,第5条对船在租赁使用中的意外事件做了十分周到的考虑。该条规定:"倘船夫不慎而致船沉没,则彼应照所沉没者赔偿之。"在这,"彼"应该指的是承租方。如果由于船夫不慎导致船只的沉没,承租人应当按照所沉没的船只价值给予出租方赔偿。这一赔偿是就直接损失的等额赔偿,这是一个完整成型的民事赔偿责任。

---

① 法学教材编辑部、《外国法制史》编写组:《外国法制史资料选编》(上册),北京大学出版社1982年版,第5页。本书中有关《俾拉拉马法典》的法律条文均引自该书,以下不再另加注。

② 同上书,第5页脚注①、第4页脚注⑤。

③ 同上书,第4页脚注③④。

第 6 条规定:"自由民倘取他人之船以……则彼应付出银十舍客勒。"由于原文的缺损,很难判断自由民是承租方还是第三人,也很难确认这一"取"是如何获取的。但从后半句所规定的民事责任可以想见,这一"取他人之船"应系故意而为的,也因此可推及条文中所指称的自由民应该就是承租方。根据该条规定,自由民违反租赁契约,将承租船只占为己有,则应当承担违约责任,即"应付出银十舍客勒"。

上述四个法条表明,有关牛车、船只的合约是一个典型的租赁契约。因为,租赁契约是标的物的用益权与租金对等移转的合同。租赁是商品交换的形态之一,但并非价值的一次性实现,而是逐渐、持续地实现。换言之,就是在交换过程的一定期限之内,承租人所给付的价金,仅系该期间物的使用所"消耗"的价值,即称之为"租金"。此外,租赁契约是双务、有偿和诺成性合同。该法典的第 3、4 条完全具备了这些租赁契约的特质,既有当事人,也有标的物,还有法定租金、租期的规定。第 5、6 条有关法律责任的落实更说明了:当时的租赁契约是双务、有偿的,当事人双方互负义务,各因给付而取得对价。

第二种,雇佣契约。人类对世界的探索都是从乡村开始的。农业是美索不达米亚文明的起点。早在公元前 4000 年,苏美尔人就种植了大麦和小麦以及其他经济作物,开始了早期的农业生产。苏美尔人还学会了用堤坝来控制洪水的泛滥,用灌渠来疏导河水以灌溉农田,也学会了收割成片的庄稼。他们的农耕方式也为这一时期的巴比伦人所继承。在纳贡关系愈加发达之后,为了满足权力者们的进一步物质需求,在允许物之租赁的同时,亦允许社会成员出卖劳动力,劳动力的租赁也被纳入立法的范畴,称为"雇佣租赁"。这一时期劳动力的雇佣契约主要集中在农业生产上对劳动力的需求,相应法条所涉及的事项十分广泛。

《俾拉拉马法典》第 7 条规定:"刈麦者雇佣之费为大麦二苏图;倘

以银计,则其雇用之费为十二乌土图。"

第8条规定:"簸谷者雇用之费为大麦一苏图。"

第9条规定:"倘自由民因收割而给雇工银一舍客勒,而雇工不助自由民,完全不为之刈割,则彼应付出银十舍客勒。彼应领取大麦一苏图五卡作为雇用之费而离开,并应退还已领之分给品,大麦、油及衣服。"

第10条规定:"驴子之雇用费为大麦一苏图,而赶驴者之雇用费亦为大麦一苏图;他可以用驴子终日。"

第11条规定:"一个雇工之用费为银一舍客勒;其吃饭费用为银一塞。雇工应服务一个月。"

第14条规定:"雇佣之费……倘彼获得银五舍客勒,则其雇佣之费为一舍客勒,倘彼获得银十舍客勒,则其雇佣之费为二舍客勒。"

显见,当时的劳动力市场主要集中于农业生产方面。从第9条可知,雇佣契约的当事人之一雇用人主要是有土地的自由民,他接受受雇人提供的劳务并支付相应的报酬。而根据第7、8、10条规定,雇佣契约的受雇人可以是刈麦者或簸谷者或赶驴者,而雇佣契约的标的是这些人的劳务,甚至在第10条中驴子也是标的之一。限于当时社会生产力的水平,雇佣契约标的范围虽多却还不复杂,因为这些法条大多局限于简单的体力劳动而设定的。稍许复杂的技艺,在雇佣契约中受雇者的报酬则大大提高。比如,从第11、14条的不确定规定,所记载的雇用费用较刈麦、簸谷、赶驴等劳务费用高得多,因为这一雇佣契约可能就是有关特种劳务服务的。

这些法条勾画出这一时期美索不达米亚地区雇佣契约的一个基本概貌,它具有以下两个特征:特征之一,以给付劳务为目的。在性质上,这些雇佣契约均含有给付行为。特别是该法典第9条规定的内容,意味着给付劳务是受雇人(刈割者)的基本义务。如果受雇人不履行该义务,应承担民事责任。对此,根据该法条的规定有三种约束办法,一是雇工不做工,应10倍赔偿其已领的白银;二是雇工应领取为做工期中的适量食料;三是雇工应退还已领的较多的分给品。从受雇人所应支付的费用额度来看,较雇佣人履行付酬义务的费用要重得多,大大超出一般对价的尺度,可见,这一民事责任实际上就是一种违约赔偿责任,具有惩罚效用,旨在绝对保护有产者的权利。

特征之二,以有偿的、非要式和持续性为形式。该法典中不同的法条虽是针对雇佣不同劳务而分别制定的,但凡雇佣契约均为有偿,即受雇人付出劳务后必须获得相应的对价,而这些对价既可为实物,也可为货币。至于计酬方法通常以日或月计算,计酬尺度以当事人提供的劳务性质、类型而有法定的不同标准。这些标准是以当时社会生产及交易的实际发展水平而确定的。

第三种,借贷契约。在该法典中有以下两类不同的借贷契约:一类是使用借贷契约,亦称实物消费借贷契约(借用契约),旨在设定用益权。这是由该法典第19条做出规定的,即"自由民付出等量之物而收回等量之物者,必须在打谷时交还"。这类契约是当事人约定一方以物无偿供他方使用,他方在使用后负有返还义务的合同。它具有单务性、要物性和无偿性,借用人无给付"租金"义务,故有别于租赁契约。这一时期的法典对此做出了专门规定,足见当时人们已具备了相当发达的权利意识了。

另一类是货币借贷契约,旨在给予信用。它侧重于借贷资金运动中的信用,而借贷的实现仍有赖于债这把"法锁"。[1] 该法典第21条规定:"倘自由民与以现银,则彼可取回并按每一舍客勒计六分之一[舍客勒]又六乌土图取息。"这一规定虽无借贷期限的明确规定,且此时的信

---

[1] 张俊浩主编:《民法学原理》,中国政法大学出版社1991年版,第736页。

用也是十分有限的,但它已完整地包含了该契约的效力,即贷款人有义务将银交付给借贷人,借款人有按期归还贷款并支付利息的义务。

上述这两类借贷契约的出借人均是自由民。根据该法典第15、16条的规定,从事这类借贷活动的自由民是塔木卡(阿卡德文为 *tamkarum*),即国王的商业代理人、商人或卖酒妇。而尚未分家的自由民之子以及奴隶,均不具备借贷权利能力和行为能力。

第四种,寄托契约。此类契约又称保管契约,以要物为原则,寄托人必须以物品的交付为成立要件,以物品的保管为目的。法典第36、37条对此有专门的规定。其中,第36条规定:"倘自由民以其财产交人保管,而以日后取赎为条件,然而房屋未被打开,入口未被打破,窗户未被拆毁,而保管之财产遗失,则彼(即担负保管之人)应赔偿自由民之财产。"

在此,"以日后取赎为条件"说明这一委托保管系有偿的。受寄人负有保管义务,即对保管物须尽到必要程度的注意义务,使物品维持原状。如果房屋、入口、窗户未破坏,而置于其内的保管财物却遗失,则受寄人负有赔偿责任,偿还自由民即寄受人的财产损失。第37条进一步规定:"倘自由民之屋倒塌,或除托交彼之财物外,屋主之财物亦有遗失,则屋主应在提什帕克庙对神发誓:'我之财产与你之财产一并遗失;我不欺人,亦不说谎。'——他应对彼如此发誓,而后可不负任何责任。"这表明受寄人在履行保管义务时应妥善保管。保管物的意外风险,如房屋倒塌,或非受寄人的原因而导致保管物,甚至寄托人房屋财物的遗失,该责任由受寄人承担。

当时社会崇尚神明裁判,因此该法典规定受寄人可以通过发誓的方式获得免责。此外,这两个法律条文并未对寄托人的义务做明确的规定,有可能是因为当时的寄托契约还不够普遍,寄托契约的条款还不甚完善发达。

第五种，买卖契约。转移所有权的契约在该法典中虽有提及，但所占篇幅并不多，这一买卖契约或许在当时社会中并不是最常见的财产交往方式，为这一地区社会生产力的发展水平所限制，这类契约活动并不活跃。而且，仅有的四条有关买卖契约的规定所涉及的领域也比较分散，分别从以下三个不同角度映射了这一时期美索不达米亚北部地区的经济生活秩序。

首先，该法典创设了买卖中的优先购买权利。法典第 38 条规定："倘诸兄弟之一欲出售其所分得之产，而其兄弟欲购之，则彼（卖者）应先满足其兄弟之意。"这一特别规定说明，血缘关系仍是缔结社会结构的最重要纽带。尽管当时的财产差别已存在，贫富差异也已加剧，但血亲关系仍是超乎于商贸交易之上的，人伦规范仍是社会交往的主宰准则。因此，在形式上平等的买与卖之间、在利与益的取舍之际，血缘仍然是优于地缘的，其结果是卖方的亲属——其兄弟享有优先购买的权利。

法典第 39 条规定（据 1952 年俄译本的翻译为）："倘自由民因穷困而出售其房屋，则在买者付款之日，以前之屋主应即让出房屋。"这清晰地表明，买卖契约是双务契约，当事人双方的权利与义务是彼此对应的。一方的义务正是他方的权利；反之也一样。该规定中强调了出卖人（即自由民）负有交付标的物——房屋的义务，且这一交付是以实际移转标的物为主要形态。因此，出卖人即以前之屋主进而必须履行移转标的物所有权的义务，该所有权移转的时间界限非常明确，具体为付款之日。出卖人履行义务，就意味着买受人享有了权利。契约法律效力由此可见一斑。

但必须指出，该条文在西方学者埃利克森（Ellickson）和索兰德（Thorland）于 1995 年合写的《古代土地法》（*Ancient Land Law*）中显然有着另一个版本，译为："倘自由民因穷困而出售其房屋，则在买者付款之后决定出售时,以前的屋主有权赎回它。"[1]与第 38 条的规定相联系,这一译本似乎更为可信,如果依照此法律规定就可做以下推断,即财产最初的所有人也享有优先购买权利。法律条文的此种解读意义重大,它意味着古巴比伦时期早期买卖契约中出现了一项十分先进的制度——优先购买权利,这项权利不局限于亲属之间(如第 38 条),而且在财产所有人之间也存在优先购买权利(如第 39 条)。因此,对第 39 条的最新译本应当是具有相当的可信度的。

其次,法典还规定了买卖中标的权利的完整性。标的所有权是否完整或有无瑕疵,也是影响买卖契约法律效力的重要因素,对此,该法典第 40 条做了严厉的规定:"倘自由民购买奴、婢、牛或任何其他物品,而不能确定卖者为谁,则彼当以盗窃论。"在这里,彼应当是指买受人,即自由民。自由民作为买受人对奴、婢、牛或任何其他物品的瑕疵所承担的法定责任是刑事责任。这一方面说明此时的买卖契约,其风险负担实行标的物交付的原则,即鉴于买受人自由民购得奴、婢、牛或任何其他物品,不能确定这些物品的权利所有人——这一权利瑕疵的风险就移转给买受人;另一方面也说明当时的法律严格保护奴隶主及有产者的财产权利。为了防范这些私有财产在愈来愈频繁的贸易中受到潜在侵犯,法律上做出了以刑事制裁来解决一个简单或复杂的民事关系。这也符合人类社会早期法律发展的一般规律,初民社会诞生的民事规范不可避免地带有刑事责任的痕迹,这一部古代西亚法典即是如此。

再次,该法典还规定了买卖中的价格条款。该法典中就买卖的价

---

[1] Eillickson & Thorland, *Ancient Land Law*, 71 Chicago-Kent L. Rev. 321,400 (1995). 转引自 Russ VerSteeg, *Early Mesopotamian Law*, Carolina Academic Press, Durham, North Carolina, 2000, pp. 148-149.

格规定了"倘乌巴鲁、那普他鲁或木都出售其西克鲁①,则卖酒妇应按时价付款"。在这一条款中"卖酒妇"似乎应为"买酒妇",即是买卖契约的买受方,其最大的义务是"按时价付款",说明市场价格是买卖双方交易成功的重要规则,也体现了等价有偿的公平意识。而能享有这一对等权利的出卖人,其社会身份直接决定了其法律资格的获得。根据这款规定主要是乌巴鲁、那普他鲁或木都等人,这些人中乌巴鲁是公社成员,那普他鲁应当是解放者,木都则是有经验者或能手,估计是有技艺的有产者,他们的身份表明只有自由民才能从事买卖活动。

有关侵权制度的法律规定——

该法典中除上述大量因契约而产生的债之外,也有少部分是以窃盗、拘留、强迫、诱惑,甚至是残伤、殴打、遗弃等非自愿行为而引发的侵权行为之债。而这些非自愿的交往,在该法典的个别条文上(第53条至第57条)还就行为人的主观情况有过失与故意之分,追究不同补救的民事责任。

从侵权行为所指向的对象来看,该法典涉及三方面:一是穆什根奴的财产,如田产、房屋等;二是奴隶主的财产,如奴婢及其子女等;三是自由民的人身权。在此仅以侵权行为类型考量,该法典就窃盗、拘留、强迫、诱惑、占有、伤害等一一做出了许多具体的规定。

有关窃盗,该法典第12、13条规定,如果是白天,自由民对穆什根奴(即为国王服役而领有供奉地的人)的财产实施了侵权行为,就应承担相应的赔偿责任,即"应出银十舍客勒";而如果是晚上实施了相同行为,则应处死。当时人们最重要的财产不外乎田产或房屋,这两条规定就是对此两项做了专门的规定,足见这一法定侵权责任适用的范围甚广。

---

① 一种酒名。

有关拘留,当时社会的财产另一重要构成仍是奴隶。对奴隶的拘留,也就构成对其主人财产的侵权,该法典第22、23条对此亦有特别的规定。其中,第22条规定:"倘自由民并无他人所负任何之债,而拘留他人之婢为质,则婢之主人应对神宣誓云:'我不负你任何债务';而自由民应付出与一婢之身价相等之银。"第23条规定:"倘自由民并无他人所负任何之债,而拘留他人之婢为质,并扣留此质于其家直至死,则自由民应赔偿婢之主人以两婢。"在这里有以下两点是值得思考的:

第一,法条强调"自由民并无他人所负任何债务"的前提条件,说明这一情形的拘留是一个十分典型的侵权行为,即自由民以拘留方式不法侵害他人的非契约权利。在确定是否存在债的问题上,仍适用神明裁判方法之一——由婢之主人对神发誓。

第二,法条根据其情节的严重程度规定分别承担大小不一的民事责任。仅拘留婢,只承担"与一婢之身价相等之银"的赔偿责任;而若扣留他人之婢直至死亡,则属于情节严重的,相应的法定责任就明显地加重,但仍然是民事责任,即"应赔偿婢之主人以两婢",这也是双倍赔偿责任的最早法条之一。

但是,该法典第23条在对"并无他人所负任何之债"的自由民拘留穆什根奴之妻,并致其死亡,做出的规定却甚为严厉,规定"取人为质者应处死"。这既说明当时全权的自由民尚未以家族成员为人质的做法,也说明当时的立法已开始根据侵权对象的不同而设定不同的法定责任。

有关强迫,该法典第31条规定:"倘自由民强迫他人之婢同居,则彼应付出银三分之二明那;而婢仍属于其主人所有。"由于强迫行为的效果是要求实施该行为的自由民承担给付金钱的义务,且法律救济的结果是作为私有财产的婢仍归属于原主人,说明这是一种同质的救济。为此,这一法条中所谓强迫系为侵权行为,而非刑事犯罪。

有关诱惑,该法典第 33 条规定:"倘有人诱惑女婢,而以女婢之子给予自由民之女,至此子长大,为其主人所见,则主人可以将此子取回,而此子应归于彼。"如前所述,女婢系奴隶,是奴隶主的重要财产,其财产权利是不容许他人侵犯的。因此,诱惑女婢的行为也是侵权行为,无论时间过去多长,不问时效,主人见到,均可以取回这一财产——女婢之子,类似于恢复权利原状,以竭力维护奴隶主私有财产的神圣不可侵犯。

有关占有,该法典第 34 条规定:"倘王宫之婢以其子或其女与穆什根奴教养,则王宫可以取回此子或此女。"尽管穆什根奴也是有身份的自由民,但由于女婢及其子女均属于奴隶主的私有财产,王宫的这一财产权利是不容侵犯的,因此,不问时效如何,享有取回的权利。而这项取回权利的行使,根据第 34 条的规定,显然穆什根奴在主观上并无故意。对占有实施法律救济的另一种方式是求偿权利行使。如果任何人(主要可能是穆什根奴)占有王宫女婢之儿童,则依据该法典第 35 条规定,在这种情况下,"(除归还儿童外)应以儿童之价赔偿王宫"。之所以如此规定,就是源于后者的占有是故意而为之的,故被侵权人享有的法律权利是索赔权利,而非取回权利。

有关伤害,该法典第 42、43、44、45 条围绕着伤害行为所致的结果均做了具体的规定。某一行为人对他人实施的伤害行为所应承担的赔偿之债,其细目详见下表。

侵权行为具体类型	赔偿金额
咬破他人鼻子	1 明那(即 60 舍客勒)
伤一眼	1 明那(即 60 舍客勒)
伤一齿	½ 明那(即 30 舍客勒)
伤一耳	½ 明那(即 30 舍客勒)
捆伤人之颊	10 舍客勒
砍断一指	⅔ 明那(即 40 舍客勒)

(续表)

推倒并挫伤对方的手	½明那（即30舍客勒）
推倒并挫伤对方的脚足	½明那（即30舍客勒）
殴打而挫伤对方的锁骨①	⅔明那（即40舍客勒）
打架中推撞而致人伤害	10舍客勒

如上表所示，根据行为人损害自由人的身体部位（如鼻、指、手、足等）的不同，规定了给予受害人不同金额的赔偿，其功能在于施援以同质救济，实现相对等的公平。较原始社会的血亲复仇或同态复仇，这一赔偿金的规定具有着一定的先进性和可操作性。这一先进性还体现在随后的两个法律条文上。从伤害行为本身的角度，该法典第46、47条分别对殴打、推撞行为规定了不同的赔偿金额数目。

上述这些侵权行为均导致民事责任，应当属于债的范畴。而该法典第48条规定"至于有关生命问题，则仅能由国王解决之"，这意味着因侵权而夺人性命，已超乎个人人身利益的损害界限了，构成对社会公众安全利益的威胁，因此在法典中视为犯罪行为，由国王或公社等公权力来定夺惩处，属于刑法性质。

此外，该法典第53、54、55、56、57条就牲畜致人伤害的，根据损害对象（自由人、奴隶）和损害的主观过错程度也分别做了不同的民事赔偿规定，既反映了法典有着极强的可操作性，也表明了当时的法律已经确立了当事人的告知义务，强调受害人有事先提醒注意义务，而行为人或管理牲畜的当事人有管理防范的义务，双方的权利义务是对等的。

有关婚姻家庭制度的法律规定——

该法典用了不少的篇幅对买卖婚姻做了周详的规定，这些规定的核心就是维护父权和夫权。在聘礼问题上，这一时期人们缔结的婚姻

---

① Russ VerSteeg, *Early Mesopotamian Law*, Carolina Academic Press, Durham, North Carolina, 2000, p. 134.

仍是买卖婚姻。订婚时,先应由男方向女方家庭送出一定数量的聘礼。故围绕着这一聘礼,该法典第17条规定:"倘自由民之子将聘礼送至岳父之家,遇双方(即未婚夫及未婚妻)之一死亡时,则仅将银退回其主人。"女方家庭父亲接受该聘礼,即为双方订立了婚姻之契,一旦女方违约,如"以其女许配他人",则根据第25条的规定,此女之父"应加倍退还彼所接受之聘礼",以此承担相应的民事赔偿责任。

这说明这一时期人们仍然十分强调聘礼在婚姻缔结中的效力,严格保护自由民的相关权利,该法典从以下两个方面对此做了缜密的规定:

第一,法律规定其他任何人不得擅自侵犯已下聘礼的当事人——男方的利益。如该法典第26条就实施这一侵犯行为的问题规定:"倘自由民致送聘礼以求他人之女,但另一人未向女之父母提出请求,竟偷窃此女并迫之同居,则此为生命攸关之问题,此人应处死。"这说明了当时法律的残酷性与威慑力,不惜以刑事责任解决一个普通民事纠纷。

第二,法律不承认无聘礼的事实婚姻。如该法典第27条规定:"倘自由民未向女之父母提出请求,且未与女之父母订立协议与契约,而径取自由民之女为妻,则此女住自由民之家即达一年之久,仍非其妻。"这说明即使男女双方均是自由的,即女方尚未订婚,但她的婚姻仍是由其父亲做主,借此保障男性及父权的至高地位。

在婚姻效力方面,这一时期婚姻家庭的格局仍然是男尊女卑、夫尊妻卑、父尊母卑。围绕婚姻效力,该法典主要有以下两个方面的规定:

一是妇女无离婚自由。该法典第28条规定,已婚妇女,"倘再投入他人怀抱,则应处死,不得偷生"。这说明巴比伦人的婚姻关系是以夫权为中心的,对于妻子的背叛施以刑事处罚。第29条规定,在婚姻的存续期间,如果遇到丈夫外出打仗生死不明时,其婚姻关系仍受法律保护,"他人取其妻,她且已生子,则当自由民归来时,仍可以取回其妻"。外出打仗意味着效忠于国家和公社,故其民事权利将得到法律的保护。但是,如果自由民是因憎恨其公社及国王而逃走的,第30条规定:"他的婚姻关系不受保护,他不能对其妻提出控诉。"这从一个侧面反映出在当时家庭内以夫权为轴心,家庭是隶属于其所在的公社或国家的,而在一个公社或一个国家之内,则以公社的利益或王权为至上。

二是允许离婚,但通常是由丈夫提出的。丈夫可以任意离婚,但如果妻子没有品行不端,离婚时丈夫必须退还妻子的所有财产,有时还要付一些额外的罚金。该法典第59条就此规定:"倘自由民于生有小孩后遗弃其妻而另娶,则彼应被驱逐出家,并丧失一切,而它应归于彼所遗弃之人。"这意味着丈夫若要离弃已经为自己生儿育女的妻子,必须把自己的房屋和财产送给她。这一规定既保护了弱势群体——妇孺的生存权利,也倡导了一种所谓"真理与正义"观念。它反映出当时社会的人伦道德和宗教信仰对其法律规则的巨大影响力。源自于苏美尔人的宗教观念,为巴比伦人继承,成为了这一时期他们的主神。当时人们敬奉太阳神"沙玛什"(Shamash,系苏美尔人所崇拜的,光明之神),认为她是正义与公平的化身,拥有永恒和强大的权力,她一视同仁地庇护着芸芸众生的生命与财产。因此,巴比伦王国制定颁行的社会法律规范必须遵从和体现其这一意志,从而建立起一个神圣而有序的人法。[①]这一法典也概莫能外。

此外,有史料表明,寡妇和被丈夫离弃的女子可以再婚。美索不达米亚文明中对女性的有限崇拜,在这一法典中继续得到肯认。

[①] See Carlo Zaccagnini, "Sacred and Human Components in Ancient Near Eastern Law", *History of Religions*, Vol. 33, No. 3 (Feb., 1994), pp. 267-268.

对继承、抚养等问题,法典也略有涉及,即第 18 条有关嫁妆的规定,女方出嫁后,不久即死亡,她所带到夫家的财物,其父亲有权取回,并可以获得更多的利息。这表明,一个已嫁的女子,未生子而死,其继承人仍为其父族。这是从维护家族财产权利的角度而设定的民事规范,有力地捍卫了父系家族财产的私有制度。

又如,婚姻家庭关系中抚养问题,"倘自由民以其子交人哺乳并抚育之",应给抚养人谷、油及羊毛等实物。该法典除在上述侵权一节介绍的第 33、34、35 条的规定外,在第 32 条专门就自己子女的抚育未给付报酬加以规定,具体为"……已三年不付,则彼应付出银十舍客勒以为教养其子之费,而其子应归于彼"。当时的家庭伦理观念在这一法条中得到了最好的体现。教养子女是父母的法定义务,若托付他人代为教养,法律规定必须承担支付相应费用的义务,否则,对其子女就不能行使父权。

简言之,从上述法条的逐一分析中,不难得出以下结论:《俾拉拉马法典》的大部分法律条文旨在保护富有自由民的民事权利,从其财产所有权到他们的人身权利,均纳入法律的保护范畴。除了这些个体利益在法典中得到保障之外,该法典还有不少条款涉及公共政策,旨在对社会整体利益的有力维护。这一方面,诸如,以家庭为经济单位,从照顾孩子到结婚,牵涉从单个家庭到若干个家庭之间,彼此行为的规范准则在法律上得到了具体的落实;又如,针对服兵役的战士,对其不在家期间应享有的民事权利(包括他的妻子和财产等)法律上也特别加以保护;再如,民事主体个体身体的完整、人身的自由以及公共安全等,也是该法典关注的对象之一。

在此意义上,《俾拉拉马法典》的民事规范成分与民事法律思想似乎较其他的苏美尔法典也更加进步。而这一切为古巴比伦王国民事法律制度的发达奠定了一个不可或缺的法律环境基础。

第二部：古巴比伦王国的《汉穆拉比法典》

该法典①从法律精神到制度内容无不说明，它是一部十分典型而完整的民事规范法律汇编。"该法典中关于犯罪与刑罚的条文没有作为单独部分集中加以规定，大都分散地附在其他各类条文之后，用以加强各种法律规范的作用，保证其被严格遵守。"②此言极对。民事主体、物权制度、债权制度以及婚姻家庭继承等内容，几乎涵盖民法的所有范畴，而这些内容又占据了该法典的绝大部分篇幅，为世人呈现了一幅古巴比伦市井生活③的立体画卷。

20世纪初，德国柏林学者乔治·S.邓坎（George S. Duncan）教授就对这一法典正文内容做了如下梳理：第1条至第5条是对欺骗行为（即无证据的指控）的裁判；第6条至第14条是对盗窃行为的惩罚；第15条至第20条是对协助奴隶逃匿行为的惩罚；第21条至第25条是对夜盗、抢劫行为的惩罚；第26条至第41条是对战争期间为王室服兵役、劳役人的财产权利与义务的规定；第42条至第52条是对租借田地而出现的各种情形的规定；第53条至第58条是对疏于管理堤坝的农人或疏于放牧羊群的牧人所导致他人财产损失而应承担的有关民事责任的规定；第59条是对未经允许而砍伐树木的民事赔偿规定；第60条至第65条是对租借田地的耕作义务的规定；第100条至第107条是对经商人与委托经商人之间所产生的权利义务关系的规定；第108条至

---

① See John L. Beatty/Oliver A. Johnson/John Reisbord，*Heritage of Western Civilization:Ancient Civilization and the Emergence of the West*，北京大学出版社2004年版，pp.7-14。或者 See M. E. J. Richardson，*Hammurabi's Laws:Text, Translation and Glossary*，Sheffield Academic Press，2000，pp.40-118。
② 叶秋华：《外国法制史论》，中国法制出版社2000年版，第152页。
③ 有关《汉穆拉比法典》究竟何时颁行并施行于何地的问题，早在20世纪初就有西方学者做过专门的研究，因与本书主题关系不大，故笔者未做具体阐述与论证。其详细内容请参见 David Gordon Lyon，"When and Where was the Code Hammurabi Promulgated?" *Journal of the American Oriental Society*，Vol. 27(1906)，pp.123-134。

第 111 条是对卖酒妇的规定;第 112 条是对侵吞他人所托之物的规定;第 113 条是对债权人不适当获取债务人财物行为的规定;第 114 条至第 119 条是对各种债权债务的规定;第 120 条至第 126 条是对各种寄托行为的规定;第 127 条至第 136 条是对婚姻关系的规定;第 137 条至第 143 条是对休妻和离婚的规定;第 144 条至第 149 条是对纳妾及妾与主妻关系的规定;第 150 条至第 152 条是对婚姻财产(主要是嫁妆)和家庭共同债务责任的规定;第 153 条是对妇女情杀丈夫行为的规定;第 154 条至第 158 条是对各种乱伦行为的规定;第 159 条至第 161 条是对违背婚约行为的规定;第 162 条至第 164 条是对已故妻子嫁妆归属问题的规定;第 165 条至第 177 条是对一夫多妻家庭中诸儿子们继承权的规定;第 178 条至第 182 条是对神姊、神妻或神妓继承权的规定;第 183 条至第 184 条是对妾之女的嫁妆权利做了规定;第 185 条至第 194 条是对收养关系的规定;第 195 条至第 214 条是对各种人身或财产侵权行为的赔偿责任规定;第 215 条至第 225 条是对医生和兽医治疗行为及其后果的各种规定;第 226 条至第 227 条是对理发师不法行为的规定;第 228 条至第 233 条是对建筑师疏忽责任的规定;第 234 条至第 240 条是对船主和船工应享有的权利和应负的义务的规定;第 241 条至第 252 条是对租赁牲畜及因此而造成的损害做出的规定;第 253 条至第 277 条是对劳力雇佣者法定义务的规定;第 278 条至第 282 条对买卖奴隶行为的规定。[1]

中国著名学者杨炽在对这一法典的翻译中,关于法律条文部分的分段也得出了以下的结论:"第 1 至 25 条法律条文为道德的范畴,包括对欺骗、偷盗等行为的惩罚;第 26 至 41 条为国家的范畴,讲与部分人

---

[1] See George S. Duncan, "The Code of Moses and the Code of Hammurabi", *The Biblical World*, Vol. 23, No. 3 (Mar.,1904),pp. 183-190.

耕种王室土地而服兵役、劳役有关的制度规定,为国家财源、兵源的根本问题;第42条至法律条文结束为私人社会范畴。这一部分又以个人作为一个所有者为线索,按个人所能拥有的财产的不同,组织法律条文的先后顺序,从法律角度有条理地展示了古巴比伦社会的复杂经济生活情景。"①

在中外学者这些精辟归纳的基础上,缕析《汉穆拉比法典》的法律条文,其规范民事关系的权利义务极为生动而具体,其民事规范属性十分突出,颇具公平特质。

1. 民事权利义务平等观

该法典所凝聚的法律精神是正义,落实在大量的民事法律条文上就是一个相当特别的平等观。通观整部法典,其法律精神主要在于宣扬公道,防止争斗。不可否认它首先是一个诸法合体的规范,刑罚十分苛刻,即使是一个对民事关系的调整,以刑事处罚为救济结果也甚为常见。在这部巨作的开篇,汉穆拉比自诩为"能干的国王"、"王中的神","使正义在国中出现,消灭邪恶,使强不凌弱……使国家走上正轨"。②

诚然,该法典有"以眼还眼"等规定(第196、197条)。乍一看来,似乎十分原始,毫无正义可言。但"以眼还眼"旨在强调对伤害行为给予精确的报复("如果一个人伤害了另一个人的眼睛,那么伤害人的眼睛也要被挖掉";"如果一个人折断了另一个人的骨头,那么伤害人的骨头也要被折断"),这一"同态复仇"(*jus talionis*)思想似乎不考虑到此伤

---

① 杨炽译:《汉穆拉比法典》,高等教育出版社1992年版,前言第3页。在国内现有的数个《汉穆拉比法典》的翻译版本中,笔者认为杨炽先生的译本是最为准确的,其原因在于,通过与外文数本专著所涉及的《汉穆拉比法典》法律条文英文版相比较后,发现国内杨炽先生所译的条文内容出错率最少,最为可信。而《世界著名法典汉译丛书》编委会的《汉穆拉比法典》(法律出版社2000年版),也有其特色,其法律语言更为规范,颇有法典应有的严谨性,故在条文内容无重大差别与错误时,本书中,笔者采用后一个翻译版本,故有关《汉穆拉比法典》的法律条文如无特别说明,均引自法律出版社2000年版本的译文,以下不再另加注。

② 杨炽译:《汉穆拉比法典》,高等教育出版社1992年版,第2—10页。

害行为是否偶然,也不考虑到对此伤害行为施加惩处是否太残酷了。据此很多学者认为它是《汉穆拉比法典》原始和野蛮的具体表现之一。① 其实不然,法典并非对公平正义问题完全无动于衷。

实行毫厘不差的报复行为(指以牙还牙,以眼还眼)确实残酷,但与"以头还眼"或"以眼还指甲"相比较,"同态复仇"的处罚主张要来得比较适当,相对公正些。况且,所谓"以眼还眼,以牙还牙"原则的适用本身有着森严的等级要求,并非一体遵行的。它只适用于阿维鲁等级的全权自由民,以此严格维护这一较高等级自由民的人格和尊严,而对处于较低等级的穆什根奴和奴隶,甚至还有未成年的阿维鲁之子(因依附于家长或父权而处于从属地位),其人身受伤害时仍采用罚金的办法。在这一意义上,"同态复仇"也多少具有一些对等的价值,具有一种平等的含义。

当时的国家除了履行审判和裁决的职能以外,还要求统治者应该提供社会福祉,对于民事交往中相对处于弱者地位的人实行法律保护。古巴比伦社会有着形形色色的人员,如僧侣、贵族、上层官吏和商业高利贷者,也有自耕农、佃农、独立手工业者以及常备军士兵等平民。后者为数众多,是社会的主要成员,法典中大量条文是针对他们做出的具体规定。最能说明《汉穆拉比法典》援助弱者倾向的是有些条文针对性极强,对从事特殊职业人员的从业行为,还做了特别的调整。例如,该法典第218条至第223条专门对医生的医治行为详细地做了规定;第

---

① 但中国学者于殿利认为中外学术界法制史学家将法典中有关肉刑的规定斥为野蛮的原始残余或拟古主义是缺乏根据的。因为古代美索不达米亚历史本身不能给予传统的"原始残余论"和所谓"民族落后论"提供合理和完美的解释。在古巴比伦社会,罚金和肉刑的适用只体现一种社会观念的差别,为此他指出,《汉穆拉比法典》中的"以眼还眼,以牙还牙"或所谓"同态复仇"原则是社会学意义上的一种进步,是对人的尊严或人格在法律上的承认和肯定,体现了立法者的一种人本观念。参见于殿利:"《巴比伦法》的人本观初探——兼与传统的'同态复仇'原始残余说商榷",《世界历史》1997年第6期。

224、225条是关于兽医的规定；第226、227条是关于理发师的规定；第228条至第233条是有关建筑工的规定；第234条至第240条是对船工的规定。

对于这些法律条文,仅以等级结构成分来认识是不足取的。这些条文应该还包含着更深层的意义,较为恰当地处理了君主与神、人与神以及民众之间的各种复杂关系。该法典通过这些琐碎的条款具体落实了汉穆拉比王"使国家幸福、人民安居无患"①的雄心壮志,弘扬了所谓公平与正义。正因如此,汉穆拉比希望能享有"正义之王"的美誉,他终其一生也的确获得了这种荣誉。与此同时,人类文明中关于公正与平等的法律观念,最早可以追溯到他在位的时期。在此意义上,有西方学者指出,在苏美尔《乌尔纳姆法典》、《李必特·伊丝达法典》等诸法典的基础上,《汉穆拉比法典》建构起古代美索不达米亚法系中"人法"的基本框架。② 继汉穆拉比之后,民事权利义务平等的理念在古代西亚地区民事规范中得到了很好的宣扬,该法典内蕴的这一法律精神在一定意义上成为了人类古代文明社会通向近现代民法社会发展的出发点。

2.民事主体制度

当然,古巴比伦人对公正、平等也有着自己的特殊见解,这一公正和平等法律观透过《汉穆拉比法典》中对民事主体的等级结构安排,进一步得到了落实。在法典中,常见的民事主体仍是自由民,大量的条文是针对自由民而做的规定。不同等级的民事主体享有着不同的权利,应当履行不同的义务,这也是符合神意与君权的,正是所谓公正、平等。

(1)阿维鲁(*awilum*)和穆什根奴(*muškenum*)

在苏美尔社会的《乌尔纳姆法典》、《李必特·伊丝达法典》中,当时

---

① 杨炽译:《汉穆拉比法典》,高等教育出版社1992年版,第146页。
② See Carlo Zaccagnini, "Sacred and Human Components in Ancient near Eastern Law", *History of Religions*, Vol. 33, No. 3(Feb.,1994), pp. 269-278.

的社会成员主要划分为自由民和奴隶两大类。而到了古巴比伦社会除了奴隶(男奴为 wardum,女奴为 amtum)之外,自由民进一步细化为两种人:一是有公民权的自由民,即全权自由民阿维鲁;二是无公民权的自由民穆什根奴。

那么,阿维鲁为什么成为在公社中享有全权的自由民,而穆什根奴又何以成为王室依附民?[1] 要言之,自由民的这一具体等级划分正契合了这一时期的土地制度格局,即表现为私有化了的公社土地和王室土地两种占有形式。阿维鲁,是土地所有者;无土地所有权仅靠服役换取王室土地使用权的,则为穆什根奴。前者的地位高于后者。后者虽无土地所有权,但为王室服务和耕种王室土地也可使一些人变得富有。

也就是说,阿维鲁在公社中拥有土地所有权,据此享有公社中的全权,处于公社自治机构的司法管辖之下;穆什根奴处于公社之外,靠为王室提供服务获取王室土地的使用权,并因此成为王室仆从,受王室的特殊保护和限制,处于王室的司法管理之下。"占有及获得土地使用权的不同方式是划分阿维鲁和穆什根奴界限的基础"[2],土地是古巴比伦最重要的资产之一。由于在公社中拥有土地是公社中享有完全权利的公民所必备的条件,因此,当时拥有土地的自由民会竭力保全自己的土地,甚至不惜典当(甚或出卖)子女,或典当其本人,只有当一切努力都回天无术时,他才不得不出售所占有的土地。

自由民是可以同时兼具有阿维鲁和穆什根奴双重身份的。古巴比伦时期土地买卖及转让很活跃,一个人只要获得私人拥有的公社土地便可成为阿维鲁;同样,一个人只要为王室提供某种服务便可获得相应的份地,也就在名义上具有了穆什根奴的身份。事实上,早在公元前

---

[1] 关于阿维鲁和穆什根奴的民事主体资格的差别,本节第二部分将作详细论述。
[2] 于殿利、郑殿华:《巴比伦古文化探研》,江西人民出版社 1998 年版,第 260 页。

19世纪至公元前18世纪的乌尔、拉尔萨西等城市中,大多数城市居民实际上与王室或神庙服务有关联,同时,他们大多数不仅以服役为条件换取土地,而且还在公社中拥有私人财产。这些人为此就有权获得阿维鲁称号。所以,自由民具有双重身份的情况在古巴比伦时期是十分普遍的。①

不同等级的人依其身份的不同,其法律地位明显不同,所享有的民事权利和应履行的民事义务也大不相同。例如,同样是伤人眼睛或骨头,根据受害者身份的不同(阿维鲁、穆什根奴和奴隶),惩罚力度也不尽相同,分别是伤眼或骨、赔偿1明那(505克)白银,或赔偿身价的一半。即就医疗费的规定而言,阿维鲁最高,穆什根奴次之,而奴隶最低。② 就同一个等级内的各个主体的民事权利和义务是相同的;就不同等级的民事主体权利义务是有位差的。而奴隶本身就是财产,对土地既无所有权,也无独立的使用权。这就是苏美尔社会以来的西亚地区社会传统的平等观。

(2)塔木卡(*tamkarum*)和沙马鲁(*šamallûm*)

在巴比伦社会中后期,大规模的商业贸易仍然集中在国家和神庙手里,但与此同时,古巴比伦社会私人经济的发展程度在商品经济中也得到了较好的体现。

除国家和神庙控制与组织的商业贸易外,塔木卡作为私人也积极

---

① 中国学者于殿利在分析古巴比伦的文献后也进一步证实了这一论断。譬如,当时的一封书信中,一位儿子对其父说:"如我父所知,我已经变成了(并且现在仍然是)穆什根奴;请我父以无人对我提出控诉的方式,使我回到公社的权利之下。"就此,他指出:首先,这封家书表明,穆什根奴处于公社之外,不属于公社自治机构管辖之下;其次,有理由认为信中所说"以无人提出控诉的方式"就是在公社中获得"永久性土地",因为"在公社中获得土地是在公社中享有一切权利的前提"。参见于殿利:"试论《汉谟拉比法典》中商人的社会等级地位",《比较法研究》1994年第1期。

② 必须指出,在后来的几个世纪中,穆什根奴一直是作为"富人"或"重要人物"的反义词来使用,其他的闪米特语吸收这个词来表示"穷的"、"地位低的"。现代法语中表示穷困、地位低下的词"mesquin"就是由此而来。对此,本节第二部分将作详细论述。

参与从事这些商业活动。其实,在苏美尔文明早期,就有专人从属于国王和寺庙的祭司,代表神庙或王室而经商。这些人替神庙和王室将土地上生产的剩余产品,如谷物、牛羊及奴仆们生产的羊毛、棉布、亚麻等制品及其他日用品转手卖掉,并源源不断地购进神庙和王室所匮乏的日常必需品和奢侈品。经过了几个世纪演进,到了古巴比伦时代,越来越多的塔木卡作为"商人逐渐成为专门职业者——不再作为宫廷和庙宇的代理人,而是私人业主"[1]。作为独立的承包人,塔木卡既可以自己经商,也可以为王室或神庙经商。根据其经济实力和经商活动,这种商人可以分为大商人塔木卡和小商人沙马鲁,《汉穆拉比法典》中有专门对这类人的调整。

① 塔木卡

那么,如前所述,在古巴比伦社会中民事主体主要是自由民,自由民分为阿维鲁和穆什根奴两个等级。那么在该法典中出现的塔木卡,应当属于哪一个阶层的自由民呢?一般认为,他们中除少部分属于穆什根奴外,大部分应属于阿维鲁。

在古巴比伦社会早期这些塔木卡可能是一般的公社成员,在公社中拥有土地,还通过继承和购买两种方式获得更多土地。在城市中享有全权,被称为城市的主人或统治者(*damk ari bel bihatim*),但同时塔木卡也应当履行其作为公社成员的义务,比如,修复运河和加固城墙等。因为他履行了这些义务,所以他的其他经济活动受到了王室和法律的庇护。

"*tamkarum*"一词,源于动词 *makarum*,*makarum*,有"做买卖"和"投资"双重之意。荷兰学者 W. F. 列曼斯经过仔细研究得出这一结

---

[1] 〔美〕马文·佩里主编,默·蔡斯、詹·雅各布、玛·雅各布、西·冯·劳编:《西方文明史》(上卷),胡万里、王世民、姜开君、黄英译,商务印书馆1993年版,第21页。

论,即"古巴比伦时期的商人(塔木卡)总体说来是独立的私商,他们一部分是与王室没有关系的独立商人,另一部分则为王室服务"[①]。古巴比伦社会强盛时期,塔木卡作为最活跃的私商,既从事国内村社之间的贸易,也从事长距离的国外贸易,有的还专营某种商品(主要是矿产品)。[②] 该法典第40条就规定:"神妻、塔木卡或负有其他义务之人,得出售其田园房屋。买者应担负与其所买田园房屋有关之义务。"这意味着塔木卡是拥有供养田之人,只要履行 ilkum 义务(即为王室提供服务的义务)便可长年享有 ilkum 土地的使用权,既可以出租土地,亦可以出售土地。塔木卡自始至终参与了古巴比伦时期各种商业活动的整个商贸过程,扮演着"买"与"卖"双重角色。

"他们以商人身份进行活动时,或者说他们从事体现商人职业特点的商业活动时,完全是个私商或独立商人。不仅如此,为王室服务只是附属性的,是他们从事私人商业活动的手段、基础或先决条件,而不是他们的最终目标,并且可以说为'王室服务'是实现自己营利目的的过程中不自觉或附带完成的。"[③]在古巴比伦时期的社会经济生活中,塔木卡发挥着极其重要的作用,其社会经济地位在《汉穆拉比法典》中得到了很好的体现。该法典直接涉及塔木卡的就有35条,将近占该法条总数的14%,这是其他任何职业集团无法比拟的。总体上,法典保护这类人的买卖契约。

塔木卡从事商业活动的身份大致有以下三种:

第一种是以高利贷者身份从事商业活动。以债主身份从事借贷活动,或充当高利贷者是塔木卡最经常从事的活动之一。根据该法典第

[①] See W. F. Leemans, *The Old Babylonian Merchant*, 来登1950年版,第125页。转引自于殿利、郑殿华:《巴比伦古文化探研》,江西人民出版社1998年版,第233页。

[②] 参见于殿利、郑殿华:《巴比伦古文化探研》,江西人民出版社1998年版,第234—240页。

[③] 同上书,第247页。

89、90、91条的规定,显然旨在限制高利贷盘剥,即限制塔木卡的剥削。法律为此对借贷利率做了明确的规定,即谷物为33.3%,银为20%。然而,在实际商业生活中,塔木卡随意提高利率的事仍时有发生。为此,该法典第94条规定,限制高利贷者以大秤进小秤出的方式所进行的欺诈活动。

第二种是以贩卖奴隶的经纪人或奴隶商的身份从事商业活动。奴隶是古巴比伦最重要的财产表现形式之一。根据该法典的规定,主要有两种可能:一是赎还在战争中被俘为奴的士兵(第32条);二是直接从事奴隶贸易,经常出入国外的奴隶市场(第280—281条)。

第三种是以长距离贸易经营者的身份从事商业活动。据考古材料证明,美索不达米亚诸城很早就与印度河流域有着贸易往来,古巴比伦时期的对外贸易更达到前所未有的水平。所有的对外贸易中除了王室也可能参与之外,属于私人性质的也相当常见。商人在生意结束后向神庙和国家缴税,且这些商人往往采用合伙经营的方式从事商贸往来。譬如,一份契约记载了两位铜商合伙向另一人借得银、油和衣服到底尔蒙购铜。当时的契约书约定,债权人不承担损失,只拿取固定的利息。

在这一远距离贸易中,有时债权人也参加合伙经营,他通常不取利息,只参与分红,也承担风险。合伙的人员一般3至5人,他们自己租船并雇佣水手。经营这种商业的人,通常也以血亲关系为纽带维系在一起,单一家庭或扩大式家庭成员很有可能以合伙方式共同经商。他们的商业资本多半来自私人,也有的由塔木卡提供合伙资金,通过借贷的方式筹得资本。

② 沙马鲁

与塔木卡相比,沙马鲁是小商人,经营范围和活动范围远不及塔木卡,但他们的商业活动又多与塔木卡有关,甚至可以说依赖于塔木卡。根据《汉穆拉比法典》第100条至第107条的规定,两者的关系甚是复杂,大致有三种情形:一是沙马鲁有可能是塔木卡的雇工,以塔木卡提供的资金到远方为塔木卡做买卖(第100条);二是沙马鲁也有可能是塔木卡的合伙人,与塔木卡合伙经商(第102条);三是沙马鲁有可能是塔木卡的代理商或零售商,为塔木卡推销商品(第104—107条)。

总之,这两类商人不仅从事古巴比伦国内贸易,而且还积极开拓国外市场,发展边际贸易。由于他们在商业贸易中的重要作用,《汉穆拉比法典》专门制定条文,对塔木卡和沙马鲁的商业交易行为进行规范。其核心内容是禁止诈骗,商业交易必须要有文字记录,对欺骗或不守信用者处以重刑。度量衡制便利了贸易,高利盘剥也被极力制止。①

3. 物、财产及财产权利

这三个概念在《汉穆拉比法典》中尚未有明确的区分,在许多法律条文中,财产不仅包括物和财产权利,还包含着财产内容的债务。能成为标的物的,有牛或羊等牲畜、田园房屋、金银宝石或其他动产;还有以清偿金钱为内容的债权以及以妻儿、奴隶为抵押的债务。《汉穆拉比法典》在财产权上有着两个特别的要求:一是法律反映了由国王授予的兵役供养地不可让与;二是法律开始对民事主体终身财产权利(a life-estate)的设定与保护。②

对所有权的法律调整——

古巴比伦是以农业经济为主,最主要的所有权就是对土地的所有。③《汉穆拉比法典》确立了王室土地与有限度的私有土地并存制度。当时,土地基本上归王室和公社所有,王室占有大量土地,其比例

---

① 〔美〕马文·佩里主编,默·蔡斯、詹·雅各布、玛·雅各布、西·冯·劳编:《西方文明史》(上卷),胡万里、王世民、姜开君、黄英译,商务印书馆1993年版,第21页。

② Russ VerSteeg, *Early Mesopotamian Law*, Carolina Academic Press, Durham, North Carolina, 2000, p.38.

③ "Business in Babylon", *Bullentin of the Business Historical Society*, Vol.12, No.2 (Apr.,1938), pp.25-26.

大概占全国可耕地的一半左右。

　　王室土地分为三大部分：第一部分为王室直接享用的土地（eqlat ekallim 或 eqlum šareš ekallim ukallu），如王室庄园、皇家牧场、花园等。第二部分作为出租地（eqel biltim），以收取租税，这是王室的主要收入来源之一。领取和耕种这类土地之人被称为"纳贡人"（naši biltim），耕种者须要缴纳实物租税，这类土地不能转让和买卖。第三部分为分配给王室服役的人员的土地，称为"供养地"（eqlum kurumatum 或 šuk usum）这类土地又分两种情况：一种是可以有条件地转让或出卖的土地，包括祭司和商人的份地，根据该法典第 40 条规定，买者在买得土地的同时，必须承担附着在土地上的相应的义务，也就是说，买主必须接替卖主为王室服务。这类购买人一般都是富有的奴隶主或商人塔木卡，他们自己不从事生产劳动，要么把土地出租出去，要么让其仆从来耕种；另一种是禁止买卖和转让的土地，主要是赐给里都（redum）或巴衣鲁（bai'rum）等军人（此为兵士种别之名，可能为重装兵及轻装兵）家庭耕种，作为军人服兵役的报偿。根据该法典第 26、27、28、30、31 条规定，对王室土地的占有是一种担负义务的占有，不履行义务会导致占有权的丧失。由于这样一种土地占有方式，就使得军人这个阶层紧紧依附于王室，成为巴比伦国家的军事支柱。[①] 根据该法典第 36、37、38、39 条规定，由国王赐予的这两部分土地均不得作为买卖、赠与标的，也不得用于抵偿债务。如果有人买了这类田园房屋，应将之归还原主，且他为此所付的银钱也不予退还，但士兵自行买得的田园则不受以上限制。

　　在古巴比伦，随着私有经济的发展，《汉穆拉比法典》也保护土地的私有。当然，这种私有仍是有条件和有限度的。[②] 该法典第 39、42 条

[①] 何勤华主编：《外国法制史》，法律出版社 2006 年版，第 25 页。
[②] 同上书，第 24 页。

至第47、60条至第65、150、165、178、191条对此做了规定,明确允许私有土地和房屋的买卖、抵押、租赁、赠与和继承。① 必须指出的是,此时的土地、房屋等的私有制是与土地国有制并存的。私有土地等财产所有权的行使一般仍受囿于公社和家庭范围之内。

同时,动产的私有,在古巴比伦也已经十分发达,《汉穆拉比法典》竭力维护这一财产的所有权。例如,该法典第7条、第15条至第20条、第146条至第147条、第170条至第176条、第199条、第205条、第213条至第214条、第217条、第219条、第223条、第226条、第231条、第252条、第278条至第282条对奴隶这一私有财产的买卖、侵害等做了详细的规定。

对其他财产权利的法律调整——

这是所有权之外的其他物权,大多是权利人对他人之物的有限度的支配权。诸如,后世所指称的地上权、地役权、永佃权等用益物权;抵押权、留置权等担保物权在该法典中也能找到其最初的形态。这些权利的设立、变更和终止,多以当事人双方的契约为根据。这些权利的设置确保了人们最大限度地利用当时的物质财富满足整个社会生产、生活的基本需要,协调了古巴比伦社会经济结构,特别是军事征战与社会生产、民众生活的关系,间接地推动了古巴比伦社会经济的繁荣与兴盛。

《汉穆拉比法典》中有关财产的其他权利规定主要表现为以下两个方面:

第一,用益物权。在古巴比伦社会,社会成员对物质财富的所有存在差异,而利用物来满足生产、生活的需要又有所不同,所有人在一定

---

① "Business in Babylon", *Bullentin of the Business Historical Society*, Vol. 12, No. 2 (Apr., 1938), pp. 25-26.

条件下不必或者不能直接利用标的物,而没有某种物的人在一定条件下则急需利用该物,同时又无太多资本取得该物的所有权。为了解决物的所有和利用方面的矛盾,人们之间必然会发生只转移对物的使用和收益,而不转移物的所有权的财产关系,即非所有权人支付代价,换取对所有人财产的使用和收益的关系。所有人与非所有人之间的这种财产关系,对当事人、对社会、对国家都有利,当然受到了法律的确认和保护。

因此,该法典第42条至第47条、第53条至第58条、第60条至第65条分别设定并保护这种权利。其中,根据第42条至第47条的规定,自由民佃田以耕时,法律保护出租人即土地所有人获利的权利。即使田不生谷,或农人未耕耘,或疏于耕耘,或劳动未曾获利,农人均须要以谷物交付田主或按约定支付佣金。这即是所谓"永佃权"的具体落实。

根据第53条至第58条的规定,倘自由民怠于巩固其田之堤堰,或者开启其渠放水,或者未经商议将羊饲养于他人之田,给他人田地造成损失的,均应以谷物赔偿。这显然是对自由民为实现自己土地的利益而使用他人土地的权利的一种限制规定,模糊地触及所谓"地役权"。

古巴比伦社会中,地役权(servitudes)在土地相邻情况下还会产生以下两种权利情形:一是退出房屋占地的一部分为公共道路;二是在墙上钉钉子或架梁在相邻的墙上。这些权利均须取得比邻而居者的同意,或者产生对道路、灌溉渠或墙体的共同所有权关系。在古巴比伦的契约中,这一权利究竟是一种财产权呢?还是一种人身权利呢?因缺乏更有力的历史文献,尚不得而知。但至少可以从一些文献中发现当时社会有一个共同遵循和一体奉行的通例,即这样的墙体无论是谁建造的,只要别的邻居支付了属于他应承担的那份费用,这一墙体就属于彼此共同所有。因而,倘若某人要独立拥有该建筑物所有权,该所有权人必须支付给他的邻居该建筑的相关费用。

　　根据该法典第 60 条至第 65 条的规定,倘自由民以田地交与种园者培植果园,种园者取得培植权利是有偿的,以支付一定费用作为对价。那么,这一对价的费用究竟是多少呢?《汉穆拉比法典》的数个中译本中,以杨炽先生译的版本最为详细而准确,该译本的法典第 64 条规定:"如果一个人把他的果园(枣园)交给园丁去进行产果(枣)管理,园丁占有园子的时间内,应向园主缴纳三分之二的收成,自己拿三分之一。"①这种数值约定正是所谓"地上权"最鲜明的体现。

　　简而言之,后世民法物权制度中的用益物权(地上权、地役权、永佃权等)在《汉穆拉比法典》中已略见端倪。

　　第二,担保物权。这是一种为担保债务的履行而在债务人或其保证人的特定物上设立的他物权。其用途在于以债务人提供的担保物的价值,担保债权的履行和债权的实现。例如,该法典第 49 条至第 52 条就抵押做了具体规定。第 49 条规定:"倘自由民从塔木卡取银,而给塔木卡以适于耕种之谷田或芝麻田,而告之云:'田由君种之,田之所生谷或芝麻,务收割而自取之',倘[塔木卡之]农人于田植谷或芝麻,则收获之时,田中所生之谷及芝麻,应仅由田主取之,而以谷付塔木卡,以偿向彼借取之银及借银之利息,以及塔木卡所付耕田之费用。"

　　这意味着,如果一个人从塔木卡那里借了银子,他可以以一块播种过大麦或芝麻的田地作为抵押。之所以是抵押而非留置,是根据其后农人交租的规定,说明该田地不一定发生转移,仍由抵押人享有使用和收益的权利。第 50、51 条的规定,进一步完善了抵押权的实现,具体是以此抵押物的交换价值(大麦或芝麻)确保他从塔木卡那里借的本银和利息的实现以及种地的投资。类似的条款还有第 66 条的规定,果园作

---

① 杨炽译:《汉穆拉比法典》,高等教育出版社 1992 年版,第 44 页。

为债务人自己所有的物,同样也可以为债权人设定。

这一财产权利形式接近于后世最理想的担保物权——抵押权,但它还不完全具备抵押权的法律意义。综观《汉穆拉比法典》的法律规定,尚未有相关法条规定,表明当债务人不履行债务时,担保物权人能够以担保物折价抵债,或变卖担保物而从价款中优先受偿。而这一抵押权的效用在此时古巴伦社会尚未出现,因此,《汉穆拉比法典》中所规定的担保物权仍处于萌芽状态。

对特殊财产形式的法律调整——

古代西亚地区社会生活发展到这一时期,奴隶这一用语的内涵开始发生了微妙的变化,"奴隶"一词不再仅仅被视为一个物,或拘泥于一种财产的形式。[1] 但奴隶,仍然是古巴比伦最重要的私有财产之一。"古巴比伦国家尚没有发展到奴隶社会的高级阶段——国家奴隶制,还停留在家庭奴隶制阶段"[2],这种家庭奴隶生成有着多种方式,"法律所注重的是奴隶和牛马一样是属于宫廷、家族和家庭的不可剥夺得私有财产,因此国家必须用法律保证他们对主人的服从和家庭主人对他们的所有权和统治权"[3]。

古巴比伦时期,自由民仍时常被其父母或丈夫出卖为奴,一个独立的人也往往自愿出售自己沦为奴隶,其动机均出自繁重的债务或极度的贫困。自由民作为一方当事人,在契约中往往约定一旦违约自愿为

---

[1] 有时自由民也会自谦为"国王的奴隶",法律上也有类似的引用。譬如,《汉穆拉比法典》第129条规定,自由民妻子与他人通奸被发现时,"倘妻之主人保存其妻之生命",则国王亦将保存其奴隶之生命"。此处的"奴隶"实际就是该案中与他人之妻通奸的自由民。在当时,每一巴比伦人皆被认为是国王的奴隶。尤其是,王室统治者们往往称臣民为"侍从,国王的奴隶"(awile wardu šarrim)。而"宫殿的奴隶"有时也可能指的是为国王效劳的自由民。因此,古巴比伦时期,"奴隶"具有了假借之义,从礼仪目的出发,演变为一个谦恭之词。这一时期其他类似的用语,如"男孩"和"女孩"也有类似的用法及含义。

[2] 吴宇虹:"古巴比伦法典与秦汉法典比较:私有奴隶制和国家公有奴隶制",《东北师大学报(哲学社会科学版)》2006年第6期。

[3] 同上。

奴的惩罚条款。在收养契约中,一个常见的惩罚条款是被收养人擅自解除收养关系,应被出售为奴。因此,古巴比伦社会奴隶的来源不再局限于战争的俘虏,奴隶的生成渠道多种多样,致使奴隶的身份或社会地位也可以进行多种类别的划分。诸如:

最常见的奴隶分类是债务奴隶(debt-slave)和动产奴隶(chattel-slave)。① 债务奴隶,大多数情况下原本是自由民,由于欠债而沦为奴隶。他们是可以转让的,但他们的奴隶身份存续期限完全取决于债务的履行情况,由潜在原因而解除债务之后,他们的奴隶身份也相应得以解除。动产奴隶是真正意义上的奴隶,他们源自奴隶父母的出生或源自战争的俘虏或源自奴隶买卖,终身无条件地为奴,故自始至终被视为一种财产。

诚然,在当时社会中,基于出生地,社会成员也可分为本邦人和异邦人。但一个城邦中,公民和奴隶的身份是不可能共存的,而且在理论上说,没有任何本邦人能够背离自己的意望,或者屈从于他人的权威而被逼迫为奴。只有如父母或自己处于经济窘境时,才有可能抵押子女或自己做主被迫沦为债务奴隶。因此,出于社会的公正,一旦债务奴隶被赎回或被解放,获得自由之后,将被排除于本邦人之外,不能当然地取得公民或自由民的资格。

另一种常见的分类是将奴隶分为男奴和女奴(famine-slave)。特别是女奴,由于其性别的特质和生殖的能力,法律对此做了相应的规定。家庭内的女奴常成为其主人的妾。根据《汉穆拉比法典》第119条的规定,如果她生了主人的孩子,之后被出卖(抵押他人为债务奴隶时),就有望在主人债务还清之后像其他家庭成员那样被赎回。当然,

―――――
① See Russ VerSteeg, *Early Mesopotamian Law*, Carolina Academic Press, Durham, North Carolina, 2000, p. 69.

赎回权是属于她的主人，而非女奴自己。但她的优势在于，为了避免与她的孩子过久地分离，她往往不会被送往陌生的地方或贩卖至遥远的境外。她甚至还拥有一个更可观的命运，即按照《汉穆拉比法典》第171条的规定，女奴一旦生育了主人的子女，就有望在主人死后与她的子女一起获得自由。①

已婚妇女的女奴也常成为女主人丈夫的妾。这一女奴的法律身份是双重的，一方面她已身为妾，自视与其女主人平等；另一方面她却仍是女主人的奴隶，她的女主人仍可以随意惩罚她甚至出售她。但是，如果她已生育子女（应该是主人的），其女主人对其所相有的上述财产权利就要受到一定的限制，不得将她随意出卖，但仍享有随意处罚她的权利。在古巴比伦社会，生育子女的女奴一般是可以摘去其奴隶标记的，可以不与其他女奴同列。但是《汉穆拉比法典》第146条也规定，女主人有权"将她加以奴隶标记，而列之于其余女奴之中"②，以示削弱她因生育主人子女而获得的社会地位。

在古巴比伦社会中适用于其他女性的嫁妆习俗也同样适用于该女奴，即奴隶主人可以赐予纳为妾的女奴一定的结婚礼物，但并不同时移转该结婚礼物的所有权。在她的丈夫看来，她已是一个自由妇女，自己并非是她的主人。然而，女奴的社会地位和权利仍旧是极为脆弱而不稳固的，随时均有可能被其主人收回这一身份地位。例如，一旦她利用这一自由而怠慢了她的主人，她仍可能就会一如奴隶般被主人随意出售。

上述适用于女奴的一些宽宥规定，其社会进步性是十分有限的，就

---

① Raymond Westbrook（ed.），*A History of Ancient Near Eastern Law*，Vol. 1, Koninklijke Brill NV, Leiden, The Netherlands, 2003, p. 385.
② 《世界著名法典汉译丛书》编委会：《汉穆拉比法典》，法律出版社2000年版，第68页。

整个社会和民事法律制度而言,古巴比伦法典的宗旨仍然是维护奴隶主私有财产神圣不可侵犯,大量的篇章还是关涉侵害奴隶后应当如何救济这一侵犯私有财产的行为,故对侵犯奴隶这一私产的民事惩罚多以身体罚为主要惩处手段,宣扬同态复仇。奴隶仍旧是民事权利的客体之一,仍是私有财产主要形式。通常意义上,奴隶并非独立的民事权利主体,对其的侵权责任是财产侵权责任,而且是其性质民事责任,但该法典中却多以刑事责罚为主,以保护私有财产神圣不可侵犯。

4. 债法

对当时的商品经济关系的调整(债法),是《汉穆拉比法典》的又一重要内容。该法典中有不少条文是针对债所作的规定,涵盖了债的生效形式及其种类等诸多方面,孕育了近似现代债权的一些规则。其时,债的发生原因主要是契约和侵权行为。契约的种类主要有买卖、借贷、租赁、承揽、寄存、合伙和雇用等;侵权的种类仍不外乎伤害、放水、盗窃等。

在侵权之债方面,近世民法的规定均自罗马法上的"私犯"演变而来。罗马法上的私犯是指侵害人身和私人财产的行为,不包括违约等侵犯债权的行为;在英美法里,侵权行为被认为是违反法律所规定的普遍义务而加害他人的行为,而违约行为则被认为是违反约定义务的行为。[①] 那么,在《汉穆拉比法典》中是否存在有近似于这种的侵权之债呢? 答案是肯定的。

人类社会自形成以来,就存在着个体或团体间的冲突,而解决冲突是维系人类社会的秩序、保障人类社会走向文明的基本条件。在野蛮时代,人们以复仇来解决冲突,而文明人为了避免相互残杀则以赔偿来代替复仇。在文明社会中,国家负有保护人身和财产之责。[②] 虽然以

---

① 张俊浩主编:《民法学原理》,中国政法大学出版社 1991 年版,第 579 页。

② 〔美〕路易斯·亨利·摩尔根:《古代社会》,杨东莼、马雍、马巨译,江苏教育出版社 2005 年版,第 60 页。

复仇来解决冲突的原始残余——"同态复仇"仍在《汉穆拉比法典》中有所表现,但是法典中有着更多的条文将冲突挑起者的行为视为侵权行为,视为对受害人的损害,确立了过失责任甚至无过失责任为损害的价值准则,向侵害人分配损害风险责任,填补受害人财产利益损失,由此建立了普遍适用的债之规范。①

该法典第195条至第212条,均是因殴打(battery)而引发的,其中第201条至第212条是侵权之债,规定了实施侵害行为的当事人应负的金钱赔偿责任。这些条文只是描述侵害行为的状况,并不认定行为人的主观意图是故意还是过失,是一时性起还是突发事件,仅强调损害他人的人身利益须担负的民事补偿责任。可见,这些侵权责任的落实多是以严格责任(strict liability)为要旨的。②

该法典第53条至第59条是有关农业管理中的侵权行为,其中第53条至第56条出于过失不慎而引发的对他人水利灌溉权利的侵害,这些法律条文规定了以谷物或白银作为赔偿方式,侵害行为人以债务人的身份负担赔偿的义务。第58、59条则是对农田稻谷遭受羊群的破坏、园林树木遭受人为的砍伐,这些损害均是故意而为的,且难以恢复原状,这些法律规定强调对田主和园主的经济赔偿。该法典在此非常明确地以不得损害他人权利为界标,确定了每一个体行使权利的最大值,譬如第58条规定,"当羊离开牧场而全部畜群都被拘留在城门内之

---

① 笔者赞同这一观点,即当人类社会的秩序外化为法律,将侵权行为人的行为视为对公众利益的挑战时,这一侵权行为才被纳入刑法范畴,称之为犯罪行为。
② 西方现代学者德赖弗(Driver)和迈尔斯(Miles)在《巴比伦法》(*Babylonian Law*)一书中指出:"古巴比伦法律制定者已经意识到一个伤害行为有可能是由故意或过失引起的,但他仅满足于详细说明故意或过失的典型行为本身,而不细究该行为人有意识的伤害是故意还是过失,只要他有过错,就足以承担相应法律责任。似乎巴比伦法正处于一个过渡阶段,处于由'过错责任'向'无过错责任'的过渡时期,除非一个行为人有过错,否则他不必承担责任,但是实践中这种因果关系是很难界定的,严格责任的侵权之债变成了可能。"See Russ Ver-Steeg, *Early Mesopotamian Law*, Carolina Academic Press, Durham, North Carolina, 2000, p.131.

后",牧人仍纵羊于田,且饲羊于田的诸行为就是侵权行为,造成他人损害应当负民事法律责任。

在契约之债方面,因契约发生的债,其成立生效的形式,该法典有相当明确的规定,如第7条写道:"自由民从自由民之子或自由民之奴隶买得或为之保管银或金,或奴隶,或女奴,或牛,或羊,或驴,或不论何物,而无证人及契约者,是为窃贼,应处死。"第122条进一步规定道:"自由民如将银、金或不论何物,托自由民保藏,则应提出证人,证其所有交付之物,并订立契约,方可托交保藏。"根据这些规定,在古巴比伦,契约的成立必须采用书面形式,必须要有证人。否则,将以盗窃论,处以死刑。

例如,古巴比伦以借贷契约而发生债是非常多见的。借贷契约一般写在泥板上,上面的贷款条件简明扼要。但在借贷契约上必须写明以某些财产作为抵押,通常是房屋、土地或奴隶。一般的借贷契约均有5到8个证人,需要加盖证人的印章。在欠款还清后,按惯必须把泥板砸碎。① 时至今日,我们还能看到一些借贷泥板,说明当时有些人尚未还清贷款,或者有些契约尚未履行完毕。

因契约而发生的债,其内容是十分复杂的,法典大致包括了买卖、租赁、借贷和供给服务四大类常见的契约形态。

买卖契约,是该法典中最先受到关注的。该法典针对不同身份的民事主体所做出的买卖行为赋予不同的法律效力,从而限制一些人的买卖能力。根据相关规定可分为以下两类情形:

第一种情形是有关服役军人(里都、巴衣鲁)和纳贡人。

该法典第36条规定:"里都、巴衣鲁或纳贡人之田园房屋不得出卖。"第37条进一步规定:"倘自由民购买里都、巴衣鲁或纳贡人之田园

---

① 陈晓红、毛锐,《失落的文明:巴比伦》,华东师范大学出版社2001年版,第59页。

房屋,则应毁其泥板契约,而失其价银。田园房屋应归还原主。"第 41 条还规定:"自由民以自己的财产换取里都、巴衣鲁或纳贡人之田园房屋,且加付价额时,里都、巴衣鲁或纳贡人仍可以回到自己的田园房屋,并可以收取其所加付的价额。"这些规定足以说明正在服兵役的人和纳贡人不得以买卖的方式处分自己使用的田园房屋。

何谓纳贡人呢?纳贡人是一种享有 biltum 土地之人,他们租种王室土地,向王室缴纳一定数量的收成作为地租。因此,这类土地不能买卖和转让。根据该法典第 39 条的规定,只有田园房屋系其自行买得,纳贡人(也包括现役军人)才有权处分,如赠与其妻女或抵偿债务。但即使是自行买得的田园房屋,法律仍未规定允许其买卖。

根据该法典第 71 条的规定:"倘[自由民]以谷物、银或[其他动]产购买本为邻人所有而与赋役有关之房屋,则彼应丧失其一切付出之物,房屋应还原主。倘此房屋与赋役无关,则彼可以购买;彼可以用谷物、银或[其他]动产购买之。"这一法律条文显然是从保障王室获得财产的角度做出的规定,确保纳贡制度的有效运行而限制纳贡人的财产处分权利,设定了具体的限制流通物。

第二种情形是塔木卡。

塔木卡在整个古巴比伦时期的土地买卖活动中一直很活跃,并从事村社之间的贸易。因此,是处于公社之中的独立的私商。① 根据该法典第 40 条的规定:"神妻、塔木卡或负有其他义务之人,得出售其田园房屋。买者应担负与其所买田园房屋有关之义务。"这意味着塔木卡是拥有供养田之人,只要履行 ilkum 义务(即为王室提供服务的义务)便可长年享有 ilkum 土地的使用权,既可以出租土地,亦可以出售土

---

① 于殿利:"试论《汉谟拉比法典》中商人的社会等级地位",《比较法研究》1994 年第 1 期。

地。该法典保护这类人的买卖契约。

无论是何种民事主体所为的买卖行为,该法典对此都已规定了当事人特别是购买人的"守信"(a bona fide)条款[①],创造性地提出诚实信用的概念,强调履约的重要意义。

租赁契约,是该法典又一个重要的契约形态。如前所述,租赁作为这一地区商品交换的重要形式之一,古代西亚地区诸法典开创了租赁合同的法律保护先河,成为后世民法的重要渊源之一。《汉穆拉比法典》作为古代西亚法典的集大成者,对巴比伦的土地、田园、房屋、牲口、船舶等的租赁中的一系列问题做出了明确的规定。其中,该法典第42条至第47条、第60条至第65条、第78条、第242条至第249条、第268条至第277条等,分别对租金数额及交付方式、租赁物品损害之赔偿、承租人的责任、出租人违约的法律后果作了规范。这些条文体现了以下三个特点:

第一,最大限度地保护土地出租人的利益。如该法典第42条规定:"自由民佃田以耕,而田不生谷,则彼应以未尽力耕耘论,应依邻人之例,以谷物交付田主。"又如,第45条规定:"自由民以其田租与农人佃耕,并将收取其田的佣金,而后阿达得淹其田或洪水毁去其收获物,则损失仅应归之农人。"从中不难发现,承租人的义务重于出租人。租赁的法律保护不考虑因不可抗力而导致的歉收情形,只着眼于保护出租人的财产所有权,这无疑加重了承租人的责任和负担。

第二,有条件地保护其他财产承租人的利益。如该法典第47条规定:"倘农人于第一年劳动未曾获利,而云:'我将为自己耕田',则田主不得违反其意;其田只应由此农人耕作,至收获时依契约收取谷物。"这

---

① Russ VerSteeg, *Early Mesopotamian Law*, Carolina Academic Press, Durham, North Carolina, 2000, p. 38.

表明承租人在给付租金之际,出于管理租赁物——土地的需要,享有以保存行为、利用行为和不毁土地、不降低土地质量的改良行为为限的权利。又如,该法典第78条特别规定了房屋租赁的问题,强调对已交付租金的承租人的法律保护,使之免受出租人违约的侵害。该法律规定:"倘居住房屋之自由民以全年之租金交与房主,而房主于未满期前令房客迁出,则房主因迫使房客于未满期前迁出房屋,应丧失房客与彼之银。"这一规定也充分体现了法律对其他财产的承租人正当权利也做了一定的保护。

第三,重点地保护有产者的财产权利。无论是租用牲畜还是交通工具(如车辆、船只等),当时法律规定承租人均应支付为数可观的租金,或以谷物,或以银两。同时,承租人在使用出租物时负有妥善保管和使用的义务。一旦这些出租物受到损害时,承租人还应承担一定的赔偿责任(该法典第245条至第249条)。

借贷契约,是该法典契约制度中不可缺少的第三个组成部分。古巴比伦社会商业活动甚是发达,这一契约形态自然也很发达。早在巴比伦国王萨比乌姆(Sabium,约公元前1844年至公元前1831年在位)时期,王权和神庙经济结构已十分完备,神庙控制着整个社会的经济命脉,是借贷行为的始作俑者,是最大的放贷人,故20世纪上半叶的西方学者认为此时的古巴比伦神庙是人类最早的银行雏形。[1] 而此后作为神庙经济的衍生物——古巴比伦商人塔木卡,既是买卖活动中的活跃主体,也是借贷活动的重要当事人之一,是除神庙之外的又一个重要高利贷者。在古巴比伦社会生活中他们也充担着类似银行的角色,发挥着金银等货币媒介流转及信用担保的功能。这些商人是最主要的金银

---

[1] See Benjamin Bromberg, "The Origin of Banking: Religious Finance in Babylonia", *The Journal of Economic History*, Vol. 2, No. 1 (May, 1942), pp. 77-88.

或谷物出借者,时常有这样的投机举动,以牟取相当收益。① 至汉穆拉比父亲辛—穆巴里特(Sin-muballit,约公元前1812年至公元前1793年在位)统治时代,塔木卡商人的借贷活动已相当频繁了。因此如前所述,到了汉穆拉比统治时期,其颁行的《汉穆拉比法典》所涉及塔木卡活动的法条共有35条之多,其中,有30条规定涉及塔木卡以债主身份从事借贷活动,专门有8条规定(第89—96条)对塔木卡的高利贷盘剥进行了限制,这8条法律规定具有很强的实际操作意义。

比如,根据该法典第89、90条规定,借贷一般分为两类:一是实物借贷;二是金钱借贷。这一法律条文规定谷物的借贷利息为33.3%,白银的利息为20%。第91条进一步规定,如果出借人塔木卡不遵守规定,在此之外"又提高利息而取之,则彼应丧失其所贷付之物"。第93、94条则对借贷中出现的欺诈问题做出限制规定,一旦有欺诈,出借人"此塔木卡应按其所取之债额加倍退还谷物",甚至"应丧失其所贷付之物"。第95条也规定:"倘塔木卡贷谷或银,定有利息,而监察人不[在场],则彼应丧失其所贷付之物。"这充分说明借贷必须有证人在场。

由于高利贷的盘剥已经危及巴比伦的经济和社会秩序,所以为了限制高利贷,该法典特别规定了对受高利贷盘剥的借贷人的保护。该法典第96条为此规定:"倘自由民从塔木卡借谷或银,而无谷或银以还债,但仅有[其他动]产,则彼得在证人之前将彼所有任何之物交还塔木卡,塔木卡不得拒绝,应接受之。"这意味着法律允许如果借用人没有谷和银返还时,可以以其他财物替代,出借人不得拒绝,应予接受。当然,古巴比伦的法律主要还是保护债权人的。欠债必还,不仅是当时的商业道德,也是当时的法律规范。根据该法典第114条至第119条的规

---

① "Business in Babylon", *Bullentin of the Business Historical Society*, Vol. 12, No. 2 (Apr.,1938), p. 27.

定,确立了以债务人或其家属作为人质拘留于债权人之家的债的担保制度,以保障债务的履行(包括高利贷之债在内)。

与塔木卡这一民事活跃主体相对应的另一当事人就是债务人。那么,古巴比伦社会是否存在债务奴隶制呢?学界一般认为借贷和债务是古巴比伦最普遍的社会现象之一,因借贷而产生债务奴隶也是古巴比伦最尖锐的社会问题之一。古巴比伦社会还是存在债务奴隶制,债务奴隶应该是当时私有经济的典型表现。① 根据该法典第114条至第116条的规定,债务人以人身作抵押的情况,在古巴比伦还是很常见的,但对此情形法律已有所限制,即要求对人质予以保护,如果其在债权人家中遭受殴打或虐待而致死,债权人将承担严厉的法律责任。②

供给服务契约,是古巴比伦社会又一种特别完备的契约种类。这类服务,主要是指当事人一方向他方当事人提供劳务的行为。因此,这一类型契约与其他契约类型的最大区别在于,当事人"买"和"卖"的标的是活劳动,而非劳动成果。古巴比伦社会中这类契约大致有委托、寄托、运送、承揽以及其他服务五种不同的类型。

第一,委托契约。这是一种历史悠久的契约,专指受托人与委托人

---

① 中国学者于殿利在"古巴比伦社会存在债务奴隶制吗?"一文中对此却持相反观点,认为《汉穆拉比法典》不能证明古巴比伦社会存在债务奴隶制。他提出,《汉穆拉比法典》的确有以奴隶抵偿债务的规定(第118、119条),但是这些奴隶却不是因抵偿债务而沦为奴隶的;法典也有自由民因负有法律上的义务而抵押人质的(第117条),可这些人质却并非奴隶。他强调,法典旨在限制高利贷盘剥,故采取种种措施保护债务人的利益,使他们免于沦为债务奴隶。这些措施包括为债务人还债打开方便之门(第51、90、96、113条)、保护债务人的土地和田园(第49条)、减缓自然灾害和意外事故造成的重负(第45、46、48、103条)等。通过与希腊罗马早期债务奴隶制的比较,于殿利据此认为古巴比伦社会不存在如希腊罗马那样典型的债务奴隶制,因此他得出结论:《汉穆拉比法典》的规定一方面适合古代社会商品货币经济的性质,另一方面虽未能根除产生债务奴隶制的基本条件,却抓住了限制债务奴隶制的关键,堵住了自由人因负债而沦落到奴隶地位的缺口。笔者认为,他的这一解说仍须更多考古资料的科学研究才能得以证实。参见于殿利:"古巴比伦社会存在债务奴隶制吗?",《北京师范大学学报(社会科学版)》2004年第4期。

② 何勤华、李秀清主编:《外国法制史》,复旦大学出版社2002年版,第12页。

之间约定受托人同意以委托人名义办理委托事务的契约。该法典第100条至第107条是针对委托契约所作的规定,涉及委托契约的标的是银、谷物、羊毛、油或任何其他资财等的经营买卖行为,且表现为无偿单务性契约。但必须指出的是,此时的委托关系只是一个委托契约的雏形,并不完全具有现代委托契约的性质。因为根据该法典的规定,受托人(沙马鲁,为塔木卡服务的行商)从事委托经营出售活动,其活动后果包括风险在内,均由受托人承担,而委托人(塔木卡)却不承担此风险。该法典第101条就此规定:"倘在所到之处未曾获利,则沙马鲁应按所取之银,加倍交还塔木卡。"这一点与现代意义上的委托契约有着质的差别。

此时的有关财物委托契约(bailment contract)还有一个特别的程序性要求,[①]根据该法典第104条的规定:"倘塔木卡以谷物、羊毛、油或任何其他资财交给沙马鲁出售,则沙马鲁应结算银价,交给塔木卡。沙马鲁对其交付塔木卡之银应取一个盖章的文件。"而第105条对沙马鲁因疏忽而未取盖章的文件还宣布"此未给有盖章文件之银不算账",即无法律效力。这意味着古巴比伦时期的某些交易活动已有书面证据要求,委托契约就是这样的一个要式契约。

第二,寄托契约,也称保管契约。该法典第107条、第120条至第125条对此有较为具体的规定。其中,第107条规定受寄人返还保管物后,法律保护他的权利免受寄托人的抵赖,并规定对不承认收到所给之物的寄托人应承担一定的法律责任,即"按彼所收回之全数,六倍偿还"沙马鲁(即受寄人)。第120条主要规定了受寄人应负的义务,包括有保管义务、禁止使用保管物的义务、返还保管原物的义务等。第121条则规定寄托人负有支付报酬的义务。第122、123条强调了寄托须提

[①] Russ VerSteeg, *Early Mesopotamian Law*, Carolina Academic Press, Durham, North Carolina, 2000, p.38.

出证人,订立契约,方可托交保藏;否则,无法获得法律救济保护。第124、125条则主要规定了受寄人应负的法律责任。这些法律条款表明《汉穆拉比法典》对违约责任的追究,既有强调对可预期损失的补偿,也有对故意违约行为施以的惩罚性赔偿。

第三,运送契约。在西亚文明史上,交通运输是社会生产过程的一般条件。古巴比伦法律中的运输合同正是为运输这一"社会生产过程的一般条件"的有序化、规范化提供了保障。该法典第112条对此专门规定:"倘自由民于旅途中将银、金、宝石或所有的[其他动]产交付另一自由民,托其运送,而此自由民不将受托之物交至所托之地,而占有之,则托物之主应检举其不交所托之物之罪,此自由民应按全部交彼之物之五倍以为偿。"可见,这一运送主要涉及物品的运送。作为承运方,不仅负有运送的义务,而且还须承担违约责任义务和赔偿义务。而托运方除交付货物的义务外,其他如支付费用、包装、申报等义务限于社会文明程度的水平,在该法典中并未做出明确规定。

第四,承揽契约。它是指承揽人按照定作人的特别指定,完成一定的工作并将工作成果交付定作人,定作人按约定接受工作成果并支付酬金的契约。在古巴比伦社会生活中,承揽契约种类繁多,但在《汉穆拉比法典》中却只规定了两种:一种是房屋建筑合同。根据该法典第228条至第233条的规定,建筑师为自由民建筑房屋完成后,则自由民对建筑师应致送报酬。建筑师为自由民建筑房屋而工程不固,根据自由民受损程度,建筑师承担相应的法律责任,即"应出资将墙壁加以修缮"。另一种是加工定作契约。根据该法典第234、235条规定,船工为自由民造船,应获得相应的报酬。倘船工为自由民造船而施工草率,导致船只当年即发生漏水或其他缺陷,则船工应将此船拆毁并自费重造坚固之船,交还船主。但从这些法条上,很难判断这是来料加工还是定作,或者两者均已经出现在当时的社会。

考证这两类承揽契约的法律规定，可以看出，古巴比伦时期的承揽契约已是双务契约，当事人双方的权利、义务呈现一定的对应性。作为承揽人（建筑师或船工）的主要义务不仅是按约定完成工作、交付工作成果，而且必须保证工作成果无任何瑕疵。否则，必须承担相应的法律后果。而作为定作人，其义务主要是按约定数额向承揽人支付报酬。

第五，其他服务契约。在古巴比伦社会，法律专门对医疗服务、理发服务做了比较特别的规定。这既反映了当时社会分工的发达程度，同时也折射了当时等级森严的阶级结构。《汉穆拉比法典》真实地记录了这一时代特点，也因此揭示出当时民事规范的形式平等乃至法律正义精神的天然局限。

比如，该法典第 215 条至第 225 条针对医疗服务做出了规定，可以分为三种类型：一是医生为自由民施行医疗服务，如手术、割眼疮、接合折骨、医愈肿胀等（第 215、218、221 条）。法律要求病人应支付报酬，而医生所获得的报酬根据其治愈的病情而有所不同。若医生提供医疗服务致自由民伤害或死亡，则须承担"断指"这一严厉的身体刑。这表明其时的法律已开始重视作为弱势群体——病人的人身权利保护。二是医生为穆什根奴或穆什根奴之子提供相同的医疗服务时，病人应支付的报酬相应的要减半（第 216、222 条）。这从一个侧面再次反映了自由民、穆什根奴的法律地位、法律权利的不平等。三是医生为自由民的奴隶、穆什根奴的奴隶以及牛、羊等牲畜施行严重手术、割眼疮、接合折骨、医愈肿胀等时，财产主人所支付的费用明显地低于前两者，医生因其过错而承担的法律责任也相应地减轻。如果医生提供的医疗服务致奴隶死亡的，仅"应以奴还奴"（第 219 条）；致牛或羊死亡的，则"应赔偿牛或羊之主人以其买价之四分之一"。

该法典第 226、227 条是围绕理发师提供理发服务的特别事项所作的专门规定。在古巴比伦社会，所有奴隶都留有一绺特别的鬓发，以便于辨认其身份。① 为了防范奴隶逃走,未经主人同意,理发师是不得将其奴隶的特殊鬈发剪掉的。该法典第 226 条规定:"倘理发师未告知奴隶之主人而剃去非其奴隶的奴隶标识者,则理发师应断指。"这同时也充分说明当时法律对理发师这一职业服务是有着严格限制的,理发师不能擅自利用自己的特殊手艺,破坏或扰乱社会既有的人伦、阶级秩序。第 227 条规定:"倘自由民欺骗理发师,而理发师剃去非其奴隶的奴隶标识者,则此自由民应处死而埋于其门内;理发师则应宣誓云:'我非有意剃之',免负其责。"这意味着对于主观无故意的理发师经发誓后,崇尚神明裁判的《汉穆拉比法典》并不追究理发师的连带责任。

上述诸种契约的法律内容隐约地包含了近似于现代民法的各种契约规则,其中最有意义的是默示担保与明示担保、诚实信用及情事变更原则。

(1) 默示担保(implied warranties)与明示担保(express warranty)

《汉穆拉比法典》在商品或服务的完成契约中有关约定期限方面,包含了一个时间担保的法律条文,如该法典第 235 条规定:"船工为自由民造船,而施工草率,致船当年即发生漏水或其他缺陷,则船工应将此船拆毁并自费重造坚固之船,交还船主。"第 278 条规定:"倘自由民购买奴婢,未满月而该奴即患癫痫,则买主得将其退还卖者而收回其所付之银。"在此,一年或一个月的时间约定就是一个非常典型的履约默示担保条款,充分地说明《汉穆拉比法典》在大量实践之后也许产生了这样一个标准式规范,开始重视契约履行中在一定时间内对权利义务的默示担保作用。

---

① "在两河流域,奴隶的记号是特殊的长发发型,其原因可能是由于本地的苏美尔和塞姆语族男人一般剪短发而外族如埃兰人、鲁鲁布人的发型为长发披肩或马尾辫。为了区分奴隶和自由人,沦为奴隶的敌俘必须保留原来特有的长发型以示外族奴隶身份。后来,数量比外族少得多的本族奴隶也可能必须蓄留长发以示身份了。"参见吴宇虹:"古巴比伦法典与秦汉法典比较:私有奴隶制和国家公有奴隶制",《东北师大学报(哲学社会科学版)》2006 年第 6 期。

与此同时，古代西亚地区的人们也学会应用各种担保（suretyship）形式来推动各种民商事活动的开展。首选是口誓，它仍是一种通行做法，为双方当事人所能普遍接受。其次是以第三人做出保证，承诺交易一方如期履行契约，一旦被保证人即债务人到期未履约，保证人将承担连带责任。① 第三是抵押，在不动产或动产财物上设立抵押也较为常见。如古巴比伦人从事某一借贷行为时，一般以土地、奴隶以及家庭成员作为抵押，这种抵押有时发生在借贷契约订立之时，有时也产生于债务到期之际，旨在获得一个偿还债务的延长期。

（2）诚实信用（good faith）

法典中一般推定买方或受托人在某一时间将履行约定，偿付卖方相应的货款或向委托人转移所托之物的占有权。而对于有些契约，法典中规定允许当事人先享有权利而推迟履行或偿付的义务，一般是在一年的租期结束时承租方才支付租金。而在《汉穆拉比法典》之前，这种做法是极少出现的。古巴比伦人十分强调按时完成履行或偿付。其他类型的租借契约中有关租金的支付也大致如此，于庄稼收成之时或一次贸易之旅结束之际，当事人必定出于诚意而履行义务。这些实践中有关履行或偿付时间的潜规则，显然是来自于彼此的信任和善意。

在最常见的买卖活动中，古巴比伦人不再局限于将易物或现金交割视为买卖的唯一方式。信用在这一时期的民商活动中的作用已经凸显，彼此的信任成为古巴比伦民事往来的最基本前提。

（3）情事变更（change of circumstance）

契约成立后因不可归责于双方当事人的原因发生情事变更，致使契约的基础动摇或丧失，不可能或不能再继续履行，否则将有可能显失

---

① See John W. Snyder, "Babylonian Suretyship Litigation: A Case History", *Journal of Cuneiform Studies*, Vol. 9, No. 2 (1955), pp. 25-28.

公平,所以当事人一方可以撤销契约。① 比如,该法典第 48 条规定自由民负有有利息的债务,而遭受洪灾或旱灾,田不长谷,则"此年得不付谷与债主,而洗去其文约;此年利息亦得不付"。古巴比伦人已经认识到,因自然灾害致使契约标的物被破坏,或者一方当事人因此失去了履行债务的能力,使得借贷契约或租赁契约失却了履行的基础,继续维持契约原有效力已不合时宜,有悖诚实信用和公平合理,故当时的法律规定这类契约应予以解除。

5. 婚姻家庭继承法

在婚姻上,古巴比伦社会视婚姻关系为一种契约关系,无契约即无婚姻,实行以契约为基础的买卖婚姻制度。② 该法典第 128 条明确规定:"倘自由民娶妻而未订契约,则此妇非其妻。"所以,对未订立婚约 (riksatum) 的婚姻,当时的法律和社会均不予承认和施以保护。反之,根据该法典第 130 条的规定,假如双方已订立契约(tuppum),即使女方还居住在其父家,婚姻关系也算成立。

尽管在古巴比伦时期妇女无论是已婚还是未婚的,均能作为独立的行为个体参与古巴比伦经济生活与宗教活动,但是这一时期妇女始

---

① 笔者认为《汉穆拉比法典》中解决情事变更问题的做法相当于英美法中的"合同落空"或"合同受挫"(frustration of contract),当事人因不可归责于双方当事人的事由而致合同标的物灭失,当事人可以免责。参见王家福主编:《民法债权》,法律出版社 1998 年版,第 397 页。

② 对此,近年国内学者国洪更在"古巴比伦婚姻习俗若干问题的再考察"一文中提出了不同的看法,他认为:"古巴比伦时期的婚约可能不是书面契约,而是口头约定。"该法典第 128 条提到婚约,关注的不是缔结婚姻关系,而是配偶是不是妻子。他还指出,在该法典中表示婚约的词 riksatum,字面意思是"捆绑",在法律场合的意思是"契约",在古巴比伦,书面契约用专门的词是泥板文书(tuppum),签订契约与立泥板文书是两个不同的行为,只有立了泥板文书的契约才是书面契约。如该法典第 151 条的规定就是妻子不仅与丈夫签订契约,而且要立下泥板。为此,他认为古巴比伦社会不存在"无契约就无婚姻"一说,法制史家不但误把订立婚约当做缔结婚姻关系的必不可少的手续,而且把口头婚约当做了书面婚约。参见国洪更:"古巴比伦婚姻习俗若干问题的再考察",《史学月刊》2004 年第 11 期。

终不是婚约的权利主体,而是家长权的客体。① 婚约的订立,是在男方和女方父亲之间进行的。根据该法典第159、160条规定,缔结婚约时,男方要交给女方家长一定的聘金(tirhatu,相当于新娘的身价),作为对新娘身份的补偿。倘男方毁约,聘金不退;倘女方家长毁约,则聘金应加倍退还。

尽管女方出嫁时,有可能从父家得到不菲的嫁妆(šeriktu),如父亲赠与的各种财产等。但在新家庭中,男女之间、夫妻之间的关系是不平等的,夫权主义盛行,男性家长把其妻、其子女完全置于个人控制和保护之下,代理他们的一切法律行为,可以自行惩罚其家庭成员、支配家庭的财产,并有权将自己的妻、子女出卖或作为债务抵押。根据该法典第138、145、148条的规定,丈夫与妻子之间的地位是不平等的,丈夫可以纳妾。古巴比伦社会中,与有妇之夫同居的女性,身上应佩带一种标志——石或瓦的橄榄树枝——以示其身份为妾。②

离婚基本出于男子的意志。丈夫可以任意离婚。当然,如果妻子没有品行不端,离婚时丈夫必须退还妻子的所有财产,有时还要付一些额外的罚金。一般情况下,该男子只需支付约20至30舍客勒白银作为补偿即可。但有一种例外,即根据该法典第148条的规定,如果妻子得了慢性疾病,法律是不允许男方提出离婚的,即禁止丈夫遗弃妻子。这些规定说明,当时的离婚权的行使是需要考虑夫妻双方有无过错等具体情况的。

根据当时文献资料中的记载,离婚的形式可以是当众宣布"你不是我的妻子或丈夫",也可以是割掉妻子的衣服褶边(cutting the hem),

---

① See I. Mendelsohn, "The Family in the Ancient Near East", *The Biblical Archaeologist*, Vol. 11, No. 2 (May, 1948), p. 36.

② 〔美〕威尔·杜兰:《东方的遗产》,幼狮文化公司译,东方出版社2003年版,第150页。

这一举止意味着休妻,它常也作为宣布离婚的附属仪式。还有些事实行为的发生也可以推定为离婚,例如,当妻子正受困于债务时,丈夫却迎娶了第二任妻子,这被推定为双方离婚,尽管正式的离婚手续被省略了,但这也是离婚的一种简易形式。巴比伦法律并不要求离婚必须以书面契约形式进行,口头或某种特定的外在仪式均可以使之生效。

古巴比伦妇女不具备如她丈夫那般的简易离婚权利,她的离婚请求只有在得到法庭认定她是无辜的受害方时,方可准予离婚。许多古巴比伦时期的婚约更是禁止妻子离弃丈夫,违者处死。当时的法律对女性主动提出离婚的处罚是非常严厉的,根据该法典第 143 条的规定,这样的妻子就是洁身不自重,或者极大地丢了她丈夫的脸,应当被捆起来扔到河里。①

但由妻子主动提出离婚的机会还是有的。虽然由妻子提出离婚而获得法律允许的情况很少,但根据该法典第 131、136、142、149 条的规定,在丈夫被俘、旷日持久地不归而妻子无法生活的等特殊情况下,亦可改嫁,或取回其嫁妆,归其父家。这项权利,有着一定的人道主义,具有一些先进性。因为后世文明社会中女性未必能充分享有该项法律权利,例如,英国的女性直到 19 世纪末才获得该权利。而公元前 18 世纪的古巴比伦社会妇女就拥有了有限的婚姻自主决定权利。

这一时期法律对离婚的后果也做了具体的规定。例如,该法典第 137 条至第 142 条等,均严格保护丈夫在离婚上的最大自由以及因离婚应承担的相应金钱赔偿,这一赔偿多以"聘金数额"为尺度,表现为"应归还其嫁妆";也有的以保证离异妇女生存所需为限度。至于子女的抚养权利,一般归属被离异的女方。提出离婚的男子一般须要离开

---

① See M. Stol, "Women in Mesopotamia", *Journal of the Economic and Social History of the Orient*, Vol. 38, No. 2, Women's History (1995), p. 130.

房屋,以便于妻子和子女生活或再嫁。而子女通常是与其母亲共同生活的,只有女方有过错而遭离弃时,子女才可能归属于父亲。①

此外,古巴比伦时期的婚姻关系中的多妻制,即重婚,它直接引发了两个特殊问题:一是妓女及其子女的地位问题;二是妾之子女的继承问题。严格意义上说,妓女不是妻子,不可能享有妻子的应有权利;同一位丈夫的诸妻妾之间也并无法律上的联系。但事实中,法典和婚姻契约均为此明确了双方的法律义务和地位等级。两个或若干个女人之间往往以姐妹相称或主仆相处,而且,法典更关注保护第一位妻子(或是正妻)的地位,弱化其他妻妾或已育子妓女的法律身份和社会地位。例如,该法典第144、148条的规定,均是优先保护正妻,哪怕她是"不育之妇"或"病癫之妻",均有权获得赡养,甚至法律禁止其丈夫在这种情况下纳妾。只有一种例外规定,即妻子主观有过错时,法律才有可能对她不予保护。譬如,该法典第141条就规定了这一特殊情形,即妻子居夫家"处事浪费,使其家破产,其夫蒙羞",其夫为此"另娶他妇,而此妇应该留夫家,作为女奴"。② 除了正妻的有限民事权利之外,整体上,古巴比伦女性在家庭生活中的人身权利空间是非常有限的,其社会地位状况也是十分低下的。

据史料记载,婚前性交在古巴比伦似乎是相当普遍的,但结婚后就绝对禁止了,强调伴侣的忠贞,主要是针对女性的道德和法律要求。婚后女子的失贞行为被视为大罪。例如,该法典第129条规定:"倘自由民之妻与其他男人同寝而被捕,则应捆缚此二人而投之于河。"又如,该法典第132条规定:"倘自由民之妻因其他男人而被指摘,而她并未被

---

① Russ VerSteeg, *Early Mesopotamian Law*, Carolina Academic Press, Durham, North Carolina, 2000, p. 88.

② 《世界著名法典汉译丛书》编委会:《汉穆拉比法典》,法律出版社2000年版,第66页。

破获有与其他男人同寝之事,则她因其夫故,应投入于河。"在此,"指摘"即是指毁谤之意。这显然是通过神明裁判的方式对无辜妇女施以歧视与迫害。当然,为了杜绝诬告,该法典第127条也规定道:"倘自由民指摘神姊或自由民之妻,而无罪证者,则此自由民应交给法官,并髡其鬓。"因为长发、长鬓、长髯编成辫子并涂以香油,是巴比伦人自视尊严的习俗,"髡其鬓"实际是一种耻辱的记号。

在家庭成员关系上,古巴比伦的男子对妻子儿女有绝对的权威。只有对妇女和孩子实施性犯罪的人,尤其是有乱伦行为发生时,此人才被视为"罪人",将受到严惩。如该法典第154条规定,倘自由民淫其女,则应受刺刑。所谓刺刑,指将人掼于木桩上的刑罚。第155条规定:"倘自由民将一新娘许配其子,其子已与之发生关系,此后他自己奸淫之,而被破获,则应将此自由民捆缚而投之于水。"此外,如果一个男子与自己的母亲发生性关系,根据该法典第157条规定,受到的惩罚将更加严厉,即两人均处焚刑。上述的这些规定无一不反映了《汉穆拉比法典》对家庭人伦尊卑关系的维护与捍卫。

该法典第195条还规定:"倘子殴其父,则应断其指。"这意味着儿子必须服从于父亲。在债务方面,父亲无力偿还债务时,不仅可以将自己的奴隶,也可以将自己的家庭成员送给债主抵债,父亲享有这一权利,却不承担赎回的义务与责任。

关于收养制度,该法典对收养人和被收养人各自的权益均有专门的规定。例如,在对被收养人的法律保护方面,该法典第190条规定:"倘自由民抚养其所收养之幼儿,但未将其视同自己之子女,则此受养育者得归还其父之家。"第191条规定:"倘自由民的养子已成家,欲将其逐出,则该养子不应空手离去,应得该继承额的三分之一。"这两个法条主要是对被收养人生存权利的法律保护。此外,为了保护自由民婴儿的生存权利,该法典第194条还针对乳母育婴中隐瞒婴儿死亡的行为做出相应的规定,"她应割下乳房"。

在对收养人的法律保护方面,该法典第192、193条规定,倘养子在长大成人后不尊敬或不承认其养父母,应依法惩处,"则彼应割舌";憎恶抚养人,擅自抛弃养父母而出走者,捕获后"则彼应割去一眼"。这些规定则主要是维护收养人的应有权利和家长至上地位。

关于继承制度,围绕着继承人,在《汉穆拉比法典》第165条至第184条做了专门的规定。譬如该法典第165条规定:"倘自由民以田园房屋赠与其所喜爱之继承人,且给他以盖章之文书,则父死之后,兄弟分产之时,此子应取其父之赠物,此外诸兄弟仍应均分父家之财产。"这一法律条文至少说明了两点:一是在古巴比伦只有男子才享有平均的继承权;二是在该法典中保护遗嘱继承的法律效力。但从史料上看在古巴比伦生前立遗嘱文书并不普遍。

该法典的立法宗旨之一就是保护寡妇和孤儿。根据该法典第171条的规定,妻子在丈夫死后,仅有权享有自己原来的陪嫁物,取得"其夫所给且立有遗嘱确定赠与孀妇之赡养费",且只能在丈夫尊亲属的监护下使用,不得出卖,她身后归其子女所有。第172条进一步规定:"倘其夫未给她以孀妇之赡养费,则应归还其嫁妆,并应就其夫之家产中给以等于一继承人之一份。"显见,亡夫的妻子可以与子女平均继承遗产。但如果女子在夫亡后改嫁,财产所有权利则另当别论了,她不得带走或出卖这部分赡养费,只能带走她原来的嫁妆。

父母死后,只有男性后裔才享有平均继承遗产的权利,一般不采用长子继承法。这种办法,对平均社会财富有着一定的作用。但在少数地区仍然实行长子继承或优先继承法;女儿只能取得作为结婚时的陪嫁物而分享父母的财产。在继承法上,由于古巴比伦的道德观念和社会风俗所致,其法律上有如下三处特别规定:

一是针对古巴比伦社会允许自由民与奴隶发生性关系,法律保护他们所生的子女。该法典第170条规定男主人与女奴所生之子女,获得其生父生前承认的,"视之与配偶之子同列",应参与均分父亲的家产,但"当分产时,配偶之子得优先选取其应得之份"。第171条规定男主人与女奴所生之子,未获得其父生前承认的,则不得与配偶之子女同分父之家产。但女奴及其子女应获得解放。配偶之子女无权利将女奴之子女(即同父异母的兄弟姐妹)沦为奴隶。这说明了这些特殊的子女(未被承认的)仅享有人身自由的权利,而无任何财产权利。

二是古巴比伦社会尊崇神姊、神妻、神妓的风气更为盛行,该法典第178条至第182条为此对这类人群做了规定。特别是对这类人群的继承权予以了平等的保护,对于其父亲的家产享有同其兄弟们一样的继承权利。

三是古巴比伦社会允许男子纳妾,故该法典第183、184条对"妾所生之女"单独地做了规定,大致分为两种情形:第一种情形是如果父亲给予其妾所生之女以嫁妆,并为之择配,立有盖章的文书,则父死之后,她不得再从父之家产中取得其份额。第二种情形是如果父亲未给其妾所生之女以嫁妆,且未为之择偶,则父死之后,她之兄弟应在父家的家产中给她以嫁妆,而遣嫁之。总之,法律承认妾所生的女儿也享有一定的财产权利。

此外,该法典第168条规定如果自由民欲逐其子,"如子未犯有足以剥夺其继承权之重大罪过,则父不得剥夺其继承权"。这是对自由民恣意滥用家长权的一种有力限制,也是保护男性子孙的一个举措。该法典第169条还规定,倘自由民之子"对父犯有足以剥夺其继承权之重大罪过,则法官应宽恕子之初犯;倘子再犯重大罪过,则父可剥夺其继承权",这也是对父权行使的一种法律限制。该法条的规定十分清晰地表明:古巴比伦时代剥夺其子的继承权的父亲必须通过法律程序的许可,方能够在满足一定法律条件后(即其子再犯类似冒犯行为的),自由行使自己的父权。

综上所述,《汉穆拉比法典》是一部史无前例的法典,沿革苏美尔人的法典传统,并参酌当时古巴比伦人的实际情况编纂而成。有些条文非常进步,如详尽的契约条款;而有些条文却非常野蛮,如许多不合理的婚姻规定。不过,大体上说,这部法典中共计282条的法律内容几乎触及了巴比伦人日常生活中的所有方面,按其顺序,从"私有财产"、"不动产"到"商务"、"亲属"、"伤害"及"劳动"等,民事规范始终居主导地位,并处处有一种一贯精神,即重视私有财产,宣扬法律正义。因此,这部法典在民事规范方面是文明的、进步的。在这一方面,较它晚出一千多年的《中亚述法典》、《赫梯法典》、《摩西律法》均赶不上它,将它与古代乃至中世纪欧洲某些国家的民事法相比较,《汉穆拉比法典》的民法水平亦不逊色。

毋庸置疑,法律是社会经济发展演变的产物;反过来,法律的完善又促进了社会经济的发展。法律最辉煌的汉穆拉比时代,也是美索不达米亚文明史上最辉煌的时代。经过法律的强有力规范,繁华的巴比伦出现了前所未有的昌盛景象,汉穆拉比王朝成为了古巴比伦时期最强盛的王朝,在接下去的两个千年中,巴比伦始终是古代西亚的文明中心:"国王们觊觎它,香客们不辞劳苦地奔赴它的怀抱,而先知们则诅咒它为一切罪恶的渊薮。"[1]为此,《汉穆拉比法典》中的民事规范实际效用不可小视。

汉穆拉比之后,古巴比伦王国逐渐衰落。由于古巴比伦王国的社会结构和经济制度并未发生根本的变化,其后继者可能仍按先王汉穆拉比制定的法律治理国家。不过,有多大程度的文明传承和法律继承还很难一概而论。尽管汉穆拉比要求未来的国王"必遵从我在我的石柱上铭刻的正义言词,不得变更我所决定的司法判决,我所确立的司法裁定,不得

---

[1] 〔美〕戴尔·布朗主编:《美索不达米亚——强有力的国王》,李旭影、吴冰、张黎新译,华夏出版社、广西人民出版社2002年版,第20页。

破坏我的创制"①。但他的继承人似乎在很大程度上忽略了他的遗嘱和律法。此后古巴比伦时期的数千个法律文件中,只有在乌尔发现的一个契约援引了汉穆拉比法典作为依据,还只是用到了其中的刑事条款。② 在民事规范方面,汉穆拉比王的后代子孙们似乎无所作为。

因此,继汉穆拉比王之后,古巴比伦不再有更著名的法典流传于世,民事规范方面亦无突出造诣。

第三部:新巴比伦王国的《新巴比伦法典》

直至一千多年之后的新巴比伦时期,经过尼布甲尼撒二世的扩建,巴比伦城重新成为整个西亚地区贸易和文化的中心。此时社会才有了一点法律的新气象,约公元前605年颁行了《新巴比伦法典》,用以维护王权赖以生存的神庙祭司、商人高利贷者集团的强大利益,颇具有汉穆拉比王的法律遗风。

(1)法典正文

该法典正文部分的15条法律规定,迄今为止尚未见到任何中译版本,故笔者将其翻译如下③:

第1条 在田主的面前[⋯]田主在场[⋯]田主[⋯]他们应写下两年[⋯]国王[⋯]。

第2条 [自由民]在某田地上[⋯]放牧,他放牧[⋯],表明他愿意提供⋯⋯田地[⋯],他应按照邻人田地收成赔偿(田主)谷物;[和⋯⋯一样]他已在某田地上放牧,他应按照邻人田地收成赔偿(田主)谷物。

第3条 [自由民开启]井渠或堤堰浇灌田地却未加固其出口,而因

---

① 《世界著名法典汉译丛书》编委会:《汉穆拉比法典》,法律出版社2000年版,第121—122页。

② 〔美〕戴尔·布朗主编:《美索不达米亚——强有力的国王》,李旭影、吴冰、张黎新译,华夏出版社、广西人民出版社2002年版,第29页。

③ See Martha T. Roth, *Law Collections from Mesopotamia and Asia Minor*, Scholars Press, Atlanta, Georgia, 1995, pp. 144-148.

此决堤并水淹邻人的田地,他应按照邻人[田地收成]赔偿(田主)谷物。

第4条 […]一头野驴[…],他应赔偿。

第5条 自由民购置田地或房屋时加盖别人的印章,却未有能证明代理该事宜的文书或从事该行为的契约泥板,则买卖文书和泥板上所盖名字的人应得到该田地或房屋。

第6条 自由民出售女奴而涉讼以至于女奴被夺走,卖者应按照买卖文契上所载的购买全价退还买者。假如女奴在此期间已育有子女,他应按照每一个小孩加付银一舍客勒。

第7条 妇女行巫蛊惑仪规(以诅咒)别人的田地或船只或烤炉或其他任何相关财物,假如她在树木丛中行巫蛊,她应按照田园收成的3倍赔偿田主谷物;假如她行仪规(以诅咒)别人的船只或烤炉或其他财物,她应按照该财物损失的三倍赔偿;假如她在对别人的房屋行巫蛊时被房主捕获,她应被处死。①

第8条 自由民将女儿许配给另一自由民,新郎父亲在泥板契约中承诺给他儿子(指新郎)一定数目的财产,岳父也承诺给他女儿嫁妆,为此双方彼此达成一致后应制作泥板契约书,同意不改变他们各自的泥板上(的诺言)。父亲不得减少已写明给予其子的法定财产。假如某自由民的第一任妻子死亡并继娶第二任妻子,该妻子又为他育子,第二任妻子所育的儿子们应继承他(其余)财产的三分之一。

第9条 自由民口头承诺给他女儿嫁妆或为此立下文契,他死亡后的财产仍旧按照承诺的份额应给予他女儿;岳父和新郎均不应彼此改变这一约定。

第10条 自由民给他女儿嫁妆,她婚后无子女,一旦她死亡,这些嫁妆应归还她父亲家。

---

① 该条文未完,但泥板此处已残损。

第 11 条 [自由民的妻子…]死[或遗留]后,她应将她的嫁妆给她丈夫或她想给的任何人。

第 12 条 自由民之妻带有嫁妆却无子女的,她的丈夫死后,该嫁妆应从她丈夫的遗产中归还她。假如她丈夫赠给她结婚礼物,她应连同嫁妆一并得到这些结婚礼物,因此她的这一请求应得以实现。如果她没有嫁妆,判决应对她亡夫的财产进行估价,应按照她丈夫财产的总价给她一些财产。

第 13 条 自由民娶妻,她为他生育儿子,他死后,该妇女决定进入另一自由民的房屋(即改嫁),她可以从她亡夫财产中带走她从父亲家得到的嫁妆和她前夫赠送她的结婚礼物,她可以自由地选择所喜爱的男人(再婚);只要她活着,他们将共同享有这些财产的使用权。假如她又为第二任丈夫生育儿子,她死后,与第二任丈夫所生的儿子们和与第一任丈夫所生的儿子们应平等地分得她的嫁妆。[…]

第 14 条 […]她的丈夫[…]她应向她父亲[…]。

第 15 条 自由民之妻已育子女而后故去,该男人又娶妻育子女,当该男人死后,他与第一任妻子所生的儿子们应继承三分之二的父家财产,而与第二任妻子所生的儿子们应继承三分之一的财产。那些尚在父亲家中未婚嫁的女儿们[…]。

(2)民事规范的沿革与创新

《新巴比伦法典》上述 15 条正文内容几乎全是民事规范性质,它们既沿袭了古巴比伦的民事规范,又有所创新。通过与《汉穆拉比法典》相关法律条文的比较不难发现,《新巴比伦法典》在继承《汉穆拉比法典》的基础上,其民事规范及其内在精神是有所变化与发展的。

在土地方面,新巴比伦社会中的土地大多仍是由国王分封给为其效劳和服役的自由民,田主们获得这些供奉地的同时,也承担了相应的服兵役或纳税或纳贡的义务。此外,神庙也拥有相当数量的土地,租佃给自由民耕种。为保障这些农田的收成,该法典相关的条文与《汉穆拉比法典》的规定大体相似,该法典第 2 条与《汉穆拉比法典》第 57 条均要求,未与田主商议就将自己的牲畜放牧于他人田中,构成对田主的财产权利的侵害,应当承当谷物损失的赔偿责任。而有些条文与《汉穆拉比法典》的规定几乎完全相同,法典第 3 条与《汉穆拉比法典》第 55 条均规定,农田浇灌时,因疏于巩固堤堰而不慎损害他人田地,该行为人应按照邻区之例,以谷为偿。

在买卖土地或房屋方面,该法典第 5、6 条的规定有着两大革新之处:一是根据第 5 条的相关规定,赋予印章以崭新的法律属性,印章效力在买卖活动中进一步得到确认。此前包括苏美尔的《乌尔纳姆法典》、古巴比伦的《汉穆拉比法典》等法典均已涉及对印章的法律规定,但仅强调印章对确认契约效力的作用。譬如,《汉穆拉比法典》第 104、105 条要求,当事人之间交付的契约应是"盖章文件,……未盖章文件之银不算账",但当时法律尚未将印章与买卖代理行为联系在一起,而《新巴比伦法典》则通过是否存在代理契约行为的凭证来裁定买卖标的所有权的归属,主要强调买卖的田园或房屋归契约泥书上加盖印章所记的名字主人,而不问该印章是否是他本人的或事先已征得他的同意而加盖的。这实际上首次赋予了印章文义属性,加盖印章的契约文书因此具有了类似票据的特质,表明当时社会买卖活动中相当重视个人的信用。① 20 世纪上半叶,西方学者通过对继新巴比伦王国之后波斯

---

① 该法律条文并未规定,买卖活动中加盖该印章的人因未得到印章主人的授权,其买卖签章属于无权代理,而因此宣告该买卖契约泥板无法律效力。相反法律却是确认该印章主人对该买卖标的的所有权,这实际上意味着法律仍然是承认这一买卖行为的。笔者认为,这一法理精神虽与现代的代理原理迥然相异,却与现代票据法中票据的文义属性不谋而合。就这一问题,现代西方学者克拉斯·R. 维恩霍夫(Klaas R. Veenhof)通过研究古亚述贸易制度得出了同样的结论,他认为新巴比伦这一法律规定是受到古亚述商业规则的影响。因此这种契据具有票据属性。

人统治下这一地区各种印章的研究,进一步考证了在古代西亚地区,长久以来印章始终发挥着超乎寻常的作用,此后的希腊、小亚细亚等地也纷纷效仿与普及。① 而这些印章所特有的商业禀性和法律效用无疑是源自新巴比伦社会的娴熟驾驭与实践积淀。

二是研读该法典第5、6条的内容可推断,这一时期这些买卖标的的范围十分广泛,其买卖的既有可能是不可移动的财产(包括田地、房屋、果园等),还有可能是可移动的财产(诸如奴隶、牲畜、船只以及家用器具等),苏美尔和古巴比伦的某些不可移动的财产(如附有纳贡、服劳役、兵役等的土地、房屋以及其他财产),因法律规定禁止买卖转让而成为禁止流通物的,到了新巴比伦时期,均成为了一般流通物,可以自由买卖转让。

在买卖具体条款的拟定以及相应法律的保护对象上,这一时期买卖契约与此前的买卖契约也发生了巨大的变化,即在此之前,苏美尔社会和古巴比伦社会早期买卖契约条款和法律是出于保护购买人的角度,古巴比伦后期以及中亚述时期古代西亚地区的买卖契约和相应的法律侧重于保护出售人的利益;而新巴比伦的买卖契约和法律则兼顾两者权益的平衡,强调买卖双方的合意与全价支付(即完全履行)。② 通过强调彼此诚实信用而不再设定买卖交易的口头誓约(an oath)和其他担保仪式,法律对这类担保是否设定也未做具体要求,这意味着誓约等形式不再是契约生效的必要条件之一了。此外,古巴比伦买卖交易中所有权转移的那种程式性很强的仪式也已不再流行。

在侵权之债方面,妇女对别人的田园、船只以及烤炉等家庭器皿等

---

① See Hans Henning Von Der Osten, "The Ancient Seals from the Near East in the Metropolitan Museum: Old and Middlle Persian Seals", *The Art Bulletin*, Vol. 13, No. 2 (Jun., 1931), pp. 221-241.

② Raymond Westbrook (ed.), *A History of Ancient Near Eastern Law*, Vol. 2, Koninklijke Brill NV, Leiden, The Netherlands, 2003, pp. 944-945.

进行诅咒施蛊,实际上就是对别人私有财产的最大侵害。是故,该法典第 7 条规定,对巫蛊者主要适用民事惩罚性赔偿,其赔偿额高达受损财产的 3 倍,只有情节特别严重的,即当场抓获的才处以死刑。《汉穆拉比法典》第 2 条对这类巫蛊者是以刑事惩罚为唯一的制裁措施,而《新巴比伦法典》的规定既有民事制裁又有刑事制裁,再次淡化了古代西亚诸法合体法典的刑法色彩,愈加凸显了巴比伦民事规范的特色及其贡献。

在婚姻家庭及继承方面,该法典中对许多相同的家庭关系,诸如结婚、妇女再婚、丈夫再娶时家庭财产继承等问题的调整规定,与《汉穆拉比法典》有着很大的出入。比如,该法典第 8、9 条对结婚的嫁妆和结婚礼物的规定,其婚俗与古巴比伦时期差不多,均需要双方缔结契约,彼此恪守诺言。新巴比伦的婚姻契约书多是采用"对话文书"(dialogue document)体裁,其对话人主要是男女双方父亲达成一致的对话,之后新郎父亲与新郎对话,后者做出表示同意的言辞。其对话内容主要是有关婚姻事宜,诸如订婚、女方嫁妆以及男方父亲赠与儿子结婚礼物等。如果新郎父亲已亡,则由他的母亲和兄弟充任对话者。新娘父亲也如法炮制,对话均被记录在书面文书之上。这一结婚文契泥板制成时间应在双方达成共识之后和举行婚礼之前,以便彼此受之束缚,不得擅自变更履行。甚至就结婚时间本身,到时一旦有一方未及时履行承诺,如女方延迟交付新娘,则将从其母亲的嫁妆中扣除银 5 个明那,赔付给男方。

在新巴比伦,结婚礼物及嫁妆替代了聘金的位置,有关它们的数量多少,男女双方家庭就此进行的谈判协商,成为新巴比伦人缔结婚姻时不可忽略的首要环节。缔结婚姻重在安排双方家庭的陪嫁财产和给予儿子结婚财产,这是婚姻关系的物质基础与法律保障。新巴比伦人结婚仍然只是两个家庭财产的一次大组合,而非男女双方的感情结合。

故新巴比伦人婚姻仍是买卖婚。

对于寡妇的生活及其再嫁问题，新巴比伦时期的契约泥板文献及其法律规定均表明，丈夫的遗产是寡妇的主要财产，丈夫的房子是她的合法居所，她还有权获得属于她的嫁妆和丈夫生前赠送给她的所有礼物。一般年轻而未育的寡妇会重新回到她父母家中，而已成为母亲的寡妇则带着她的子女继续住在夫家，年龄较老的寡妇则与她的长子住在一起。[1] 至于寡妇再嫁，《汉穆拉比法典》第177条规定"须非通知法官，不得前往他人之家"。而从《新巴比伦法典》第13条的规定来看，寡妇则享有自由择偶再嫁的权利，似乎更为人道一些。一般情况下，寡妇再嫁要较年轻女孩初嫁来的简单得多，如她完全可以自由带着前夫所生的孩子到第二任丈夫家中，或与一个男人生活在一起较长时间，她就被视为是这一男人的妻子，似乎无须更烦琐的订婚、结婚仪式。[2]

对于财产的继承问题，该法典第8条至第15条的规定与古巴比伦法律既有相同点又有不同之处。相同点在于，该法典就财产继承也分为对父亲财产的继承和对母亲嫁妆等财产的继承；也保护妇女的继承权。例如，该法典第12条规定寡妇可以取回丈夫遗产中属于自己的嫁妆和丈夫所赠送的结婚礼物，如果她无这类财产，则也可以继承一部分丈夫的遗产，这实际上是肯定了寡妇具有继承丈夫的财产的资格与权利。又如，该法典第13条后半部分条文对于嫁妆的继承类似于《汉穆拉比法典》第173条的规定，均强调妇女的嫁妆由与前夫和后夫所生育的子女均分。

不同之处有两点：一是对无子女的妇女，该法典第10条规定"其嫁

---

[1] See Martha T. Roth, "The Neo-Babylonian Window", *Journal of Cuneiform Studies*, Vol. 43 (1991—1993), pp. 1-26.

[2] See M. Stol, "Women in Mesopotamia", *Journal of the Economic and Social History of the Orient*, Vol. 38, No. 2, Women's History(1995), pp. 132-133.

妆仍应归还她父亲家族",而根据《汉穆拉比法典》第163条规定,这种情况下,岳父将其夫的聘金退还后,该妇女的嫁妆才归还父亲家族;第164条规定,即使岳父未将聘金退还,其夫也可以从该妇女的嫁妆中扣除聘金,余下嫁妆才归还她的父亲家族。这说明,古巴比伦时期聘金在婚姻财产中的重要地位,其所有权自始至终属于男方。而新巴比伦法律中却不曾规定聘金的数额以及担保效力,聘金在新巴比伦人缔结婚姻的法定程序中以及此后夫妻婚姻家庭生活中的实际地位已经大大降低了。二是对家庭财产的继承,古巴比伦时期,《汉穆拉比法典》第167条规定婚生的诸子,不分是第一任还是第二任妻子所生,应均分父亲的遗产。而《新巴比伦法典》就此规定实行差额继承,根据第8、15条的规定,第一任妻子所生的儿子继承父亲财产的2/3,第二任妻子的儿子们继承父亲财产的1/3。该法典第11条还规定妇女也可以根据自己的意愿处分其嫁妆,或是由其某一位儿子继承,或是赠给她丈夫,或是赠给任何她所喜爱的人。而《汉穆拉比法典》并无类似的处分权利规定。

综上所述,新巴比伦时期的民事规范虽然简单但却有着自己的特点。这一民事规范条文变化和规则演变充分地反映了在1500年(从约公元前2000年开始到约公元前500年)的漫长岁月中,古代西亚民法仍在巴比伦民众生活中不断地破旧立新,并未完全湮灭在时间的长河和历史的风沙之中。政权的频繁更迭和种族的血腥征服也未曾抹杀民事规范以及民法精神在西亚地区社会生活中的重要地位。

(二) 诸民事成文法比较

以上对巴比伦人的三部代表性法典中的民事规范,笔者作了比较精细的分析与评述,下面,将对这三部法典中民事规范的内在特点以及共同规则做一番更为深入的阐释和比较,以进一步探明巴比伦人对古代民法之起源所作出的贡献。①

1. 民事权利主体制度上的等级化

权利主体,在民法上,是以具有主体资格为前提的。任何生活中的实体,要成为权利主体,必须在法律上被赋予承受法律关系的资格。唯具有主体资格者,才可以成为权利主体。

自由民,是古巴比伦时期最通用的法律术语,是这一时期民事关系的最常见民事权利主体。具有完全权利主体资格的自由民,也称"全权自由民",是民法意义上的"自然人"(person)。

这一自然人民事主体,在古巴比伦社会中多指的是"阿维鲁",在新巴比伦社会中则称为"*amelu*"或"*mar banê*",②两者并无实质差别。他往往是一个家庭的男性头领,社会行政官员的头衔也表明他们多是指男性,这些自然人多以出生地来界定其自由民身份,一如乌尔第三王朝那样。自由民的个人身份,古巴比伦多描述为"GN 之子",即指在 GN 城邦出生的自由民。在古巴比伦《AS 法令》第 20 条关涉解除债务奴隶的直接法令中,提到获得债务免除的自由民,就是与其城邦联系在一起,例如,罗列了"Numhia 之子、Emut-balum 之子、Idamaraz 之子……"等一长串名单。

在新巴比伦社会,自由民中有一大部分是由他们的父母敬献给了神庙,这些人因此成为献身于宗教生活的人,称之为"*širkutu*",形成一个独立的法律阶层,他们也有可能是因父母无法养活而不得不送给神庙的。他们既依附于神庙,但又有别于神庙或王室的奴隶,大多是为神庙服务的手工艺者或农夫,是神庙经济的主要生产力,为此他们享有自己的财

---

① 在此章节的论述中,所有引用的法条有"……"处,未加注释的,均来自于前引的三大法典原文,其版本出处请参阅本书的前一部分。

② Raymond Westbrook (ed.), *A History of Ancient Near Eastern Law*, Vol. 2, Koninklijke Brill NV, Leiden, The Netherlands, 2003, p. 926.

产权利和人身自由权利。而神庙经济的另一种劳动力——获得解放的奴隶，也献身于神庙，称之为"širku"。其献身的原因可能是出于他已故主人的遗愿，将他作为财产捐献给神庙，也可能是他自己向神庙寻求人身庇护，这些人不具有一般民事权利，结婚等事宜必须得到神庙的恩准。

异邦人，新巴比伦称之为"šušanu"，是无土地的外国人，主要是为王室和僧侣服务的人，他们的身份肯定不具有继承性。而古巴比伦时期的"穆什根奴"此时几乎销声匿迹了，新巴比伦的文献中仅作为个案而略有提及，这些人在社会中已不再是一个特别的阶层了。尽管如此，新巴比伦社会因为有了前面介绍的这些新身份的社会成员，故整个社会的人员组成也呈现出等级特点，其各自的民事权利是有所差异的。

特别是有两类常见民事主体的权利能力和行为能力更是值得深入探讨。第一类是妇女、未成年人及异邦人等；另一类就是前述古巴比伦的穆什根奴。

在巴比伦，无论是异邦人还是获得解放的奴隶，甚至妇女、未成年人(minor)均无法享有法律上的完全民事主体资格，[①]其民事权利能力和行为能力是受一定限制的。这一时期诸法典表明，他们在民事权利主体身份上有两个特点：一是性别并未成为自由民身份取得的障碍，自由民之女同样能得到法律的眷顾；二是异邦人亦可从当地统治者那里得到法律的恩惠，并成为一个有居住权的外来民，古巴比伦称之为"乌巴鲁"(ubarum)，享有相应的民事权利。[②]

妇女作为一个家庭个体成员，在社会交往中其民事主体身份并不充分，法律上的地位是附属的，不如男性，故也不具有完全意义上的"自

[①] Russ VerSteeg, *Early Mesopotamian Law*, Carolina Academic Press, Durham, North Carolina, 2000, p. 65.

[②] See Raymond Westbrook (ed.), *A History of Ancient Near Eastern Law*, Vol. 1, Koninklijke Brill NV, Leiden, The Netherlands, 2003, p. 377.

然人"资格。家庭中所有成员均是隶属于父亲或丈夫的,处于从属地位,包括妻子、男孩或女孩,其权利和义务受到更多的限制,他们自然也不是法律意义上的"自然人"。当然,没有自由的人是完全丧失法律能力的,除非他是一个幼童。但巴比伦时期诸法典无任何证据表明法律上已对成年年龄做出统一的规定。那么在古代西亚地区确定未成年人的年龄界限是多少呢？古巴比伦《汉穆拉比法典》中并未做出明确的规定。结合当时人们能够成婚的最低年龄,可以将他(她)们成婚的最低结婚年龄作为确定成年与否的一个重要尺度。一般情况下,女子成婚年龄较早,约在14至20周岁之间,男子要稍晚些,约在26至32周岁之间。① 这样可以推知古巴比伦未成年女孩应当是在14周岁以下。至于古巴比伦男孩进入成年的年龄可能就很难做类似的推定了。②

在家庭中,妇女是家庭的又一重要劳动力与家庭核心。在古代西亚地区,一个人对家庭的作用源自他(或她)的性别和年龄,从而决定了他(或她)的法律地位和个人身份。古巴比伦时期妇女并非绝对地受制于男性家长制之下的。③ 有时,家长制也并非徒有其表地只能由男性担当,一个大家庭也可能由妇女担当家长一职。例如,法律允许寡妇或离异方可以独处,也可以和她的成年儿子们生活在一起,甚至她的兄弟们也可以并入其中,以她为核心组成一个联合的庞大家庭。在大量民事关系中,诸如财产处分、契约订立及履行等方面,妇女仍享有相应的权利能力和责任能力。特别是妇女很可能由于拥有某种特殊技能或天

---

① See M. Stol, "Women in Mesopotamia", *Journal of the Economic and Social History of the Orient*, Vol. 38, No. 2, Women's History(1995), p. 125.
② See Martha T. Roth, "Age at Marriage and the Household: A Study of Neo-Babylonian and Neo-Assyrian Forms", *Comparative Studies in Society and History*, Vol. 29, No. 4 (Oct., 1987), pp. 716-719.
③ See I. M. Diakonoff, "Women in Old Babylonia Not under Patriarchal Authority", *Journal of the Economic and Social History of the Orient*, Vol. 29, No. 3 (Oct., 1986), pp. 225-238.

生秉性而获得法律上的独立,例如,在三大法典中,妇女可以作为卖酒妇或奶妈以及妓女,其相关的民事活动及引发的民事后果往往由法律加以特别调整。新巴比伦时期,妇女有能力与其丈夫一起与他人签订契约,共同分享和承担债权债务。

而与之相似情形的,对"获得解放的奴隶",在《汉穆拉比法典》中往往称之为"某土地之子"(a son of the land),法典中同时以"另一土地之子"(son of another land)来指称"异邦人"。譬如,该法典第281、282条中规定,"土地之子"即本国已经获得解放的奴隶,被人从国外购回,被原主人认出,应予以释放。在此法律上认定,该奴隶是本国人,但他并非是公民或自由民。古巴比伦人继承了苏美尔人的法律传统,仍是以城邦之名来泛指整个巴比伦社会的自由民,已获得自由的债务奴隶和异邦人均无权享有这一种称谓,也就意味着他们不享有充分的民事权利,不是自然人。新巴比伦社会还存在有王室奴隶,是属于特权阶层的财产,可以随意恩赐给臣民,在法律文献和其他资料中一般极少提到他们。在当时富有人家家庭中也存在着为数众多的奴隶,如古巴比伦时代一样,这些奴隶多是"家养"(houseborn)的,即该奴隶系女奴为其主人生育的子女,但尚未获得主人的承认。这些孩子的身份未得到父亲的认可,仅是取了父姓的名字。他们很少能获得解放。他们往往懂得一些技艺,制作的产品(如食物、衣服和其他生活必需品等)既满足了奴隶主的需要,也增加了奴隶主家庭的收入。这些奴隶可以作为子女的嫁妆,也可以作为赠物,甚至还可以作为抵债服劳役等,他们自己及家庭也拥有一些财物,并非极度赤贫,尚能维持生存。但新巴比伦社会中极少有获得解放的奴隶,因此这些家养奴隶无任何权利可言。

尽管如此,从购买人的角度来看,家养奴隶的民事地位仍属于待定的状态,很有可能为第三方所追索,甚至被宣告自由。《AS法令》第21条就特别将家养奴隶排除于释放奴隶之列。《俾拉拉马法典》第33条则认为,奴婢有可能欺骗其主人,将她的儿子送给自由民之女,因此该法律规定即使此子已长大,其主人仍享有取回他的权利。之所以这样规定,是因为奴隶本是奴隶主的私有财产,由此产生的孳息(子女)当然仍属于奴隶主所有。有关奴隶的买卖一直持续到新巴比伦时代塞琉西王朝(Seleucids,公元前312年—公元前64年)统治巴比伦为止。至公元前275年左右,古代西亚地区的奴隶买卖才逐渐停止。① 然而,在《新巴比伦法典》中有关奴隶的规定几乎没有,这从一个侧面反映了当时社会对奴隶的漠视态度。

另外,《汉穆拉比法典》第175条规定,奴隶与自由民之女结婚后育有子女时,奴隶的主人"不得要求将自由民之女所生之子女作为奴隶"②。显见,这类奴隶后代不属于"家养"奴隶之列。为此,法律针对不同情形所做的不同规定,从一个角度间接地表明,古巴比伦社会中奴隶开始拥有了越来越丰富的民事行为能力。起初只有女奴才可能通过自身的性别和生育能力而与主人结合生育子女,这一结果既有可能改变子女的命运,也有可能改变自己的社会地位和个人身份。尔后,男性奴隶也获得婚娶的机会,甚至可以与自由民结合生育子女,其子女亦可不被视为奴隶,并得到法律的保护。奴隶作为物或财产的习俗正在一点一点地被突破,由物转换成"个体"成为了可能,奴隶的民事身份正在通过婚姻或者债务解负令而得到进一步得到实现,成为一个不完全的民事权利主体。③

---

① H. D. Baker, *Degrees of Freedom*: "Slavery in Mid-first Millennium BC Babylonia", *World Archaeology*, Vol. 33, No. 1, The Archaeology of Slavery (Jun.,2001), p. 18.

② 《世界著名法典汉译丛书》编委会:《汉穆拉比法典》,法律出版社2000年版,第81页。

③ See Raymond Westbrook (ed.), *A History of Ancient Near Eastern Law*, Vol. 1, Koninklijke Brill NV, Leiden, The Netherlands, 2003, pp. 380-385.

那么,另一类社会成员穆什根奴是否是全权自由民,是否是自然人,而享有充分的民事权利资格呢？如前所述,穆什根奴不是全权自由民,不具有完全(法定)民事权利主体资格,其社会地位和经济权利限制了他们获得完全独立的权利能力。这一时期,穆什根奴是以以下三种不同方式出现在古巴比伦法律条文之中的。

第一种与自由民有关。根据法条上下文内容,自由民与穆什根奴发生某种特定关系的相关法律中,具体确认穆什根奴的主体权利归属身份。例如,《俾拉拉马法典》第12、13条中,穆什根奴可能是土地或房屋的主人,其财产权利受到自由民的侵害,能同样得到法律的保护。在该法典的第24条中,穆什根奴则是被自由民无故扣留妻儿的受害人,其正当权利亦得到法律的维护。须指出,这一时期诸法典中,大多数条文以"倘自由民……"(If an *awilum*)方式出现,多是针对"阿维鲁"而设定的,且并未就其特别身份和财产多寡再作具体的划分。只有通过少数涉及自由民与"穆什根奴"关系的法律条文来推及穆什根奴的身份。不过,这一法律适用范围也相应地更为狭窄,比如,《汉穆拉比法典》第196条至第223条的规定,主要是以健康状态或社会地位抑或这两者并用来规范这两类人的行为及权利。

第二种是与宫廷王室有关。例如,《俾拉拉马法典》第50条、《汉穆拉比法典》第8、15、16条分别规定窃贼或者私占宫廷或穆什根奴所有的奴隶和财产的侵权法律责任;又如,《汉穆拉比法典》第175、176条关注自由民之女和宫廷或穆什根奴之奴的婚嫁问题;再如,《俾拉拉马法典》第34条规定穆什根奴不当收养王宫之婢的子或女是无效的,王宫可以取回此子或此女。显见,法律在不同情况下根据民事主体身份或地位的不同,适用不同的处理规则。

第三种是与阿维鲁形成对照。《汉穆拉比法典》第139条至第140条规定,如果要求离婚的夫方是穆什根奴,只须要支付一个较低的离婚费用;第 196 条至第 223 条规定,如果身体受伤害或者外科引发的伤害是穆什根奴或穆什根奴的奴隶,也只须要赔偿一个较低的费用。与之相反,同样的情形发生在阿维鲁身体上时,阿维鲁得到的法律保护(如侵权赔偿的费用)要大得多。①

此外,古巴比伦时期的王室敕令中有多处提到穆什根奴,特别是债

---

① 关于阿维鲁与穆什根奴的界定问题,学界一直存有争议。早期论者几乎普遍认为,阿维鲁是贵族,穆什根奴是经济地位和社会地位低于阿维鲁但高于奴隶的中间阶层,即平民。20 世纪 50 年代以后,在此基础上形成了两大派别。米克和克劳斯(F. R. Kraus)等人坚持早期论点并有所发挥。米克认为,阿维鲁字面的意思是"人"(man),在法律文书中还包括三个含义:有时指贵族;有时指不论地位高低的任何自由民;偶尔指从国王到奴隶的任何阶级成员。穆什根奴本来指平民,但在法典有些条目中它显然指的是不同于神庙和国家的私人公民(Private Citizen)。克劳斯则认为,阿维鲁是由极少数人组成的贵族阶级,而穆什根奴是国王所有臣属的统称,代表与阿维鲁等级相对的"公民"(Bürger 或 Common Citizen)。与此同时,其他学者提出了新主张,较有代表性的如德莱维尔(G. R. Driver)和迈尔斯(J. C. Miles)认为,"穆什根奴是王室保护的阶级","在某种意义上是王室依附民,他们可能受雇于国王的土地之上"。故在《巴比伦法》中把 Awilum(阿维鲁)解释为"人"(man),把 Mar Awilim(直译为"阿维鲁之子",古巴比伦时期有时泛指阿维鲁身份)解释为"自由民"(free man)。斯佩泽尔(E. A. Speiser)从《汉穆拉比法典》及其他材料出发,并根据词源学和词法学得出结论,认为"穆什根奴是'国家依附民',他们对国家负有繁重的义务,受到种种限制,以此换取封地","受国家的特殊保护";他们"既包括军事也包括平民封地持有者"。戈茨(Albrecht Goetze)亦认为,"在埃什努那,穆什根奴是一个似乎与王室或神庙有密切关系的社会阶级成员"。这些论争中贡献最大的莫过于苏联学者贾可诺夫(I. M. Diakonoff),他最初认为,穆什根奴是国王份地的占有者,他们具有特殊的法权地位,是"与王室经济、强制性的王国公务有联系并处于公社以外的人",是"有义务的而非无条件地占有的人可能只是在公社中无以立足、已经破产与被剥夺财产的人,或是异邦人"。后来他对此稍稍做了修改,把古巴比伦社会的居民(奴隶除外)分为:a. 其父权制家长在公社中享有完全公民权,包括对土地和财产享有所有权及参加自治机构的人,他们处于公社自治机构的司法管理之下;b. 王室仆从,他们以为国王提供服务为条件换取国王分配土地的使用权;所有王室仆从,从家长到未成年人,都处于王室管理的司法权限之下。王室仆从又分为上下层,上层以行政官员和工作人员(包括女祭司)或熟练的手工业者的身份履行对国王的义务;下层的义务是从事农业或手工业生产,为王室创造物质财富。为此,贾可诺夫认为在古巴比伦时代早期,第一种人即在公社中享有全权之人称为阿维鲁;第二种人即所有王室仆从称为穆什根奴。但后来王室仆从中比较富有的上层,因为有更多的机会买得公社土地,也变成了阿维鲁;同时,富有的公社社员也在王室管理机构中担任职务,出现了王室仆从的上层与公民的上层融合的情况。总之,新一派的观点虽有各种细微的差别,但均主张阿维鲁是在公社中享有全权的自由民,穆什根奴是王室仆从。这一论断也为本书所采纳,因为它无疑是符合历史事实的,如果阿维鲁是少数贵族,而穆什根奴是平民或私人公民,"必然意味着大多数古巴比伦法只涉及人口中相对较少的一部分",这是不合实际的。上述诸观点陈述均来自于殿利:"试论《汉谟拉比法典》中商人的社会等级地位",《比较法研究》1994 年第 1 期。

务奴隶解负令中(如《AS 法令》第 15 条),穆什根奴就是从大笔债务中被解放出来的,依附于王室的土地承租者,可能就是由债务奴隶转化而来的。在解负令的名单上,他往往与贵族列绅(lord and nobles)等并列。当时官方行政事务的信件报告中也曾宣告,废除士兵、渔夫以及穆什根奴的债务,前两者均是具有特殊技艺的采邑者,穆什根奴的社会地位较异邦人和动产奴隶高,但同时他们又是处于依附地位。

显见,穆什根奴因特别效劳于国家、王室才得到了法律的庇护,才享有了相当于阿维鲁的权利,也由此取得了相应的民事主体资格。从宫廷的角度而言,他们均是效忠于王室、公社的臣民;就公共或私人财产而言,穆什根奴是享有财产权利的所有人。故而在法律条文中,穆什根奴也时常与宫廷、阿维鲁连用,但也有些条款,如《俾拉拉马法典》第 12、13 条就是单独针对穆什根奴所做的规定。特别是该法典第 24 条的规定,说明穆什根奴受到自由民非法扣押财物(即奴婢)时应得到的法律保护,与该法典第 23 条对阿维鲁的法律保护是如出一辙的。穆什根奴的民事权利(如物权和债权等)是需要借助于法律原因或自然事实或人的行为,才可能享有更广泛的民事权利。其民事权利是继受取得的,而阿维鲁的民事权利或法益是原始的、法定的,是基于其全权自由民身份而自动发生的,所以,穆什根奴并非是这一时期社会楔形文字法律中的"自然人",也不享有完全的民事权利主体资格,但仍可继受取得民事主体资格。到了新巴比伦时期,社会中穆什根奴已不多见,他们不再是社会主要成员,故新巴比伦法律未对穆什根奴作专门的调整。

要言之,巴比伦社会中,民事权利主体资格呈现出一种等级化的特点,阿维鲁或宗教信徒是自然人,是完全民事权利和行为能力人;穆什根奴、异邦人和已获得解放的奴隶以及一小部分妇女是不完全民事权利和行为能力人;大多数妇女、儿童和动产奴隶是无民事权利和行为能力人。①

2.婚姻家庭关系的契约化

美索不达米亚文明早期,如乌尔第三王朝时期,古代西亚地区的每个家庭还仅是一个相对小规模的个体经济单位和社会构成元素。父亲是其家庭的首领,强有力地统率着他的妻子和儿女们。到了古巴比伦时期,家庭的规模已经有所扩大,一个丈夫可能同时拥有着两个妻子,家庭成员数目也有所增加,其家庭经济生产能力和消费能力均有所增强,家庭成员彼此间的关系也因此变得更加复杂,家庭与家庭之间的关系对社会的影响也更为巨大。这种变化自然要求在法典中给予更多的调整。

为此,古巴比伦的民事成文规范围绕着结婚、离婚、子女、收养等家庭秩序的建构做出了许许多多的规定。在这些规定中,针对家庭事务的处理法则多以契约为主要形式,在古巴比伦人的婚姻关系和其他家庭成员关系中,先前苏美尔人缔造的契约形式及其约束机制得到了进一步的继承与发展。而至新巴比伦时期,婚姻家庭关系更为规范,法律上未具体调整一夫多妻制,其他家庭关系与古巴比伦时期大同小异,仅在继承份额上略有差异。三大法典均十分推崇婚姻家庭关系的契约化调整。

(1)婚姻关系

巴比伦婚姻仍是买卖婚。在缔结婚姻之前,哪怕是女方父母同意将女儿的监护权割让给新郎,也需要事先由男方或男方的父母与女方父母订立一份婚契(riksatum),由男方父亲将聘礼交给女方父亲。一般情况下,法律不承认无契约的事实婚姻。《俾拉拉马法典》第 27 条至

---

① See A. Leo Oppenheim, "A New Look at the Structure of Mesopotamian Society", *Journal of the Economic and Social History of the Orient*, Vol. 10, No. 1(Jul.,1967), pp.1-16.

第28条、《汉穆拉比法典》第128条、《新巴比伦法典》第8条对此均做了明确的规定。"倘自由民娶妻而未订契约,则此妇非其妻",契约不仅表达了一种正式婚姻的成立,而且还意味着一种财产权利在不同家庭之间的让渡。"由于当时的婚姻关系是作为医疗保险、残疾保险、养老保险缺失的一种替代,所以婚姻不能由可能会被爱情蒙蔽的新郎和新娘来选择,而是由双方的父亲或者在父亲去世的情况下由其母亲或长兄作决定。"①在当时,聘礼不仅是为获准婚姻而向新娘父亲支付的钱财,一种经济上的互惠,同时也是一种社会性和象征性的交易,是保证将善待妻子以作为对妻子损失的补偿。在苏美尔时期聘礼以丰盛的食物为多,而古巴比伦时期则多以5至10舍客勒甚至20至30舍客勒的白银作为正式聘礼(*terhatum*),辅以各种各样的结婚礼物(*biblum*)。②新巴比伦甚至规定双方父母在给予新人嫁妆和结婚礼物之际也应订立契约,彼此相互约束。在当时的买卖婚姻中,女方母亲也享有同等的决定权,特别是在女方父亲已亡、母亲为家长之际。即使女方无任何监护人,订婚契约仍然是必备的,法律要求由妇女自己与新郎或其父母订立,这桩婚姻才能得到法律的承认。巴比伦时期新娘家庭的富裕水平也直接影响到聘礼的多少,穷人家的女孩得到的聘礼相应要少一些,但无论贫富情况如何,双方父母签订婚姻契约均是一样的。哪怕是穷人嫁女儿,也需要在订婚契约泥板书上盖自己的印章,这一婚姻才有效。买卖婚的特色显而易见。

巴比伦法律在强调一夫一妻制的同时,也竭力维护一夫多妻制,古巴比伦地位较高的男人甚至可以同时娶两个姐妹。男人还可以贬黜主

---

① 〔美〕斯塔夫里阿诺斯:《全球通史》(上),董书慧、王昶、徐正源译,北京大学2005年版,第63—64页。

② See M. Stol, "Women in Mesopotamia", *Journal of the Eoconomic and Social History of the Orient*, Vol. 38, No. 2, Women's History (1995), pp. 125-126.

（正）妻而提升侧妻的地位。① 为此，《汉穆拉比法典》中有维护正妻地位的法律规定。不论是奴隶之间还是奴隶与自由民之间，奴隶的婚姻效力也为法律所承认。夫妇双方均为奴隶，可以一起被解除奴隶身份。但是，古巴比伦社会已不允许某人沦为奴隶时，他的合法配偶也同时沦为奴隶的情况发生。② 换言之，奴隶身份不再具有连带性，只有奴隶与奴隶结合的子女仍然是奴隶身份。此外，如果一个自由民的行为触犯了法律所受到沦为奴隶的责罚时，也不再殃及他的配偶及子女。在新巴比伦社会中，法律虽不再有一夫多妻的规定，也不再有债务奴隶的规定，丈夫不得再随意地因债务而抵押妻儿，使之沦为奴隶，但新巴比伦的婚俗中仍崇尚多妻制，强调已娶妻的男子必须与第二位妻子订立结婚契约，同时允许其先前的妻子选择离婚或者继续留在夫家，保留主妻的地位。③

在巴比伦人的社会生活中，缔结婚姻的形式有以下四种状态：

第一种是新娘父母与新郎父母或是新娘父母与新郎自己达成同意，按照法典规定订立书面契约，由此产生法律上规定的一系列效力；特别是订立之后，任何一方违约均须担当相应的法律责任。

第二种是新郎支付一大笔聘礼（通常是白银）给新娘父母。这笔聘金具有一个深刻的法律意义，即准新娘和准新郎从今以后就是所谓"妻子"和"丈夫"关系，任何第三方均应承认这一预备结婚的事实，即使他们自己尚未举办事实婚礼，甚至还未住在一起。在此期间，强奸新娘的第三人应处以死刑，法律对未出嫁的新娘给予的保护如同已婚的妇女。《俾拉拉马法典》第 26 条、《汉穆拉比法典》第 130 条对此均有相似的规

---

① See M. Stol, "Women in Mesopotamia", *Journal of the Eoconomic and Social History of the Orient*, Vol. 38, No. 2, Women's History (1995), pp. 126-130.

② Raymond Westbrook (ed.), *A History of Ancient Near Eastern Law*, Vol. 1, Koninklijke Brill NV, Leiden, The Netherlands, 2003, p. 385.

③ Ibid., p. 933.

定。自由民强奸已收聘金却"尚未接触其夫仍居其父的"新娘是一种严重的冒犯,"此自由民应处死,此妇免究"。可见,任何第三方侵害他人婚姻关系,所应负法律责任要大大严重于强奸一个未下聘金待嫁女子所应承担的后果,聘礼作为一个婚姻关系的誓约功效也由此得以彰显。

第三种是新郎在正式场合宣布与新娘结合,如"在岳父的房屋里所作的宣布"(claiming at the house of the father-in-law),其前提是已经与新娘父母达成订婚契约,并已支付了一大笔聘金。古巴比伦的风俗是新郎要在男傧相的陪同下亲自到岳父家迎娶新娘。① 此时新郎对新娘的这一宣言,即意味着双方成婚,并在发生性关系之后,新娘才到新郎家里去。

第四种是举办婚礼。精心操办的一次婚礼需要大笔的费用,所以古巴比伦人举办婚礼的形式还有其他三种意义不甚明确,但同样能发生婚姻法律效力的简单形式,一是订婚后,新娘自愿前往新郎住处居住;二是彼此性的交往;三是新郎和新娘彼此庄严地宣誓"你是我的妻子或丈夫"之类的。这些均可视为是举办了婚礼。

在巴比伦社会,缔结婚姻时必须履行一个较为繁缛的订婚程序,或是男方下聘金,或是女方父亲移交嫁妆,或是男方父亲交付结婚财产等。② 其法律意义在于,从男方来说,他不能随意放弃这一结婚许诺,否则他将失去聘礼。《汉穆拉比法典》第159条对此做了规定:"则女子之父得占有其送来的一切财物。"从女方来说,女方父亲也要受此承诺的约束。《俾拉拉马法典》第25、26条,《汉穆拉比法典》第160条对此均有规定,特别是《俾拉拉马法典》第25条强调收受聘金的新娘父亲违约,"则此女之父应加倍退还彼所接受之聘礼";《汉穆拉比法典》第160

---

① 参见国洪更:"古巴比伦婚姻习俗若干问题的再考察",《史学月刊》2004年第11期。
② See S. Greengus, "Old Babylonian Marriage Ceremonies and Rites", *Journal of Cuneiform Studies*, Vol. 20, No. 2 (1966), pp. 55-72.

条规定:"倘自由民将聘礼送至其岳家,交付聘金,而后女子之父云:'我不将女给你',则彼应加倍还一切致送与彼之物。"这些规定颇具有现代契约中定金罚则的功效。①

在古巴比伦人的生活中,新娘本人如果拒绝这一婚姻,她同时需要放弃她的聘金,但如果她因自己的不端行为而主动撕毁婚约的,则她应被处死。而一旦新郎死亡或者由她的父亲做主取消了这一婚约,则她可以免予处死,由其父亲代为受金钱罚。

因此,订婚的法律实质不只是买卖婚,而且还具有保障结婚双方的民事权利、确立当事人的民事义务、担保婚约的履行等诸多实际功效。订立的婚姻契约未必一定是书面的契约泥板,也可以是以上的婚礼仪式中某一事实行为,同时聘金本身亦可理解为一个契约关系的缔结与生效。②

此外,巴比伦人缔结婚姻的年龄,女性约在14至20周岁之间,而男性约在26至32周岁之间。在男女成婚的这个年龄段里,一般情况下,男女双方父亲已约在50周岁,母亲约在40周岁。这一家庭成员年龄的分布结构,一方面意味着新郎在经济上已获得了一定的独立,并有实力组建自己的家庭,可以通过联姻与他的岳父结成经济和社会地位上的稳固关系;另一方面女方家长也愿意将自己适婚女儿嫁给这一年

---

① 国外法制史学家考沙克尔(P. Koschaker)认为,古巴比伦婚姻中的聘金犹如商品交易中的预付款,也就是"新娘的身价";中国年轻学者国洪更则认为古巴比伦人的聘金不是定金,古巴比伦时期的婚姻不是买卖婚姻。参见国洪更:"古巴比伦婚姻习俗若干问题的再考察",载《史学月刊》2004年第11期。笔者认为,这两种结论均是值得商榷的,它们既不符合商品经济发展规律,也不合乎法律规则本来之义。故本书不予以采纳,而仍支持中外法制史家的通说,古巴比伦的婚姻就是买卖婚,聘金和嫁妆均是商品经济发展的产物。笔者经过数个法条的对比发现,古代西亚地区大部分时间内,大部分法律规定婚姻关系中聘金不是预付款而是定金。只有《李必特·伊丝达法典》(第29条)、《中亚述法典》第三表第30、31条以及赫梯社会的聘金是属于预付款性质。据此,笔者认为买卖婚是古代西亚地区婚姻的主要形式。

② See Russ VerSteeg, *Early Mesopotamian Law*, Carolina Academic Press, Durham, North Carolina, 2000, pp. 78-79.

龄段的新郎,从而充分地依赖对方的经济优势来壮大自己家族的生存与发展空间。此外,这也势必造成许多妻子较其丈夫更早地担当起家庭责任,同时活得比她们的丈夫更长久,社会上自然而然也就有了许多寡妇,这些寡妇往往比较年轻,经济独立。[1]

可见,男女结婚年龄的悬殊分布直接引发了古巴比伦社会妇女的改嫁、继承等问题。这也是当时法律如此注重规范这类问题的原因所在。

(2)抚养与收养

古巴比伦时期的法典十分重视捍卫家庭中父母与子女的人伦关系,制定了大量规范家庭事务的条文,新巴比伦时期对此似乎只是遵循先例而已,未见法典的正式规范。《汉穆拉比法典》第117条规定,父亲有权将其子女出卖为债奴,同时法律规定这些子女服役三年后,"至第四年应恢复其自由"。第137条规定,丈夫离弃育子的妾时,必须给她一部分田园及动产,以便她能抚养子女。法律同时规定,母亲(即使已遭丈夫离弃)有义务抚养子女成人,并给予其子女全部财产(除去她自己应继承的一份之外)。第177条同样规定道,继父也有抚养年幼继子女的义务。以上这些法条均在一定程度上保护子女获得抚养的权利。子女的继承权利同样也得到法典第168、169条的严格保护,以确保父亲不因滥用父权而剥夺儿子的继承权利。

在收养问题上,古巴比伦人作如下表述:"*ana marutim/martutim leqûm*"(阿卡德文,即"视为儿子身份或女儿身份"),且由收养人作一个正式的声明:"你是我的儿子或女儿!"[2]这一时期法律保护这种收养

---

[1] See Martha T. Roth, "Age at Marriage and the Household: A Study of Neo-Babylonian and Neo-Assyrian Forms", *Comparative Studies in Society and History*, Vol. 29, No. 4 (Oct., 1987), p. 747.

[2] Raymond Westbrook (ed.), *A History of Ancient Near Eastern Law*, Vol. 1, Koninklijke Brill NV, Leiden, The Netherlands, 2003, p. 391.

关系。一般情况下,如果一个自由民收养并抚育了孩子(infant child),那么这个孩子长大后不能被亲生父母认回;但若是养父主动找到了孩子亲生父母,那么孩子可以被领回到原来的家。① 收养关系存续期间内,被收养人是受父权庇护的,一旦收养父母想终止收养关系,必须先行解除收养契约。收养人一旦长大成人,自己可以成为契约的一方当事人,亦可行使解除收养关系的权利,但这一收养契约的解除必须是征得他本人的同意方可生效。

古巴比伦法律还保护以下两类特殊的收养关系:一是单方面收养弃儿而产生的收养关系,法律严格保护收养人的收养权利,根据《汉穆拉比法典》第185条规定,遗弃被收养人的生身父母不得主张"归还此养子",法院对此不予支持。二是为了学习技艺而过继给他人抚养的收养关系,法律也严格保护这类收养人的收养权利,根据《汉穆拉比法典》第188条规定:"倘任何手工业者以幼儿为养子,并以其手艺教之,则[他人]不得向法庭申诉请求归还。"这意味着,如果工匠收养了一个孩子并教会他手艺,那么这个孩子便不能被父母认回;但是依据该法典第189条的规定,如果工匠没能把他的手艺传授给养子,那么这个年轻人就可以回到他生身父母的住所。

终止或解除收养关系也是单方面的行为,既可以由收养人做出,也可以由被收养人做出,往往均以口头形式宣布"你不是我的儿子"或"你不是我的父亲"之类的。收养契约关系试图对此进行约束,强调违约方或双方的法律后果。一般而言,对于擅自宣布解除收养关系的被收养人往往将被处以出售为奴的处罚;而对于放弃收养权利的收养人则必须支付一笔赔偿金。

---

① 〔美〕戴尔·布朗主编:《美索不达米亚——强有力的国王》,李旭影、吴冰、张黎新译,华夏出版社、广西人民出版社2002年版,第28页。

关于被收养人的继承权问题有一个发展的过程。最先,苏美尔法律一般规定这些被收养人应该取得收养家庭的继承资格,其继承权利与该家庭父母亲生子女是完全相同的。如果收养人未给予被收养人同等的继承权利,那么被收养人就可以回到他们亲生父母身边。在此基础上,《汉穆拉比法典》进一步允许存在无继承权的收养关系,允许收养人生育自己子女后,不赋予被收养孩子相应继承权利。同时该法典也允许被收养人在养父生前就获得相当于继承人应得份额的1/3[①]。可见,收养关系中被收养人的继承权利在巴比伦时期发生了很大的变化。

这种变化反映出古巴比伦时期收养关系的复杂化,为此,唯有以契约来确保收养双方的权利与义务才是最可行的规范办法。

新巴比伦时期法律虽无收养关系的规定,且民间流传的收养文契也甚少,但这一时期,收养关系仍然是巴比伦人家庭生活的重要组成部分,只不过较古巴比伦时期的收养关系更为灵活,其内容更加丰富。男女自由民均可以收养别人,且在配偶中可以单方做出收养行为,被收养人可以不与收养人的另一方配偶发生这一收养关系。有时,再娶的男人征得妻子前夫的同意后,也可以收养妻子与前夫所生的儿子。更常见的是为了继承家庭财产而在亲属之间发生收养的情况,如叔侄之间建立收养关系,侄子得以养子身份继承叔叔的财产。又如,无子的妇女收养她丈夫的奴隶与其他自由民妻子所生的儿子,作为自己财产的继承人。

这一时期收养陌生人则多半是出于商业上的目的,即出于对其提供的某种服务的有偿回报。最典型的是因对年事已高的收养人精

---

① See Russ VerSteeg, *Early Mesopotamian Law*, Carolina Academic Press, Durham, North Carolina, 2000, pp. 92-94.

心照料,被收养人最终获得她或他的财产。双方正是基于相互之间的利益需求而彼此发生了收养关系。为此,甚至可能发生某人同时收养一对父子,以期在自己生活起居上获得更为完善的照顾,这对父子同时成为收养人的财产继承人。也有的收养人是为了获得另一个人的儿子的继承权而收养他的儿子,这种收养关系是一种权钱交易的产物。

《新巴比伦法典》虽未对上述收养关系做出具体调整,但基本上是遵循了先例。此间,收养人的继承权并不因收养关系的存在而自动产生,必须在收养契约中加以特别规定,即收养人需要单独就被收养人的继承权做出安排。如果在自己的兄弟们在场时得到他们默许的情况下做出这一继承安排,这些在场的人也就是这一收养关系缔结的证人,其名字应记载在该收养契约书上;否则,没有这些证人见证的收养契约及其收养关系是不被承认的。契约仍是新巴比伦收养关系的最好形式。

3.财产及继承的秩序化

进入公元前20世纪之后,古代西亚地区人们的财产观念已经愈加完善。此前一直视土地等财产为公社或大家庭共同所有的观念此时已经发生了变化,从国王所有到神庙占有再到个人私有,多种占有方式使得财产所有权呈现多样化的格局,而且个人私有财产的份额愈来愈大,亟须法律规范做出进一步的社会调整。

(1)财产权利

古巴比伦时期,法律已经开始界定财产的种类及其权利归属者,由于各类财产的权利所有人是有等级或位阶之分的,土地、果园、房屋等动产以及无形财产等财产权利在内容上也有所差别,诸法典对此也做出了相应的规定。特别是古巴比伦社会中有些特殊人的财产不具有让渡性质,法律禁止其自由转让。譬如,《汉穆拉比法典》第27、28、29、32条均对服役的人(包括士兵、渔夫、有技艺的人等)所拥有的负有义务的财产做了专门的规定,以保护这些人对其田园、房屋等财产的占有权。并且,通过法律禁止这类田园房屋的买卖,以切实保护为王室或公社效劳服役或纳贡人的财产权利,进而维护王室或公社的利益(如该法典的第34、35、36、37、38条)。而属于这些人自行购买的田园、房屋等财产则不在禁止之列,法律既允许他遗赠这部分财产,也允许他以此财产抵偿债务(如该法典第39条)。

如前所述,在巴比伦时代,已经有了比较完整的地上权和地役权等的权利形态,与之相似的还有对土地的耕作和灌溉渠(irrigation canal)的使用,相邻土地所有人之间也负有共同的连带责任。比如,《汉穆拉比法典》第55条、《新巴比伦法典》第3条均强调在财产所有权问题上有关相邻权的法律保护。

古巴比伦时期,财产买卖流转的范围已经突破了血缘和亲缘关系,而向着更广阔的地域和人际关系之间拓展和延伸,如前述《俾拉拉马法典》第38、39条中率先出现的财产优先购买权利,其前提就是这一房屋是祖传或世袭的,原出售人仅是迫于临时的经济窘境,才不得以出售,故该房屋的亲属或原卖主享有可赎回的权利。[①] 法典虽未规定买卖的金额,但可推定这是有偿的赎回。这与此后《摩西律法》中"赎地之例"、"赎宅之例"以及禧年(the Sabbath year)财产的收回似乎有着某种历史渊源关系。

(2)财产继承

苏美尔社会早期,财产继承的基本原则是由男性子孙继承,女性(寡妇和女儿)仅在死者无嗣的情况下方可继承。到了古巴比伦时期,社会中财产的继承除男性子孙外,女性也可参与继承,当然在继

[①] Russ VerSteeg, *Early Mesopotamian Law*, Carolina Academic Press, Durham, North Carolina, 2000, p. 94.

承上仍实行男女有别的原则。实际上,大多数古巴比伦人并无死前留下遗嘱的习惯,很多时候是由神庙或法庭裁决来分配死者的继承份额。① 这一时期的三大法典主要规定的是这一法定继承方案及实施细则(同时也涉及少数遗嘱继承的规则),并使其达到了某种固定的秩序。

比如,男性的继承权获得了可靠的保障,儿子对父、母的继承权,孙子的代位继承等,都有了法律的规定和习惯的认可。其继承的财产包括单项财产、不动产以及人身财产等内容,从微不足道的稻草谷壳到价值连城的黄金珠宝均可以成为遗产。当然还有死者的债务,也是属于被继承之列的。所有的继承人均自动地成为整个遗产的共同所有人,尔后进行平均分配。最年长的儿子(通常是配偶或正妻所生的)负责父亲家产的分割,这一分割仪式常在神庙中以庄严宣誓的方式进行。在当时美索不达米亚北部地区,有关分割遗产的过程多以一块专门的泥板加以记录,而在南部地区分割遗产后,记有财产清单的泥板分为碎块,各继承人各持一份碎片以资证明财产权利的移转。在当时,为了保护未来所有继承人的利益,法律甚至规定禁止与未分家的自由民之子订立借贷关系。例如,《俾拉拉马法典》第 16 条的规定,就是为了防止该儿子以可能所分得的父之家产来抵偿自己的债务,从而损失其他家产共同继承人的未来利益。

在解读有关史料文献时,不难发现在诸子分割家父遗产的问题上,巴比伦人已经周到地考虑到以下三个细节问题:一是未娶妻幼子结婚聘金的问题。《汉穆拉比法典》第 166 条规定:"倘自由民已为其诸子娶妻,而未为幼子娶妻,则父死之后,兄弟分产之时,应就父之家产中,除

---

① Russ VerSteeg, *Early Mesopotamian Law*, Carolina Academic Press, Durham, North Carolina, 2000, p. 97.

此未娶妻之幼弟应得的一份外,再给以婚姻聘金之银,使之娶妻。"二是在妻和妾均育子的家庭中,配偶之子与妾之子都可以分配父之家产,只是比例因年代不同而法律上就其继承份额规定有所差别而已。如根据《乌尔纳姆法典》规定,在乌尔第三王朝早期,多妻制家庭中,父亡,配偶之子往往优先取得父之家产的 10%,其余的家产再由诸子均分。在古巴比伦早期,拉尔沙王国、马里王国等城邦,亡夫的第一任妻子之子一般能得到双份遗产。① 在《汉穆拉比法典》中,则规定配偶之子得"优先选取其应得之份"。到了新巴比伦时期,只有第一任妻子所生的诸儿子才能继承父亲财产的 2/3。三是隔代继承问题。孙子是按照父姓族谱来继承他父亲应得的那份家产的。

最后,巴比伦时期法律允许父亲生前重新安排其继承人的份额,将家产赠与自己所喜爱的继承人,诸如他的女儿或兄弟等其他处于第二序位的继承人。当然这一愿望及习俗的实现还有赖于现实中父之家产在其死后仍能完整无缺,同时,遗赠行为符合法律上规定的程序要求。例如,《汉穆拉比法典》第 165 条规定,父亲生前赠与自己所喜爱的继承人这一田园房屋,必须以盖章的文书(a sealed document)为据,此子方能在遗产分割时享有优先"取其父之赠物"。② 这种已盖章的文书实质上就是一份遗嘱,立遗嘱的人死后,他的其他继承人必须予以承认,法律也保护它的效力。③ 在当时,有时这种遗赠也出现在收养契约之中,它同样能得到法律的认可。

又如,女性的继承权也被纳入了法律规范的秩序。自苏美尔社会以来,女性的继承权在逐步扩大,女性亦可继承其父亲家的遗产,其继

---

① Raymond Westbrook (ed.), *A History of Ancient Near Eastern Law*, Vol. 1, Koninklijke Brill NV, Leiden, The Netherlands, 2003, p. 396.
② Ibid., p. 397.
③ See Russ VerSteeg, *Early Mesopotamian Law*, Carolina Academic Press, Durham, North Carolina, 2000, p. 99.

承份额应与其兄弟们相同。当然作为继承的替代方式,古巴比伦社会习俗中女儿一般会提前收到父母赠送的嫁妆。她也往往还会收到男方的聘金以及她丈夫赠送的结婚礼物,她死后她的女儿们则得以继承母亲的这一部分财产。①

嫁妆,通常是在婚礼举行之际,当新娘进入她丈夫房屋时带到夫家的财产。它是她作为女儿身份从父母家中获得的财产,实际转交其丈夫,由丈夫掌管她名下的这份财产。如果她婚后住进公婆的房屋,那么这份财产仅是名义上属于新人的,实际占有权尚不发生转移,只有新人夫妇有了自己独立的家庭时,这份嫁妆才由新娘父亲交予新人。一旦丈夫休妻,妻子的父亲有权取回这份嫁妆。在婚姻存续期内,作为嫁妆的这部分财产支配权始终由其丈夫控制,但所有权仍属于妻子。同时,妻子有权支配少量衣服、贴身仆人等私有财产。

此外,根据《汉穆拉比法典》第163条至第164条规定,妇女倘若未育子女,那么其丈夫无权占有她的嫁妆,而应归属于她父亲之家(通常是她的兄弟们)。这样的规定旨在避免来自于父亲家庭的财产转入夫家。第172条规定,妻子在丈夫死后,可取回父亲家庭所给予的嫁妆,并与其子共同继承夫之家产,平均获得一位继承人该得的一份。该法典第173条规定,如果该妇女再嫁育子女,她死后,她的嫁妆由她与前夫及后夫所生育的子女均分。必须指出,女儿有权与儿子一起继承分享母亲的嫁妆。

聘金,特别是已送至未来岳父母家的聘礼,如果订婚的男女双方有一方死亡,《俾拉拉马法典》规定该聘金应退回其主人。这意味着这部分财产的继承权归男方家庭成员。而如果男女双方已经结婚或已经共

---

① See M. Stol, "Women in Mesopotamia", *Journal of the Economic and Social History of the Orient*, Vol. 38, No. 2, Women's History (1995), p. 133.

同生活,其中男方死亡,则作为聘金的财产由其妻子或他的其他继承人获得其中的一部分,而非是全部。① 这说明这一时期的女性可以有条件地继承聘金的一部分。

丈夫赠与妻子的结婚礼物,根据《汉穆拉比法典》第150条规定,也是由其丈夫掌管,直至他死亡,妻子才取得该财产的处分权。因此,如果她先于丈夫死亡,这一部分财产就仍属于其丈夫所有。法律还进一步限制妇女对这部分财产的处分权,表现在该法条规定"母亲得将身后之物授予其所钟爱之子,唯不得以之授予其兄弟",以此避免这部分财产由夫家转入女方父家。从上述规定,可以看出对于妇女这部分财产的继承,巴比伦非常注重以它们所有权的来源来确定具体的继承人。

妇女有权获得丈夫的遗赠,如田园、房屋或其他动产,《汉穆拉比法典》第150条对此也规定了遗赠的程序,要求丈夫应"给她以盖章之文约",那么子女不得对她起诉或作任何请求。当然,从维护男性社会财产的完整角度出发,寡妇是无权将这一部分继承的财产转给"外人"(to an outsider),特别是带入再嫁的夫家,且这部分财产最终还是归她的儿子们继承。②

4. 契约的程式化

这一时期现存未毁的文献只有一些典型的契约形式,它们本质上均是口头协议。多种多样的交易形式往往附属于一个婚约或一个收养关系或一次奴隶交易之中,被当时的人们一一记录并完整地保存下来,如前所述这些契约泥板书被称为"*riksatum*",即婚契,涵盖了物品的买卖、寄存、租赁服务、代理、信托以及婚姻等关系,不一而足,只要是完全

---

① Russ VerSteeg, *Early Mesopotamian Law*, Carolina Academic Press, Durham, North Carolina, 2000, p. 101.
② Ibid.

地履行了价款支付,就属于该时期的典型契约。

(1)买卖(sale)

买卖一般是在证人在场时达成的口头交易,主要以白银为支付方式,并实现标的物所有权的转移。在古巴比伦人看来,"出售"即意味着"获得白银"。不过这一时期有的文献也有例外事例的描述,譬如有一份出土于马里王国的文献记录了一次发生于古巴比伦早期的土地交割情形:在一次土地买卖中,交易双方以啖食美味佳肴和宗教仪式来完成土地的交割,"他们吃烤熟的公羊,喝着酒,并涂油于自己的额头上"①,这说明当时人们也有以果腹之乐来实际支付土地价款。

这一时期大部分的买卖活动均是口头清结,只有诸如土地(也包括田园、果园)、房屋及其独立的门窗、俸禄、奴隶及其他牲畜四大类标的物的买卖要求以书面形式完成,因为这些物品市值比较大,是当时最主要的财产形态。古巴比伦人按照出卖人的意思起草一份买卖交易格式化契约,即制作一份"契据泥板书",这是沿袭了早期苏美尔人的商业习俗和法律传统。为此,古巴比伦人的买卖契约就如同乌尔第三王朝那样,也包含了以下三个主要条款:一是履行条款;二是完成条款;三是意外条款。在这一契约上面还签署有一长串的证人名字,并记录了一个确切的签约日期。

第一,履行条款(the operative clause)。古巴比伦时期,买卖交易活动中签订契约时,其履行条款主要包括以下必备要素:一是买卖标的;二是有关购买人已从该标的物所有人那里购得该标的物的陈述;三是购买人已支付该物所有人具体数额的白银作为总的支付价款。

第二,完成条款(the completion clause)。这一完成条款具体有三

---

① Raymond Westbrook (ed.), *A History of Ancient Near Eastern Law*, Vol. 1, Koninklijke Brill NV, Leiden, The Netherlands, 2003, p. 399.

种常见的表达方式:一是记述性条款,即"他们之间的交易已经完成",其记述意义不甚明了,很有可能省略了履行仪式的整个过程。二是描述性条款,即"他很满意"①,依据出售方获得相当分量的白银而产生的满意程度来说明该交易的履行完毕。三是程序性条款,即"他或它已经跨过那根碾槌(the pestle)",这一完成仪式源自此前苏美人的交易习俗,除了适用于奴隶的买卖或牲畜的买卖之外,还推广到土地的买卖之中,象征着一次财产权利的交割。

第三,意外条款(the contingency clause)。它往往是买卖完成条款的一种衍生条款。在奴隶的买卖中,至少出现了三种意外情形的设想,例如,三天之内该奴隶的自由身份引发争议甚至涉及诉讼;或一个月内奴隶发生癫痫;或者按照国王的命令宣布他为奴隶等意外事件,均有可能直接影响到这笔奴隶买卖的效力。所以,《汉穆拉比法典》第278、279条规定,出现上述情形时,购买者可以退还奴隶并收回其所付之银,卖者必须承担此争议或诉讼所引发的后果。

一旦当事人之间的上述契约条款与法典相关规定发生冲突或矛盾时,古巴比伦时期的处理方式是以国王的命令为最终解决方案。② 因为国王不仅是法律的颁行者,而且也是古巴比伦市场中各种规则的创立者。③

---

① 这种"满意"条款,不仅仅出现在买卖契约之中,也出现在有关财产继承和雇佣劳力的契约关系中,例如《汉穆拉比法典》第178条规定女祭司继承父亲遗产时,"根据她的一份财产的大小给她大麦、油与羊毛给养,使她满意";第264条为人放牧的牧人,"已经收到了全部佣金,已表示满意"。笔者认为在这些处均表示双方意思表示一致,已达成契约关系,并正在履约完成之中。参见杨炽译:《汉穆拉比法典》,高等教育出版社1992年版,第102、136页;See Raymond Westbrook, "The Phrase 'His Heart Is Satisfied' in Ancient Near Eastern Legal Sources", *Journal of the American Oriental Society*, Vol. 111, No. 2 (Apr.—Jun., 1991), pp. 223-224.

② See Raymond Westbrook (ed.), *A History of Ancient Near Eastern Law*, Vol. 1, Koninklijke Brill NV, Leiden, The Netherlands, 2003, p. 399.

③ *Business in Babylon*, *Bullentin of the Business Historical Society*, Vol. 12, No. 2 (Apr., 1938), p. 27.

在古巴比伦之前,买卖活动多是物与物的纯粹交换,也称为"易货交易"(barter),这些交易又多是现场交易,极少出现信用的交易,即使有这类交易,也往往是以一定"租赁"价格将某物交给购买者,并单独制作一份文件,以记录下应支付的价款(哪怕这一价格是一个虚构的)。到了古巴比伦时期,买卖活动中已经隐含了信用的交易。例如,文献记载了一则事例:有一个人买了一些羊毛(羊毛尚在羊身上,未曾剪下来),因此他获得一只羊,并答应羊的主人在五天内支付事先约定的羊毛款项,同时归还完好无损的羊(已剪过羊毛的)连同羊的粪便。这一契约泥板书并未规定假如购买人故意违约应承担何种返还义务,同时另一方将享有何种请求权利。[①] 这一个案说明,信用可能是包含在买卖行为的履行与完成之中的,未必就需要单独订立一个专门的条款。这一点在其他一些文献记录中也能找到相关的佐证。譬如,购买一幢房屋时,双方承诺数天内支付约定的白银并提交买卖契约文本草稿。但此时的契约中还未出现偏袒性的支付条款,即未约定一旦购买人无法及时付清价款时,出售人享有何种财产权利补救措施。这进一步表明双方的买卖仍是以彼此的信任为基础的,否则交易就无法顺畅进行。因此,在古巴比伦人那里,原来苏美尔人所谓"他将支付价款",演变为"他支付了价款"。个人信用在买卖中已开始发挥了重要的作用。古巴比伦人不再局限于将易物交易或现场交易视为买卖的唯一方式。

诚然,这一时期易货交易未曾留下只言片语,推定易货交易已不占主流。不过,像土地与土地、奴隶与奴隶的交易还是偶有发生的,一般在同一类不动产权利内发生易货交易。如果出售俸禄性质的田园房屋,《汉穆拉比法典》第41条特别规定道,这类买卖需要加付价额,且这

[①] Raymond Westbrook (ed.), *A History of Ancient Near Eastern Law*, Vol. 1, Koninklijke Brill NV, Leiden, The Netherlands, 2003, p. 401.

一买卖中出售方(里都、巴衣鲁或纳贡人等穆什根奴)的财产权利仍然未彻底丧失,他随时可以取消这一买卖,"回到自己的田园房屋"。

总而言之,古巴比伦时期的买卖活动较苏美尔文明时期,特别是苏美尔社会要活跃得多,且不同地域不同时间中,买卖契约的形式也有多种变化。不过,有一点是共同的,即均包含有合意和义务条款。在当时,无论是哪种买卖,双方意思表示未达一致是根本无法产生法律效力的。

新巴比伦时期,买卖活动更强调彼此的信用,双方订立的买卖契约泥板书(private legal documents)中更突出印章的文义性。这一时期契约一般包含了履行条款以落实交易的各种细节,并载明了到场的证人名字、订立契约的地点以及制作的日期(具体包括在位国王的年号)。每一份契约泥板书的制作过程不仅严格遵循这一类型契约特有的格式和履约程式,而且还针对具体情况因地制宜地做一些特别条款的约定。①

(2)借贷(loan)

这一时期的文献记录了古巴比伦人出借白银或谷物以获得相当收益的民事活动。其借贷活动的具体规则如下:

第一,利息。"A已从B那收到白银或谷物等",是当时最典型的借贷泥板书的内容。阿卡德文"*ana ze/za-ra-ni*"专指有关农作物的出借,通常约定在庄稼收成时收回等量之谷物。《俾拉拉马法典》第19条对这一实物借贷做了相似的法律规定。阿卡德文"*tadmiqtum*"则指高利贷,意味着从借用人那得到附加的利益回报。② 根据《俾拉拉马法

---

① H. D. Baker, "Degrees of Freedom: Slavery in Mid-first Millennium BC Babylonia", *World Archaeology*, Vol. 33, No. 1, The Archaeology of Slavery (Jun., 2001), p. 19.

② Raymond Westbrook (ed.), *A History of Ancient Near Eastern Law*, Vol. 1, Koninklijke Brill NV, Leiden, The Netherlands, 2003, p. 403.

典》第 20 条的规定,当时这类借贷的利息高达白银 20%或大麦的1/3。这一利率也频繁地出现在古巴比伦人私人间的大量信件中,表明这可能是当时人们共同恪守的交易惯例或普遍认同的通行利率。有关利息的约定,在《汉穆拉比法典》中继续得到法律的承认和保护。

第二,偿还。这类谷物借贷契约的偿还条款中一般载明了一个确切的日期或相应的地点,例如,"在庄稼收成时"或"在打谷场上",或"一次商旅结束之际",甚至有的借贷偿还时间和地点需要预先通知或要求。偿还条款中借用方应在确定的日期支付"白银及其利息",这一约定意味着出借物的利益是可期待的,并且是可实现的。有些借贷的利益回报仅在借用方违约后才可能产生并要求兑现。有的法律甚至规定,自然灾害导致无法履约的,可以变更借贷关系,并免除相应的利息。

譬如,《汉穆拉比法典》第 48 条就规定:"倘自由民负有有利息的债务,而阿达得①淹没其田,或洪水毁其收获物,或因旱灾,田不长谷,则彼在此年得不付谷与债主,而洗去其文约;此年利息亦得不付。"在此"洗去泥板",即是取消其中规定的时限而订立该借贷契约履行的新期限。当事人非主观过失而导致借贷契约的违背,无法履行债务,该法律条文的这一豁免规定充分体现了古巴比伦人的一种公平正义观。此外,《汉穆拉比法典》第 51 条规定,允许借债者无银偿还时,可以谷或芝麻代替,并依王家规定之比价交与塔木卡。这是古巴比伦人所谓公平正义观念的又一种反映。

古巴比伦时期,有关借贷契约中偿还的约定,还有一种与众不同的习俗做法,即在白银的借贷中,往往是根据农作物的收成情况,计算借贷人应支付的价款及利息。比如,《俾拉拉马法典》第 20 条规

---

① Adad,古闪米特人的暴风雨之神,在巴比伦的主要祭祀中心为卡尔卡拉(IM. KI)。转引自杨炽译:《汉穆拉比法典》,高等教育出版社 1992 年版,第 165 页。

定,收成大麦可以以银结价并取息;《汉穆拉比法典》第 49、50 条规定,表明收种谷物或芝麻,应以白银偿还债务本息。但是,在当时社会中,这一价款及利息幅度通常是比较模糊的,且待定的利率幅度往往是由出借人来决定,不难想见其具体数额一定不是一个小数目。这势必也会给借贷人带来比较沉重的负担,这也是为何当时会产生债务奴隶的原因之一。

(3)抵押(pledge)

当时的契约一般以土地、奴隶以及家庭成员作为连带责任的担保,这种担保(主要是抵押)有时发生在借贷契约订立之时,有时也产生于债务到期之际,甚至还有可能发生在一场婚约的缔结之后,因契约或婚约并非马上兑现,而是可以推迟履行的,当事人为此获得了一个偿还债务的延长期。① 承继苏美尔人的习俗,古巴比伦人大多数的担保仍然是以誓约的形式进行的,并将因此而获得的收益视为神的一种恩赐,是一种公平与正义的体现。其时,很多誓约其实均是双方当事人恪守契约规则或以民事规范分享利益的必然结局。未进行盟约的土地一般是不发生该土地占有权的转移,只有借债者违约,债权人才对其实行占有,行使这一权利。

作为对等的权益保护,《汉穆拉比法典》也规定了对债权人利益主张的各种实现策略。例如,该法典第 115 条规定,债权人可以拘留借债人做人质,且"为质之人以命运而死于取之为质者之家"时,债权人不承担法律责任。

新巴比伦时期,抵押制度也比较发达,虽然《新巴比伦法典》中并无专门的规定,但在当时神庙及其监工的主持下,大量的连带担保约定出

---

① See Raymond P. Dougherty, "The Babylonian Principle of Suretyship as Administered by Temple Law", *The American Journal of Semitic Languages and Literatures*, Vol. 46, No. 2(Jan., 1930), pp. 73-103.

现在民间交往之中,并获得稳定实现的权力保障,这一时期制作了大批有关担保的契约泥板文献。① 其中记录下来可供抵押的物品种类也很多,除土地、奴隶及家庭成员之外,还有房屋、果园等。从泥板记载上看,牲畜及其他动产似乎很少用以做抵押,但也有可能是这些财产用做抵押时无须书面订约。

这一时期,新巴比伦人一般就抵押财产设定的是"不转移财产占有权的抵押权利"(a hypothecary pledege),适用于以不动产做抵押的情况,并多采用书面形式。只有以人身为抵押时才产生占有权转移的抵押权利,有时新巴比伦人也做出以神灵为誓约的保证。但整体上,抵押是主契约的从行为,债务人的这些担保行为均是为了承诺履行主债务,因此,设定抵押并不影响债务人的责任,他仍旧必须履行契约,偿付债务。新巴比伦甚至有"别的债权人不得对已设定抵押权的财物主张请求权利"的记载,②新巴比伦的债权人不仅有权要求债务人设定抵押作为履约的担保,而且还可以在对方违约时占有该抵押物。这也说明,新巴比伦人已经形成了更接近于现代抵押权的实际担保方案,已获得债务人财产抵押权的债权人优先享有对该财产的受偿权。

此外,在新巴比伦晚期,有的契约泥板书记载表明此时已经出现了由多人共同承担连带责任的担保形式,应用于高利贷之中。譬如,有一份楔形文字泥板书记载,签署各自名字的共有四人,为当事人阿尔迪—英尼恩(Ardi-Innin)提供担保,一旦阿尔迪—英尼恩不能按期履行债

---

① 西方学者将这些泥板契约文献分为六组的楔形文字与英文对译及阐释,具体内容参见 Raymond P. Dougherty, "The Babylonian Principle of Suretyship as Administered by Temple Law", *The American Journal of Semitic Languages and Literatures*, Vol. 46, No. 2 (Jan.,1930), pp. 73-103。

② Raymond Westbrook (ed.), *A History of Ancient Near Eastern Law*, Vol. 2, Koninklijke Brill NV, Leiden, The Netherlands, 2003, p. 952.

务,他们四人将共同承担连带清偿抵押债务。① 类似的个案在新巴比伦晚期社会已很常见,抵押担保等从契约演进成为当时社会契约程式化的重要表现。

(4)租赁(hire)

在古巴比伦时期,原则上,租赁到期即付款,但提前部分预付货款也是很常见的。同时,出租者要求租赁物品完整无损地归还。在古巴比伦社会中,可用以租赁的大致有动产、劳力及服务两种。

第一,有关动产的租赁。其中,牲畜的租赁又是最为常见的,无论是《俾拉拉马法典》第3、10条,还是《汉穆拉比法典》第242条至第243条、第268条至第270条均是对牲畜及其驾驭人和承载工具的租赁规定了租金的具体标准。《汉穆拉比法典》第246条至第248条则规定倘若租赁的牲畜受到人为伤害,租赁人须承担与该牲畜相应比例的赔偿责任。该法典第244、249条对牲畜的意外损伤(主要为其它动物或自然灾害所致)也做出相应的规定,强调租赁人不承担任何赔偿责任。

动产租赁的另一常见之物就是船及船工。《俾拉拉马法典》第4条、《汉穆拉比法典》第237条均是对自由民所雇用的船只做出详尽规定;对涉及第三方的财物及人身损失,《俾拉拉马法典》第5条以及《汉穆拉比法典》第237条也规定了相应的责任。此外,《俾拉拉马法典》第4条、《汉穆拉比法典》第239条、第275条至第277条则对雇用船工、租赁各种类型(具体分为顺流之船、逆流之船,甚至是容积较大之船)的租金比率标准做了明确的规定。《俾拉拉马法典》第5条、《汉穆拉比法典》第237条均强调因承租人的过失导致沉船,对此应负有赔偿责任。

第二,有关劳力和服务的租赁。奴隶就像任何动产一样可以出租

---

① See Raymond P. Dougherty, "The Babylonian Principle of Suretyship as Administered by Temple Law", *The American Journal of Semitic Languages and Literatures*, Vol. 46, No. 2(Jan.,1930), pp. 82-84.

或雇用,但是自由人及其子女除非他自己愿意,否则是不能用以租赁的。这种人力的出租或雇用时常发生在一个特定的时段内,例如,根据《俾拉拉马法典》第8、9条的规定,主要是在庄稼收获季节;或者更为特别的是,该法典第14条对一名漂洗工租赁报酬的规定,以每漂洗一件衣服来计算,表明这种租赁发生在特种工作完成之时。① 这种人力的雇佣劳力不仅可以是奴隶,也可以是自由人,例如《汉穆拉比法典》第253条至第256条的规定就是针对自由民雇佣自由民在其田地上干活而做的规定,第273条至第274条对自由民雇用佣工或掘土工、裁缝工等不同手工业者,详细地规定了每日报酬。显见,这一时期的手工业市场十分发达,劳动力市场也随之兴旺起来。

在古巴伦人的租赁契约中,有两项特别服务尤为引人注目:一是有关乳母的问题;二是牧人的问题,法律对此都做了专门的规定。

在古巴比伦时期,乳母的服务期限一般为3年,作为哺育自由民之子的回报,她应当收到谷、油及羊毛等实物,倘若未得到这些实物,可以索要白银作为酬劳。《俾拉拉马法典》第32条就做了如是规定。在哺育婴儿过程中,她若有故意的失职行为导致婴儿死亡的,《汉穆拉比法典》第194条规定,应割下她的乳房。

在古巴比伦时期,牛群的主人也往往十分信任地将这些牛群交给牧人饲养,该牧人因此得到相应的酬劳,在《汉穆拉比法典》第261条为此规定了一个事先谈妥的价格。该法典第264条特别规定,放牧人"收领雇金且感到满意"(*idišu gamratim mahir libbašu tab*)来说明该放牧人已接受被雇用事实,须提供放牧服务。这一"感到满意"的规定至少

---

① 法学教材编辑部、《外国法制史》编写组的《外国法制史资料选编》(上册)中,对埃什嫩那王国《俾拉拉马法典》第14条的翻译是不完整的,该法律条文内容未明确雇佣的工种是什么,所以这里引用的第14条译本出自雷蒙德·韦斯特布鲁克斯主编的《近东法律史》(英文版),他认为这一条是有关漂洗工(a fuller)的雇佣规定。

说明了以下三点：一是他得到了一个合适的酬金；二是它已提前支付了；三是对余下未支付的酬金他并不介意（这是假定酬金未全部支付的情况）。① 该法典第 263、265、267 条则根据放牧人的主观故意程度，对牲畜数目的减少或遭窃，放牧人应承担的法律责任有着不同的规定。第 266 条规定由于自然界的意外而非放牧人的故意，导致牲畜的损失，牲畜的主人应当宽恕该放牧人。

在新巴比伦人的租赁契约中最常见的是房屋租赁。一般情况下，租金多是按照租期伊始就必须支付，也有的允诺租期过半后再行支付。因此，租期从数年到数月不等，有些租赁房屋的双方约定租金是月付，甚至也有一日一付的情形。承租人按时履约后多要求出租方当事人则应出具收据。同时，出租方有权要求每三年调高一次租金。在租赁房屋期间，承租人（即房客）既负有赔偿房屋损坏的责任，也负有修缮和维护房屋的义务。换言之，租赁房屋可能是房屋建造契约的从合同。房客改建该出租房屋可以得到许可。租赁房屋也可能是借贷抵押的从合同，新巴比伦的债务人可以将自己的房屋租借给债权人，作为抵押担保的一种形式，并将不计房租视为让利给他方，保证自己将按时实际履行债务。②

三、小结：巴比伦民事成文法的特性

巴比伦王国的民事成文法大量地存在于楔形文字成文法典中，其法律适用的范例广泛地分散在王室敕令、法庭裁决以及民间文契中。

---

① See Raymond Westbrook, "The Phrase 'His Heart Is Satisfied' in Ancient Near Eastern Legal Sources", *Journal of the American Oriental Society*, Vol. 111, No. 2 (Apr.—Jun., 1991), pp. 223-224.

② Raymond Westbrook (ed.), *A History of Ancient Near Eastern Law*, Vol. 2, Koninklijke Brill NV, Leiden, The Netherlands, 2003, p. 954.

其中,以《汉穆拉比法典》为集大成者,埃什嫩那王国的《俾拉拉马法典》、新巴比伦王国的《新巴比伦法典》等法典最具代表意义。这些楔形文字法典集中规定了许多民事规范,是民事成文法,其私法属性是其他早期国家立法文献所无法比拟的。通过对巴比伦民事成文法的探研与比较,有助于厘清这一时期西亚民事规范的变迁轨迹,揭示巴比伦民法的两大特性:一是公平性,二是人本性。这正是巴比伦民法对人类民法的贡献。通过对上述巴比伦的代表性法典中民事规范的解读及其特点和内在联系的分析,我们可以对巴比伦人在古代民法之起源上的贡献有一个更加清晰的把握。

古代西亚地区,继苏美尔多个民事成文法典之后,巴比伦时期又先后出现了《俾拉拉马法典》、《汉穆拉比法典》、《新巴比伦法典》,这些楔形文字法中民事规范的变迁轨迹昭示了:古巴比伦地区诸法典既与上古时期苏美尔的法律相衔接,特别是与《乌尔纳姆法典》、《李必特·伊丝达法典》等有着许多相似之处,同时其法律制度又有所发展,有着自己的民法特点,对人类民法作出了巨大贡献。巴比伦的民事成文法以《汉穆拉比法典》为代表,"取法于上",在"楔形文字法"中承上启下,它鲜明地蕴涵了两大重要特性:一是民事规范的公平性;二是民事规范的人本性。

第一,民事规范的公平性。为了使一套重要的法律规则能为人们所接受并自觉遵守,首先是从来源上将这些规则神化,这是古代西亚地区民事规范的一种创造。譬如,这些规则的制定者就是被神化了的国王,从当时石柱雕刻图景上可以看到,汉穆拉比王在神的面前表现得十分谦卑。其次是从内容上将这些规范世俗化,也是古代西亚地区民事规范的一种传统。例如,如此谦卑的国王汉穆拉比却在世俗社会建立了一个普遍存在的威严体制,即君权神授制,其法律制度无处不彰显现世主义(secularization),其法律施行过程中最明显的变化就是在汉穆拉比统治下,巴比伦神庙演变为民事纠纷裁决的重要地方组织机构,保障了民事规范在民众中的公平适用。[①] 这种自上而下集权式的政治法律体制后来又推及西方社会,并得到了进一步的发展。第三是从观念上将这些规则普及化,是古代西亚地区民事规范的一种贡献。继苏美尔之后,从巴比伦国王和楔形文字成文法典的神圣性中映射出一种对君王统治地位的维护和认可,这也是对自上古苏美尔社会以来形成的习俗的一体遵行和恪守。

诚然,古代西亚地区的法典不可避免的是诸法合体的形态。例如,同态复仇就是这一时期西亚法典的一个重要原则,但它旨在维护自由民,特别是全权自由民的人格尊严和人身权利。同态复仇是人类社会早期当合法权益遭受他人不法侵害时所通常采取的一种自力救济的方式,是人类在社会公权力缺乏的情况下为保护自身利益、维护社会秩序而尝试的一种制度,因此,上古苏美尔社会中的这一制度在古巴比伦时期继续得到首肯与倡导。

与此同时,当人们的财产观念和对社会整体的认识都有了进一步发展之后,以赔偿的方式化解纷争是必然的选择,《新巴比伦法典》就不再有"同态复仇"的痕迹,相反出现了3倍赔偿金的罚责机制。因此,《乌尔纳姆法典》中推行的罚金制,在巴比伦的诸民事规范中也继续被适用,并得到了更为具体的落实,还从中发展出了一个基本准则,即在同一层面的民事主体之间社会地位与法律保护是一致的,其民事权利与义务是对等的,其民事行为与责任是相当的。

这一时期诸法典在处理民事纠纷问题时,无论是侵权责任还是违约责任,均竭力保障当事人责任之间的平衡,强调行为构成中主客观之

[①] See Rivkah Harris, "On the Process of Secularization under Hammurapi", *Journal of Cuneiform Studies*, Vol. 15, No. 4 (1961), pp. 117-120.

间的因果联系。而这,恰是公平理念的最深刻追求。譬如,在侵权方面,《乌尔纳姆法典》中有"杀人者须以命相抵",而到了古巴比伦时期,伤害未必一定要处以相应的刑事处罚,《俾拉拉马法典》(第 47 条)和《汉穆拉比法典》(第 206—208 条)则已经隐含了类似于现代侵权责任中的"承担风险"(assumption of risk)和"互有过失"(contributory negligence)等价值准则。① 又如,在违约方面,《俾拉拉马法典》(第 36、37 条)强调当事人保管他人财物时财物有遗失,有过错则必须承担赔偿责任,无过失或自己财物亦有损减则不承担责任;而到了《汉穆拉比法典》(第 125 条),则改变了这一归责原则,无论当事人是否有过错,是否自己的财物也一并损失,均须对自己的疏忽负赔偿责任。

更具体地说,巴比伦社会各种民事规范所设定民事交往和调处民事纷争的法则,无非是实体规范和程序规范两大类。在实体规范方面,巴比伦对人身关系的法律调整既包括伤人性命、毁损他人名誉,也包括与他人妻子通奸、悔婚、重婚(多妻)等,不一而足,这些方面均有着极为详尽的规定;巴比伦对财产关系的法律调整,对物权关系特别是土地、果园、房屋等,定分止争的规则更是既具体又全面;对债权债务关系,以庄严的口头问答,信守合约、设立诚意担保、不得欺诈的防范方法和惩罚方案也是精确而实用。

在程序规范方面,巴比伦人仍然推崇神誓,也仍然实行神明裁判,试图诉诸超自然的力量来判定人间的曲直,来化解人与人的矛盾,清除民事交往的障碍;签订契约时也仍然重视一定的程式,债权法的形式主义十分发达。② 诸如,口头约定往往用一些程式化的语言来表示,特别

---

① See Russ VerSteeg, *Early Mesopotamian Law*, Carolina Academic Press, Durham, North Carolina, 2000, pp. 140-141.
② 参见心水:"关于《汉谟拉比法典》的几个问题",《西南民族学院学报(哲学社会科学版)》1998 年第 2 期。

是在家庭收养关系的确立、变更方面更是如此；签订契约时证人的到场、印章的使用及效力、书面文字的无可辩驳的证据等也是形式主义的最好例证。仪式不但与口头誓言有着同样的重要性，有时甚至比誓言本身还重要。例如，由所有权转让而物化为契约关系时，某种象征性的神圣仪式始终是存在着的，乌尔第三王朝早期的奴隶等财产所有权让渡时那种特定的仪式，在古巴比伦时期仍可寻觅到它的踪迹。甚至，在婚姻关系中离婚时丈夫当众割去她的裙边以示休妻也是巴比伦的独创民族风俗。这些外在举措彰显了巴比伦人注重民事交往的程式。而这些程式化的习惯法唯一的主旨就是通过"附在仪式上的言语和动作"①来确定民事交往的真实性，并最大限度地体现公平，倡导正义。

第二，民事规范的人本性。孟德斯鸠说："一个好的立法者是不偏不倚的。他并不老是用罚金，也不老是用肉刑。"②那么，法律应该如何创立与实施才能最大限度地体现公平正义呢？巴比伦民事规范关注人的生命，尊重和保护人的生命、财产及应该享有的各项权利，无疑说明这是一个以人为本的社会，其民事规范具有着鲜明的人本主义，以此进一步彰显美索不达米亚文明的公平观。

固然，巴比伦整个社会仍有着严格的等级划分，法律对阿维鲁、穆什根奴和奴隶的保护是分层级的。但这一时期的法律和习俗大多是为了适应巴比伦更高的文明和高度商业化的社会经济状况而产生的。大量的民事规范直接地反映了当时社会的一种进步，即使是对民事关系施以刑事处罚，也通过较为温和的责罚间接地体现了巴比伦人的一种人本观念。

例如，就人身侵权责任而言，古巴比伦推崇的同态复仇既是正义

---

① 〔英〕梅因：《古代法》，沈景一译，商务印书馆1959年版，第177页。
② 〔法〕孟德斯鸠：《论法的精神》(上)，张雁深译，商务印书馆1982年版，第93—94页。

的，也是合乎自然法则的。在立法者汉穆拉比看来，严重的人身伤害是对人的尊严的侵犯，是对人格的侮辱，因此侵犯他人的尊严、侮辱他人人格之人，自己也无资格享有人的尊严，也应该丧失其人格，而处以罚金显然收不到如此之功效，更何况人的尊严或人格是无法用金钱来收买的。① 这一新的解说符合巴比伦社会发展的真实情况，也符合当时社会文明的整体水平。

对穆什根奴、奴隶实行金钱罚既有利于延续他们的生命，也有利于保障社会的财富和生产力，因为奴隶是"会说话的工具"，对他的侵害，就是对私人财产的侵害，若以身体刑为追究方式，未必能增进受害人的财富，切实保护私人财产。穆什根奴是巴比伦统治者赖以生存的物质保障供应者，对他们的有限保护势必增加王室或国家的更多收益。因此，对穆什根奴、奴隶等民事权利的法律保护尽管未必是出于真正的人性关怀，但其结果却是人道的。

"恻隐之心，人皆有之"，孤儿、寡妇及孕妇在家庭和社会上得到程度不同的保护，是文明时代人类的一个优良传统。虽然巴比伦是父权至上、夫尊妻卑、男尊女卑的社会，但在保护孤寡妇孺等方面还是以立法的形式确立下来，并逐渐加以完善。与苏美尔社会乌尔第三王朝早期一样，从正义或者人本的角度出发，古巴比伦家庭中父权并非是无限制的。② 以《汉穆拉比法典》为代表，巴比伦时期制定法典的目的之一就是"为使强不凌弱，使孤寡各得其所"③，"法典对强者与弱者一视平

---

① 于殿利："《古巴比伦法》的人本观初探——兼与传统的'同态复仇'原始残余说商榷"，《世界历史》1997 年第 6 期。

② See I. Mendelsohn, "The Family in the Ancient Near East", *The Biblical Archaeologist*, Vol. 11, No. 2(May,1948), pp. 24-25.

③ 《世界著名法典汉译丛书》编委会：《汉穆拉比法典》，法律出版社 2003 年版，第 120 页。

等,彰显了法典制定者的伟大智慧和卓越先知"[1]。对此,这些法典均有具体法律条文加以保障与实施。此外,诸如丈夫负有赡养妻儿的义务,不得随意离弃妻子等的习俗规约,在一个以男性为主的社会或多或少地包含了人本观念。譬如,《汉穆拉比法典》在缜密的法律条文背后是自视为正义化身——汉穆拉比王对法律的虔诚信仰,其所颁行的民事成文法自始至终渗透着一种对民众如父亲般关怀。又如,《新巴比伦法典》规定无嫁妆和财产的寡妇应得到亡夫财产的继承权等,不一而足。显见,巴比伦民事规范折射的人性光辉是无法被掩盖与抹杀的。

巴比伦时期社会盛行多妻、嫖娼,法律允许离婚、再娶或再嫁等,这些民事风俗看似匪夷所思,但却是在充分尊重"食"和"性"两大自然本性基础之上的一种法律宽宥,也是性道德观对法律制度建构的影响使然。[2] 人类不能没有性活动,这不仅是传宗接代的需要,更是人类自身享乐的需要。性对人类生活的影响是极其巨大的,以至于人们无法想象:要是没有了性和性行为,人类将会怎样?结论当然是不言而喻的。在人类历史上,除了一些极少的禁欲时代,性风俗、性产业(如娼妓业)都是人类生活的重要组成部分。从苏美尔社会到古巴比伦社会,围绕性而生成的许多民事规则(婚姻、家庭以及继承等)一脉相承,最大限度地崇尚人之本性。巴比伦的买卖婚姻作为男女两性结合的一种社会组织形式,把生理、经济等方面的需要有效地整合起来,既给男女两性的社会分工合作提供了一个有效的途径,也为社会经济的发展创造了必不可少的条件。

---

[1] James Bronson Reynolds, "Sex Morals and the Law in Ancient Egypt and Babylon", *Journal of the American Institute of Criminal Law and Criminology*, Vol. 5, No. 1 (May, 1914), p. 24.

[2] See James Bronson Reynolds, "Sex Morals and the Law in Ancient Egypt and Babylon", *Journal of the American Institute of Criminal Law and Criminology*, Vol. 5, No. 1 (May, 1914), pp. 23-31.

巴比伦的民事成文法所记载的四大最普通和最重要的契约(买卖、租赁、借贷、抵押)已是真正意义上的契约,极具"巨大道德进步",这些契约包含了对等公正的基本要素,即"根据一致同意的条件,受领和享有他人有价物件的人,有归还它或其价值的义务"①。这些契约的订立和履行同样体现了人本主义,因为它们充分地尊重了订立契约各方的意思表达,是双方合意的产物,并在古代西亚地区的财产生活中取得了绝对一致的拘束力,初步成为了巴比伦人应负担履行义务的"法锁",具有着债的基本属性(既表示权利也表示义务)。

---

① 参见〔英〕梅因:《古代法》,沈景一译,商务印书馆1959年版,"导言"第16页。

第三章　亚述民事习惯法

　　古代西亚地区的历史不像埃及那样自成一体,发展稳定而有序。它恰与希腊、罗马文明有着某些惊人的相似之处,即一连串游牧民征服和演变为定居民,而后又为新的游牧民征服。继苏美尔人、阿卡德人之后,与巴比伦人同时代的还有亚述人(Assyrian)①生活在美索不达米亚平原的北部,活跃在广袤的边际贸易通道上。亚述的历史一般分为古亚述、中亚述和新亚述三个历史时期。②

　　与古巴比伦王国鼎足而立,古亚述人在美索不达米亚北部地区也建立了许多城邦。由于其独特的地理位置是古巴比伦和安纳托利亚

---

　　① 在公元前30世纪左右,闪米特族语系人种的另一支亚摩利人的后裔就在美索不达米亚平原最北部的底格里斯河河畔定居下来,在此建立了一个以亚述城为中心的小国,并不断地发展壮大,这一民族史称"亚述人"。
　　② 公元前2000年左右,由君主沙马什·阿达德(Shamshi-Adad)设法统一了马里等城邦,又扩展辖区,设立了许多新的城镇,建立了古亚述王国(The Kingdom of Assur)。公元前1595年左右,古巴比伦被赫梯军队攻陷后,古代西亚的历史舞台开始北移至这一亚述王国,进入了中亚述时期(约公元前1600年—公元前950年)。公元前13世纪,最伟大的亚述王图库尔蒂-尼努尔塔一世(Tukulti-Ninurta Ⅰ,公元前1243年—公元前1207年在位)攻占了巴比伦,亚述人成为西亚地区的新主宰。公元前1114年—公元前1076年,提格拉-帕拉沙一世(Tiglath-Pileser Ⅰ)统治时期,中亚述一度十分强盛,征服了巴比伦、黎巴嫩、腓尼基等地。之后,南部地区的巴比伦进入了黑暗时代,同时北部地区的亚述王国也再度衰弱,固守着有限的领土。这两个邻国之间发生了一种暧昧不明的关系——中亚述依靠强大的军事实力支配南方,巴比伦借助深湛的文化传统影响北方。公元前10世纪末,中亚述重新强大起来,进入了帝国时代,史称新亚述(Neo-Assyrian Emprie,约公元前950年至公元前612年)。经过历代国王长达两百多年的四处征战,到公元前745年,提格拉-帕拉沙尔三世(Tiglath-Pileser Ⅲ)时进入最为强盛时期,定都尼尼微,其统治区域囊括了整个美索不达米亚、小亚细亚、叙利亚、巴勒斯坦和埃及等地。在整个古代西亚地区乃至近东地区形成了一个三足鼎立的态势,北方是赫梯帝国,南方是埃及帝国,东方则是亚述王国。那一时期的新亚述帝国似乎是不可战胜,但过分扩张和持续叛乱预示着帝国行将灭亡。

(Anatolia,小亚细亚旧称)的中间交通枢纽,商业颇为发达,与周边地区建立了广泛的贸易伙伴关系,区域间贸易经济异常的发达。① 古亚述本身就是南来北往的各类商品最主要的集散地。古亚述商人在安纳托利亚各地建立了很多长途贸易中转驿站,把殖民势力逐渐扩大到那里,受边际商业贸易的影响,形成了颇具特色的民事习惯法。之后,一轮新的楔形文字法律制度崛起于中亚述王国。然而,武力的征服常常造成政治、经济、文化、法律的发展进程骤然中断。公元前10世纪末,重新活跃起来的新亚述进入了帝国时代。一连串残酷无情的新亚述统治者四处征战,劫掠财富,驱逐其他民族,人类文明出现了断层,多元的法律甚至有所倒退,亚述帝国并未取得法律上的赫赫战绩,只留存下来大量的民事文献记载。

因此,以公元前1076年的《中亚述法典》(*Middle Assyrian Laws*,简称MAL)为代表,古代西亚地区民事规范的蜕变最真实地映射了人类法律演进的这一持续性和多向性。

一、古亚述的民事习惯法

古亚述人来往的信件和裁决中常有"依据石柱上所刻的法令"的文字,表明古亚述已存在法律并施行这些法律。遗憾的是,迄今为止,古亚述人控制的地区(包括美索不达米亚平原北部地区及安纳托利亚殖民地区)未曾出土成文法典和法令,大致可以推知,规范当时人们所进行的民事交往和商业活动的是本地区及本民族的习俗和通例。

就目前可知的文献而言,古亚述民事习惯法的常见载体就是亚

---

① See Norman Yoffee, "Political Economy in Early Mesopotamian States", *Annual Review of Anthropology*, Vol. 24 (1995), p. 297.

述人的信件(letters)。这些信件中大部分是有关商业往来事务的,也有一些是关于处理家庭关系以及其他民事往来的。无论是公务信件还是私人信件隐含了古亚述的一些民事、商事交往规则,是民事习惯法的重要表现形式。倘若信件来自于政府官员,就有可能是一份判决或指示或命令,甚至是对个人或某群体利益所做出的相应规范,之所以做出这些决定可能是个人对其民事权利不甚明了而请求裁定;倘若信件纯粹是私人之间,也有可能涉及个人的民事或商事活动,或者遵循了某一项规则,或者遵从某一法律规定做出的具体应对。

在边际商业贸易往来的信件、审判裁决以及契约泥板书中,古亚述人还创造出许多不同于以往苏美尔文、阿卡德文的术语和行话,这些商业上的用语是前所未有的。① 它也从一个侧面反映了古亚述王国已形成了颇具特色的本民族的商事习惯或法则。

简言之,这些古亚述的民事文献对探究亚述民事规范极有史料价值意义。②

(一) 古亚述王国的民事文献

在古代西亚地区不同区域,诸王国的社会形态、政治格局以及其王国发展轨迹大体相似。与苏美尔、巴比伦社会一样,原苏美尔、巴比伦诸神在国家和民众生活中仍占重要地位,同时古亚述人的部落神和民族神相继成为古亚述的主神。古亚述也是一个推行君权神授的社会,神、国王和民众之间关系一如苏美尔社会和巴比伦社会那样。在一封

---

① See Klaas R. Veenhof, "'Modern' Features in Old Assyrian Trade", *Journal of the Economic and Social History of the Orient*, Vol. 40, No. 4(1997), p. 339.
② 尽管这些文献只是亚述人对法律的记述和重抄,或者只是亚述人对影响到他们商事活动的某些法律的转述或议论,尚不能将它们完全等同于法律,但它们至少是洞悉古亚述人经济生活的最好素材,也是触及亚述民事规范的最好媒介。

亚述信件中,一个引用格言形象地概括了国王与普通民众的关系:"民曰:'诸自由民是神的影子。'但其实某自由民只是另一位自由民的影子而已。只有国王才是神之子。"[1]因此,古亚述的统治者是国王和长老会(*puhrum*)[2]。国王是古亚述社会经济活动和民众生活中强有力的管理者,地方官(即长老会)是辅佐国王管理具体事务的行政机构。例如,公元前1900年左右的某个时候,古亚述国王决定对活跃在安纳托利亚的古亚述商人所进行的走私活动采取严厉措施予以打击,以支持那个地区地方官的政令。当时那些地方官已经下令某些贵重的商品不应该像普通商品那样交易。这些贵重商品主要是铁器、纺织品等,因为铁十分稀有而交易价格高达黄金的8倍,所以成为古亚述商人的主要走私品。这一时期的城邦或城市行政权一般掌握在国王任命的总督和长老会手中。有时长老会成员就是法官,有时专职的法官和长老会共同商讨判决某一案件。因此,由长老会主持处理商业事务的办法,譬如,他们严禁在安纳托利亚的古亚述商人从事走私活动,这些措施被刻在泥板或石柱上,成为每一城邦的法令(tablets of the City)而四处传播,它们是调整古亚述商人商事活动交往的重要规则。国王和长老会的这些行政命令或裁决也因此成为古亚述民事规范的重要文献之一。

为了贸易需要,古亚述商人专门成立了处理商业事务的议事机

---

[1] See Carlo Zaccagnini, "Sacred and Human Components in Ancient near Eastern Law", *History of Religions*, Vol. 33, No. 3(Feb.,1994), pp. 280-281.

[2] 古代西亚地区早期城邦是由军事首领"王"(苏美尔语 *lugal*、阿卡德语 *sharrum*)和各家族父长组成的长老会共同管理。当王军功显赫、称霸甚至一统天下时,长老会的最高权力以及一些职能不得不转让给王,长老会只能与听命于王的总督共事或屈从于总督。长老会只保留司法权,有时争议的最后决定权也属于国王。在古巴比伦王国,城市长老会的主要职能是执掌司法权,负责推选城邦的王;在古亚述王国,由各地长老会决定城邦的外交政策,决定战争与和平、抵抗与投降。参见吴宇虹:"古代两河流域的长老会",《世界历史》1997年第2期。

构——商会及其法庭等机构(the "karum-office")①,为调和与平衡私人获利和合法利益之间的关系而服务。同时,古亚述王国的统治者与安纳托利亚地区各贸易区域内的统治者之间时常有实质性的贸易谈判,他们之间缔结的条约或盟约(mamitum)也包含了一些很重要的民商事规则。尽管有时这些盟约或许只是古亚述人为了让一支商队安全穿越某一区域,而与此地小镇的统治者订立的临时性协定,但是盟约的内容或多或少地再现了这些外乡人(古亚述商人)与当地居民的市场交往方式和所恪守的规矩,反映了两地商人对贸易活动彼此达成的共识。

现已出土的古亚述王国文献几乎均来自古代安纳托利亚卡奈什古城(Kanish)。② 公元前1950年至公元前1840年,古亚述人以此城市为行政中心和贸易据点,在周边地区设立了许多贸易驿站或商会,通过转手贩卖物品以攫取金银,实际控制了整个安纳托利亚地区,并建立了自己的贸易殖民地。因此在这一地方出土了近20000份的楔形文字信件,均寄自亚述城(Assur),它们不失为这些古亚述商人从事边贸活动的历史档案。③

当时亚述与卡奈什两地商人之间有关交易的私人信件、一些刻在

---

① 在阿卡德文中,代表"商会"的 karum 一词首先表示的意思是"堤岸"、"停泊区";其次表示的意思是"海港区"、"为商人和海员指定的城区";最后,这个词随着商业的发展其所示的含义便由毫无生命力的地点,衍生出这个地点或地区最为活跃的人群,这便是"商会"的由来。转引自于殿利:"《巴比伦法》中'人'的地位研究",北京师范大学博士学位论文打印稿,1999年,第97页。

② 早在19世纪80年代早期,在土耳其中部凯瑟里小镇的古玩市场上就开始出现了大量楔形文字信件;1925年,捷克考古学家贝德里希·赫罗兹尼在此地的苦尔特皮小山挖掘出更多的类似泥板书;1948年起,考古学家在卡奈什古城的小镇 karum(位于今土耳其境内),陆续挖掘并破译了未为人所知的一大批泥板,称为"Kültepe tablets"。这些文献均是用美索不达米亚地区通用语阿卡德语中的一种古老的亚述方言书写的,在此笼统地称它们为"卡奈什信件",它们是本书探讨古亚述民事习惯法最重要的资料,其文献史料来自雷蒙德·韦斯特布鲁克斯主编的《近东法律史》(英文版)。

③ See Klaas R. Veenhof, "'Modern' Features in Old Assyrian Trade", *Journal of the Economic and Social History of the Orient*, Vol. 40, No. 4(1997), p. 338.

石柱上被引证的裁决,均蕴涵着大量的民事规则。这些文献大多来自安纳托利亚古城卡奈什的一个亚述商人聚居区遗址,在那里作为异邦人和殖民者,古亚述人设立了很多商铺,并在那里长期定居生活。这些卡奈什信件(*Kültepe* tablets)中包含了许许多多的古亚述私人法律文书,它们均极为真实而珍贵。当时亚述人的楔形文字泥板书一般是封装在一个黏土信封里的,信封上印有发信人的别具特色的印章。这样的信封或文书封套通常用来保护隐私和防止别人篡改重要的信息。因为这些私人法律文书往往记载着某一当事人所接受的一项义务或一个付款承诺,或拟提供的一项服务或做出的一个担保;还可能记述的是一次转让交易或一笔寄存活动等等,也有可能是当事人宣告放弃某一项权利或收到的某一个事实(诸如收据、买卖、结账以及某个记录的作废等);甚至有可能是由买卖中在场的证人所作的一个鉴证。因此,古亚述人称这些楔形文字泥板书为"泥板契约"(*tuppum harmum*),是一份已被证明了的或已生效的泥板书。①

(二) 古亚述王国的民事规则

这一时期,古亚述王国的实力远不如古巴比伦王国那么强大,约公元前18世纪左右;古亚述王国进入文明的时间也并不比古巴比伦早,那里的人们民事往来最简便易行的方式可能就是重新遵循传统而行事。故当时社会通行的民事规则多源自苏美尔人的社会旧俗,与古巴比伦社会并无二致。但是,由于古亚述人生活在巴比伦与安纳托利亚的腹地上,拥有丰富的石料、森林和水等自然资源,土壤肥沃,农耕畜牧发达,商贸兴旺,因此,古亚述统治者并无亚述后期国王那样的军事野

---

① Raymond Westbrook (ed.), *A History of Ancient Near Eastern Law*, Vol.1, Koninklijke Brill NV, Leiden, The Netherlands, 2003, p.434.

心,他们的兴趣主要集中在边际贸易上。历代国王和商人们均十分擅长于从各种商贸往来中聚敛财富。从美索不达米亚南部巴比伦等地进口大量的纺织品,除了满足自己需要之外,还大量销往安纳托利亚等地,同时国家对这些远距离贸易征税,扩充国库财政收入。无怪乎以今天眼光来看,西方学者认为古亚述的这一商业活动颇具"现代"特质。

尽管与居住在美索不达米亚南部的那些出类拔萃、温文尔雅的巴比伦人相比,他们的文明不甚发达,但在商业方面却有着出人意料的开阔眼界。较先前的苏美尔人和同时代的古巴比伦人具有更先进的经商理念。[1] 这一时期的亚述人往往充当"掮客"和进口商的角色,他们的商事规则也颇为实用,由此也间接地影响到家庭关系、非商业财产转让的认识,由此演化出本民族独特的风俗习惯。

古亚述民事文献中包含了一些相同的社会规范,这些规范多是民事规则,它们深深地支配着当时人们的具体行动,影响着他们的生活方式,因此在一定意义上这些民事规则也构成了一种民法形态。

1. 民事主体

(1)自由民

古亚述王国的自由民一般称为"亚述城之子"(son of Assur),也分为阿维鲁和奴隶等阶层。古亚述王国的统治者内部则往往以"大人"和"小人"(均指男性)来区分彼此,其中"大人"可能就是指"长者"或"老人",即长老会成员。

在古亚述,法律上女人也像男人那样能得到同等的尊重,享有平等的民事权利。譬如,妇女和她丈夫均享有相同的离婚权利,需要承担相同的离婚赔偿金;女儿也像儿子那样享有对父亲家产的继承权利。古

---

[1] Klaas R. Veenhof, "'Modern' Features in Old Assyrian Trade", *Journal of the Economic and Social History of the Orient*, Vol. 40, No. 4(1997), p. 339.

亚述的妇女甚至可以提起民事诉讼、从事商业活动(诸如出借、出售、贸易、出租等)、订立自己的遗嘱;可以担任契约订立的证人或者以发誓方式从事寄存活动等,不一而足。由于丈夫久居安纳托利亚,长期不归,古亚述的妇女还因此获得了更多的独立地位和民事能力,包括对她们丈夫债务的处分权利。许多古亚述人家庭中的长女依照当时习俗而担当祭司(ugbabtu),她们也因此获得更大的经济独立机会。所以,古亚述的妇女不同于古巴比伦的妇女,在活跃的商业贸易之中,她们拥有更多的自主空间,更有机会成为某些商事交往的重要主体。

(2)古亚述商人

在古亚述人的文献中一律称安纳托利亚人为"土著人"(nua'u),在安纳托利亚人的买卖契约中,则往往称古亚述人为"tusinnum"、"ubadinnum",这是对那些古亚述商人的笼统称呼,这些商人就是阿维鲁。有些文献中,他们也被称为"belu tusinnim",从"那些物品属于tusinnim"的表述中,可以推断 tusinnim 特指那些财产的占有者、服务的提供者或在当地无任何亲属关系的外来人,这些古亚述商人是当时奴隶等财产买卖中最活跃的销售者或见证人。

他们在美索不达米亚北部地区和安纳托利亚地区从事贸易活动,在行走路线上有意或无意地到处播撒着苏美尔人遗留下来的文明种子。这些贸易探险,并非仅仅是为了征服异族而进行的,而是在远离自己国家和王权庇护的地方不遗余力地拓建了一个又一个贸易集散地,开创了海外贸易的先河。他们在从事边际贸易上形成了独具特色的贸易技艺和商品周转流程,甚至在遇到商业上的障碍时也有着精湛的解决方略,为美索不达米亚早期经济发达作出了巨大贡献。①

---

① Klaas R. Veenhof, "'Modern' Features in Old Assyrian Trade", *Journal of the Economic and Social History of the Orient*, Vol. 40, No. 4(1997), pp. 338-339.

具体表现在:古亚述商人十分擅长于从陆路进行长途运输,他们的骆驼商队将美索不达米亚南部巴比伦王国、东部埃兰王国等地以及西部底格里斯和幼发拉底河流经地区的人们所生产的手工制品(有些也产自古亚述家庭手工作坊)带往遥远的北方——那些匮乏这类物品的安纳托利亚各地。在那里,这些商品供不应求,他们获利甚丰,故频繁地往返于亚述城、卡奈什及其他主要殖民地,打造出许多重要的边际贸易通道。古亚述商人辗转于北方各地,所到之处仅做短暂的逗留,迅速交换和售出货物,最大限度地换取更多的廉价白银。

概言之,古亚述商人充当"掮客"的活动,特别是边际贸易活动并非仅仅是以维持生活的实物为买卖标的或销售当地产品的商业活动,而是纯粹为了获得商业交易成功而带来的利润——白银而发生的,颇具近代重商主义(mercantilism)的贸易特征。

在当时的贸易殖民地,除了古亚述设立的政府机构和官员之外,更多的是从商的个体、合伙商人、代理商以及其他经商者。这些人彼此间的关系更多的是建立在家族关系和商业契约之上的,其稳固性十分突出,在平等的基础上各自的权利与义务也十分明确,他们由此广泛地分布在安纳托利亚各城镇和乡村,组成一个错综复杂的商业往来网络。[①]同时这些人因共同的商业利益而结合在一起,在他们旅居和贸易的地区建立了商会,商会成员主要由商人塔木卡组成,商人首领是商会的最高领导,商会中设有商会成员大会。当时裁决民事争议、解决贸易纠纷的法庭通常由商会、商人首领和法官组成。可见商人在古亚述贸易殖

[①] 现代西方学者据此认为在商业组织、资金流转方式以及法律规则等方面,古亚述商人无疑是人类文明社会的先驱,缔造了上述的这些方面的成果。因为类似于古亚述商人的这些古代西亚地区文明成就,直到3000年之后在中世纪地中海沿岸贸易中才逐步显现出来。See Klaas R. Veenhof; "'Modern' Features in Old Assyrian Trade", *Journal of the Economic and Social History of the Orient*, Vol. 40, No. 4(1997), pp. 342-343.

民地区的政治、经济乃至司法的地位均比较高。①

(3) 奴隶

债务奴隶(debt slaves)、动产奴隶(chattel slaves)均不是古亚述的民商事主体,而是这些交易中的客体。对奴隶的称谓一如古巴比伦那样,男奴被称为"wardum",女奴被称为"amtum",他们或她们均有可能是亚述人,也有可能是安纳托利亚人。有一种例外,在古亚述人家庭中,一个自由妇女婚后地位低于正妻的话,也常被贬称为"amtum"。奴隶有时也被称为"subrum",以特指非亚述人的动产奴隶。总之,无论古亚述方言如何称呼这些奴隶,通常的含义与古巴比伦相仿,并无实质差异,他们的法律地位也是极为相似的,其民事权利是微乎其微的。

从已出土的文献资料来判断,当时古亚述较多的是动产奴隶,而在安纳托利亚更多的是债务奴隶。债务奴隶在一些古亚述买卖契约中明确地被视为是一大笔白银的替代品,是债务偿还的变通方式之一。由于这些奴隶原来均是自由民,被父母或丈夫或年长亲戚出售为奴,甚至是自己出卖为奴,因此,这些奴隶有可能通过支付足够价金而向古亚述商人赎回自己,许多奴隶买卖契约中均包含类似条款的规定,而赎回的价金可以是原来出售的价格,但更常见的情形是双倍价格甚至更多数额。根据1948年出土的卡奈什信件记载,债务奴隶赎回自己的时间是受到限制的,一般是在1个月到2年之内,有可能延长至4年。总之,

---

① 中国学者于殿利在其博士学位论文《〈巴比伦法〉中"人"的地位研究》中详细考证了古巴比伦社会中商会的构成及其地位,认为商会及商人首领在古巴比伦社会就已存在并发挥着重要的作用。在汉穆拉比统治时期,商会及商人首领掌握着城市公社的最高司法权,之后,在长老会议地位和作用逐渐减弱后,商会和公民大会两个机构接过了城市和长老会的职能。在经济中心的城市,商会的势力会更强大一些。笔者认为作为苏美尔文明的继承者,共同缔造美索不达米亚文明的古巴比伦和古亚述,其文明状态也是不可分割的。商会及其商人首领这一地位情况也出现在同一时期经济发达的古巴比伦社会中(如塔木卡),由于古亚述的商业文明色彩较古巴比伦的农业文明更加浓烈,因此古亚述商会及商人首领权力地位也就更显上升和膨胀趋势。

在古亚述奴隶的形成原因也与古巴比伦的基本相同,有可能债务奴隶数量会更多一些。

安纳托利亚地区的奴隶买卖活动中从不保护奴隶,而且允许新主人根据市场行情随意转售这些奴隶,因此这些奴隶也被称之为"动产奴隶"。这些奴隶是可以产生孳息、创造更多利润或经济价值的资产。所以,在古亚述和安纳托利亚地区,解放奴隶的事例几乎不曾发生过。除非奴隶通过被主人收养或女奴生育了主人的子女(在正妻无法生育的情况下),奴隶才有望获得自由。一般情况下,古亚述的奴隶是贸易往来的最主要工具,其境遇十分悲惨,几乎无任何主体权利可言。

2. 婚姻家庭

古亚述婚姻家庭方面的文献多是关于亚述人之间或者安纳托利亚人之间的族内婚,有时也涉及亚述人与安纳托利亚人之间的异族婚,各自适用不同的习惯法。为此,双方家长也常需要通过协商谈判,以确定男女双方各自的家庭地位和法律权利,婚姻契约泥板书由此产生。这些契约泥板书是一个又一个的事例,它们仅对各自当事人有着相应的拘束力,并不一定具有一体遵循的效力,不能等同于《汉穆拉比法典》等其他楔形文字法典中的婚姻家庭法律规范,但从中仍可以大体地概括出古亚述婚姻家庭的基本规范内容,较为客观地把握了古亚述与众不同的婚俗习规。

(1)婚姻关系

在古亚述社会,婚姻的缔结也同样需要由新郎和未来新娘的父亲(很多时候也可以是她的母亲或她的兄弟)订立一个婚前契约,甚至有时也可以由具有独立地位的新娘直接与新郎订立婚前约定。约定的内容是以相互忠诚为主。但这种契约是否是书面形式,迄今尚不能确定,有可能口头约定也是可行的。有时,女孩很小的时候,父母就会给她订婚,待她长大后才完婚;古亚述有童养媳的婚俗。

古亚述人的结婚契约书一般不记载如聘金、嫁妆等各种细节,同时也不要求举行庄严的婚礼仪式。在一份已出土的信件中,对于结婚仅作简单的描述:"我将给新娘头上披上一块面纱。"[1]结婚时,女方陪嫁也不是必备的约规。当然,新郎可以在结婚时送给新娘一份"礼物"(iddinu),譬如,有文献记载新娘收到丈夫赠送的"60舍客勒白银、一幢房屋和一些女奴"[2]。当他们离婚时女方可以索要这些礼物。必须注意的是,这些礼物显然是私人所有的财产,但它作为结婚礼物,其所有权只是名义上属于新娘。因为古亚述人的婚姻既没有古巴比伦人那种繁文缛节,也没有很浓烈的商品交易色彩。在古亚述人和安纳托利亚人眼里,除房屋是夫妻的共同财产之外,彼此还分享健康与其他财富,直至离婚,这些财产也是一同分割。所以,古亚述妇女的婚姻财产并非一定是来自父母家的"嫁妆",也有来自婚姻关系中的夫妻家庭财产。离婚时她可以索要离婚费用和这部分礼物。

古亚述人的婚姻也实行多妻制,古亚述商人通常娶两个妻子:一位在亚述城,一般是当地自由民之女;另一位在安纳托利亚的某一地方,往往是一位地位稍低的婢妾。[3] 但有趣的是,他们从来不在同一个地方娶两位妻子,这是一种有别于古巴比伦的多妻制风俗。对多妻制,古亚述有两大习俗要求:首先,不能拥有两位同处于一个地位上的妻子;其次,不能在同一地区拥有两位妻子。在古亚述家庭中,侍奉同一丈夫的妻子们必须有所差别,且有等级位差的她们甚至不能同住一个家庭或同一区域。显见,同样是推行多妻制,古亚述与古巴比伦的婚俗有着极大的区别。

---

[1] See Raymond Westbrook (ed.), *A History of Ancient Near Eastern Law*, Vol.1, Koninklijke Brill NV, Leiden, The Netherlands, 2003, p.451.

[2] Ibid., p.453.

[3] See M. Stol, "Women in Mesopotamia", *Journal of the Economic and Social History of the Orient*, Vol.38, No.2, Women's History(1995), pp.129-130.

在古亚述人的婚姻关系中,妇女的地位是根据她的位阶而决定的。在一夫两妻关系中,第一位妻子往往被称为"正妻"(aššatum),第二位妻子被称为"侧妻"(amtum)。当然,这并非说侧妻就一定是奴隶或奴隶身份,而是强调侧妻的地位必须较正妻低一些。无论是古亚述的妇女还是安纳托利亚妇女均有可能成为"侧妻",在这个问题上并无种族歧视和习俗特别要求。古亚述商人的正妻在亚述城,而其侧妻在安纳托利亚,反之亦然。

在古亚述,非法姘居(即使是和女奴同居)是被禁止的,但有文献表明古亚述允许婚娶奴隶。只要恪守了上述两大法律规则,亚述商人也可以在安纳托利亚娶一位正妻,而在亚述城里再娶一个奴隶身份(qadištum)的侧妻。

在对妻子们的供养问题上,古亚述的婚姻契约规定丈夫必须供养妻子,或者在安纳托利亚商旅中必须带上她去他想去的任何地方,同时还要求必须把她带回来。婚姻契约中甚至约定禁止男人出售或抵押他新娶的妻子。如果丈夫单独外出,他必须提供相当数额的钱物供留守妻子生计之用,比如,足够买食物、油以及一年一件长袍等。

古亚述男人对不能生养子女的妻子往往比较宽容,在婚约中允许婚后三两年之后,未生育的妻子买一个女奴代替她生养后代,尔后她有权随意出售该女奴。这一习俗与同一时期的美索不达米亚南部地区的法律完全不同,其时的《汉穆拉比法典》允许丈夫离弃未生育的妻子。

在离婚问题上,古亚述人在结婚契约中规定欲解除与正妻的第一个婚姻关系时,双方当事人均应当受到相应的金钱处罚,其处罚幅度从二三十舍客勒到300舍客勒不等的白银。违背第二个婚姻契约,同样也要承担类似的金钱罚,罚款幅度也大体相似。也有些婚约只规定对行为不端的一方当事人处以离婚罚,或者对行为有失本分的妻子施以离婚罚,或者对施暴的丈夫处以离婚罚。特别是对于行为不端的妻子,古亚述的离婚习俗是允许丈夫剥光她的衣服,让她裸体示众,羞辱她,或者是割掉她身上衣服的饰边或流苏,以示了断与她的婚姻关系。[1] 但是愤恨发泄后,丈夫驱逐妻子时仍应当给她相当的离婚费用。

大多数离婚是经双方同意的,但是也有些离婚可能是由丈夫或妻子单方做出的。在许多离婚案件中,丈夫和妻子享有同等的地位——既可以提出离婚,也可以因违背婚约而承担同样的赔偿责任。这一点与古巴比伦也大不相同,而十分接近于现代西方社会离婚自由观念。[2]

有些卡奈什信件表明,在亚述人生活的美索不达米亚以北地区内,亚述人的离婚与安纳托利亚人的离婚有着完全不同的程序要求。安纳托利亚人族内婚解除时,离婚程序上往往需要在当地首领或他的副职监督下才能进行,以示它是纳入家族或城邦公权力控制下的行为。而亚述人的族内婚中,离婚纯粹是私人之间的自主行为,只需证人在场即可。而这一证人有可能充当了"公断人"的角色,了结双方的离婚意愿。只有涉及财产、赔偿金额以及孩子的抚养等复杂问题时,亚述人才会诉

---

[1] 这种离婚仪式也出现在前述的古巴比伦社会中,此后在希伯来法中也要求丈夫离弃其妻时须举行象征性的仪式,即由拉比向双方提问,特别是询问双方是否同意离婚,然后由丈夫将撕去空白边角的休书(the Get),在 10 名见证人面前交给妻子。到了古罗马社会,则要求"宗教式结合者离婚必须举行一种宗教仪式"。德国童话家兼法学家格林(Grimm,1785年—1863年)在《阿克塞尔和瓦尔博格之歌》(the Song of Axel and Valborg)中引用了一个早期德意志人类似的古老习俗,即在特地举行的离婚仪式上,离婚双方当事人须要穿着亚麻布衣服,并割去各自衣服的边角,彼此保留它,以示这一婚姻关系的正式解除。此外,除了古代西亚地区民事规范有此离婚程式外,在其他古代东方地区也有这一习俗,譬如巴基斯坦卡拉奇的阿萨姆人(Assam),男子携其妻至村中长老面前,要求裁决离婚时,他往往将一片萎叶撕成两半,象征着这场婚姻就宛如这残缺两半的叶子再难复原,双方从此就永远解除夫妻关系。See Boaz Cohen, "Concerning Divorce in Jewish and Roman Law", *Proceedings of the American Academy for Jewish Research*, Vol. 21 (1952), pp. 14-15.

[2] See M. Stol, "Women in Mesopotamia", *Journal of the Economic and Social History of the Orient*, Vol. 38, No. 2, Women's History(1995), p. 131.

诸于法律或长老会。例如,某商会法庭宣布一位丈夫必须向他的妻子支付离婚费用,但法庭判决他获得三个孩子的抚养权。① 那么,倘若是一个混合婚姻,即亚述人与安纳托利亚人通婚时,其离婚的这一程序又是怎样的呢? 尚无出土资料可以考察,估计可能需要通过双方或双方家族的谈判协商,自愿达成一致后,以契约泥板的形式加以解除婚姻关系,落实离婚赔偿的具体方案。

古亚述人支付离婚费用有着多种结算方式。同时,离婚还涉及夫妻财产的分割问题,古亚述人往往注重夫妻财产权利与债务的平衡,丈夫支付离婚费用时,也会分割一部分债务给妻子。财产的分配还涉及对共同房屋的分割,也涉及奴隶的分割,但妻子也可以宣布放弃某些商事权利。与之不同的是,安纳托利亚人离婚时,丈夫一般将所有自己的财产留给妻子,但债务除外。迄今没有文献表明安纳托利亚男人将债务连同财产一起分割并转移给离异的女方。

再婚也是允许的,在古亚述,寡妇和离婚者均可以自由地再嫁或再娶,结婚对象也不局限于亚述人或安纳托利亚人。古亚述的文献中似乎未涉及妇女再嫁时财产(前夫之家产)的转移限制问题,古亚述妇女可以携带亡夫家产再嫁他人。这点与古巴比伦的婚俗法律也不尽相似。从事商业贸易的古亚述人比以农耕生活为主的古巴比伦人,具有更开阔的视野和财富观,对婚姻和家庭的财产所有权主张夫妻共享,民事习惯并不一味地维护男性的财产所有权。

(2)家庭关系

古亚述人的家庭关系主要包括以下三个简单关系:一是关于孩子;二是关于收养;三是关于兄弟。

---

① Raymond Westbrook (ed.), *A History of Ancient Near Eastern Law*, Vol. 1, Koninklijke Brill NV, Leiden, The Netherlands, 2003, p. 454.

关于孩子问题,在古亚述人家庭中,离婚时,即使父亲经济窘迫,他仍有权留下他的子女。在父权监护下,这些孩子往往被父亲用来抵押债务或被出售以偿还债务。譬如,现已出土的一份"附有债务人的财产与家庭成员作抵押品的债务盘剥契约"中,写明"他的田地、儿子和房屋就是铅的抵押品"。① 子女就是父亲的财产。安纳托利亚人的债务条款中也有类似的担保条款,如债务人可以用自己的女儿来作为抵押品或者用来抵偿整个债务。安纳托利亚人的收养契约也规定,倘若收养人变得贫穷或陷入悲惨境地时有权卖掉他的养子。与古巴比伦社会相仿,子女在古亚述社会没有自己的独立地位和民事权利,是完全附属于父权之下的。②

但与古巴比伦不同的是,古亚述人的儿子和女儿均能继承他们父母的家产,并负有照料年迈的父母,为他们送终、下葬的义务。这些义务又是与他们各自的继承份额相联系,有时这些子女的赡养义务也可以由其中个别孩子来单独履行完成。

关于收养问题,在古亚述社会,直接的收养比较少见,这一情况的发生多是一些无子的自由人收养奴隶作为养子。为了增加家庭劳动力而进行的间接收养却是比较普遍的。作为悉心侍奉养父母的回报,养子有权继承他们的财产。如果在收养期间,养父母重新宣布他是奴隶,该养子也有权得到一大笔补偿费;如果该养子反抗或怠慢他的养父母,他将被驱逐并被出售为奴隶。

有意思的是,有一份亚述人的收养契约里记载了一则事例,养父母

---

① 参见由嵘、张雅利、毛国权、李红海编:《外国法制史参考资料汇编》,北京大学出版社2004年版,第67页。

② 需指出的是古亚述的私法文书文献资料上所指"某某的儿子从某某的儿子……"借贷。笔者认为,这并非指"儿子",而是对某自由民的称谓。这是发生于两个自由民之间的借贷行为,负有债务一方做出的抵押承诺契书。

允诺养子作为最年长的继承人,将得到双份继承份额。[1] 似乎可以推定,在古亚述人家庭中养子在继承财产上还是享有一些比较特殊的继承权利。

如前所述,古亚述有童养媳之例。安纳托利亚人一般通过收养女孩来为自己儿子订亲。一旦两个孩子长大后,和他们父母共居一处,如果年轻夫妇不再愿意与父母共居一处,父母应为他们提供一个独立的住所。

自己育有子女的安纳托利亚人也时常收养别人的孩子,增加家庭劳动力。养子不得不为他的养父母辛勤劳作,最终才能分享养父母的家产。在此之前,若私藏养父母的家产或决意独立居住,养子应受罚甚至被处以死刑。与之相反,作为亲生子想脱离父母居住,就不至于遭受如此严厉的处罚。亲生子的损失只是将失去获得父母财产的权利,他自己丧失继承父母财产的资格,改由他的儿子代为继承父母的全部家产。这一习俗较为宽松,有别于这一时期美索不达米亚南部地区拉尔沙王国的《苏美尔法律研习本》和《苏美尔亲属法律研习本》的严厉规定[2]。

关于兄弟问题,古亚述和安纳托利亚地区还常有些大家庭,两到四个儿子组建家庭后仍然共同生活在一起,由最年长的兄长夫妇充当父母的角色,主持安排日常事务,这些兄弟中有些人或许是收养的,彼此并无血亲关系,但他们共居一室,同享钱财,不私藏任何物品,不主张任何家产,彼此结成一种兄弟般的关系(brotherhood)。只有当家庭的头领或父母双亲死亡后,他们才可能平分家产,各自独立生活。如果其中

---

[1] Raymond Westbrook (ed.), *A History of Ancient Near Eastern Law*, Vol. 1, Koninklijke Brill NV, Leiden, The Netherlands, 2003, p. 456.
[2] 参见本书第一章相关章节内容,其条文参见法学教材编辑部、《外国法制史》编写组:《外国法制史资料选编》(上册),北京大学出版社 1982 年版,第 1—4 页,或者 Martha T. Roth, *Law Collections from Mesopotamia and Asia Minor*, Scholars Press, Atlanta, Georgia, 1995, pp. 42-43.

有的兄弟已先期死亡的,则他的妻子或儿子代位参与分家。

除了血亲家庭之外,古亚述的家庭组成方式灵活多样。在人伦秩序的架构方面,亚述人或多或少地受到了商业文明的影响,人与人的纽带由单一的血缘关系,开始逐渐转为以血缘为主、地缘为辅的新型关系。家庭中彼此关系也以一种比较松散的方式存在,似乎较为开放。

3. 私人财产及继承规范

大量已出土的文献表明,在安纳托利亚经商的古亚述人一般均拥有自己的房子,但却几乎不占有土地,可能因为他们是商人,是异邦人,是殖民者。习俗及法律或许并不禁止他们拥有土地并从事土地买卖活动,但文献中却很少看到古亚述人和安纳托利亚人之间的土地转让活动,遗嘱或诉讼案件中也未曾提到有关土地的内容。在安纳托利亚地区,土地的所有权人主要是当地人,即安纳托利亚本地人。究其原因,或许是古亚述人认为商业投资更有利可图,客居异乡的亚述商人热衷于动产投资和资金流转而不过多购置土地。只有安纳托利亚人彼此之间才发生就土地进行买卖、担保以及继承等活动。在亚述城,商人也更愿意购置价格昂贵的房屋,一旦经济上陷入困境时,将这些房屋抵押或者抛售,以迅速摆脱经济压力。因此,古亚述时期,美索不达米亚北部的私人财产多表现为房屋等较易流转的财产。

这些私人财产的继承规则主要体现在某些遗嘱之中,有些内容也分散在私人信件和法律文书之中。但要辨别出遗嘱意愿与法律规则的差异颇为困难。例如,一个立遗嘱的亚述人,自己死后无嗣,故将家产各分一半给他的姐妹和兄弟们。这究竟是一份遗嘱呢?还是一个遵循法律规则的方案呢?从某种意义上,只能说两者兼而有之。在私人财产及继承方面,古亚述的民事规范多为习俗,琐碎而复杂。

其核心是,私人财产的继承就是遵从社会习惯,以死者生前所立的遗嘱为依据。根据1962年出土的卡奈什信件得知,一般情况下,立遗嘱分家产是父权的体现,除了其妻子和子女们之外,他还可以指定更多的继承人。一旦父亲故去,所有继承人到场,遗嘱泥板书才被拆开,当众宣读。如果一个商人未留下遗嘱就死亡,那么遗产应该如何分割呢?亚述人的习俗是死者的儿子们和女儿们均有权继承死者的财产,包括他的其他商业投资也是由这些子女们平均分配。在遗产继承序位上,1962年出土的卡奈什信件还表明,这一序位先是失去丈夫的妻子,然后是最年长的儿子,他们依次享有优先继承遗产的权利。如果母亲故去,那么最年长的儿子将继承他母亲留下的份额(通常是房子),接着最年长的女儿将优先拿走属于她的那一份,最后才由其他儿子们和女儿们(未继承房屋的)共同地平均分割遗产(*mutta mutta* "half and half")。此外,如果家中有长女担任女祭司(*ugbabtum*),且未出嫁,生活不得不自立,则她除了拿走应得的那份外,还将收到附加的财产。[①]

1962年出土的卡奈什信件也表明了古亚述的妇女是可以立遗嘱的,但较多情况是寡妇立遗嘱。这些遗嘱有时很特别,譬如,有一个寡妇继承了一幢房屋、一些白银以及不少债务,甚至还有一些奴隶和其他一些资产项目。为此,她立下遗嘱将银两留下,将其他的财产送给她最大的儿子。在小心翼翼地逐条列记了她所获得的财产之后,她还宣布道:"无论是亚述城的还是安纳托利亚的债务,均由我所有儿子们来共同继承","他们对我的所有债务负有偿还责任"。[②] 这似乎表明当时的继承规则是儿子们不仅能继承父母的家产,而且也必须继承他们的债务,是一种相当典型的"概括继承"(universal succession)[③]。

[①] Raymond Westbrook (ed.), *A History of Ancient Near Eastern Law*, Vol. 1, Koninklijke Brill NV, Leiden, The Netherlands, 2003, p. 459.

[②] Ibid., 2003, p. 459.

[③] 笔者认为,古罗马时期实行的"概括继承"(suuccessio in universum iusr)有可能就是源于古代西亚民法的财产继承规范,继承人必须继承被继承人的所有遗产和全部债务,当遗产不足还债时,也须由继承人负责偿还。

继承的一般法则是要求继承的权利与应承担的义务相当,以确保遗嘱的履行。例如,古亚述文献记载道,征得所有继承人的同意后,有三位继承人先行各自得到一个女奴(他们之间已经发生性关系),但根据这些奴隶的价格应当从这三位继承人应继承的份额中扣除。接踵而来的问题是父亲临终时,有些继承人到场或在场,甚至有些继承人已经获得了父亲的遗嘱或财产,而有些继承人尚未到场或尚未得到财产,那么冻结所有遗产等待继承势必影响到相关的商业活动和资金流转。这就意味着在当时,有些继承人在未正式征得其他继承人的同意下,不得不先行占有并处分遗产。此外,死者的投资人和债权人也有权主张他们的债权。为此,在亚述城的石碑法令上谈到因商人死亡而引发的社会问题,也就不足为奇了。[①]

当时卡奈什古城,有些适用于当地人的继承规范,多集中于"有关兄弟关系的契约"之中。有的契约文献表明兄弟们就共同的房屋订立遗嘱,约定大家将均分该房屋;也有的契约文献写明,最年长的儿子应收到双份财产;还有的契约文献约定,最年轻的儿子因为尚未娶亲,所以额外多得一份。这些与古巴比伦的继承规则颇为相似。

总之,古亚述的继承原则并非是单一的,除平均分配遗产之外,优先分配遗产、特别份额分配遗产等均已出现,亚述人往往根据具体情形灵活采用,程序上也不拘泥于某一形式。

4. 契约活动及商业规则

如前所述,在安纳托利亚经商的古亚述人极少从事土地买卖活动,继承、收养的契约也比较少见。在已陆续出土的卡奈什信件中最多的就是有关商业贸易的契约泥板书,特别是为数众多的债务记载,这些债

---

① See Raymond Westbrook (ed.), *A History of Ancient Near Eastern Law*, Vol. 1, Koninklijke Brill NV, Leiden, The Netherlands, 2003, p. 476.

均来自于赊售、账目结算、不动产出借以及承兑(confirmations)等契约关系而产生的。这些契约活动十分活跃,一般情况下,数个契约关系同时存在,彼此权利义务错综复杂,既旨在落实已有的契约观念,又繁衍出新的商业规则。

(1)买卖契约

在古亚述,买卖契约大致可以分为两种:第一种是属于民事性质的买卖契约;第二种是属于商业性质的买卖契约。

其一,民事性质的买卖契约。

这一买卖若发生在古亚述人之间,则大多数是有关房屋和奴隶的买卖活动(因为土地买卖主要是在安纳托利亚人之间进行的)。为了有效获得房屋的长期所有权,当事人之间需要订立一份地契(a title deed)。在当时,远期贸易尚不存在,大多是易货贸易或者现金交割(ana italim)。还有少数情况是赊售,这些赊售的必然结果就是产生了债务,立下契据,载明需要归还的金额总价和归还日期,以及违约后应付的价款及利息。

买卖活动的发生,多是在证人们面前进行的口头交易,一般以白银作为支付手段。契约泥板书往往记录有:物品已出售,购买人已付清价格,且出售人也很满意(šabbu)等内容。值得注意的是古亚述王国的这些买卖契约往往不具备古巴比伦人那样的"完成条款"。但也有一个文献记载到,在亚述城里,古亚述人出售房屋往往是出于自愿的,价款支付是约定俗成的,无须任何限定。这其实就是一种完成或履约行为的表现。同时在一份诉讼记录中,也提到债奴(或奴隶)买卖中转让这一特殊财产所有权时,也发生象征性的行为或举行某种仪式,诸如证人在场时,"他割去她的衣服褶边(hamum)"[①]。显见,古巴比伦社会那种转

---

① Raymond Westbrook (ed.), *A History of Ancient Near Eastern Law*, Vol. 1, Koninklijke Brill NV, Leiden, The Netherlands, 2003, p. 462.

让所有权的特别仪式也同样流行于古亚述社会。

买卖契约订立时,古亚述人对这一买卖契约有着多种草拟方法,诸如表述为买卖行为的一份记录,即"购买人花了 x 白银从卖方那里买到该货物",或表述为一份收据,即"购买人付了 x 白银,给了卖方;卖方很满意,x 白银是货物价格"。这些买卖契约的泥板书有可能是由购买人订立的,也有可能是由卖方订立的,还有可能是由双方共同制定的。从这些契约的表述中可以发现,古亚述人在买卖中十分注重交易的结果,即房屋或奴隶是否已经归属于购买人。同时,他们也很重视卖方是否感到满意。与之相反,在已出土的文献中,安纳托利亚人之间的买卖活动,其契约泥板书里却并不刻意强调"卖方是否感到满意",而更多地关注契约是否履行。要言之,古亚述买卖契约强调双方意思表示一致,达成承诺,并实际履约。这正是古亚述社会中民事交往的普遍规则,其法律文明程度颇高。

买卖契约中一般有"意外条款"(contingency clauses),这些条款旨在保护购买人,抗辩第三人企图主张他新近获得的财产所有权。当然依照既定价格赎回或偿清这一货物或奴隶,不在此列。第三人往往是对这一已售货物或出售人享有索取的权利人,第三人可以是出售人自己或他的亲属或其他关系人,也可以是已售货物的原债权人。这些人试图恢复原状,在古亚述的债奴(或奴隶)买卖契约中,这一意外条款多是主张"恢复原状权利"(to come back),即古亚述方言为 *tu'arum*,而很少出现"索取权利"(to claim),即古亚述方言为 *baqarum*。[1] 在奴隶买卖中,一般为了还债而出卖自己沦为债奴之后,由出卖者本人或其父母或其他亲戚支付赎金,恢复他的人身自由。除此之外,由别人来主张

---

[1] Raymond Westbrook (ed.), *A History of Ancient Near Eastern Law*, Vol. 1, Koninklijke Brill NV, Leiden, The Netherlands, 2003, pp. 462-463.

这一索取权利通常是被禁止或者将被处以罚金的。在债奴(或奴隶)买卖中,双方有可能事先就约定了可以由第三人以一个适当的价格赎回出售的奴隶。

恢复原状权利实际上就包含了赎回的意思,故多出现在债奴(或奴隶)买卖之中,而在房屋买卖上比较少见。例如,古亚述王国统治者在其实施的政令措施中,宣称赎回房屋是"亚述保护神的恩惠",因为神灵怜悯负债的亚述人,让他很幸运地赎回了自己的房屋。但这种情形比较少,故通常不影响房屋买卖的效力。

在古亚述人的房屋买卖契约中,意外条款只限于出售房屋的人所作的简单允诺,诸如"任何人均不得索取已售的房屋"①。而安纳托利亚人的房屋买卖则约定不仅禁止出卖人索取已售房屋,而且还规定倘若出卖人反悔要重新取回已售房屋,则应向新的房屋所有权人支付一笔比较大的赔偿费用,甚至也可被处以死刑。但是,倘若是已售房屋或奴隶的合法债权人则仍可以提出这一主张。为何安纳托利亚人的房屋买卖契约有这一特别的约定呢?其原因可能是在于安纳托利亚人试图用这样的约定来保护自己的财产权利,抗辩富有的古亚述商人(the tusinnum and the ubadinnum)的恣意妄为。

有些奴隶买卖契约,确认新主人所有权的方式,一般是在契约中宣布新主人有权在市场上随意转售这个奴隶(这一奴隶未必何不轨行为)。在当时的市场上有一个不成文的规矩,一般奴隶一经出售,就不再被贩卖到他的故土,以防止前一买卖关系可能产生被他人追索等问题。所以,这些奴隶往往被卖往安纳托利亚地区等遥远地方,几经倒手,一个原先的债务奴隶就变成了动产奴隶。

---

① Raymond Westbrook (ed.), *A History of Ancient Near Eastern Law*, Vol. 1, Koninklijke Brill NV, Leiden, The Netherlands, 2003, p. 463.

其二,商业性质的买卖契约①。

古亚述贸易所涉及的领域十分广泛,各种贸易买卖关系多以契约为纽带而发生,同时介入这一贸易关系的参加者为数众多,诸如投资人、放贷人、担保人、经商人、合伙人、代理人、旅行代理人、车马队首领以及商队中被雇佣的其他伙计等,他们各自在这一买卖活动中发挥着不可或缺的作用,彼此间有着明确的分工和相应的权利。在这一时期的文献中尤其是在裁判记录、商务信件以及契约泥板书条款中,对这些人在买卖活动中的法律地位有着十分详尽的描述与约定。当然,用以规范买卖中这些不同身份人的规则无疑是在买卖贸易中逐步形成的,古代西亚地区长期以来沿袭的风俗习惯或者简易的约定俗成,由于最初被频繁地适用在债权债务关系中,而逐渐为上述的这些人所普遍接受和严格遵循。这些商事买卖规则有助于确定投资人和经商人、经商人和代理人(即受托出卖货物的人)、销售人(即经商人)和购买人、经商人和运输人(受托负责运输货物的人)等之间的具体权利与义务。

大宗的买卖需要大笔的资金作为支撑,这势必吸引众多投资人的资金介入,为此亟须通过契约形式在各参加人之间设定责任的落实、风险的承担以及赔偿的支付等具体条款。同时,在这一买卖关系中又衍生出有关保证、抵押等担保方式、有关商业利润的分享等规则。特别是实际经商人与投资人之间的权利与风险责任是各自不同的,必须进行事先的约定和事后的兑现。另外,还需要设定一些其他更为复杂的特别法律规则,例如,有些书面的约定旨在调整和规范某种长期的合伙关系或者各种不同的合作方式,这些约定效力一般为古亚述民事习惯法所确认。尤其是,在诸如 *ellutum* 这类联合经营实体中,调整参与人各

---

① Klaas R. Veenhof, "'Modern' Features in Old Assyrian Trade", *Journal of the Economic and Social History of the Orient*, Vol. 40, No. 4(1997), pp. 343-347.

自权利义务关系的规则,对开展商业买卖具体活动有很大的帮助,其契约泥板书的法律约束力得到了政府和社会的普遍承认。

在此前的楔形文字法典中,纯粹涉及商业买卖的条款并不太多。例如,古巴比伦的《汉穆拉比法典》仅就债权人和债务人之间(即塔木卡在买卖活动与对方当事人之间)的关系进行特别调整,其中以第32、100至107、112、281条为代表,所关注的主要是如何分享利益和承担风险。在古亚述的商业贸易中,同样可以找寻到这些规则的踪影,它们也同样适用于调整经商者与代理人的权利义务关系,以确保达成一个资金协议或者约定一项未来投资失败的风险分担及相应的惩罚责任方案(不作故意、过失之分)等。

但需要指出的是,也有西方当代学者认为,从买卖契约的适用时间上分析,尽管古巴比伦买卖契约中蕴涵的那些法律规则早已存在于《汉穆拉比法典》颁行之前的古巴比伦民商事往来之中,但与业已达到边际贸易全盛水平的古亚述相比较而言,古亚述商人对这些商事买卖规则的娴熟应用,其时间应该更早些。从买卖契约内容上来考察,与乌尔第三王朝早期和古巴比伦的买卖契约相比较,古亚述商业性质的买卖契约更为复杂,其条款更为翔实,其商业属性也更为突出。此外,古亚述王国对这些商业买卖细则的法律确认,这类立法活动迄今尚未有史料表明在古巴比伦也同样存在。①

极好的例证就是当时古亚述社会盛行的一类甚为复杂的贸易投资契约,这一类契约一般生成于一个货币流通比较发达的地区与社会之中,具体地约定投资人的纯投资资本["pour"(šapakum) capital]如何交由从事买卖贸易的人自行支配,其投资和使用期限将长达数载(可视

---

① Klaas R. Veenhof, "'Modern' Features in Old Assyrian Trade", *Journal of the Economic and Social History of the Orient*, Vol. 40, No. 4(1997), pp. 344-345.

具体贸易情况约定为9、10、12年不等),且参与这类投资利润分享的投资人也为数众多(约在12人左右),利润实现的方式多是以黄金来兑付的。这类契约的始作俑者就是古亚述商人,正是他们对利润分享的最终方案以及股东如何提前收回投资等事项做出了极为详细的约定,甚至有的古亚述商人契约泥板书表明双方一开始就约定了以白银投资获取的却是双倍的黄金价格,足见,这种投资是百分百的赚钱,是纯商业性质的。

从当时的信件和裁决记录中还可以了解到,这类契约还包含着其他更多的买卖规则,诸如在产生红利的期间内,彼此约定债务可转换为参股份额的规则,且分享红利权利也可以继承流转。上述这些内容均充分表明古亚述商人是"公司法"的最早开拓者,在商业贸易领域中就如何突破个人资金局限性方面很有创新作为,建树颇丰,因此这些商业性质买卖规则及其经商营利理念作为重要的法律手段一直沿用至中亚述时代,进而带动了这一地区古代社会商业活动的蓬勃发展。

与此相反,古巴比伦商业合伙关系则是有限的、持续时间较短,如前章所述,经常性投资仅限于单一的商旅活动。而同一时代的古亚述商人已经懂得建立长期合伙投资关系,以获取更长久更可观的利润回报。甚为遗憾的是,迄今尚无法确定单独的个人在这类投资契约中究竟是如何处理彼此的权利义务关系。但在已出土的一份裁决记录(ATHE No. 24)中提到了一份相关的记述,这一记述是用来处理两个投资合伙人(*tappu*)的继承人之间彼此关系的,它表明合伙人之间相互负有连带责任,并各自出资设立一项特别经费(*msškattum*,可能是用于保护当事人以抗辩第三人),收集彼此未完成的权利主张和使用彼此的有效文据(诸如契约书和账户)等。①

---

① Klaas R. Veenhof, "'Modern' Features in Old Assyrian Trade", *Journal of the Economic and Social History of the Orient*, Vol. 40, No. 4(1997), pp. 345-346.

另一类新型契约是商业贸易中需要雇用进行商业贸易旅行的车马领队,组织运输货物,以便于四处进行买卖活动。这类契约通常是一种互利的租借与买卖契约的整合结果,通常约定租借与贸易的回报利率在50%左右。这既确保了被雇用者获得工钱(倘若他自己愿意,也可以在贸易途中顺带购置一些羊毛纺织品用以贩卖牟利),又促使被雇用者也有利可图。这种明确的安排旨在确保作为商业性质买卖活动的每一位参与人,均能自主地从这一贸易买卖商旅中获得自己实质性的收益。这一类契约中常常讲明雇佣完成商旅的条件,约定中途放弃这一工作所应受到的处罚。那样的话,除被雇用者不仅需要退回雇佣费用之外,根据车马队已经走过的路途时间长短,有些契约中还有特别的规定,诸如"每小时双倍返还一个舍客勒白银"等罚则规定。

上述这些商业性质的买卖契约中也包含了其他一些具有极强的法律适用规则。例如,为违约的债务人代为履行债务的保证人享有追偿权利,即有权参与分享商业利润。又如,有一项具体程序规定,涉及如何处理已故的贸易人所承担的债务与应享有的分红权利以及死者因参加远途贸易活动所蒙受损失的善后事宜。

作为古亚述城市的统治者"大人"即阿维鲁,为了强化这些商业性质买卖规则的法律效力,往往命人将这些规则刻在石柱上,立碑示众。诚然,现在这些石柱或石碑早已湮灭于历史长河之中,但古亚述王国旨在鼓励上述这类贸易活动契约的立法活动,在当时政府官员的裁决记录和往来两地的商务信件之中仍然有所记载与体现。[①]

(2)债务、担保及租借

在古亚述民事习惯法中,债务、担保及租借也同样占有着较为重要

---

① 现代西方学者克拉斯·R. 维恩霍夫(Klaas R. Veenhof)认为在美索不达米亚平原南部巴比伦的地区直到新巴比伦王国时代,才出现了类似于古亚述这些商业性质买卖契约及其具体规则,并成为美索不达米亚法系的重要组成部分。

的地位,并具有本民族的法律特色。

第一,债务。

古亚述多数的契约泥板书都是既简短又精练,如"债务人欠债权人x白银"或"资金由某人做主"等。① 这些契据中债权由何而来,留存下来的契据泥板意味着这一债权尚未实现,那又是为何未能履行等问题,均不甚明了。

但有一点是可以肯定的,不履行契约势必会产生违约罚金,形成所谓债务。不动产和现金的借贷多发生在古亚述商人们中间,债务人除了归还本金之外,还需支付相应的利息。这一利息既包括借贷本身的利息,也包括因违约而应支付的附加利息,大约是每年30%左右。有时,在贸易伙伴之间这一利息水平要低一些。相反,古亚述人与安纳托利亚人之间的债务利息往往比较高,约达到60%左右。因为有利可图,在频繁的商业贸易中,安纳托利亚地区古亚述商人中出现了专门以放贷为职业的高利贷者。

他们在约定还贷时间上往往有着明确而严格的限定,如不能超过"数周或数月",但几乎很少有数年的时间约定,也极少有"当债权人索要之时"才偿还的事例。实际上,一般的还款日期不超过一年,除非有的债务是分期偿还的。古亚述商人的契约书上一般以"当他抵达这座城市时或者当商队来到时"②,作为边贸活动中履行债务的时间界点。而安纳托利亚人之间的债务契约则是按照一年的农业收成时节或者每一个季节的节日时间来约定还贷时间。

为什么古亚述商人在商品买卖中极易形成债务呢?这与当时的交通、气候有着密切关系。据考证在古亚述时代,安纳托利亚地区每年至

---

① Raymond Westbrook (ed.), *A History of Ancient Near Eastern Law*, Vol. 1, Koninklijke Brill NV, Leiden, The Netherlands, 2003, p. 465.

② Ibid., p. 466.

少有4个月冬季时间是无法与外界联系的,而就是最好的车马队从古亚述出发到达安纳托利亚的路程也至少需要6个星期,因此每年能够真正有商贸往来的往返次数仅有两次。为此,时间和路途的瓶颈效应导致商品买卖而获取的白银等贵金属货币未必能及时地运回古亚述,同时也限制了现金交割。为了在道路畅通时商品能及时地运往安纳托利亚各地,也为了在冬天来临之前能尽快将白银运回古亚述,彼此之间因买卖信用而产生债务是不可避免的。而清偿这些债务的时间自然就是该古亚述商人下一批新货物运抵该城镇之时。

此外,这一交易条件也促成了协调机制的生成,两地商人均愿意彼此间建立一种合作关系,作为商旅的各种参与人,特别是合伙成员之间,有的提前筹备商品或银两,有的组织车马队伍,以便赶在销售旺季迅速运输货物,出售商品,获取利润。因此,在安纳托利亚以现金迅速购得锡或羊毛纺织品,或者在古亚述"当白银到达时货物也已筹齐",或者先行借贷用以购置商品,约定出售后在一定时期内按一定利息如数归还等情况,在当时的官方文献和民间信件中均有这种记载。基于信用的这种买卖在当时边际贸易中十分普遍,并得到了当地政府和官员的认可和保护,甚至那些官办驿站和商栈也成为了这些商品货物或者大量白银等贵金属货币的暂时寄存处,这也意味着政府和官员们自身也有可能作为商品的代理人参与到这些商品买卖之中,进而又为古亚述商人托卖货物、制作债权契据、设定债务等创造了社会客观条件。在这一债权债务关系中,无疑包含了如下三个要点:一是从事边际贸易活动十分注重按时履约,无论是享有权利还是履行义务均以时间为尺度;二是每一位商人均有可能持有大量楔形文字写就的债权契据,并作为密封完好的信函妥善地加以保藏在专门的房间内,这些契据上一般均盖有债务人和证人的印章;三是可以通过法律裁决来解决因此而产生的债权债务纷争,特别是有些债务人迟延履行或不愿意履行债务时,通过诉讼程序解决商事纠纷在古亚述已经非常普遍了。①

在当时,债务人以各种理由而违约的情形也很多,如古亚述社会中有的债务人擅自重新制作一个新的泥板书,宣称自己已经付清债务。有时履行债务后,债权人也会拒绝归还契据泥板。有时无论是债务人还是债权人,均无法证明他们自己权利的真伪,为此,一个事前的担保就显得很重要了。此外,一旦能证明自己的权利受到欺骗,那么,债权无须通过法律诉讼程序就可以要求违约方承担双倍或 3 倍的赔偿责任。

第二,担保。

在古代西亚地区这样一个商贸活跃的社会里,设定担保、清偿债务等便利程序的生成与普及自然而然是不足为奇的。这一地区原有的一些担保方式继续得到了使用。

抵押(security)和保证(guarantee)是古亚述的主要担保形式,以防范上述违约情形的发生。在当时,抵押大致有两种形式:一种称为"šapartum",主要以动产为抵押物,从黄金到稻谷等均可作为抵押物,债权人享有可以直接处分这些物的权利。古巴比伦也有 šapartum 的担保形式,古亚述的这种担保形式主要适用于安纳托利亚人的契约中,多以房屋或人身作抵押担保物。有些卡奈什信件表明古亚述人也采用这一抵押方式,但相对比较少。因为在他们的契约中并没有提到这一种抵押,这意味着古亚述人在动产上设置抵押,有可能仅停留在口头誓约中,由双方协商一致当场默认即可。另一种称为"erubbatum",仅局限于古亚述地区,安纳托利亚地区并不流行。它是古亚述人最常用的

---

① Klaas R. Veenhof, "'Modern' Features in Old Assyrian Trade", *Journal of the Economic and Social History of the Orient*, Vol. 40, No. 4(1997), pp. 347-348.

抵押方式,在房屋(土地不在此列)等不动产上设定的,也有以人为抵押的,被抵押的房屋或人因此被"纳入"某债权人的权力掌控范围之内。这一种担保意味着债权人实际上占有了该财产。①

然而,研究这一史实的学者们迄今无法下定论,这两种担保的法律属性究竟是抵押还是留置(lien)呢? 有的学者认为房屋是不转移财产占有权的抵押,因为没有任何文献表明房屋成了偿还债务的替代品,且实际占有往往被排除在违约金之外的,所以以房屋作担保,设定的是抵押权。然而,也有些案例表明房屋上设定的是留置权,在与该物有牵连关系的债权未受清偿之前,债权人实际上占有属于其债务人的房屋。一旦某人偿清了该债务,债权人才离开该房屋,原屋主重新取得该房屋的占有权。② 因此,古亚述人在房屋上所设定的担保行为究竟是抵押还是留置,其权利性质似乎是模糊的,或许两者均有可能。③

只有以奴隶为抵押是 *erubbatum* 的最直接形态,债权人直接成为他的主人,为债权人真正占有,其生成的权利与留置权最为相似。有时,甚至一个安纳托利亚家庭,连同他们的奴隶和房屋,一起被抵押给古亚述商人,但这些担保物在主债权未实现前并不发生财产占有权的转移,故又比较接近于抵押权。

一旦债务未按时履行,上述抵押物应被使用或出卖,以赔偿债权人的损失。这一优先受偿的行为可以是由债权人自力完成,也可以请求

---

① Raymond Westbrook (ed.), *A History of Ancient Near Eastern Law*, Vol. 1, Koninklijke Brill NV, Leiden, The Netherlands, 2003, p. 469.
② Ibid.
③ 现代民法中抵押权与留置权的最大区别在于,抵押是基于双方依约设定的,而留置是基于法律的规定而当然发生的。抵押权属于约定担保物权,留置权属于法定担保物权。笔者认为,古亚述地区因民事成文法发展水平不高,估计古亚述人对这两者之间的完全界定尚未有清晰的概念,房屋等不动产可以作为担保是总体适用的规则,具体担保形式和落实情况,要视具体情况而定,无所谓抵押与留置的区分。唯一可以肯定的是这一时期,古亚述土地既不可用以设定抵押权,也不可用以设定留置权。

长老会或其他机构来协助实现。例如,据一则文献记载,将一个安纳托利亚人家庭"移交"给某一古亚述债权人的正是当地的安纳托利亚统治者。1948年出土的卡奈什信件中记述道,有一位古亚述人在某一商会法庭上被判处将四个人(其中两个是他的儿子,另两个是他的奴隶)送给他的债权人抵还所拖欠的债务。① 还有的古亚述债权人若无法从抵押的人或物中获得债权的实现时,就直接请求商会当局者捉拿那些欠债不还的债务人,而官员的职责就是敦促这些人到场、出庭或与债权人重新商讨相关事宜。② 上述这些个案均表明古亚述人往往借助于权力机构及法律,以实现他的担保权利。

为此,古亚述人需要提供证人或书面证据还包括契约泥板书、书面证词、裁决等来证明原始契约关系和抵押从行为的存在。这一做法自乌尔第三王朝早期就已流传于古代西亚地区,古亚述人在贸易活动中继续加以发扬光大。古亚述商人驾轻就熟地应用这种担保形式来进一步规范投资人、经商人、代理人以及购买人彼此之间的契约关系,促进商品及货币的流通。

保证是另一种担保的形式。被保证人,古亚述称之为"*šazzuztum*";保证人,古亚述称之为"*qatatum*",主要出现在债权契据以及别的文书之中。契据的内容一般是"PN是我的保证人"。保证人的义务在于两个方面:一是保证债务人能按时履约;二是如果债务人不履约时,由他代为履行。保证人不能向债权人移交这一债务人时,只能自己承担最初的债务及附加的利息或费用。因此,保证人对已违约的债务人承担的这一连带责任,意味着他演变成共同债务人,或者是一起

---

① See Raymond Westbrook (ed.), *A History of Ancient Near Eastern Law*, Vol. 1, Koninklijke Brill NV, Leiden, The Netherlands, 2003, p. 470.
② Klaas R. Veenhof, "'Modern' Features in Old Assyrian Trade", *Journal of the Economic and Social History of the Orient*, Vol. 40, No. 4(1997), pp. 348-349.

举债的人。他的风险在于债务人有可能无力偿清与之相关联的债务。当他被迫承担并履行了偿还义务之后,他应享有追索这一债务的权利。已出土的古亚述石碑文献表明当时的统治者承认并保护保证人的这一权利。

此外,在古亚述人社会中,当债务人试图抵赖时,保证人也可主动扣押对方财物,所扣押的财物一般是奴隶,保证人必须举行占有某物的特定仪式才能真正发生扣押效力,譬如,割去奴隶衣服的褶边,以防止他脱逃或将他诉诸法律。尽管古亚述这一扣押财物无须双方的同意,也不需要法庭的裁决,但仍需要得到当地长官的认可才可实际运作,实现自己的正当追索请求权。

最后,对于债权人而言,古亚述人设计了一个有助于债权人主张并实现债权的保证新举措,即在主契约中约定一个条款,授权债权人可以向另一放债人(moneylender)借钱,而债权人(即借钱人)因此有权要求主债务人为他双倍支付这一借贷利息。显然,出贷人(即从债权人)变成了主债务的保证人,他亦可因此获得附加利息。这种附加利息每年高达 30%,而在古巴比伦社会同一情形下这一利息仅在 20%左右。①

第三,租借。

古亚述的民间信件和官方行政性事务文献均记载了许多物品的租借活动,诸如房屋、武器、船只、驴子和劳力的租借,古亚述人称租借为"*agarum*"。也有些房屋买卖契约中约定原房屋居住者在有生之年仍然有权继续住在该房屋内,不得将其驱逐他,因此双方遂产生一个租借该房屋的新契约关系,但后一个租借契约禁止他或她"转售或改动该房

---

① See Raymond Westbrook (ed.), *A History of Ancient Near Eastern Law*, Vol. 1, Koninklijke Brill NV, Leiden, The Netherlands, 2003, p. 471. See Klaas R. Veenhof, "'Modern' Features in Old Assyrian Trade", *Journal of the Economic and Social History of the Orient*, Vol. 40, No. 4(1997), pp. 350-351.

屋(它应有六根木梁和一个店面)"①。

　　劳动力的租借是比较特别的。从劳动力的租借契约内容可以了解到当时租借的细节。例如,在亚述古城一位代理人自愿出借给原告(类似现代的雇用),以帮助原告打赢官司。对方允诺他因此能得到一份薪水外加旅行的费用和食物,并实际支付了一半的酬劳。该代理人获得了这一酬劳预付款,倘若在完成使命前放弃了代理该案件,那么他应返还这一半的酬劳。这说明了,古亚述人已经懂得运用"预付款"这一方式,它既促进商品及劳动力的流转,也加强了保障权利实现的约束机制。

　　运载工具也是租借的又一常见物品,如前所述,为了往返于古亚述和安纳托利亚地区,商队中大量的货物和钱财需要雇佣或租借劳力、辎重车辆来完成长途运输,而且这两者往往连带租借,租借周期也往往比较长。作为回报,搬运人可以得到一笔可获利的贷款,相当于租借酬金,称之为"be'ulatum",即自由处置的费用。这笔费用通常被用以在古亚述购置布匹等物品,再将其贩运到安纳托利亚高价抛售,从中获益。因此,几乎所有的租借契约均有被雇的劳力,受制于所借贷举债的钱财。他的劳力服务期限视其借贷举债时间长短而定。一旦违约,他就失去了从生息借贷(interest-bearing loan)中得到的收益,或者他应返还所借款项及收益的两至三倍。② 这意味着,租借劳动力和运载工具进行贸易活动时,古亚述商人往往会设定一个对自己极其有利的附属契约——借贷契约,这一从契约既具有劳动力和运载工具租借金的支付功能,又衍生出租借契约履行的担保功效。这笔 be'ulatum 费用颇有定金法则的内涵,从一个侧面说明这是当时古亚述人在商业流转

---

① Raymond Westbrook (ed.), *A History of Ancient Near Eastern Law*, Vol. 1, Koninklijke Brill NV, Leiden, The Netherlands, 2003, p. 473.
② Ibid., p. 474.

中的精巧创举,极大地拓展了古代民事规范的实用性。

(3)商品与白银的流通以及票据持有人、隐名债权人的雏形

古亚述商人极擅长于从等价交换的贸易活动中利用两地商品差价、等价物比价以及交易规则而攫取最大的利润。在这一时期,古亚述商人经营的商品主要有三大类:一是锡,二是昂贵的羊毛纺织品,三是一些传统制品。其中,锡成为出口安纳托利亚的主要产品最令人迷惑不解。① 实际上,安纳托利亚本地就有锡矿,但古亚述商人仍将品质更高的锡及锡制品,从隶属于埃兰王国版图的阿富汗贩运到安纳托利亚,其目的就是为了获取高额的交易回报——白银。同样是金属,但古亚述商人并不青睐铜,它并非两地贸易的商品,因为此时的安纳托利亚人已懂得青铜的冶炼方法,其铜制品的价格甚高,古亚述商人异地贩运铜制品不仅没有竞争优势,而且极易亏本。古亚述商人也从安纳托利亚进口羊毛纺织品等奢侈生活用品和一些传统制品,而用以维持生计的日常必需品,因为利润较薄而很少被贩卖到古亚述。

显见,精明的古亚述商人深谙经商之道。从安纳托利亚进口的是大量的白银和少量黄金。在贸易往来中,白银、黄金很受古亚述商人的欢迎,他们将这些贵重金属作为买卖获得的利润或者投资,源源不断地携回古亚述。需要指出的是,据往来信件记载推断,当时古亚述的法律对白银、黄金的市场流通性的规定是不尽相同的。从安纳托利亚商业贸易中获得的黄金运抵古亚述后,并不直接进入商业流通领域,因为古亚述法律严禁古亚述人之间销售或兑换黄金,故而黄金往往被大量囤积起来。

由于白银是古代西亚地区最通行的支付货币,是日常交易和偿付

---

① See Norman Yoffee, "Political Economy in Early Mesopotamian States", *Annual Review of Anthropology*, Vol. 24 (1995), pp. 298-299.

的主要手段。在古亚述,白银可以用来购买大量的货物,并将其转手倒卖到安纳托利亚;也可以用来添置其他生活必需品(从昂贵的房屋到大麦、羊毛等物),供自己消费;还可以用来缴纳关税或者买通古亚述官员获得经商许可;甚至还可以在安纳托利亚就地购置锡矿石和羊毛运回古亚述。由于两地经济发展和文明水平有着巨大悬殊,加上安纳托利亚有着不同经济区域,各自有着自己不同的供给需求,形成了不同的交易价格和白银比价,这使得古亚述商人在那些贸易殖民地可以轻而易举地获得十分廉价而优质的白银,运回古亚述国内后,这些古亚述商人就拥有了相当强大的购买力和充足的经商资本。因此以白银为主的"货币"经济("monetarian" economy)在古亚述得到蓬勃的发展,其发达水平大大超过了美索不达米亚周边地区。①

除了白银在两地贸易中发挥着重要的货币媒介作用之外,古亚述商人制作的大量契据作为票据的最初形态也在贸易中发挥着不可或缺的功效。因为有这种不记名的契据存在自然就产生了支票的持有人和隐名债权人。这些人或许不是原始交易的参与人,但在商业流转的一长串链条中却成为了某一财产权利的终端享有者,故而可以主张这一契据所载明的权利。

那么,为什么古亚述商人所持有的债权契据不写明债权人的具体名字,而只简单或笼统地写着"某一商人"(即某塔木卡)字样呢?对于这些匿名契据的制作原因,现代学者有着多种考证与推测。一种推测是,这一制作方式有可能是为了便于其他持有该债权契据的任何人主张这一债权,并有实现这一财产权利的可能。换言之,这样的契据是可以流转的,前后手的转让并不影响持有人对该契据上的权利主张。它

---

① See Klaas R. Veenhof, "'Modern' Features in Old Assyrian Trade", *Journal of the Economic and Social History of the Orient*, Vol. 40, No. 4(1997), pp. 339-340.

实质上就是一份可供流通的票据(negotiability)。当然这一票据上应该是盖有债务人的印章,一旦他履行了债务,持票人(即债权人)应当将这一契据泥板归还他,并将它及时销毁。如果持票人收到本金未收到利息,持票人则仍然可以保存这一契据直至完全实现债权。如果一项债务履行后,持票人虽无异议但却因故无法归还原始的契约泥板书时,债务人可以要求重新立一个字据写明:原契据已经灭消,其所载债务已经履行完毕。① 另一种推测是,这一制作方式系出于保护商业秘密,保护投资人、放贷人、代理人甚至经商人本身的财产状况等隐私,以便促成更多大宗贸易活动的顺畅进行。②

无论怎样推断其生成原因,但学者们能达成共识的是这些票据造就了持票人和隐名债权人的雏形,他们也成为了古亚述商业活动的重要成员之一。迄今我们仍无法确定古亚述的这些商人们之间是如何交割这些契据及其记载的权利,但可以肯定的是尚有许多契据并未能兑现其票据权利。古巴比伦契据泥板书就从不笼统地记载"这笔债务是欠某塔木卡"的内容,而是具体载明债权人的名字,但这种契据一般也隐含着"债务人应当向持有这一契约泥板书的人清偿债务"的意思。而在古亚述的商业贸易中,几乎所有的契据均简明地记载了"某塔木卡是债权人",这表明在古亚述,持票人就是隐名债权人。该契据既可以通兑,换取白银或者商品,甚至是其他形式的财产,也可以背书给后手,这一让转行为获得了古亚述政府和社会的认可和接受,有时当局者也充当债权人或者收债人去追讨久拖不还的债务。持票人所享有的票据权利完全与出票人(即最初的债权人)相同。此外,古亚述的这些契据还

---

① See Raymond Westbrook (ed.), *A History of Ancient Near Eastern Law*, Vol.1, Koninklijke Brill NV, Leiden, The Netherlands, 2003, p.467.

② See Klaas R. Veenhof, "'Modern' Features in Old Assyrian Trade", *Journal of the Economic and Social History of the Orient*, Vol.40; No.4(1997), pp.353-356.

清楚地载明汇兑(即清偿债务)的具体地点。这一地点一般就是卡奈什或者亚述等城镇。

二、《中亚述法典》的民事规范

公元前 16 世纪左右,完成了统一整个两河地区的古巴比伦王国日渐衰落。与此同时,美索不达米亚的政治中心转移到北方日益强盛的亚述,亚述王国也进入了中亚述时代(Middle Assyrian Period,约公元前 1600 年至公元前 950 年左右)。和巴比伦人一样,亚述人是已知的世界上最早的文字系统——楔形文字的继承者,所以,亚述法律也是美索不达米亚法系的重要部分。亚述王提格拉-帕拉萨一世(Tiglath-Pileser Ⅰ,约公元前 1114 年至公元前 1076 年在位),通过对外军事扩张成为了这一地区新的政治统帅,法律制度的建构也有了强有力的社会基础和制度保障,这一时期的民事规范以楔形文字法典的形式颁行于天下。

但必须指出的是,这一法典并不能涵盖亚述法律的全部,许多古亚述的民事习惯仍然得以沿用。尽管在整体上,与《汉穆拉比法典》相比,《中亚述法典》有关民事方面的规定内容粗糙且缺乏深度,不如《汉穆拉比法典》那么先进;与古亚述的民事习惯法相比,《中亚述法典》也多是陈规陋习,略显得空洞。但是《中亚述法典》既吸收了古亚述人的重商主义,又混合了中亚述人的黩武精神,有着自己的特色。

(一) 中亚述的社会构成

在当时,亚述的社会成员可以做对应的划分,比如,本地人与异邦人、自由民与奴隶、男人与女人等。其中异邦人所占的比例比较大,多是战争的俘虏或者平民,也有的是被他国判处的放逐者,也有的是当时社会不可多得的手工艺人,这些人被迫从事建筑、农业等劳作,因此成了活跃于中亚述的中间分子——半自由人(aššuraiu)。

在很长一段时间内,中亚述整个社会由自由民、奴隶和处于中间的半自由人三个阶层组成。这三个阶层的具体界限是不甚明确的,一个最初的自由民可能因无法清偿到期的债务而沦为奴隶。这三个阶层的具体成员也是很难确定归类为某一种族集团。诚然,亚述人可能是社会的主体力量,但其内部也有贫富分化。根据《中亚述法典》第二表(C+G)第3条[1]的规定,可以推知当时地位高的亚述人与贫困的亚述人之间存在着奴役关系,且这一关系受法律保护;沦为债奴的亚述人也可能遭遇被转手卖往国外,终身为奴的境遇。根据该法典第三表(A)第44条规定,法律允许债权人以暴力对待被抵押在别人家中的男亚述人或女亚述人。所以,亚述人、异邦人都有可能成为半自由人,也可能成为奴隶。当然,倘若这一债权人是半自由人或者某一妇女,那么即便他们在社会中处于附属地位,相对于被抵押的亚述人而言,他们仍享有这一法律赋予的奴役他人权利。显见,半自由人的社会地位未必就是十分低下的。

半自由人或许早先只局限于某一出生地的居民,但随着社会贫富差距的变化、异邦人的增多以及对外疆域的拓展,其内涵与外延也在扩大,亚述统治者和法律所管辖之下的个体成员,比如,妇女、妓女、村民等各种特殊的社会成员等,均有可能成为半自由人。

丈夫长期不在家的妻子、未婚女子甚至妓女等处在特殊情形中的女性,在该法典中也得到了特别的关注。这类人实际上是很难简单地纳入自由民、奴隶或某一半自由人三个阶层中的某一类。该法典第三

---

[1] 参见法学教材编辑部、《外国法制史》编写组:《外国法制史资料选编》(上册),北京大学出版社1982年版,第55页。

表第36条规定,丈夫因私外出长期不在家其妻子应守候在夫家,等待五年后方可再嫁他人。而丈夫因公长期未归,则妻子应该永久等待不得再嫁。该表第48条规定,未婚女子被留作抵押,征得其父或兄弟的同意,债权人可以将她出嫁。该表第55、56条规定,强奸处女,应交给她父亲两倍于该处女身价的银子。根据该法典第三表第40条的规定,已婚的女子以及已婚的神妓均应罩住面纱,妓女和女奴均不得用面纱罩住,头部应露出。这些规定说明妇女因其担当的角色不同所处的境况不一,其身份地位也是有等级差别的,似乎很难直接确认她是自由民还是奴隶还是处于中间状态的人。①

中亚述社会等级构成的不明朗状态,说明中亚述各成员的社会身份是比较混乱的,彼此地位处于不断的变动之中,整个社会的文明秩序因为战争而被打乱,始终未能完全建立并长久地确立下来。扎根于这样的社会之上,民事法的建构自然也是比较粗糙的。

(二)《中亚述法典》的民法痕迹

《中亚述法典》②是现今保存较为完整的楔形文字法的典型代表之一。它是用阿卡德文中的中亚述方言写成的。该法典是一批泥板文书,出土于古亚述城(今伊拉克境内),依泥板分编为三表和若干断片。依据三表的内容可以发现其条文主要涉及社会生活中田园、债务、家庭三大方面,旨在维护亚述王国王权的统治与家庭稳定,为其对外扩张奠

---

① See I. Mendelsohn, *The Family in the Ancient Near East*, *The Biblical Archaeologist*, Vol. 11, No. 2(May,1948);pp. 36-37.
② 《外国法制史资料选编》(上册)目录中将这一法典界定为约公元前20世纪,是与其选编中该法典的前引自相矛盾的。因为在该书第51页上的前引部分中,叙述道:"泥板本身属公元前12世纪,但法典应追溯到公元前15世纪。"笔者认为,该法典应当是早中期亚述交替时期编纂的法典,大约是公元前15至前14世纪的产物,故称之为《中亚述法典》更加名副其实。

定基础。从每一条文的行文风格判断,这一立法格式承袭了美索不达米亚法系中诸楔形文字法典的风格,"如果……应当……"这一假使条件句的使用,说明这部法典条文更多的是个案实例的性质,该法典实质上仍是民事习惯法的汇编。

第一,有关土地及其他财产的民事规定。该法典第一表共有20个法条,几乎全是涉及土地的管理、继承、转让以及在土地上的耕种、灌溉等方面的事务。

在民事程序法上,该法典第一表的个别条文提供了一个法定保护范式。虽然此时亚述人对权利的证据采信仍以神誓为常见方式,对民事纠纷的解决也时不时运用神明裁判。但是,该法典中仍有些规定极具典范意义与客观效用。譬如,该法典第一表第6条完整地记载了一次关于购买田地及住宅的整个流程。

[如果甲对乙说:"我]用银子购买你的[住宅与田地]",那么,在甲出银子[买田]地与住宅之前,公告员在一个整月的时间内应当三次在亚述城内为之宣布,他还应当三次在购买者取得田地与住宅的居住地内为之宣布:"我将用[银子]购买某公社耕地上某某的儿子某人的田地与住宅;要是谁有取得的权利或要求,谁就提出自己的证件,把它放在监督者的面前,提出诉讼,即可免除外人对财产的要求而取得它。"谁在未满(?)一整月的期限内,提出自己的证件并把它放在监督者的面前,这个人在其田地方面,应当得到满足(?),因而就可以取得它。①

该法条还规定:"公告员在亚述宣布时,国王手下的参赞之一、城市的书吏、公告员及王家监督者都应出席。"而且,已即取得田地与住宅的

---

① 法学教材编辑部、《外国法制史》编写组:《外国法制史资料选编》(上册),北京大学出版社1982年版,第52页。本书中有关《中亚述法典》的法律条文均引自该书,以下不再另加注。

人,其所在的公社的社长或城市的首长与三个"大人"即长老也应当出席,充当公断人旨在监督公告员的宣告,写下自己的证件并交出证件:"在这一整月的时间内,公告员宣布过三次;在这一整月的时间内谁也没有带来自己的证件,没有把证件放在监督者的面前,因而丧失了自己这部分的田地与住宅;而这些与公告员宣布的请求人无关。"他们应确认宣告的次数应为三次,记下公告员所宣布的三份文件,其记录的证件一式三份,由监督者及其他人分别保管。

上述规定反映了当时的亚述人十分重视保护田地或住宅的财产所有人的权利。这一财产的转让要求必须有外在权力的介入、必须向社会公众公开,并以书面证件的形式加以完成。这个通例真实地展现了生性凶残的亚述人的一幅经济生活景象,从一个侧面反映了一个好战尚武的国家同样有着对世俗生活中正义、公道的恰当理解,黩武的国家制定的法律也并非完全是刑罚性质的。从中也可以推断,对财产权的程序要求,对商业流转的惯例恪守已成为这一时期民事法律规范的渊源之一。

《中亚述法典》有关民事程序的规定虽然仅此一条,但它足以彰显这一法典的民事法律精神。诚然,或许该法典就特定财产流转程序的规范仅源自于对私有财产的保护,并不具备公平正义的实质,不过,公告、监督、书面证据制作等一系列外在形式要求却无疑包含了一定程度上的程序正义,内蕴了古代民法那种朴素的公平理念。

在民事实体法中,该法典第一表有大量条文规定了详尽的权利救济。"财产权绝对不是先于社会的,如果没有给它提供安全保障,财产权不过是首先占有者的权利,换句话说,是暴力的权利,也就是说,一个根本不是权利的权利。"[1]古代西亚地区中亚述时期,法律仍十分注重

---

[1] 〔法〕邦雅曼·贡斯当:《古代人的自由与现代人的自由》,阎克文、刘满贵译,冯克利校,上海世纪出版集团、上海人民出版社2003年版,第194页。

保护占有者的权利。该法典第一表第8条至第20条均是对土地所有者的保护,强调这一土地不容许他人的非法侵入或耕作,非法耕作者要受到刑罚和金钱罚。

首先,根据土地边界的所有权归属和边界大小程度,《中亚述法典》第一表第8、9条对非法侵犯者分别规定了责杖等刑事处罚以及加倍的金钱罚。其中第8条规定:"如果有人破坏他的同伴间的大片田界,有人以誓言揭发他并证明他有罪,那么,他应加倍交还他破坏而取得的田地,应斫掉一指,受一百杖,并应服王家劳役一整月。"第9条规定:"如果有人侵犯签地的小田界,有人以誓言揭发他并证明他有罪,那么他应交还一他连特铅①;他应加倍交还他破坏而取得的田地;他应受五十杖责并应服王家劳役一整月。"

在此,强调"他的同伴"实际意味着这一侵犯行为所指向的是公社间的田界。所谓"签地"是指由公社划分土地的重分地段可能已归属于某公社成员。这两个大同小异的条款表明,侵犯公社大田界的处罚力度高于侵犯公社成员小田界的处罚程度。其原因在于,当时的社会经济是一种"集体式自然经济的田庄类型"②,中亚述仍是以公社为基本单位,以田庄经济为主要来源,支撑着一个依赖于劳务与实物供给的军事当局,社会中的大部分群体成员必须供应国王餐桌或军政的需求。所以,对公社利益的保护、对供奉土地所有人的保护都是必须的,他们的各自利益在社会中是有着一定位阶的,在法典中的权利落实也是有差别的。

其次,根据土地是否已经开垦的情况,《中亚述法典》对非法耕作者分别规定了不同的处罚责任。该法典第一表第13条规定:"如果有人

---

① "他连特",是一种货币计量单位的音译,"铅",是当时的金属货币。
② 〔德〕马克斯·韦伯:《经济、诸社会领域及权力》,甘阳编,李强译,上海三联书店1998年版,第55页。

在不属于自己的未耕地上或者开拓园地,或者掘井,或者种植蔬菜或树木,有人以誓言揭发他并证明他有罪,那么田主来时,可以取得园地及他的劳动的产品。"该表第19条规定,有人未经土地所有者的同意,在田主的田地上播种、耕地或围墙,他必须以国王的名义发誓,确凿无疑地证明这块土地是被遗弃荒芜的土地。① 如果土地所有者重新出现,耕作者应被驱逐,收成大部分归公社,一部分归还土地所有者。

这些规定说明,对已开垦土地的法律保护要严厉于未开垦土地的法律保护,因为对土地所有者的财产保护,特别是对已开垦土地的保护也是对整个统治者财富来源的保护。只有一种特例,即该表第12条的规定,如果田主已经知道有人在田地上开拓园地或掘井种植树木却没有表示异议,那么开拓者可以自由地使用该土地,但他应交给田主一块土地作为交换。显见,只要先行的占有者能确保双方得到互益的结果,其财产用益权也是受法律承认与保护的,这种承认表达了当时人们已经开始有意识地或无意识地在寻求一种化解权利冲突、达成民事和解、实现利益平衡的通例和规则,并最终将其上升为"有保障的法律"(guaranteed law)②。

再次,对水利资源的共享问题,《中亚述法典》也有具体的规范。该法典第一表第17、18条规定,对公社土地上的井或者灌溉渠道中的雨水,田主们应当协议行事,以自己的田地为限度,分享这些资源。他们中有不同意的必须取得法官的许可才可以独享水利资源;或者同意的人可以从法官处取得证件,以反对不同意的人。这说明当时人们一旦就公共财产的共享达成意思一致,这一协议就是一种规约(regula-

---

① Raymond Westbrook (ed.), *A History of Ancient Near Eastern Law*, Vol. 1, Koninklijke Brill NV, Leiden, The Netherlands, 2003, p. 545.
② 〔德〕马克斯·韦伯:《经济、诸社会领域及权力》,甘阳编,李强译,上海三联书店1998年版,第4页。

tion),对所有成员均有拘束力,并排除非法律的任何干预。群体中的任何异议者必须通过法律及其法律程序才能获得一种特别的权利,以对抗这一公共意旨(其实就是多数人的意志)。

第二,有关契约的民事规定。《中亚述法典》第二表有些残缺,仅存的12个条文内容涉及买卖、抵押、寄存等契约关系。该法典的第一表和第三表也有些规定是关于买卖、抵押等相关内容的。

有关买卖方面,土地或奴隶的买卖最为常见,极少数是有关牲畜等财产的买卖。该法典第二表第2至3条规定,严禁债权人买卖抵押物。如果债权人违背债务抵押规则,擅自买卖债奴,这一买卖行为将是无效的,应处以刑罚和金钱罚,即应当以实物、金钱或劳役赔偿债务人的损失。根据该表第4条的规定,这一禁止要求同样适用于作为抵押的牲畜。这一牲畜的财产处分权属于抵押人(pledgor)。一旦抵押权人(pledgee)即出卖人将公牛或驴或马或别的牲畜卖给别的当事人,他必须赔偿抵押人的损失,或是返还同样的牲畜或是以银子作赔偿。当然,在这一法律条文规定中并未涉及购买该抵押物的第三方当事人,似乎推定这一购买人是善意第三人(the buyer in good faith)。该表第5、6条有关公牛、驴、马等赃物买卖规定也印证了法律保护购买人的财产权利,强调由出卖人承担补偿责任,退回失主财物,补偿第三方的损失。

有关借贷方面,第二表第2至4、7、8条均是隐含着某种出借或借贷行为,或者准确地说,正是有了一个出借或借贷主行为的存在,才有抵押及买卖等从行为的发生。这是与古亚述的民事习惯一脉相承的。从第二表第7条的残缺字样中仍能得出一个明确无误的事实,就是欠债应支付加倍利息。所以,抵押成为双方履行契约的最常见担保形式。该表第8条规定,抵押期限到期,一旦主债务履行,则解除对债务人妻儿的人身羁押或奴役,但如果主债务未履行,或未如数交付身价,则债权人有权获得和取走该抵押品。此外,根据第三表第44条规定,债权人有权奴役作为抵押的人,使之成为奴隶。不过,该法典并未具体规定债权人是否可以变卖这些抵押物,折价获得赔偿,实现其债权。但既然这些财产的所有权已经归属债权人,那么就意味着债权人应当是享有完全的所有权。

有关寄存方面,该法典第二表第 9 至 12 条对此有着具体的规定。在这些规定中最有价值之处在于,中亚述的法律条文是依据寄存契约中寄存人的主观故意来设定他所应当承担的法律责任,既追究不法行为人的民事赔偿责任,也辅以严厉的刑罚手段,加重法律救济力度。

总之,中亚述的法律是以保护私有财产为其核心的。"在历史上的任何一个时期,只要可能,就必有置任何伦理道德于不顾的残酷的获利行为。"[1]无论是土地还是妻儿还是牲畜,对于亚述自由民而言,均是他的私有财产,法律最大限度地保障他对这一财产的处分权利。尤其是,为了获利或者为了摆脱债务困境,将妻儿抵押为质的做法在古代西亚地区不仅早已出现,而且长久未消亡,数千年来始终是这一地区民事规范最突出和最主要的内容。对此,《中亚述法典》也不曾例外。

第三,有关婚姻家庭的民事规定。《中亚述法典》第三表是围绕妇女所做的规定。与古亚述相比较,中亚述妇女的民事能力极为欠缺。与乌尔第三王朝早期的苏美尔社会以及古巴比伦社会的父权相比较,中亚述的父权几乎是毫无限制的。[2] 整个社会就是一个以父权和夫权为核心的家长制社会,妇女完全屈从于丈夫、父亲或继父,妇女包括子女只是父亲或丈夫眼里"会说话"的财产。妇女不享有自由处分财产的权利能力和行为能力,不具有人身行动自由。一旦违反,将由其丈夫对

---

[1] 〔德〕马克斯·韦伯:《新教伦理与资本主义精神》,丁晓、陈维纲等译,上海三联书店 1987 年版,第 40—41 页。

[2] See I. Mendelsohn, "The Family in the Ancient Near East", *The Biblical Archaeologist*, Vol. 11, No. 2(May,1948), pp. 24-40.

该妇女及同犯处以身体刑。例如,该法典第三表第6条规定,妻子将任何一件东西抵押给别人,那么接受者应负偷窃的责任。譬如,根据该法典第三表第25、26、27条的规定,妇女非但没有家庭财产的处分权利,而且连丈夫给她戴的一切装饰品也是属于丈夫的,丈夫死后这些装饰品属于儿子,未育子的妇女所佩戴的这些装饰品则属于丈夫未分居的兄弟们。仅有的一点限制夫权的地方表现在妇女的嫁妆上,根据该法典第三表第29条的规定,这些嫁妆的所有权不属于她的丈夫,而应属于她的儿子。可悲的是法律仍未直接赋予她自己对这部分财产的所有权。

中亚述是一个非常典型的男性社会,妇女的民事地位还不如古亚述时期那么高。该法典中有少数条款保护妇女仅有的一点权利。如,该法典第三表第12、18、21、50、51、52条规定对无辜受害的妇女给予法律保护,对施加侵权的当事人处以刑罚,并附带一定金钱的赔偿。这一时期,妇女只有在成为寡妇后才或多或少享有一些自主的权利。从当时的泥板文献记载中可以发现,有些寡妇以她已故丈夫的名义与他人订立契约,收养子女或者出租物品或者购买生活所需用品。有时丈夫或父亲为妇女提供担保之后,这些妇女只有在父权或夫权的庇护和监督下才能从事某些交易活动。

在婚姻关系上,《中亚述法典》的规定还反映出当时的婚俗有些凌乱和野蛮。首先,婚姻仍然是两个家庭之间的事情。一般情况下,征得女孩父亲同意是婚姻成立的一个基本前提。哪怕抵押为债奴的女孩,如该法典第三表第48条规定的那样,出嫁也须征得她父亲的同意。另一方面,她的父亲已故,她的兄弟除非将她赎回,否则只得由债权人将她出嫁。该法典第三表第55条甚至规定,被强奸女孩的父亲可以将女儿嫁给强奸她的男人,以示对他的惩处。第三表第56条进而规定,某处女未经父亲同意擅自献身于某男人,父亲可以任意处置自己的女儿。

交付聘金是订婚的重要形式之一，另外还有一种非常特殊的订婚仪式。[1]即根据该法典第三表第42、43条的规定，某人将油倒在某人女儿的头上[2]或者在节日筵席上送来订婚礼物，均不能退回。这一求婚习俗是否也意味着女方父亲的同意并不是男女结婚的必备前提呢？这种男方单方面的强行做法似乎也是缔结婚姻的一种方式，与赫梯王国的劫婚颇为相似，这些或许是残留于法典之中的原始社会遗风所致。

根据该法典第三表第30、31条对聘金的规定，新郎父亲或新郎自己应将结婚聘金交给自己的岳父。如果新娘父亲悔婚的，新郎父亲有权领走该儿媳与自己儿子成婚，并且拿回先前他交付的所有东西（食物除外）。这一规定与苏美尔、古巴比伦和古亚述的法律完全不同，新娘的父亲没有以退还聘金或赔偿金的方式得以自由处置自己女儿的权力。从这些规定还可以发现，中亚述的结婚聘金主要包括黑铅、白银、黄金以及大麦、绵羊以及食物。此外，也有以劳力为聘金的，有一份中亚述文献记载了某人为了与一位女性结婚，在她家已整整做了10年的苦力。这一遗留习俗在希伯来民事规约中也可以找寻得到，如雅各为了娶拉结，在她父亲家连续服侍了14年（《创世记》29:30）。[3]

在结婚问题上，根据该法典第三表第25、26、27、32、33、36条的规定，似乎有相当一部分已婚女子长期居住在自己父亲家中，而且这些已婚妇女还可能育有儿子。这说明有些妇女是长期在父权的监护之下，甚至她丈夫死后，她也可以在父亲的同意下，嫁给她的公公做妾（称为"阿胡吉图"）。20世纪20年代西方学者P. Koschaker据此认为中亚述婚姻家庭关系上，除了夫妻共同生活的一般婚姻类型之外，还有一种

---

[1] See S. Greengus, "Old Babylonian Marriage Ceremonies and Rites", *Journal of Couneiform Studies*, Vol. 20, No. 2(1966), p. 61.

[2] 这是亚述王国的一种订婚仪式。

[3] See M. Stol, "Women in Mesopotamia", *Journal of the Economic and Social History of the Orient*, Vol. 38, No. 2, Women's History(1995), p. 127.

分居两地的婚姻类型,称之为"errebu marriage",即"无家庭的婚姻"。①据中亚述奴孜地区(Nuzi)文献②记载,有些妻子一直居住在自己父母家中,其丈夫时常来探访她,好似"走婚"。这种夫妻长期分处两地究竟是多妻制所致呢,还是家长制家庭使然呢?这一长期住在父亲家里的妻子及其丈夫的身份与权利应当如何确定呢?迄今未有更多文献资料可以佐证,现代学者们对此纷纷提出各自不同的看法。大多数学者认为之所以存在这种婚姻类型,是因为处于夫妻分居状态下的丈夫尚未获得经济独立,或尚未取得家庭中的家长权,故其妻子仍在女方父权的掌控下。另一些学者认为这一婚姻类型的生成与存在,是介于女方家庭收养男子做劳力与男子服劳役娶妻之间的一种方式。③《中亚述法典》对这种特殊婚姻家庭类型中的女子之地位做出了相应的规定,主要是强调这些女性即使没有了丈夫的监护,其地位仍然是从属于自己父亲,她丈夫的儿子甚至是已故丈夫未分居的兄弟们,对她的那些婚姻嫁妆和婚后礼物均由他们来处分。显见,中亚述结婚风俗不仅奇异,而且父权(男权)极为强盛。

该法典第三表第30、43条的规定,还表明中亚述推行娶寡嫂或叔娶嫂(the levirate)的婚姻制度,是一夫多妻制的进一步延伸与拓展。它显然是为了延续夫家香火,保护夫家的家产,无子的寡妇应由公公做主与亡夫的兄弟结婚。这一习俗在后来的希伯来人婚俗中也同样存

---

① See John Van Seters, "Jacob's Marriages and Ancient near East Customs: A Reexamination", *The Harvard Theological Review*, Vol. 62, No. 4(Oct., 1969), pp. 377-378.

② 奴孜位于美索不达米亚北部,靠近今伊拉克城市基尔库克(Kirkuk)。公元前1450年至公元前1350年期间是这一地区历史发展的黄金时期,后臣服于亚述。1926年至1931年,一支美国考古队发掘出了奴孜古城。迄今已出土整理了大约五千余件楔形文字泥板,这些泥板内容极为丰富,包括交换、誓约、收养、遗嘱、法律、财产目录、私人契约等广泛的内容,为研究这一地区的社会经济生活以及考察整个中亚述社会的民事规范提供了珍贵的史料。

③ See John Van Seters, "Jacob's Marriages and Ancient near East Customs: A Reexamination", *The Harvard Theological Review*, Vol. 62, No. 4(Oct., 1969), pp. 378-380.

在,或许两者之间具有一定的历史渊源。① 中亚述婚俗的特别之处还在于,这些法律规定表明当时的社会也允许亡夫的儿子娶这一尚未育子的寡妇,以确保父亲财产不流失。这或许也是造成多妻的原因之一。而且,这些婚俗的遵行似乎也不要求事先征得寡妇父亲或寡妇本人的同意。在这一点上,中亚述的人伦秩序似乎不甚讲究。从本质上说,妇女在当时的社会里只是一个能生育子孙的工具,男子可以随意地处置她,得到她。整个社会谈不上对妇女的真正尊重,婚俗是这样的,法律也是这样的。

中亚述人也有重视象征性仪式的婚俗。例如,一个男人要想与妾正式结婚,根据该法典第三表第 41 条的规定,他应当叫自己的数位朋友到场,当着众人的面将面罩遮盖她,并宣布她是自己的妻子。这一婚姻就是法律所认可的有效婚姻。若是没有证人或誓词,则即使用面纱盖住她,她也仍是妾而非妻子,即婚姻并未缔结。

《中亚述法典》并不禁止再嫁。根据该法典第三表第 36 条规定,外出经商超过五年的,妻子可以在第六年再嫁他人(但如果丈夫是为了国王而外出,她即使再嫁再育也是无效的,仍需携子回到第一个丈夫家中)。该法典第三表第 28 条规定,寡妇可以携婴儿再嫁。第三表第 33 条甚至规定,一个死了丈夫的妇女既没有公公也没有儿子,那么,她就是寡妇,才可以再嫁。因为不具备了公娶再醮妇、叔娶寡嫂的条件,法律才允许妇女再嫁。第三表第 34 条规定,与寡妇未缔结契约就结婚,则她在他家住了两年之后,这一事实婚姻就是有效婚姻。第三表第 35 条规定,寡妇再嫁后,其所有的财产属于她丈夫。第三表第 45 条规定,丈夫出征打战被俘的,守节两年之后,她作为事实上的寡妇可以再嫁。

---

① See I. Mendelsohn, "The Family in the Ancient Near East", *The Biblical Archaeologist*, Vol. 11, No. 2(May, 1948), pp. 24-25.

但一旦原丈夫回来,则第二次婚姻就无效,她不得不独自回到第一个丈夫身边。此外,中亚述再嫁的寡妇并不能从已故丈夫那里继承到任何财产。①

在离婚问题上,中亚述男人也是相当随意的,掌握着离婚的主动权。中亚述法律与古巴比伦法律相仿,对妇女谈不上有何保护,且妇女主动提出离婚也将受到严厉的处罚。② 根据该法典第三表第37、38条规定,男子有权遗弃妻子,甚至无须任何补偿。根据该表第38条的规定,居住在自己父亲家里的女人也可能被丈夫遗弃。遗弃她的丈夫还可以取回曾为她戴上的装饰品。根据第三表第24条的规定,一旦某人妻子逃离自己的丈夫留宿别人家中,该妇女的丈夫在割去自己妻子衣服的任何部分以后可以把她带走,而留宿他妻子的人家也将受到惩罚。由此可以推知,妇女并不具备提出离婚的资格。据第三表第36、45条的规定,只有丈夫离开公社居住地或为敌俘虏,妇女在规定的守节期满后,才有望解除这一婚姻关系并获得再婚的权利。在整个第三表中也看不到丈夫究竟是出于何种原因而擅自遗弃或离弃妻子的法律规定,这一点与《汉穆拉比法典》的规定有着很大的差距。在《汉穆拉比法典》中很明确地列举了丈夫离弃妻子的原因和应当承担的赔偿费用。这些规则在中亚述人的婚姻解除问题上均不在考虑之列。在离婚问题上,中亚述与古亚述相比较其文明程度有很大的倒退。

在家庭关系上,首先就赡养方面而言,根据该法典第三表第33、46条规定,妇女在丈夫死后有权得到丈夫之子的赡养。即使自己未育儿子,丈夫的其他儿子也应赡养她。即使丈夫未写下字据给她任何东西,

---

① See I. Mendelsohn, "The Family in the Ancient Near East", *The Biblical Archaeologist*, Vol. 11, No. 2(May, 1948), p. 35.

② See M. Stol, "Women in Mesopotamia", *Journal of the Economic and Social History of the Orient*, Vol. 38, No. 2, Women's History(1995), p. 131.

其夫之子也应赡养她。其次,收养方面,根据第三表第28条的规定,收养他人之子必须制作契约书板;否则即便是随母亲再嫁进入某人家里,婴儿长大成人了,法律也不承认这一抚养关系。该婴儿在抚养他的人家里得不到继承的份地,也不对债务负责。他仍属于生父家中的一员,在自己父亲的家里分得到自己应得的份地。

《中亚述法典》中所规定的收养是完全近似于现代意义的收养。除此之外,中国学者吴宇虹、霍文勇对中亚述奴孜地区(Nuzi)原始收养文件的新近研究成果表明,中亚述不仅存在真正意义上的收养,而且在一些地区还流行与土地所有权有着直接联系的特别收养。

这些特殊的收养继受了古亚述的收养传统,为了劳动力或其他的经济利益驱动而进行收养体现了赤裸裸的金钱关系。这些收养是针对成年人或奴隶而发生的,主要有三种类型:即赠送土地所有权的收养、购买土地所有权的收养、涉及兵役份地条款的收养。这其中又包括对男子和对女子的收养,关于对后者进行收养的文献数量不多。[①] 这三种收养类型主要针对男子的收养而言的,是比较常见的。

所谓"赠送土地所有权的收养",是指收养人先行给被收养者自己的土地或房屋等不动产,然后根据收养人今后是否有亲生的儿子而决定被收养者对收养人的不动产最终继承份额。为此,双方须订立收养契约泥板书,各自须履行一定的义务。就收养人而言,不得再收养别人;就被收养者而言,在享有土地所有权之际,必须尽赡养收养人并为其体面地送终等义务。收养契约中还规定了对违约方进行的处罚。由于被收养者享有权利和承担义务类似于现代收养制度,故被称为"真正的收养"(real adoption)。

---

① 参见霍文勇、吴宇虹:"古代亚述奴孜地区土地所有权和收养问题研究",《历史教学》2005年第11期。

所谓"购买土地所有权的收养",又称"虚构的收养"(fictive adoption)或"假收养"(false adoption),由不动产所有者与金属货币、实物所有者之间发生交换而订立的收养契约。这是规避当时法律的产物,也是商业运作的成果。根据当时法令规定,公有土地、房屋等不动产不得出售、转让给本族之外的人。公有土地的所有者需要通过播种、投资以提高其土地的产量,必须出售或转让土地换取资金与实物时,与社会上拥有金属货币和实物却缺少土地、房屋等不动产的所有者达成共识,以收养方式进行合理交换。这一收养关系中,被收养者无须承担任何义务,也无须入住收养人的家里。为了确保转让土地所有权的稳固,将来如果有人主张出售该土地的所有权,由收养人负责解决争端,被收养人享有优先受让该土地所有权的权利。

所谓"涉及兵役份地条款的收养",即由于供奉地的获取必须以服兵役为前提,这一份地根据法律是不能转让或出卖给没有服役的人,所以一个需要土地的人为了获得土地,只能通过取得服役义务的方式来获得名分,故采取购买被收养权获得兵役份地。

显见,后两种收养都是追逐金钱和私益的结果,也是当时人们在"法律允许的范围内,借'收养'之名,行获得土地所有权之实,不同情况下形成了不同的对策和规则"[①]。

另外,奴孜文献中还有一种结婚与收养相结合的收养形式,即如同"入赘"的一般规则,收养虽不是结婚的主要目的,但收养人将自己的女儿许给被收养人,养子附带地成为了收养人的女婿,既确保自己家族姓氏得以延续,又保障年老时能得到养子的照顾。而在女方家庭中养子作为女婿既无财产权也无家长权,只有为丈人养老送终后才能继承丈

---

① 霍文勇、吴宇虹:"古代亚述奴孜地区土地所有权和收养问题研究",《历史教学》2005年第11期。

人即收养人的钱财和遗产。如果养子离开女方家庭,他将一无所有。这种以收养为主结婚为辅的家庭婚姻类型中,有四个突出特征:一是不存在聘金;二是没有嫁妆;三是女方不离开父亲家;四是聘金和嫁妆最终以男方继承遗产的方式得以实现。①

而对女子的收养有三种情况:一是收养地位低的别人家的女儿,给她一个比较高的身份,如"亚述妇女"的身份;二是被收养人是富有且有地位的女子,并购买了收养人的土地;三是父亲在无子时收养亲生女儿为儿子,赋予其继承权利。这些收养也是基于经济利益而生成的人身关系,与现代的收养制度还是有一定的差距。

在继承关系上,《中亚述法典》的规定与其他楔形文字法大体相类似,并无多大建树。首先就继承人而言,主要是死者的合法儿子(即婚生子),无嗣则也可能是未分家的兄弟。该法典第三表第41条的规定还说明,没有合法的儿子时,妾所生的儿子可以作为合法的儿子而继承父亲家产。该法典第一表第2、3条甚至规定,犯有杀人或叛逆的人,其财产的继承份额可以归死者家主或由国王予以没收。这表明在特殊情况下,这些无血缘关系的第三方均有可能成为继承人。

其次,就继承的财产而言,主要是父亲的家产和母亲的有限财产。在该法典第一表第1条规定,兄弟析分家产时,长兄享有优先获得双份继承份额,幼子分得田地及劳动产物等,其余的由诸兄弟拈阄取得。这一析分家产和继承原则是沿袭了古亚述的继承规则。但拈阄方式却是古亚述不曾出现的,是一种随机性很大的形式,无任何公平与否可言。或许这一程式是与该法典处处体现的神明裁判方式一脉相承的。根据该法典第三表第29条的规定,这些儿子们不仅能继承父亲的财产,也

---

① See John Van Seters, "Jacob's Marriages and Ancient near East Customs: A Reexamination", *The Harvard Theological Review*, Vol. 62, No. 4(Oct., 1969), pp. 383-388.

能继承母亲的嫁妆和"一切她从自己父亲家中带来的或她的公公在她进家时给她的东西"①。

最后,就继承的方式而言,在原来古巴比伦和古亚述习俗的基础上,中亚述已出现了类似于古罗马的间接遗赠(legatum per damnationem)。女儿或妻子可以通过这种形式从父亲或丈夫那里先行获得财产。作为女儿往往得到的是土地、家具、日常器皿和奴隶作为嫁妆或婚姻礼物。妇女虽不能继承丈夫的财产,但可以从他那里得到一部分财产,享有使用权。当然她死后,这些财产极有可能属于她的最年长的儿子,以便确保男性家庭财产的完整,不旁落他人。

三、新亚述的民事规范

当公元前 10 世纪接近尾声时,这个位于底格里斯河岸边的王国再一次活跃起来,以鲜血和贡品铸造了一个不可一世的亚述帝国(Neo-Assyrian Emprie,约公元前 950 年—公元前 612 年)。有人说,亚述人对人类最大的贡献就是战争的艺术。的确如此,亚述的政治、经济、文化都带有浓厚的军事色彩。亚述人为什么喜好穷兵黩武呢?关于这点,美国学者伯恩斯认为:"亚述人是一支出色的武士民族,这不是因为他们在种族上不同于所有其他的闪族人,而是由于他们自己的环境有特殊条件。他们的国土资源有限,又经常受到周围敌对民族的威胁,这就养成了他们对土地贪得无厌。他们征服越多,就越感到征服之必须,才能保住其已经获得的一切。每一次成功都刺激着野心,使黩武主义的链条拴得更牢。"②

---

① 法学教材编辑部、《外国法制史》编写组:《外国法制史资料选编》(上册),北京大学出版社 1982 年版,第 63 页。
② 陈晓红、毛锐:《失落的文明:巴比伦》,华东师范大学出版社 2001 年版,第 41 页。

亚述人称霸的这一时期比古代西亚历史上任何时代更有特殊性，新亚述的法律也因此更具异质特点。"亚述法律，可以说就是军法"①。同时，"亚述法律之严厉，举世皆知。……亚述天判亦颇甚行……"②但迄今未曾发掘出土新亚述的任何法律典籍。现已出土的一些文书碎片多有民事活动的记载，却从未见到同一时期颁行的法典，在这一时期的图书馆中可以找寻到属于美索不达米亚文明的早期法典的重抄泥板，特别是《汉穆拉比法典》的复制本，还有《中亚述法典》的泥板副本，这表明新亚述的民事规范主要是承袭旧制。在当时，可能有多种法律文化共存于同一社会，对同一问题，也可能会有多种法律规范或习惯规则同时存在。古巴比伦、古亚述和中亚述的诸多民事规范传统因此也得以延续，并在施行中有所减损。

（一）新亚述的民事文献与社会构成

这一亚述帝国版图内所有的人均是亚述人（mar Aššur、aššurayu），无论是原出生于亚述境内的，还是新近被武力征服的当地居民，均负有相同的义务，为亚述王效劳，以换取他的法律庇护。虽然亚述人自己也区分为"更伟大的人"（greater ones）和"更卑微的人"（lessor ones），但与此前西亚社会成员等级森严的划定相比，新亚述帝国内并无"阿维鲁"、"穆什根奴"之分。③ 官僚机构的长官或一家之主等享有着受供养的待遇，拥有自己的土地，具有独立且较高的社会地位，能够获得更多权利和待遇，故他们多半就是"更伟大的人"，他们又

---

① 〔美〕威尔·杜兰：《东方的遗产》，幼狮文化公司译，东方出版社2003年版，第196页。
② 同上书，第197页。
③ See Raymond Westbrook (ed.), *A History of Ancient Near Eastern Law*, Vol. 2, Koninklijke Brill NV, Leiden, The Netherlands, 2003, pp. 892-893.

多是男性。① 而流离失所,为生存而依附于土地,不得不自己耕作或佃耕并缴纳税赋的人,就是"更卑微的人",可见,贫富差距仍是确认一个人社会地位和享有权利的基本尺度。

在这一简单的社会构成中,自由出生的人有可能出于背负债务而沦为债奴,也有可能仅因遭遇一家之主的变卖而沦为奴隶。如果有人愿意出资为他清偿债务,债务奴隶有望赎回自由。奴隶仍旧被视为家庭财产的组成部分,但此时的家养奴隶已经开始具备相对的民事权利能力和民事行为能力,在家长权允许的范围内,可以像其他家庭成员那样拥有些许地位,但就整个家庭而言,包括奴隶在内所有的家庭成员均是一家之长"更伟大的人"的私人财产。自然,他们的民事主体资格是非常不确定的。

如前所述,迄今未发掘到这一时期颁行的法典,现已出土的新亚述民事文献主要是大量的民事法律文书、敕令、以书信形式记录的文件以及民众的私人信件。民事法律文书有两千多份,多是加盖印章、写明日期、签署证人名字的法律样式,此举是为了确保这些文书的法律效力。其中,最早的一份可以追溯到公元前9世纪末,但其余的文书均是公元前7世纪左右制作的。敕令则多是有关土地的赏赐以及税赋的豁免,主要是公元前7世纪末期亚述君王给予高官们和各地神庙的一种恩赐。信函除了传递与王国国防有关的信息之外,也或多或少地隐含了一些民事习俗和规范。上述这些民事文献为后世展现了新亚述的社会全景及民事规范的基本概貌。

(二) 新亚述的民事规范

由于这一时期民事文献匮乏,在此仅从财产所有权、契约之债以及

---

① 新亚述社会还有一种特殊的男人,即阉人(eunuchs),一般身居要职,其社会地位和民事主体资格与"更伟大的人"相仿。

婚姻家庭三个主要领域做一个较为简洁的介绍。

土地所有权方面——

虽然这一时期亚述王国的版图有了很大的变化,但土地所有权仍然延续着中亚述的土地制度,分为个人私有土地、共同所有土地以及国有土地三种所有制常态。荒地、大片罚没的土地以及新近征战占领的土地均属于国有土地,其余的基本上为私有地产。这些奴隶主地产中有一种特别的供奉土地,是因土地所有人担当一定的职位而取得的,这种土地负有贡赋义务,一定比例的收成必须缴纳给国家,余下的收成作为田主的职位薪水。当时的神庙也拥有土地,是信徒敬奉给神灵的,多出于私人或国王的捐赠。这些土地,均属于禁止流通物,禁止买卖转让。但它们可以出租,佃户与田主之间形成的租佃关系就类似于债权债务关系,也近似于土地抵押关系。这种土地所有权分离之际,双方就土地占有、使用、收益达成一致,必须有一个权利义务维系的时间约定。这一土地租佃关系一般存续时间长则 30 年,短则 6 年(3 年休耕,3 年耕种)。一旦到期,该土地将被田主收回,用以设定新的出租或抵押关系。①

契约之债方面——

这一时期民事法律文书主要有两大类:一类是财产转让证书(conveyance document),另一类是契约文据(obligation document)。前者是转移不动产所有权或有财产因素的人身关系,诸如出售、交换、土地出租、收养、结婚、神庙献祭以及遗产分割等。后者是由双方当事人彼此达成协议,对设定的义务所做出的记录,例如,金钱、谷物以及牲畜的借贷,甚至还有各种各样的债务关系,如运送、劳作等完成工作的契约

---

① See Raymond Westbrook (ed.), *A History of Ancient Near Eastern Law*, Vol. 2, Koninklijke Brill NV, Leiden, The Netherlands, 2003, pp. 898-899.

之债。

　　因买卖而发生财产转让的情况最多见。这一时期亚述人易货活动并不多,有极少的事例,如土地与土地的交换、人与人的交换以及三个奴隶交换一匹马之类的。相反的,出售活动很活跃,可供买卖的多为田园、房屋、建筑通道、花园、果园,有时还包括整个村庄,均可成为这一时期买卖的对象。这类买卖文书通常要求加盖各方当事人(包括在场的各种证人)的印章,甚至还必须加盖公断人的公章方才有效。一般情况下,这类买卖均是现金交易,当场结清两讫。购买人支付的可以是金属货币,当时主要流通货币是铜,有时也可以是青铜,后来也可以是白银,日常用品也可以作为支付手段。这些买卖文契均是保护购买人利益的,有些条款具体约定了:倘若出售人或他的合法代理人或者继承人向购买人提起索回该已售物品,则出售人应当负赔偿责任。①

　　契约文据,一般载有利率、日期以及支付义务等内容。大多数契据均很抽象地确定一个应当偿付的数目,从不涉及具体实物。这些契据也往往不重视它的制作事由,对此几乎不予说明,但大致可以推断,契据所载的支付价款多是源自借贷的利息、加征的税费等,有时可能是出于神庙的供奉、因履行完成契约或运输契约而应支付的费用。其中,最常见于这类契据中的是利率。它一般有一个既定的标准,为25%左右。甚至有些契据表明可以是无息的,但也有极个别契据是高利贷契据,如要求双倍偿付等。日期,也是这类契据中较为常见的款项。谷物之债的履行日期一般拟定在庄稼收获之际履行完毕。倘若债务人未按照已载明的日期清偿债务,将被科以加倍支付原价款或适用较高利率计算应偿付的价款总数。也有些契据约定,债务人随时应债权人的要求偿

---

　　① See Raymond Westbrook (ed.), *A History of Ancient Near Eastern Law*, Vol. 2, Koninklijke Brill NV, Leiden, The Netherlands, 2003, pp. 901-902.

付债务,这就意味着契据上毋需注明债务的具体履行时间。反过来说,或许未载明债务履行日期的契据就意味着债务人应承担这类支付义务。①

婚姻家庭继承方面——

新亚述时期,婚姻仍然是买卖婚。订婚也是由新娘父亲和新郎之间进行的,无须订立书面形式,口头约定似乎更加普遍而有效。嫁妆和结婚财物多以现金、土地及奴隶的方式一次性支付。②

一般情况下,每一位新娘在婚礼上均可收到一份父亲给予的嫁妆,可以是金钱、家具以及家庭器皿之类的物品。新郎为此需要偿付一笔相当于新娘身价的钱款给岳父。③ 这一习俗也出现于希伯来和古希腊的婚俗之中,并演变为婚姻担保。妇女只是这场结婚买卖交易中的客体,婚后,她作为一个家庭得力助手,成为她丈夫的劳动生产工具,甚至在她丈夫举债时被抵押给债权人或出卖给他人;即使他死后,妻子也必须继续履行丈夫遗留下来的债务。

因此,新亚述的婚约文献中往往有一个特别条款,旨在保护妇女免受其丈夫民事活动或经商风险之牵累,在其丈夫生前约定,免除妻子为他继续清偿债务的义务。但这一条款的订立及适用普及程度等具体事宜尚不得而知,有待于今后出土更多文献进行印证。或许只有地位较高的妇女才可以与她的丈夫订立这类契约条款,同意免去她为其丈夫清偿债务的义务。

新亚述仍然实行一夫多妻制,允许男人有两个合法妻子。至于这

---

① See Raymond Westbrook (ed.), *A History of Ancient Near Eastern Law*, Vol. 2, Koninklijke Brill NV, Leiden, The Netherlands, 2003, p. 903.

② See John Van Seters, "Jacob's Marriages and Ancient near East Customs: A Reexamination", *The Harvard Theological Review*, Vol. 62, No. 4 (Oct., 1969), pp. 393-394.

③ See Raymond Westbrook (ed.), *A History of Ancient Near Eastern Law*, Vol. 2, Koninklijke Brill NV, Leiden, The Netherlands, 2003, p. 895.

些妻子们的家庭地位、彼此关系等问题尚无文献可供查考,有可能仍适用古亚述、中亚述的婚姻规范。帝国中,亚述王室成员甚至可以拥有三个合法妻子。为此,有些地位比较高的妇女也往往通过婚姻契约设定一个专门条款明确约定,她的丈夫不能再娶另一个妻子。因此,一夫一妻的家庭在新亚述亦不少见。

离婚,新亚述夫妻任何一方均可以提出,其理由似乎就是"恨"。有文献记载,新亚述的一位妇人因为恨她丈夫而提出离婚,解除婚姻的代价就是她放弃嫁妆。如果丈夫因同样的理由离弃她,则应当双倍返还嫁妆。新亚述的妇女似乎享有离婚的更多自主权利。

古代西亚地区婚姻缔结的另一个重要原因就是生养后代,延续香火,在新亚述也是如此。多妻就是为了多子。因此,无子家庭一般通过收养小男孩来传承家族血脉。故多以收养男孩为主,被收养人即成为收养人的继承人,但也有收养女孩的事例,其原因不甚明了。所有的收养均是有偿的收养,收养人为此要支付一笔不菲的费用。此外,为增加劳动力或养儿防老而进行经济收养、收养成年人等情形似乎已不多见。

新亚述家庭成员的财产继承一般是需要经过法定程序的,由官员来裁处定夺继承份额和继承方案。死者也可以于生前拟定遗产分配方案。所有儿子们(包括收养的弃儿在内)均可以继承父亲的财产,这些财产包括奴隶、钱财以及死者生前的债务。妇女也有可能收到她的父亲或丈夫遗赠的财物。

总之,新亚述民事文献中所记载的习俗与规则基本上是沿袭了古亚述、中亚述的民事规范,没有实质性的进展。

四、小结:亚述民事习惯法的特点

因受考古文献所限,对亚述王国法律的具体运作分析研究是比较困难的,因为迄今尚未找寻到当时的成文法典,因此整个亚述王国民事规范的成文法渊源无从谈起。只得借助于亚述人的往来文献来梳理其所蕴涵的民事规则,并将其纳入为"民事习惯法"范畴。

就此角度考察,不难发现从古亚述到中亚述再到亚述帝国,其民事规范经历了一个演变形成的过程。古亚述的民事规范比较零散,六百余年间,留存下来的只有为数众多的商业贸易往来的法律文契,安纳托利亚居民的卡奈什信件是此时最重要的民事习惯法渊源。在多妻制、收养、子女继承财产乃至契约关系或商事活动中的民事规范,古亚述民事习惯法均与巴比伦民法不尽相同。公元前11世纪,中亚述人作为古代西亚的新主宰者,其法律成就是有限的,《中亚述法典》的民法痕迹略显粗糙,有些蜕变。该法典共分为三表,仍以民事关系的调整为主,契合了当时社会发展的需要。然而,到了新亚述时期,迄今尚未发现任何来自这一时期的法律典籍。即使有少量文书碎片也多是对早期美索不达米亚法律规范的重述。亚述的民法特点是民事规则多元化,民法精神比较模糊,民事习惯法整体水平不均衡、欠发达。

具体而言,几乎与巴比伦人同处一个历史时代,活跃于美索不达米亚北部地区的亚述人,从语言、宗教到文化传统和法律制度均继承了苏美尔文明成果,在此基础上根据其社会政治、经济发展的需要有所创造与发展。[1] 但就总体水平上而言,法律文明完备程度不如巴比伦人,故亚述的民事法整体发展不平衡。亚述民事法的另一个较为突出的特点是民事规范呈现多元化格局。"在任何具体的社会中,所谓社会制度都不仅仅是国家的正式制定的法律,而是由多元的法律构成的,这些多元

---

[1] See E. A. Speiser, "Cuneiform Law and the History of Civilization", *Proceedings of the American Philosophical Society*, Vol. 107, No. 6, Cuneiform Studies and the History of Civilization(Dec. 20, 1963), p.538.

的法律又总是同时混缠于社会微观的同一运行过程中。"①亚述王国的民法嬗变历程客观而有力地证实了这一法律多元的事实。

从亚述王国的历史发展轨迹来看,亚述民事规范的发展水平也不甚充分。古亚述王国民事习惯法比较丰富,民事规则受商业发达的影响,比较文明;中亚述王国民事成文法比较单一;新亚述帝国民事文献比较琐碎,民事规范不甚清晰。因此,亚述的民事法有的内容十分发达、先进,而有的内容则相当滞后、原始,亚述的民事法自身水平也是参差不齐的,不很均衡。

但也须指出的是,亚述民事法的落后仅是相对而言的。与它之前各时期的民事规范相比,《中亚述法典》的确不如《汉穆拉比法典》等其他楔形民事规范那么精湛和完备。但这一切并非意味着亚述法律,特别是它的民事规范一无是处。对于人类社会的基本构成元素,诸如土地、契约以及婚姻家庭等,亚述的民事规范还是以保护私有经济、推动社会发展为主要导向,并提供了强有力的法律调整。

很难想象,一种社会环境,即便是非常悲惨的环境,没有了土地、契约和婚姻家庭等民事权利,没有了一系列的习俗和法律,会是怎样的情形?古亚述王国得益于边际贸易和殖民贸易,其民事习惯法较好地契合了当时人们的生活需要,特别是针对旅居异地的亚述商人及其商业贸易活动,创造性地发扬了苏美尔人的民法精神,形成了有自己特色的民事习惯,通过大量的财产契约规则和婚姻家庭秩序体现出了极大的灵活性,为中亚述的中兴乃至新亚述的扩张奠定了一个坚实的物质基础。古亚述商人们独创的许多商业交易规则颇具现代特色,对此后古代西亚地区的经济发展具有着深远的影响,甚而直到新巴比伦时代,还

---

① 苏力:《法治及其本土资源》(修订版),中国政法大学出版社2004年版,第54页。

有很多后人仍然在恪守着这些革新成果。①

"没有财产权,人类就不会进步,就会滞留在最原始最野蛮的生存状态中。"②中亚述王国依靠强大的武力支配了曾经属于古巴比伦的疆域,为了稳定国家的边疆,拓展亚述的影响力,在维护土地私有权、保护军人利益等方面,从程序到实体,《中亚述法典》均不余遗力地落实私人财产权。在此,也印证了这一个基本的道理——"法律始终是实在法,而它的实在性在于这样的事实,它是为人的行为所创造和废除的,因而是不以道德和类似的规范体系为转移的。"③亚述人的民事法始终就是这样的一种实在法,它不再借以神灵的名义来昭示天下,倡导道德上的公平和正义,而是通过一系列持续性的民商事活动形成了实用性极强的规范或规程,极有力地调整着民众及社会的经济生活,为亚述王国提供了一个较好的制度保障,在一定程度上推动了中亚述的发展。

诚然,经过动荡的战争和蜕变的文明,这些民事规范在新亚述人那里没有获得进一步的发展,甚至还有些衰变,其最主要的原因就是黩武主义,它导致了新亚述人的民事生活不甚活跃,民事规范相对不够发达。

---

① See Klaas R. Veenhof, "'Modern' Features in Old Assyrian Trade", *Journal of the Economic and Social History of the Orient*, Vol. 40, No. 4(1997), pp. 363-364.
② 〔法〕邦雅曼·贡斯当:《古代人的自由与现代人的自由》,阎克文、刘满贯译,冯克利校,上海世纪出版集团、上海人民出版社2003年版,第195页。
③ 〔奥〕凯尔森:《法与国家的一般理论》,沈宗灵译,中国大百科全书出版社1996年版,第129页。

第四章 赫梯民法制度

赫梯人(Hittites)远祖是中亚大草原游牧民族雅利阿(Arya)部落雅利安人(Aryans)的一支,操印欧语①。公元前2000年,从高加索地区南下迁徙到小亚细亚高原上的卡帕多细亚②。这里原本是古亚述商人们的贸易殖民区,早在印欧赫梯人移居到这之前,安纳托利亚(即小亚细亚)的土著民与古亚述人曾有着密切的商贸往来,赫梯人迁入安纳托利亚后,与土著相互混合形成了许多部落,很快学会了用两河流域创造的楔形文字书写,开始了定居生活,从此逐步活跃在这一地区的政治历史舞台上。

公元前1800年之际,赫梯人的势力已伸展至底格里斯及幼发拉底河上游一带,确定了在安纳托利亚和叙利亚的统治地位,在博阿兹柯伊(Boghaz Keui)建立都城,创立了赫梯王国。公元前1595年左右,赫梯王国穆尔什里一世(Mursili Ⅰ)率领远征军队攻陷了著名的巴比伦城,这标志着汉穆拉比统治时期的古巴比伦王朝结束了。摧毁巴比伦后,赫梯军队当即决定不直接对美索不达米亚实行统治,以免过分延伸其联络线。《圣经》(*The Hebrew Bible*)准确地指出,此时的赫梯人把统治扩展"到了大河即幼发拉底河"(《约书亚记》1:4)。③ 但此后赫梯人

---

① 印欧语系包括印度语、波斯语、希腊语、拉丁语及现今拉丁语系、斯拉夫语系和日耳曼语系的各种语言。
② 今土耳其共和国的基其尔—伊尔马克河流域。
③ 〔美〕菲利普·李·拉尔夫、罗伯特·E.勒纳、斯坦迪什·米查姆、爱德华·伯恩斯:《世界文明史》(上卷),赵丰等译,商务印书馆1998年版,第62页。

仍不断扩展疆域,经济上也达到了极盛时期,遂成为两河流域和整个美索不达米亚平原的新霸主。

其间,作为一个落后的游牧民族——赫梯人在先进的文明化程度较高的农业文化的影响下,跳跃式步入文明社会的发展行列。在经济、政治取得巨大成功的同时,赫梯民族也继承和发扬了楔形文字法典的成就,架设起古老东方文明(the oriental culture)传播与西欧爱琴海诸岛文明发展的通道。① 在《赫梯法典》中,从概念、范畴到原则及司法程序等各方面均沿袭了自苏美尔人以来的古代西亚地区各民族的法律文明传统,对古代西亚地区民事规范的制度建设也做出了自己的贡献,推动了古代西亚民法的递进步伐。

一、赫梯的社会经济状况

赫梯文明(公元前1590年—公元前1250年)取得了三个方面的成绩:一是开采铁矿;二是创作巨型石刻雕像;三是制定法典。诚然,赫梯文明远不如苏美尔文明、古巴比伦文明那么闻名遐迩。在美索不达米亚文明已走过近二千年的文明史发展道路之后,赫梯文明的起源和发展才刚刚起步。但它仍有着自己的特色,正如有学者指出的:"赫梯文明是一件百衲衣。"②它在数百年的文明史发展进程中,借鉴了周边及近东其他民族的优秀文化,特别是吸收了美索不达米亚文明,赫梯文明成为对外播撒文明种子的重要途径。

---

① See E. A. Speiser, "Cuneiform Law and the History of Civilization", *Proceedings of the American Philosophical Society*, Vol. 107, No. 6, Cuneiform Studies and the History of Civilization(Dec. 20, 1963), pp. 538-539.

② 李政:"论美索不达米亚文明对赫梯文明的影响",《北京大学学报》(哲学社会科学版)1996年第1期。

从赫梯古王国、中王国到帝国时期①,印欧赫梯人一直从直接和间接两条渠道,大规模地学习和接受美索不达米亚平原的各种文明成就,并融入其中。美索不达米亚文明的成就充分反映在赫梯语言文字、宗教、文学、医学、艺术及经济和法律等诸多领域。譬如,赫梯人创造的《赫梯法典》就是美索不达米亚法系中的又一个新的组成部分。

　　已出土文献表明,赫梯国王具有立法权,颁布了许多诏令。这些诏令大多涉及王族事务或国家事务,其中最为著名的《铁列平诏令》(The Proclamation of Tilipinush),是围绕王位继承问题所颁布的。公元前1465年,赫梯王国的一位公主的配偶铁列平(Telipinu)攫取王位,以血腥手段一举清除所有对手,创立了王位世袭继承法。②《铁列平诏令》所订立的法律,无论是从内容上还是形式上看都具有法律里程碑的意义。

　　例如,在王位继承问题上,该诏令第28条明确规定,让王子,第一等级(妻子)的儿子,即长子成为国王。如果没有第一等级的王子,则让第二等级妻子所生的儿子,即次子成为国王。如果国王没有儿子,他们为第一等级的女儿找一位丈夫,让他成为国王。③ 这是赫梯国王第一次以法律的形式确立了嫡长子王位继承制,为后世历代国王制定了一个制度典范。这一嫡长子制的确立在一定程度上并未排除母系成员与

---

　　① 根据赫梯语言学和文字学研究的成果,结合赫梯历史发展和演变的特点,赫梯史通常分为古王国、中王国和新王国(又称帝国时期)三个阶段。从哈吐什里一世到铁列平统治时期为古王国时期(公元前1650年—公元前1500年);铁列平之后到苏庇鲁流马一世统治前为中王国时期(公元前1500年—公元前1345年);从苏庇鲁流马一世到帝国的灭亡为新王国时期(公元前1345年—公元前1200年前后)。

　　② 〔美〕戴尔·布朗主编:《安纳托利亚——文化繁盛之地》,王淑芳等译,华夏出版社、广西人民出版社2002年版,第60页。

　　③ 在此,"长""次"不是由年龄长幼划分的,而是由王子的母亲的地位决定的。See Raymond Westbrook (ed.), *A History of Ancient Near Eastern Law*, Vol. 2, Koninklijke Brill NV, Leiden, The Netherlands, 2003, p.625. 或者参见易建平:"赫梯王权与法",《世界历史》1997年第3期。

王权的关系,长女之夫仍有可能依据法律继承王位。正是这一诏令的颁布使得铁列平的王位继承合法化了。

在对一般杀人案件的处理上,该诏令也有赔偿金之举。例如,"杀人案件如下处理。无论谁杀了人,都按照被害者继承人的意愿进行处罚。如果他说:'让他死',他就必须死;但是,如果他说:'让他赔偿',他就必须赔偿。不过,此种案子不得(上诉)于国王"①。该诏令还规定,禁止王族成员之间相互仇杀,凡违反者,即使身为国王,也可交由议事会审判;禁止王族成员行巫术,等等。

这些规定无疑是赫梯文明的重要表征之一。《铁列平诏令》的颁行对王室内部的稳定、国家的发展起到了积极的作用。它也告诉后人,赫梯社会是一个以王权为核心的等级社会,同时也仍保留着氏族公社的残骸。尽管整个社会构成状况不甚明了,但是从此后施行的《赫梯法典》可以推知,当时社会大致由自由人、奴隶以及其他一些中间阶层的人组成。在赫梯,自由民多是那些居住地的居民,是赫梯公社成员。自由人、奴隶的指称是非常宽泛的,他们的地位往往是相对而言的。

譬如,国王哈吐什里三世(Hattušili Ⅲ,约公元前1282年至公元前1250年在位)宣称自己是风暴之神的世间代言人,军官们均是他的仆人和奴隶。因为效忠和服役而战士们获得了国王分封的土地、家畜以及其他劳动工具等财产,是自由人中的一份子,被视为赫梯公社成员,可以免役,即不必担负"鲁采"(*ilku*),不必履行"萨舍",前者为公共服役,后者为军事义务,二者均和土地有关;僧侣及他们的家庭成员也是豁免赋役的,是完全的自由人。此外,从事与祭祀崇拜有关职业的人,如某些织工,既是神庙手工业者,也是领地的持有者,这些人以及他们的家庭成员也是免役的,是另一种自由人。但继承上述这些自由人的

---

① 易建平:"赫梯王权与法",《世界历史》1997年第3期。

财产份额的人以及他的亲属则应当担负"鲁采"和"萨含"两种重要义务。这些继承人是国王建造陵墓、发动战争的主要参加者。

赫梯社会中,有些自由民受到家族的影响或者其他原因而以经商为职业,成为了商人。"商人"一词在赫梯楔形文字中表达为"*LÚ. MEŠ DAM. GÀR*",其本意为"来来去去,辗转各地的人"①。从事这种职业的人早在赫梯古王国时期就已经出现了,他们所恪守的商业活动规则可以一直追溯到古亚述商人在安纳托利亚地区进行殖民商业贸易时形成的一系列民事习惯法。这些商人大量地出现在赫梯史诗叙事中,在赫梯民众生活中扮演着非常重要的角色。至哈吐什里三世时期,商人在叙利亚(Syria)北部地区从事贸易活动,获利颇丰。根据乌伽里特(Ugarit)②出土的文献记载,这一时期该城一到夏季就有许多来自赫梯乌拉城(Ura)的商人,专门从事边际贸易,也称之为"塔木卡"(*tamkârûtum/tamkâru*)。当时的赫梯国王颁发一个法令要求:冬季来临时,这些商人必须离开乌伽里特城回到他们自己的土地上,同时不得在乌伽里特城购置不动产(因为这些不动产是属于乌伽里特王室的);反之,乌伽里特国王也不得阻止这些商人在此地购买奴隶及其妻儿或者拥有债奴。显见,这些商人是受制于赫梯王权的,是官商,而非完全意义的私商。他们把持和垄断着当时的边际贸易活动,其社会地位尚处于中间层面。③

又如,赫梯时期奴隶的社会地位是有所变化的,相对于古代西亚地区奴隶作为奴隶主财产而言,这时的奴隶有了些许权利主体的资格。这些奴隶身份上仍是动产奴隶,是家养奴隶,但当时的法律已允许这些

---

① See Harry A. Hoffner, Jr., "A Hittite Text in Epic Style About Merchants", *Journal of Cuneiform Studies*, Vol. 22, No. 2(1968), pp. 34-45.

② 古叙利亚城邦,今名 Ras Shamra。

③ See Cyrus H. Gordon, "Abraham and the Merchants of Ura", *Journal of Near Eastern Studies*, Vol. 17, No. 1 (Jan., 1958), pp. 28-29.

家庭奴隶,特别是男性奴隶拥有自己的房屋等财产,且能行使有限的行为能力,诸如为自己心仪的女人交付聘礼,娶她为妻,任何人不得出卖她。这些奴隶也能为自己的不法行为支付赔偿金或赎金,具备有限的责任能力。这些法律规定均说明,赫梯社会的奴隶主要是"出卖劳动"的奴隶,有可能他们的身份已跃居"半自由"(semi-free)状态,摆脱了"会说话的"单一客体境遇,而以建筑工头、宝库的管家、牧羊人等劳动力身份,应担负"鲁采"(即公共服役)义务。

其他一些中间阶层的人可能主要是战争的俘虏,也有可能是被放逐的异邦人,他们并非奴隶,身份与地位也甚是模糊,难以确定。由于他们掌握着特殊技艺,能为赫梯社会统治者们提供各种各样的公共劳作,赫梯国王一般安排他们在军队服役或者在神庙劳动,诸如维修建筑或道路等,甚至让他们从事农业耕作,如在田地和葡萄园中劳作。这些手艺人是附属于这些土地等财产上的,一般不能自行处分这些财产。但有时他们有可能接替失踪的公社社员,被国王任命继受他们的田地和武器,履行"萨含"(即军事服役)义务,成为战士,是国王服役的主要力量,建造神殿和驻守要塞。显见,这些中间阶层身份的人也是处于半自由状态,但他们的地位并不值得羡慕,因为他们多半是被劫持或诱拐的对象,也往往被国王作为赠与土地的附送品,甚至可以被转卖到异乡。

简言之,赫梯社会中上述这些自由人、奴隶和手艺人等,彼此身份并非一成不变。其原因也可能是出于经济境况的变化,自由人很可能沦落为半自由人。譬如,一个自由的妇女嫁给一个半自由的男人,她就随夫变成了半自由人。当然,一个自由青年为半自由人收养,成为他的女婿,如果没有法律的保障,也有可能会失去他的自由身份。

今天的史学家根据哈土什(Hattushash)出土的数千篇法律文本和所有权证书勾勒出赫梯的社会结构,与此前数千年的古代西亚地区社会并没什么两样。在赫梯王国,生活在首都哈吐斯(Hattusa,后称哈吐沙,今波加斯科)附近的大部分人都住在城墙外。大部分自由人即公社社员依靠土地,以饲养牲畜和种植大麦及二粒小麦等食物为生,种植葡萄园,发展农业,建立市场。自由民兼农夫(奴隶或那些半自由的人)因劳作而获得一定的财产。当然,赫梯楔形文字契约泥板书也仍是当时耕作生产用地的一个重要凭证。因此,建立在这样的社会结构和经济生活中的《赫梯法典》也是刑民混合的,其中,民事规范占了绝大部分,整个法律制度具有浓重的庶民色彩,详尽地规范了民众日常生活的各个方面,体现了法律制度的相对仁慈。赫梯民事法律整套原则的显著精神就是公道。

二、《赫梯法典》的民法制度

约公元前1650年至公元前1500年期间,赫梯王国编纂了《赫梯法典》,一直施行至公元前12世纪左右。现保存的法典记载在从哈土什赫梯王档案库发掘出的泥板文书上。法律全文基本完整,整部法典由三表组成,共241条。第一表为《"假如某人",太阳我父的书板》[①],有100条条文;第二表为《"假如葡萄藤"》[②],也有100条条文;第三表为公元前13世纪对第一表的改编,有41条。

与《汉穆拉比法典》、《中亚述法典》一样,该法典也是现今保存较为完整的楔形文字法的典型代表之一。较其他两部法典不同的是,它避开残酷的刑罚,更强调金钱补偿而非刑事惩罚,这使得它有别于同一时代的其他法典(如东方同时期的中国法、印度法等)。有学者因此认为

---

① 原文的标题。
② 同上。

《赫梯法典》是唯一一部"重民轻刑"的法典。因为它虽以刑事规范开篇,并规定了杀人、伤害、盗窃、放火、破坏判决、污染水源等多种罪名,但是除了对少数性质严重的犯罪规定了刑罚之外,一般犯罪,多采用民事赔偿、补偿的方式加以处理。① 法典中属于私法范畴的条文很多,许多条文包含着"karu"(从前)怎样怎样,"kinum"(现在)又怎样怎样这一对比规定,这些类比表明法典分为"习惯法"和"成文法"两个部分的倾向,涉及大量的民事行为与民事关系,在维护民众权利和世俗利益、确立婚姻家庭人伦方面均很有特色。

第一,在维护民众权利和世俗利益方面既直接又彻底。《赫梯法典》未像《汉穆拉比法典》那样讲述君权神授的序言,没有对神的超凡地位给予特别的描述。该法典中只有两处提及神,也是为了凡人的利益。一处是该法典第 75 条规定:"假如任何人驾驶牛、马、骡或驴,而它倒毙,或狼吃尽它,或它失踪,则他的驾驶者应交付全数;而假如他说:'它由于神而死',则应发誓。"② 这意味着行为人经对神发誓后,可以减轻过错赔偿责任。另一处是该法典第 169 条规定:"假如任何人购买田地,而因此破坏田界,则他应取面粉奉献给太阳神,并说:'你把我的树种在田地上!'他这样说,太阳神和暴风雨神就不会发怒。"这显然是以物品祭神的方式解决田地买卖纠纷,相对于以刑罚解决买卖争端要和缓得多,有利于保护民众实实在在的利益。

国王专制的霸气在这一法典中也不似《汉穆拉比法典》那样强盛,在维护国王权威、保护国王安全方面往往规定以民事处罚来替代刑事惩罚。例如,该法典第 126 条规定:"假如任何人在宫廷大门盗取军旗,

---

① 参见《世界著名法典汉译丛书》编委会:《赫梯法典》,法律出版社 2000 年版,第 3-4 页。
② 《世界著名法典汉译丛书》编委会:《赫梯法典》,法律出版社 2000 年版,第 75 页。本书中有关《赫梯法典》的法律条文均引自该书,以下不再另加注。

则他应交出六玻鲁舍客勒银子。"又如,该法典173条规定:"假如任何人破坏国王法庭的判决,则他的房屋应予毁坏。"这些处罚方式较以往的身体刑要轻缓一些,在一定程度上保障了民众的权益。

在追究刑事犯罪时,也更强调民事担保与补偿。该法典第一表的大多数条文均能充分说明这一倾向。例如,该法典第1至2条规定表明,如果一个人犯了谋杀罪,法律规定杀人者须向受害者家属做出补偿,以数个奴隶偿还。又如,该法典第5条对商人被杀规定:"假如任何人杀死哈吐什的商人,则他应交付一又二分之一明那银子,并用自己的房屋担保。"这一规定既表明刑事行为以罚金钱的方式代替了罚奴隶的方式,同时也是该法典首次针对死者的商人身份,对其人身权利做出特别的规定,强调对其侵权所承担的责任方式是直接与死者的经商身份有关的。① 再如,该法典第98条规定:"假如自由民放火焚烧房屋,则他应再建房屋,而对消失在房屋中的人们、大的或小的有角的牲畜,则亦不能不赔偿他们。"第97条进一步规定,地位低下自由民的奴隶犯了盗窃罪也被给予相当的法律权利,可以用金钱或谷物作为赔偿,而非以剥夺生命或身体罚为代价。《赫梯法典》在维护民众利益方面规定以民事赔偿替代刑事处罚时,大多附带要求"用自己的房屋担保"②,这种担保要求可谓是对古代西亚地区誓约担保的一种重要发展,法律的强制力与拘束力不是简单地求诸于神灵的保佑或者国王权力的强制,而是源自自由民财产权利的连带保证。

总的来说,《赫梯法典》对国王和神的规定还是比较少的,相反,对私有财产的规定却是非常详细。法典第一表对半自由人的归属权、逃

---

① See Harry A. Hoffner, Jr., "A Hittite Text in Epic Style About Merchants", *Journal of Cuneiform Studies*, Vol. 22, No. 2(1968), pp. 36-37.

② 《赫梯法典》第一表的法律条文共计100条,其中有37条法律条文设定了"用自己的房屋担保"辅助责任形式,其量之多是其他楔形文字法典所无法比拟的,笔者认为这些法律条文由此增强了它们的可行性,对当事人权利义务的保障更为直接与彻底。

亡奴隶的处理、环境卫生、婚姻程序、土地占有权和各项义务的履行等均有着明确的规范。第二表直接以"葡萄藤"命名,这一表完全是关于葡萄藤、葡萄园、苹果树、树苗等的规定。对牲畜的规定也是法典内容上的一大特色,它的规定不仅保护牲畜主人的所有权,要求租赁牲畜必须支付金钱,而且还规定不得随意伤害牲畜、不得过量屠宰牲畜、种畜如何繁殖等内容。与以往西亚其他地区的民事规则一样,赫梯人与人的交往也多是约定俗成的。尽管这一时代出土的契约泥板书不多,无法直接分析当时人们具体交往细则,但《赫梯法典》中诸多相关法律条文,从一个角度折射了当时社会中契约的种类和内容。

这些具有契约性质的法律条文大致有:关于劳务关系的,如第42、75、150、158、162条;关于租借关系的,如第78、145、151、152、157、159条;关于完成工作关系的,如第144、160、161条;关于各种动产买卖关系的,如第149、169、177、183、186条;第47、48条则是关于土地买卖活动的。此外,该法典不少条文(第145、150—152、157—161、172、176—183、185—186、200条)旨在控制工资和物价,涉及佣工、铜匠、医生等服务的价格,牛、马等的租金,牛、羊、马、骡、油、蜂蜜、织物、粮食、土地等的买卖价格。

这些具体的契约行为和精确的价格数字能够完整地载入法典之中,表明当时赫梯已经产生并存在着一个比较充分、比较发达的商品和服务市场,交易中的公序良俗、商业惯例的法律化,无一不展现了赫梯人丰富的民事生活和严格的民事规范。

第二,在确立婚姻家庭人伦关系中既强调有序性又保持弹性。这方面的规定相对不如《汉穆拉比法典》那么翔实。一夫一妻制是赫梯人比较常见的婚姻制度,少数情况下也允许一夫多妻。结婚形式大致有以下三种:

第一种是由父母为媒缔结婚姻。与古巴比伦人相仿的是,根据该法典第28条的规定,这一婚姻的缔结仍然是以聘礼为条件,仍是买卖婚姻的实质。男子娶一个已与他人订婚的姑娘,应该支付第一个男人已交付的聘礼,女方父母无须为此赔偿。

第二种是姑娘与男人私订终身。根据该法典第29条规定,男方应为她交付聘礼。倘若女方父母毁约悔婚,则需要加倍偿还聘礼。第30条还规定,倘若该男人悔婚,则无权索回聘礼。可见,在赫梯社会中,女子亦有自由选择婚姻的权利。根据法典第190条规定:"假如他们自愿同居,则男人和女人即不构成罪行。"这表明了赫梯男女的结合可以是自愿的,不一定非得由双方父母控制主婚权不可。

第三种是劫婚。这是赫梯王国中特有的一种婚俗。该法典第35、37、38条规定,劫婚是得到法律认可的,且是无须交付聘礼的。因劫婚争吵而发生的人命问题,双方当事人既以武力从事,则任何人均不负赔偿之责。法律责争吵者云"你成了狼",即使诉讼已经发生,双方争吵死亡,亦不赔偿。① 上述这些法条还说明,赫梯人的劫婚多是由奴隶或牧人等半自由人做出的,他们窃取自由的女人,该女人须在三年内成为"自己丈夫的主人的女奴隶"②。

必须指出,根据该法典第31条规定,允许男子(自由人)与奴隶缔结婚姻。法律特别规定,一旦他们离婚时,家庭财产应平分。同时男子仍享有较大的主导权利,如离婚时丈夫可以取得子女,离异的妻子也可以取得儿子,但只能是一个儿子。与此相仿,根据该法典第32、33、35条规定,男奴也可以娶一个自由的女人或者劫掠自由女人为妻,他们的家庭婚姻权利也像第31条之规定一样。

赫梯的女子可以享有有限的家庭权利,这一权利表现在法典第27

---

① 参见《世界著名法典汉译丛书》编委会:《赫梯法典》,法律出版社2000年版,第19页脚注。

② 同上书,第18页脚注。

条规定，已婚女子出嫁后，她的嫁妆中的一部分应转让给丈夫。这应该意味着她仍能享有除这部分之外的嫁妆所有权。但从总体上说，赫梯也是一个男性社会，为了巩固以父权或夫权为核心的家长制家庭，《赫梯法典》第171条规定，母亲可以通过象征性的翻衣（或拿到外面）动作，表示驱逐儿子。但同时为了削弱母亲的家庭地位，这一法律条文又赋予儿子一定的抗辩权利，使驱逐仪式中和，重新建立母子关系。

赫梯人的婚姻关系消亡，多以配偶一方的自然死亡为结束。根据该法典第197条的规定，如果丈夫当场抓住了与人通奸的妻子，可以杀死她；如果不杀她，势必以离婚为收场。在《赫梯法典》中，未对离婚的条件作任何具体限制，离婚似乎是由双方自由提出的，并非一定要发生不忠才可以提出。如前所述，法典赋予双方都有平分家产的权利。

在婚姻问题上，赫梯人对妇女再嫁也比较宽容。譬如，赫梯王国仍沿袭了娶寡嫂的习俗。该法典第192、193条规定，已死男子的兄弟、父亲可以娶其妻子。法律还允许"即使他的兄弟早已娶了一个妇女，也不构成罪行"。这一再娶的动机是为了确保夫家财产不流失，由此在赫梯人家庭中衍生出了一夫多妻的局面，但与《中亚述法典》不同的是赫梯法律并未强调叔娶寡嫂是必须履行的义务，所以，一夫多妻现象并不如中亚述那么常见，寡妇再嫁也没有那么多限制。根据法典195条规定，寡妇可以携女再嫁他人（非夫家亲属）。

除了娶寡嫂制之外，赫梯人还是相当重视家庭人伦道德，一般情况下严禁乱伦，近亲结婚也是严加禁止的。例如，根据该法典第195条规定，男人与尚在世兄弟的妻子同睡，或娶自由人为妻要与她的女儿同睡，或娶她的女儿而要同她的母亲或她的姐妹睡觉均应受到处罚。但根据第192条规定，儿子在其父亲死后，与继母通婚不受惩罚。当然，法律是绝不允许儿子与他们生母通婚。这些规定说明赫梯人可能很早就认识到兄弟姐妹间近亲结婚的危害，严禁乱伦。在王室婚姻中，赫梯的其他法律也严禁乱伦。赫梯国王萨皮路琉姆一世（Suppiluliuma Ⅰ，约公元前1353年—公元前1320年）和他的附庸国国王赫卡纳（Hukkanna）就曾订立盟约，"兄弟不能占有自己的姐妹，他无此权利"[①]。王室成员违背这一规则应当处以死刑。这一规则同样也适用于平民。

在一个家庭中，除了婚姻关系之外还存在收养关系。法典第36条规定自由人有可能被社会等级低于他的家庭收养。一般是半自由人或奴隶无子时才收养自由人为自己的女婿，同时保证该自由人的自由身份，法律规定"任何人不应出卖他"。这一种特殊的收养实际也是双方出于经济利益的追求协商一致的行为。因为被收养人可以通过这种方法获得收养人的家产，收养人的家产也由于有了男性的继承而不至于旁落他人。当然在赫梯王国，王室中也可能发生这种收养情况，收养较低等级的人以继承和延续王位。

家庭中继承关系也是不容忽视的。就继承权的赋予而言，《赫梯法典》比较注重规范女性的继承问题，譬如，根据该法典第27条的规定，说明女子可以继承自己父亲家的财产和地产作为她的嫁妆。她的丈夫可以继承她的嫁妆，但如她死在自己父家则除外。而且，拥有土地的寡妇还可以剥夺在其晚年未尽赡养职责的儿子的继承权。当然，由于该法典第192条规定，继承死者份额的人可以收下他的妻子；第193条规定亡夫兄弟可以娶寡嫂或公公可以娶寡媳，可见，妻子在夫家俨然是丈夫财产的一部分，理所应当为亡夫家庭的兄弟或公公占有。

就男性的继承问题，《赫梯法典》并无任何条文直接规定死者子女的继承权。相反的，该法典仅有三条法律条文即第50、51、53条涉及继承的问题。这些规定均是围绕有特殊身份的人，如僧侣、织工、战士三

[①] Raymond Westbrook（ed.），*A History of Ancient Near Eastern Law*，Vol. 1，Koninklijke Brill NV，Leiden，The Netherlands，2003，p. 636.

种人,法律规定"他的继承份额的人"应当履行"萨含"和"鲁采"的义务。这些规定似乎说明这些人在他们出外远征或为王室效劳时,他们的财产由没有土地等财产的人进行管理,或者这些没有土地等财产的人代替他们远征,这些人可能因此就有了继承的资格。

这些规定反映出赫梯社会继承的三个特殊之处,即一是继承未必一定发生在家庭成员之间;二是这种继承并非现代意义上的死后继承,更像财产所有人的生前财产分配,由僧侣、织工、战士给这些无财产人一定数量财产回报,譬如第 53 条规定,战士和他的继承份额的人发生纠纷,"他们应分开自己的家;假如在他们的经济中有十头(奴隶),则战士应取七头,而他的继承份额的人应取三头;同样,他们应分开他们经济中的大的有角的牲畜和绵羊;假如其中的任何人有国王赠物的书板,则当他们要分自己原先的田地时,战士应取赠物的两份,他的继承份额的人应取一份。"三是继承不局限于财产权利,被继承人是社会中有财产免赋役的特殊阶层,但继承他们的份额的人并不能继承他们的免役特权,相反必须担负对公社和国王的义务。

上述有关继承的规定说明《赫梯法典》也是一部比较典型的身份法,在婚姻、家庭、人伦秩序上法律十分强调保护不平等关系,以此来确立社会的有序格局,在不同等级的人与人之间设定相应的权利与义务,维护赫梯统治者的利益。

三、小结:《赫梯法典》的私法成就

赫梯的社会结构和经济生活与此前数千年的古代西亚地区社会没什么两样,赫梯文明程度也不如巴比伦、亚述发达,但赫梯帝国的民法仍有了较大的飞跃。

如前所述,《赫梯法典》源自安纳托利亚,仍以楔形文字编纂于赫梯王国早期,施行于约公元前 16 世纪至公元前 12 世纪,该法典类似于案例汇编。其中,民事规则占了较大的比例,整个法律制度具有浓重的民众色彩,详尽地规范了民众日常生活各个方面,体现了法律制度的相对仁慈,民事规范的显著特点就是公道,旨在避开残酷的刑罚,更强调金钱补偿。该法典属于私法范畴的条文很多,在维护自由民权利方面既直接又彻底,在确立婚姻家庭人伦方面既有序又有些弹性,古代西亚的民法因赫梯民法而得以进一步发展。在立法技巧、制度框架以及法律精神上,这部法典或许不如《汉穆拉比法典》那么发达,但是在倡导私人权利、弘扬契约义务等方面丝毫不逊色,堪称西亚民事规范的范本。

诚然,赫梯人生活在一个剧烈动荡的社会之中,他们的法律却因为有了多元化文明的冲撞与洗涤而变得愈加成熟起来。在诸多楔形文字成文法典中,《赫梯法典》呈现出与众不同的特质,即其法律制度极富活力,同时又十分的温和。它并不以调整和平与战争为意旨,而是以调整各种各样的国内外交往协议为主,辅以惩处罪犯(对这些逃犯多附条件予以减轻或从轻处罚)。[1] 故赫梯民法制度是以其鲜明的私法成就而屹立于古代西亚地区民事规范之中。

所谓"私法"是以权利为核心,以私人平等和自治为基本理念,其内容体现为私人利益。马克思、恩格斯指出:"私法和私有制是从自然形成的共同体形式的解体过程中同时发展起来的。"[2] 在赫梯王国统治下的古代西亚地区,私有制有着极为重要的地位,它作为社会经济中的一个重要构成部分对《赫梯法典》的内容起着决定作用。在此,私有制既包括生产资料的私有制,也包括生活资料的私有制。

---

[1] See Lysander Dickerman, "The Hittites", *Journal of the American Geographical Society of New York*, Vol. 21(1889), p. 336.
[2] 〔德〕马克思、恩格斯:"德意志意识形态",载《马克思恩格斯选集》(第一卷),人民出版社 1972 年版,第 70 页。

在私有的生产资料中,土地是最基本的组成要素。赫梯社会不同程度地存在着公社土地所有制痕迹,这一所有制的实质也是私有的。与此同时,更多的土地属于国王所有,他掌握着绝对的土地权,这种国家所有其实就是国君所有,所以土地国有和土地私有没有本质区别,均是私有性质。在这样的私有权利中,国王通过贡赋制度将土地作为奖赏分封给贵族和其他特权者,土地的流转因此成为可能。《赫梯法典》在维护土地私有权、制裁各种损害土地私有的行为方面是不遗余力的,除了以刑罚为常见的打击方式之外,追究侵权人的民事赔偿责任是最常用的手段。

除了土地的私有之外,其他一些生产资料,如牛马、车船以及奴隶等,均是属于奴隶主或者土地所有者。生活资料的私有更是其他古代东方国家所无法超越的,因为古代西亚地区的商业非常发达,即使不存在"纸币"这类支付手段,各种各样的契约(特别是盖有印章的契约书)也就成为实际意义上的通行"货币媒介"或"信用媒介"。《赫梯法典》第二表所有条文均对这些私有财产及其衍生的各类民事行为做出了对应的法律保护。

"对于古代人而言,一场成功的战争既增加私人财富,也增加公共财富,增加分享的奴隶、贡赋与土地。"[1]赫梯一如其他的古代西亚城邦或王朝一样是如此的好战,也就不难理解了。通过战争激励人们攫取更多的私有财产,当时的法律自然更需要将这些私有财产合法化,最优化。为此,诸楔形文字法典竭尽全力地保护战士及其财产权利,《赫梯法典》亦是如此。比如,该法典中对兵役及其供奉土地的特别规定不仅强调这部分土地不得随意转让,保护所有权人的利益,而且还维护管理

---

[1] 〔法〕邦雅曼·贡斯当:《古代人的自由与现代人的自由》,阎克文、刘满贵译,冯克利校,上海世纪出版集团、上海人民出版社 2003 年版,第 51 页。

和使用这部分土地的人(他们的继承份额的人)的权益。这些举措无非是最大限度地保护私有利益,保护社会各种身份的成员在私人利益上的平衡。对此,不能简单地以阶级观念来评判,将其视为所谓奴隶主剥削利益的体现。这些条文也或多或少地具有私法性质,属于私法范畴。

诚然,土地的私有化以及其他财产的私有化,为当时的剥削者提供了进行盘剥的必要条件,但是如果一个社会的底层成员均处于极度的悲惨境遇之中,也就不会有《赫梯法典》中大量民商事乃至婚姻家庭的法律条文的存在。公元前15世纪前后,《赫梯法典》的私法属性表明,古代西亚地区的法律并非特权阶级的法律。大量的私人契约赋予了土地和其他财产以新的性质,即流通。没有流通,私有财产仅仅是一种用益权,不可能产生新的财富。各种形态的契约为更广泛的流通创造了条件,同时也由此产生了更深远的影响:它不仅解放了个人,而且还通过创造的商业信用与效力,将政治强权置于依附地位。在古代西亚地区,无论是中亚述王国还是赫梯帝国,誓约诺言的恪守,履行契约义务的私利,以及所有财产持有者相互保护财产的共同利益,仍旧是十分普遍的。民事法律中的最常见主体——自由民,仍然十分明显地受到惯例和习俗的影响。

楔形文字法的私法属性在《赫梯法典》中得到了淋漓尽致的发挥。在立法技巧、制度框架以及法律精神上,这部法典虽不如《汉穆拉比法典》那么发达,但是在倡导私人利益、弘扬信用契约等方面丝毫不逊色。该法典也深刻地影响到古埃及、希伯来等民众生活、经济活动和政治统治。自古以来,赫梯与周边国家和诸民族的战争与贸易往来就很多,特别是赫梯与古埃及第十八王朝的图特摩斯四世(Thutmose IV,公元前1425年至公元前1417年在位)、第十九王朝的拉美西斯二世(Ramses II,公元前1304年至公元前1237年在位)长期对峙,发动战争竞夺古代西亚地区的统治权力,持续了3个世纪之久。① 到了赫梯王国鼎盛时期,埃及与赫梯一度化敌为友,不仅两国国王及军队联合起来齐心对付叙利亚当地居民(《列王纪下》7:6),而且古埃及的民众也竞相模仿和推崇赫梯人的民事习俗。② 约公元前 1283 年,赫梯国王哈吐什里三世与埃及法老拉美西斯二世媾和,签订了一个和平条约,史称《银版条约》,开创了人类历史上平等友好地互签国际条约的先河。③ 在这一条约中承诺彼此之间的"永久有美好的和平和美好的兄弟关系",并"按照自己愿望确定每一个国家自己的边界",即涉及对叙利亚和巴勒斯坦领土的划分。④ 这一条约的法律效力不仅在于政治上的结盟,使仍处于赫梯王国控制下的叙利亚北部获得了和平的社会环境和经济发展条件,同时还保障了两地贸易发展,确保了铸铁等金属商品从古代西亚地区源源不断地输入古埃及,此外,许多商人还把奴隶、木材以及银、铁等金属从古代西亚地区贩运到埃及,以换取那里的奢侈品(金银饰物、香油及衣服)。"在赫梯历史上,赫梯国王不仅与远在尼罗河流域的埃及法老缔结和约,还与两河流域的巴比伦国王签订条约,与叙利亚北部地区各国统治者也签订了为数相当可观的条约。"⑤ 以此为契机,赫梯帝国得以建立和强大起来,古代西亚地区民事规范以赫梯民法制度为载体也得以向四周传播开来。

赫梯的民法制度是架接古代东西方法律文明的重要桥梁。隅居于安纳托利亚平原的赫梯王国由兴起到强盛再衰亡,当它活跃在古代西

---

① See A. H. Sayce, "The Latest Hittite Discoveries", *The Biblical World*, Vol. 33, No. 6(Jun., 1909), pp. 367-381.
② See Lysander Dickerman, "The Hittites", *Journal of the American Geographical Society of New York*, Vol. 21(1889), p. 336.
③ 该条约共 19 条,具体条文及版式等中文内容参见 A. Moret、G. Davy:《近东古代史》,陈建民译,商务印书馆 1936 年版,第 451—460 页。
④ 参见《世界通史资料选辑·上古部分》,商务印书馆 1985 年版,第 21—27 页。
⑤ 李政:《赫梯条约研究》,昆仑出版社 2006 年版,第 5 页。

亚地区政治、经济、文化的历史舞台上时,正是爱琴海诸岛(the Agean)上,迈锡尼人(Mycenae)创立的王朝横扫克里特岛并向希腊本土推进的时候。在赫梯全盛时期,城市商人、高利贷者在社会上占有显著的地位,他们完全排挤了以前亚述商人的势力,与腓尼基、塞浦路斯岛以及爱琴海上诸岛发生了商业关系。公元前14世纪至公元前13世纪,两个同时达到鼎盛水平的赫梯文明和迈锡尼文明已经有了接触,且"同时代社会之间的碰撞也可能并不造成冲突,而是产生融合"①,彼此间也有过商业往来与文化交流。公元前13世纪末12世纪初,赫梯或遭到来自爱琴海的某一好战蛮族的入侵,或遭到了黑海沿岸的伽什凯尔人的入侵,首都哈图斯和其他大城市被彻底焚毁,帝国至此灭亡。②

瑞士赫梯学者E.福勒(E. Forrer)根据史料考证认为,赫梯文献中的阿黑亚瓦人(Abbiyawa)就是希腊文献中的阿卡亚人(the Achaeans),这正是《荷马史诗》中对希腊人的称呼。③ 在赫梯帝国初期,阿黑亚瓦人开始向小亚细亚渗透,赫梯穆尔西里二世时,阿黑亚瓦已经是一个独立的国家,与赫梯帝国保持着平等的、和平的伙伴关系。之后,两国为争夺小亚细亚西部的控制权而交恶。一度,阿黑亚瓦蚕食并控制了赫梯帝国的部分地区,阿黑亚瓦成为势力波及近东的强国之一。在语言、建筑风格、神话及文学中可以发现早期希腊文明和赫梯文明在空间上有着更多的交流,如古希腊文明中就有许多艺术创造缘自赫梯。④

---

① 参见〔英〕阿诺德·汤因比:《历史研究》,刘北成、郭小凌译,世纪出版集团、上海人民出版社2005年版,第345页。

② See Itamar Singer, "Western Anatolia in the Thirteenth Century B. C. According to the Hittite Sources", *Anatolian Studies*, Vol. 33, Special Number in Honour of the Seventy-Fifth Birthday of Dr. Richard Barnett(1983), pp. 205-217.

③ 刘健:"赫梯文献中的阿黑亚瓦问题——小亚与希腊早期关系新探",《世界历史》1998年第4期。

④ See A. H. Sayce, "The Latest Hittite Discoveries", *The Biblical World*, Vol. 33, No. 6(Jun., 1909), pp. 367-381.

这些为两地法律文明的交融创造了可能。因为两地历史文献和考古发掘的证据说明，赫梯人统治下的古代西亚地区与古希腊地中海沿岸各地一直保持着经常的、密切的联系，特别是官方和民间均存在着大量的商业贸易往来，在两地各城镇设有许多外贸现货交易市场（the emporium of the commerce），古代西亚地区通行货币白银仍是以明那（*mina*）为计量基准并广泛地适用于交易之中。①

与古希腊人为同一印欧人种族的赫梯人在向古希腊人传递古代西亚地区东方法固有的私法属性时，必定有着与其他古代西亚地区居民不同的视角；而古希腊人在接受传自赫梯人的楔形文字法民法精神时，也必定有许多相同或相似的感受。正因如此，承继了苏美尔—阿卡德传统的赫梯文明或多或少地影响到西方文明的摇篮——古希腊爱琴文明。楔形文字法中的许多民事规范因此也超越了时空的阻隔，间接地为地中海沿岸各民族、城邦所熟悉与了解，而近现代民法就在古希腊法、罗马法等法律杂居的混合土壤上脱颖而出，不断发展。当然，在此后的岁月中希伯来法对古希腊、古罗马的影响也是不可小视的。

与之相似，赫梯文明同时也深深地影响着迦南（Canaan，希腊人称之为腓尼基）②的文明进程。据泰尔·埃尔·阿马尔那（Tel el-Amarna）泥板文献的记载，在赫梯帝国崛起之前，这一地区一度是臣服于古巴比伦和古埃及的，有一支被称为希伯来人的游牧部落从东方进入巴

---

① See Lysander Dickerman, "The Hittites", *Journal of the American Geographical Society of New York*, Vol. 21(1889), p. 338.

② 即今巴勒斯坦一地区，在约旦河与地中海之间，即地中海东部叙利亚和黎巴嫩沿海及其附近地区。据传由上帝赐给亚伯拉罕（Abraham）及其后裔，见《创世记》。详细介绍请参见本书第五章第一部分相关内容。

勒斯坦,与迦南人(Cananite)①经长期冲突后逐渐混合,后来,希伯来部落在良好而肥沃的河流地方,借鉴迦南人的丰富经验开始从事农业生产活动。② 在希伯来族长摩西时代(the Mosaic Age),古巴比伦统治势力每况愈下,这一地区又成为赫梯人统治下的一个微不足道的省份,伽南人为赫梯军队提供补给,以换取自己的自由。随着时间的推移,迦南人在原属于亚述和赫梯帝国势力范围内的巴勒斯坦地区(Palestine)建立起一个又一个属于本民族的城镇和行政区。他们作为赫梯国王的代理人在这一地区积极开展和从事各种民商事活动,以削弱来自古埃及帝国第十八王朝在这一地区的驻军及殖民势力。

至迅速扩张的赫梯帝国同亚述、古埃及三国争霸时期,在赫梯帝国和古埃及帝国的联姻统治夹缝中,善于国际贸易的迦南人和希伯来人日渐融合,并开创了属于自己民族特色的宗教、国家及各种社会规范,此间同为闪米特语系的赫梯法律文明对这一巴勒斯坦地区的影响力甚为巨大。③

赫梯帝国世俗化极强的民事法律制度自然而然地、或多或少地影响到这一时代这一地区的希伯来人世俗生活和日常往来。例如,在《创世记》23:1—20 记述了:亚伯拉罕(Abraham)为埋葬妻子撒拉以 400 舍客勒在赫梯人和"城门出入的人的面前"④,向赫梯人买妥了一块田

---

① 生活在迦南的当地人擅长海外贸易,由于当地生产紫色染料,古希腊人因此称他们为"腓尼基人",古罗马人称他们为"布匿",而在塞姆语等其他文献中,他们被称为迦南人。早在 2 世纪,毕不勒斯腓尼基编年史家费罗在其《腓尼基历史》一书中就明确指出了迦南人和腓尼基人之间的等同关系。参见李政:《精粹世界史·神秘的古代东方》,中国青年出版社 1999 年版,第 348 页。
② 在古代社会这一地区文明发展的进程中,古希伯来人与迦南人的相互关系,请参见 G. Ernest Wright, "How Did Early Israel Differ from Her Neighbors?", *The Biblical Archaeologist*, Vol. 6, No. 1(Feb.,1943), pp. 1-10,13-20。
③ See Lysander Dickerman, "The Hittites", *Journal of the American Geographical Society of New York*, Vol. 21(1889), pp. 325-358. 该文章中作者从《圣经》中的零散记载中,详细地考证了赫梯人与同时代的古埃及、希伯来民族先祖们的交往史实。
④ 中国基督教协会印发:《新旧约全书》,1994 年南京版,第 24 页。

地,"从此那块田和田间的洞,就藉着赫人定准,归与亚伯拉罕作坟地"①。从《赫梯法典》第 47 条可推知,作为寄居者亚伯拉罕不必担负赫梯人的"鲁采"公共义务,正是他用极具购买力的银子购得这块田地。② 显见,赫梯民法制度对希伯来人先祖们的生活产生了不小的影响。此后,在这一地区成长起来由以色列族长摩西(Moses)开创的希伯来民事规约,其中的许多习俗与成就也不可避免地受到了赫梯文明的熏陶。③《赫梯法典》及为数众多的赫梯条约因此成为希伯来民事规约的民法精神及其意义的重要渊源之一。

基于此,继赫梯民法制度之后,希伯来民事规约兼收并蓄地汲取了巴比伦、亚述、古埃及以及赫梯的法律文明因子,而成为了古代西亚地区民事规范中不可或缺的又一个重要组成部分。

---

① 中国基督教协会印发:《新旧约全书》,1994 年南京版,第 24 页。
② See Manfred R. Lehmann, "Abraham's Purchase of Machpelah and Hittite Law", *Bulletin of the American Schools of Oriental Research*, No. 129(Feb., 1953), pp. 15-18.
③ See A. H. Sayce, "The Latest Hittite Discoveries", *The Biblical World*, Vol. 33, No. 6(Jun., 1909), pp. 367-381.

第五章 希伯来民事规约

继苏美尔、巴比伦、亚述、赫梯诸民族辉煌无比的法律文明之后,古代西亚地区法律发展步伐已大大落后了,一度盛行于古代西亚地区的各种楔形文字法典渐次消亡,大量的民事规范慢慢地沉淀于仍生活于该地区的各民族民众生活习俗之中。尤其是赫梯帝国之后,古代西亚地区的整个历史步入了晨昏蒙影之状态。这一地区古典文明的最后亮点是来自两河流域连接地中海东岸(叙利亚一带)的一片弧形地区,即"肥沃新月"或"新月沃地"(Fertile Crescent)地带①。而缔造这一文明成就的是活跃在此地的犹太人(Jews),又称希伯来人(Hebrew),尤指《圣经·旧约》中古代希伯来人的后裔。② 古代希伯来部落长期都是作为一支附属的民族在埃及和巴比伦两地寄居,故而当他们出现在这一新月沃地时,既具有其诞生地巴比伦文明的特征,又深谙一度居住过的埃及文化,成为了法老帝国和巴比伦帝国之间的桥梁。③

---

① 这一地区,如前章所述,史称"迦南",位于地中海和阿拉伯沙漠之间,"肥沃的新月形地带"北邻叙利亚,南接西奈半岛,由一片自东北斜向西南的山脉和狭小的海岸平原所构成,被《圣经》称为"流奶与蜜之地"。

② "希伯来"一词由"哈比鲁"(Habiru)转音而来,意为"从大河那边过来的人",最早可能是古代西亚地区一个通用的名词,专指那些没有固定居所的人们,但不一定为某一民族的专称。事实上,在旧约中,以色列人很少自称"希伯来人",而仅有的几处提到"希伯来"的,也主要是出自外邦人之口。由于早期以色列人有以色列和犹太两个部落,所以后世也统称他们为"希伯来人或犹太人"(Jews)。因此,本书中在论及古代西亚地区那一特定文明阶段时,"希伯来"与"犹太"是互为通用的。

③ 参见〔以〕阿巴·埃班:《犹太史》,阎瑞松译,中国社会科学出版社1986年版,第3—6页。

长久以来,希伯来民族不断吸收古巴比伦、古埃及、赫梯等外族文明,最终造就了独树一帜的宗教和法律,并在一次又一次的民族磨难中将古代西亚文明种子播撒到欧洲乃至整个人类世界,成为西方文明的历史源头。也正因如此,希伯来法从其诞生形成之际起就源源不断地从古代西亚地区各民族的楔形文字法典和各种法律传统中汲取营养,在法律文明制度上有许多相同或相似之处。尽管"他们与同属于古代闪族的美索不达米亚人相比,要简单、落后得多"①,但也注定了希伯来法在法律具体规则的应用上和律法精神的传统上成为了古代西亚地区楔形文字法的最好承继者和传播者。

这里需要特别指出的是,在法律史研究视角上,希伯来法是指公元前11世纪至公元1世纪希伯来奴隶制国家(巴勒斯坦地区)的全部法律的总称。② 而从希伯来法系自身的演变历史来看,希伯来法大致经历了数个界限比较分明的发展阶段,对此,中外当代法制史学者均有着大体相同的划分与见解。③ 笔者认为,结合地理位置和文明起源等诸方面因素的综合考察,希伯来属于西亚地区,希伯来法是古代西亚地区法律文明的重要组成部分。而自从希伯来被罗马人所征服,其居民被迫离开家园,开始散居世界各地,希伯来文化中心也由巴勒斯坦的耶路撒冷转移到了巴伦城,正如西方学者指出的:"严格意义上的希伯来法系在第二阶段,即公元前100年时,就已消失,由罗马法取代巴勒斯坦的犹太法。此后希伯来法转为以地方习惯为主,多表现为礼仪规范

---

① 〔美〕约翰·H.威格摩尔:《世界法系概览》(上),何勤华、李秀清、郭光东等译,上海人民出版社2004年版,第78页。
② 何勤华、李秀清主编:《外国法制史》,复旦大学出版社2002年版,第14页。
③ 参见何勤华、李秀清主编:《外国法制史》,复旦大学出版社2002年版,第15页;〔美〕约翰·H.威格摩尔:《世界法系概览》(上),何勤华、李秀清、郭光东等译,上海人民出版社2004年版,第80—105页。

和道德规范。"[1]尤其是以巴比伦犹太社团和圣经学院对希伯来律法典籍的编纂诠释以及实际裁决适用而闻名于世。

然而,希伯来国家虽然被罗马帝国征服,希伯来法作为一个法系已不复存在,是一个死法系了,但其主要内容和基本精神作为犹太教的教义仍然存在,只是开始了具有双重性质的发展道路。

一方面,希伯来法的主体犹太教经典《旧约全书》在留居在西亚各地的希伯来人之间继续适用,并出现了据此进行的法典编纂活动,其突出成果就是《巴比伦塔木德》,它不仅适用于巴比伦地区的犹太社会,而且传入了巴勒斯坦地区,并逐步取代了《耶路撒冷塔木德》,成为该地区的主要的法律渊源。这种以《巴比伦塔木德》为主要法律渊源的西亚地区的希伯来人的法律生活,一直持续到了公元5世纪前后,由于这种法律生活在时空两个层面上都属于古代西亚法律文明的范围,因此,它是本书研究的对象。

另一方面,从公元前1世纪起,吸收了犹太教教义并在其基础上发展起来的基督教开始崛起,它以犹太教经典《旧约全书》和传说中的耶稣创作的《新约全书》为基本教义,并以希腊和罗马为中心,逐步发展成为西方的一个主要的宗教体系和法律体系。而包括在这一宗教体系和法律体系中间的希伯来法中的世界性因子,也融入到了西方法律文化传统之中。这个意义上的希伯来法,已不是古代西亚法的范畴,而是中世纪西欧基督教法的主要历史源头了。

换言之,公元前1世纪希伯来国家灭亡,希伯来法作为一个法系消亡之后的希伯来法具有两重性:它既是罗马乃至欧洲基督教法律体系的重要组成部分,也是到公元5世纪为止仍然生活在西亚地区的犹太

---

[1] 〔美〕约翰·H.威格摩尔:《世界法系概览》(上),何勤华、李秀清、郭光东等译,上海人民出版社2004年版,第81页。

人的法律规范的主要组成部分。① 前者融入了中世纪西方法的发展潮流,而后者则是古代西亚法的范畴,也是本书研究的主要内容。因此,在本书中,笔者是在古代法的意义上,针对犹太社会的历史变迁轨迹,结合希伯来法所涵盖的法律文化特质及成长道路,来深入研究与探讨希伯来法中所蕴涵的诸多民事规约及其经典案例,并试图从中发现古代西亚地区民事规范固有的共同特征及其独特本质和深远影响。

一、犹太社会的历史变迁及其法律发展

犹太人的先祖希伯来人的民族起源极为朦胧,《圣经》是希伯来人早期历史的唯一记载,当时的作者们讲述的故事、遵守的律法、记载的寓言与圣歌成为犹太社会早期历史和民众生活的最好记录。随着时间的推移,围绕着这一圣书中的金科玉律,犹太社会的精英们结合实际世俗生活所完成的《塔木德》等文献巨著,浓缩了犹太社会流而不散、生生不息的民众生活。因此本书拟以这两部典籍所展示和涵盖的时间跨度为划分结点,大体分为圣经时期和塔木德时期两大恢弘历史阶段,较为系统地考察犹太社会的历史变迁轨迹。

(一) 圣经时期的犹太社会生活

如前所述,新月地区巴勒斯坦位于埃及、巴比伦、赫梯等多个强国之间,是沟通东西方的要道、贸易和交通的重要枢纽,也是兵家必争之地。早先当地的土著居民迦南人经常往返于两河流域、小亚细亚、地中

---

① 美国学者威格摩尔认为,公元600年之后,希伯来民族就进一步散居世界各地,希伯来法系就彻底消亡了。参见〔美〕约翰·H.威格摩尔:《世界法系概览》(上),何勤华、李秀清、郭光东等译,上海人民出版社2004年版,第80页。

海沿岸、埃及和阿拉伯半岛之间贩运货物,谋取可观的商业利润。因此从远古起,这里就是往来辐辏之所,数不清的民族、军队、游牧部落、商人和商队都途经此地。在当时和后来,肥沃的新月不仅是买卖商品的市场,而且也是吸收和传播各种商业习俗的地方。

然而,与埃及和美索不达米亚相比,新月地区巴勒斯坦的自然环境并不好,这里的富饶仅是相对于干燥荒凉的沙漠地带而言的,其耕地和牧场的数量很少,且降雨量不足,土地贫瘠,生活环境也很不稳定,仅靠当地的土产很难生存,必须另辟蹊径。据《圣经》记载和其他资料所证实的,在汉穆拉比统治巴比伦时代及其以后的时期,曾有无数氏族和部落游牧于这一地区或者有一些小型的农耕聚落,其政治、经济力量始终不强。从公元前二千纪中叶起,来自美索不达米亚的犹太祖先希伯来各部落开始进入迦南,此时他们已不是原始的沙漠游牧部落。但随着迦南社会的进一步发展,迦南文化远远先进于希伯来文化。[1] 迦南人频繁的贸易活动深刻地影响了尚未定居的希伯来人,这些贸易活动直接刺激了已有商业意识的希伯来人,使其中相当一部分逐渐放弃畜牧业和农业而介入迦南的贸易活动中。此后,随着迦南社会的发展,犹太人的贸易也日益扩大,犹太贸易得到了长足的发展。[2] 由于独特的地理环境和社会局势所致,犹太人经常不得不迁徙或者濒临死亡,不得不致力于通过一神教把各部落联合成一个统一的民族,建立起自己的国家。因此他们也不得不在埃及帝国和巴比伦帝国的夹缝中求生存,有

---

[1] 当摩西的继承人约书亚率领以色列12支派进入迦南时,当地的土著居民迦南人已建立了自己的国家,在农业、手工业和商业方面有显著发展,一部分居民已成为商人,他们往返于两河流域、小亚细亚、地中海沿岸、埃及和阿拉伯半岛之间贩运货物,谋取可观的商业利润。为了保障商贸活动的正常进行,当地迦南人在许多地方建起集市和城堡,设立对外贸易的中心,用本地剩余的农产品(油、香料等)和手工业制品(日用品、兵器等)换回自己所需的其他物品。

[2] 张倩红:《以色列史》,人民出版社2008年版,"前言"第3—4页。

时屈从于这个帝国,有时依附于那个帝国,但却比这两个帝国存在得更长久,而且还超过了它们。① 这一生命力集中体现在商业领域中,犹太人很早就得到长足发展,其经商能力一直居于世界领先地位。

公元前17世纪,西迁至埃及的希伯来人定居在尼罗河三角洲的歌珊地区(Goshen),在这里平静地生活了一段时间。他们虽然开始用自己的物品或银钱与当地居民进行交换、互做买卖,但在政治上很难融入社会。② 据记载,最早率领希伯来部落来迦南的族祖亚伯拉罕,曾试图保持该地与埃及之间商队经商的传统。其孙雅各也多次遣子往埃及买粮(《创世记》12:10、42:1—3、43:1—15)。经过时间的洗礼和相互共同的约定俗成,某些货物便成了大多数人普遍采用的支付等价物。例如,最常见的等价物是牲畜和畜皮。这种方式遍及整个中东。③《创世记》21:27—33中,亚伯拉罕以七只母羊羔为等价物,购买了非利士王亚米比勒(Abimelech)的井,二人就彼此立约。同时,金银也是另一种等价物,例如《创世记》13:2提到"亚伯兰的金银、牲畜极多"④。第23章记载,亚伯拉罕的妻子撒拉死后,亚伯拉罕以400舍客勒(*shekel*)⑤银子向赫梯人买下麦比拉洞(the cave of Machpelah),用做撒拉的坟地。此外,作为支付手段,劳动也是一种特殊形式,《创世记》第28章以及以后有关章节中提到"按劳付酬,即使在舅甥之间,也不例外"⑥。

---

① 参见〔以〕阿巴·埃班:《犹太史》,阎瑞松译,中国社会科学出版社1986年版,第5页。
② 参见张倩红:《以色列史》,人民出版社2008年版,第6页。
③ 陈超南编著:《犹太的技艺》,上海三联书店1996年版,第191页。
④ 中国基督教协会印发:《新旧约全书》,1994年南京版,第10页。本章中此后所引《圣经》的经文原句均来自这一版本,以下不再另加注。
⑤ 如前所述,系巴比伦的重量单位,并非为犹太民族所特有。1舍客勒折合今重量11.5克,它分成20季拉(Gerah,又译为"及兰",在希伯来文中原意是一粒或一颗)。而60舍客勒是1弥那(minah或maneh),折合今重量约0.6公斤。60个弥那等于1基卡(kikkar,有时称Talent,又译为他连得),折合重量36公斤。这些单位与巴比伦所使用的单位基本一致。
⑥ 陈超南编著:《犹太的技艺》,上海三联书店1996年版,第194页。

约公元前18世纪,犹太社会进入约瑟时代(the Period of Joseph),"这些希伯来部落进入了国际贸易的行列,参加了从基列贩运香料、乳香和没药的商队"①。埃及进入新王国时期后,统治埃及的新王国法老并不喜欢希伯来人,把他们贬为奴隶,以满足埃及对劳动力的缺乏。约公元前13世纪,埃及处于拉美斯二世(公元前1290年至公元前1224年在位)统治时期,希伯来人完全失去了自由。他甚至规定一条极其残酷的法律:凡希伯来人的新生男婴必须溺死。② 约公元前1230年(一说为公元前1250年),在杰出的政治与宗教领袖人物——摩西(Moses)③的带领下,希伯来人逃出埃及,开始了重返迦南的艰难历程。为了借助于神的力量威慑人心,团结民众,摩西向希伯来人展示了上帝"赐予"的两块刻有"摩西十诫"(Decalogue、Ten words、The Ten Commandments)的石板,标志着犹太一神教的产生,促进了希伯来民族统一体的形成。此后定居迦南的希伯来人分为12个部落,这些部落出现了被尊称为"士师"(Judges,意为"审判者"或"拯救者")的部落首领,他有着双重责任:平时管理民事,战时率兵疆场。故约公元前13世纪至公元前1030年王国建立,这一时期被称之为"士师时代"(the Period of Judges),是犹太历史上的军事民主制时期,士师的统治实际上为君主制的出现奠定了基础。犹太社会民众生活趋于安定,民族力量逐渐壮大。

士师时代末期,约公元前1030年至公元前1009年在位的扫罗(Saul)成为希伯来王国的第一代君王。在他的指挥下,把来自爱琴海

---

① 〔以〕阿巴·埃班:《犹太史》,阎瑞松译,中国社会科学出版社1986年版,第7页。
② 张倩红:《以色列史》,人民出版社2008年版,第6页。
③ 摩西意为"从水中拉出来"。据记载,他的父母属于利未家族,摩西出生后,为了让儿子活命,父母在他3个月的时候,把他放在一个蒲草箱里,外面抹上沥青,置于尼罗河中,法老之女在河边洗澡时发现了摩西,把他放养在宫中,让他接受良好的教育。摩西长大后知道了自己的身世,并深切同情希伯来人的命运。

诸岛的"海上民族"(People of the sea)——腓力斯人(Philistines)赶出了该地区。在一系列的战争中希伯来人懂得了用贵金属作为等价物比牲畜有更大的优越性,他们在对外商贸往来中开始转向使用贵金属,商业交易的过程也逐渐简便化,进而推动了犹太社会的长足发展,历史迈进了列王时代。希伯来王国的势力日益扩大,在对外征服中,大卫王(David,约公元前1009年至公元前973年在位)使整个地中海东岸除了腓尼基和一小部分腓力斯人的地区外,都成为了希伯来王国称臣纳贡的藩属。在大卫王国鼎盛时期,巴勒斯坦之外就有许多犹太人居住地,犹太商人到埃及购买马匹,前往大马士革开辟市场,大量地从事长途贩卖贸易。

约公元前10世纪左右,所罗门(Solomon,公元前973年至公元前930年在位)继承了大卫王创建的国家体制,加强国防,以武力维持其统治,王国经济也日益发达。此时的古埃及已日薄西山,美索不达米亚平原也早已分裂成许多国家,所罗门王大力奉行发展铜矿、金属冶炼等重要行业及发展对外贸易的统治政策。犹太商人乘机占领了一些国际商道,开始直接参与国际贸易,专事王室生意。他们出口的商品主要有油、五谷、生果、蜜糖、橡树胶、没药(myrrh)、毛绒和毛布做成的衣袍等,进口商品大体是地中海沿岸的锡、铅、银,小亚细亚的青铜,黎巴嫩的香柏木,腓尼基的紫色布等。商人们还从东方进口宝石、香料、象牙、猿猴、孔雀、檀香木、金银等贵重物品,以满足皇室奢侈的生活需要。通过这些举措和商业贸易活动,所罗门王国终于成为四方贸易的主要转运站。与此同时,对外贸易的昌盛又大大地促进了以色列王国国内经济的发展。在国内,犹太集市在城镇的城门口也逐渐兴旺来,主要进行羊、驴、骆驼和牛的买卖。陶匠和五金匠也在那里一边生产,一边出售。每个行业在集市上都有自己的销售区,但还没有固定的店铺。商人白天在路旁摆摊、晚上收摊的这种集市传统一直延续到今天。① 甚至在这一时期,犹太商人受外来观念的影响也开始从事奴隶买卖。

但由于所罗门王在耶路撒冷(Jerusalem)修建豪华的宫殿和神庙,当时多数建筑材料均依靠进口,为此导致了王国日渐衰落。他死后,国家南北分裂,北方王国仍称以色列王国(The Kingdom of Israel,公元前930年—公元前722年),定都撒马利亚,王国版图比较大,多以城市生活为主,商业经济比较发达;而南方犹大和便雅悯两个部落组成南部联盟,建立犹大王国(The Kingdom of Judah,公元前930年—公元前586年),仍定都耶路撒冷,以农耕和游牧为主。

自公元前750年起,犹太社会进入了先知运动时代(the Prophetic Movement Ages,至公元前450年结束)。公元前722年,北方的以色列为亚述王萨尔贡二世所灭;而南方的犹大王国版图较小,内部比较团结,虽经历埃及、新亚述、新巴比伦等外族的数次洗劫,不得不成为他们的附庸,但比以色列国多存在了100多年。至公元前586年,耶路撒冷被新巴比伦王国尼布甲尼撒二世所攻陷,犹太王和一批臣民被掳到巴比伦,即出现了历史上的"巴比伦之囚"(Babylonian Exile)。这是犹太民族历史上最为悲惨的一页,同时宣告了犹大王国的终结,也标志着第一圣殿时代的结束。

(二) 塔木德时期的犹太社会生活

自公元前6世纪末起,不仅犹太民族惨遭外族的武力洗劫,而且整个古代西亚地区的其他民族也饱受外族的统治蹂躏,整个社会的农业和畜牧业经济出现了停滞不前甚至倒退的现象,但大大小小的战争却

---

① 参见梁工主编:《圣经时代的犹太社会和民俗》,宗教文化出版社2002年版,第183—187页。

导致了商业贸易异常发达,犹太民众的经商兴趣也更加浓厚。特别是身处异乡巴比伦的犹太人笃信犹太教,在顽强地保持民族特性的同时也逐渐适应了新的环境。巴比伦肥沃的土地和繁荣的经济使犹太人成为那里勤奋的农夫、技艺高超的手工艺者、潜心研究宗教的学者和精打细算的商人。特别是许多犹太人全力发展商业,自古以来的经商传统因此并未中断,正如有学者指出的:"世界上没有第二个民族像犹太民族那样,在两千多年的时间里保持着'纯经济形态'的存在,形成了一以贯之的商业传统。"① 客居巴比伦的犹太人既与两河流域、安纳托利亚各个诸邦国发生贸易关系,也与古希腊地中海沿岸各地继续进行包括商业在内的各种往来。② 此外,还有少数犹太人跻身于当地统治阶层。

公元前538年,波斯国王居鲁士(Kurush 或 Cyrus,公元前558年至公元前529年在位)灭取新巴比伦王国后,面对如何统治一个民族众多的庞大帝国有着全新的政策,与亚述人不同,他希望境内分散各处的不同民族的百姓能够集中居住;与巴比伦人也不同,他认为被掳的各族人自愿回归故土必将带来他们对自己的忠诚、感恩和国内的和平。于是,在居鲁士占领巴比伦城后两年,他发布了针对犹太人的诏书③,释放了这些客居的犹太人,允许他们返回家园。于是,一批信仰坚定而满怀热情的犹太人(多是神职人员、虔诚的教徒以及在巴比伦没有家业的穷人)回到梦中的家园,开始了重建耶路撒冷的工作,拉开了"第二圣殿"时期的序幕。而那些决定留在巴比伦或者暂时不走的犹太人则也

---

① 顾俊:《犹太商人》,江西人民出版社1995年版,第1页。
② See Robrews H. Pfeiffer,"Hebrews and Greek before Alexander", *Journal of Biblical Literature*, Vol.56, No.2 (Jun., 1937), pp.91-101.
③ 该诏书全文如下:波斯王古列如此说:"耶和华天上的神已将天下万国赐给我,又嘱咐我在犹大的耶路撒冷为他建造殿宇。你们中间凡作他子民的,可以上去,愿耶和华他的神与他同在。"转引自王立新:《古代以色列历史文献、历史框架、历史观念研究》,北京大学出版社2004年版,第177页。

向回归者捐献财物,用于圣殿的重建。在重建家园过程中,各种国外硬币①由此也纷纷流入巴勒斯坦的犹太社会,商业活动愈加发达。而在巴比伦,遗留下来的犹太人同样也创造了更加灿烂的犹太民族文化。

在犹太人回到耶路撒冷之前的半个多世纪里,巴勒斯坦的犹太人在内部事务上实际上一直是由以大祭司为首的祭司贵族阶级负责管理,下层民众苦不堪言。在希伯来民族内忧外患的非常时期,一批被称为"先知"②的爱国志士登上了历史舞台,其代表人物众多,推动了犹太社会的变革与发展。例如,回归后的犹太人在作为犹大省长先知尼希米的领导下以《利未记》25:8—15 的规定为出发点,针对犹太社会中严重的贫富不均现象进行了改革,要求贵胄和官长们释放卖身的犹太人奴隶,退还贫民典当的地产和房屋,废除同胞内部的高利贷和债务奴隶制度。这一改革举措为随后先知以斯拉(Ezra)的宗教改革奠定了必不可少的基础,也为建立一个新的民族共同体做了良好的铺垫。

此后,以斯拉在尼希米的配合下,以《摩西律法》为根据,施行了一系列宗教与社会改革,其中最重要的是将尼希米已经开始但并未得到严格执行的严禁犹太人与外邦人通婚的政策贯彻下去,甚至勒

---

① 在这一地区,现考古已知的最古老硬币是由希腊人在公元前7世纪中叶至公元前6世纪中叶铸造的。公元前5世纪至公元前4世纪,波斯人统治巴勒斯坦地区,腓尼基的硬币,尤其是西顿和推罗(Tyre)铸造的银币、铜币,流行于该地区的北部以及沿海地带,甚至到达雅法的南面,同时也大量流入耶路撒冷。此时犹太市场流通的货币主要是"金他连得",同时也有巴比伦人所用的斧形金、银货币,以及埃及铸有狮子、羊羔图样的货币。与此同时,在伽萨(Gaza,城镇名,原非利士人五大城镇之一,巴勒斯坦西南部一海港,现属埃及)地区出现了许多希腊人铸造的小银币奥卜尔(Obol)和半银币,种类繁多,式样各异。由于希腊人的文化影响,整个东地中海一带几乎都流通这种硬币。这一带的国家和政府自己所造的硬币也带着希腊的影响,在流通中与希腊硬币具有同等的价值与购买力。模仿雅典造币的地区还有犹第尔,这一地区所铸硬币存在的并不多,但至少有六种。迄今这些硬币虽尚无法确定到底是犹太祭司还是波斯当局铸造的,但有的硬币上有犹太大祭司——希西家的名字。这批相似形状的硬币中面值的最大单位是德拉克马(drachm,古希腊银币名称,亦称 dram,又译打兰,折现今重量3.887克),它可以兑换大批小银币和半银的小钱币。

② 希伯来语为 navi,意为"代言人"即"以上帝的名义说话的人",一般是指接受上帝委派,具有神圣的启示天赋和超凡魅力的智者。

令已婚者与外邦人配偶离异,以保证民族的纯洁性。这些改革牵涉各个方面的利益,矛盾错综复杂,最后的结果是建立起了一个坚强的民族共同体。这一结果实际上是与祭司阶级合作的基础上进行的内部社会制度改革,是希伯来社会各方面利益妥协和平衡的产物。这一时期施行宗教宽容政策的波斯王朝对希伯来社会的干预甚少,因此在波斯统治下,希伯来民族共同体在性质上只是一种相对自治的神权政体。①

公元前332年,波斯帝国被希腊马其顿亚历山大帝国灭亡两年后,亚历山大征服了犹大,标志着一个新的历史时期——"希腊化时代"(The Hellenistic Age)的开始。犹太社会又处在希腊人统治之下,实质生活依旧没有太大的改变。但在这一"希腊化时代"里,无论是已经流散在南欧、北非和西亚其他各地的犹太人,还是依然留居于巴勒斯坦的犹太人,在其物质和精神生活方面均或多或少地受到了希腊文明的浸染。同时,希伯来社会独特的宗教信仰也对众多非犹太民族显示出相当大的魅力。

公元前323年,托勒密王朝建立,该王朝承袭了波斯帝国的宗教宽容政策,免除了与犹太人的信仰相抵触的义务,使得犹太人有了充分的自由,犹太世界与非犹太世界开始了更广泛的接触,相互之间产生了深刻的影响。东西方文明因此在当时的亚历山大城交会,该城成为了犹太—希腊文明这一光辉结晶的诞生地。也正是这一时期亚历山大城出现了犹太文化的高潮,《摩西律法》由希伯来文翻译为希腊文,亚历山大的犹太人创造了一种独特的、兼具犹太和希腊特征的文化。数十万犹太人在希腊文化的熏陶下,结合本民族的文化传统,"创造了一种独特

---

① 王立新:《古代以色列历史文献、历史框架、历史观念研究》,北京大学出版社2004年版,第185—186页。

的、兼具犹太和希腊特征的文化。这种文化不仅影响古代哲学,而且对早期的基督教也起过相当大的作用"①,同时也凸显了自己独树一帜的律法观念。

而巴勒斯坦地区自公元前332年后也先后为希腊马其顿、埃及托勒密(Ptolemy)王朝和希腊塞琉西王朝所统治。公元前2世纪,犹太人起义建立了哈斯蒙尼王朝(Hamsonean,公元前142年—公元前63年),成为一个典型的政教合一的国家,犹太民族又出现了短暂的中兴时期,国家规模超过了大卫王与所罗门时代。犹太社会经济也得以发展,犹太商人开始了铸造自己的第一批硬币②,拥有了属于自己民族的流通货币,并催生了更多的具有本民族特色的商业活动和交易规则。"当一个个东方大国如亚述、埃及、巴比伦、波斯都被历史的尘埃所淹没的时候,犹太人却继续在西方文明中发挥了重要作用"③,因此希腊化时代是犹太社会民众生活的又一个新篇章。

在犹太社会哈斯蒙尼王朝没落的同时,罗马帝国迅速崛起。公元前63年,罗马统帅庞培(Pompey)率兵进入耶路撒冷城进行了血腥大屠杀,有一部分犹太人被俘虏到罗马沦为奴隶,犹太社会的"希腊化时代"至此终结,犹大地区成了罗马帝国的附庸。公元前40年,犹太社会进入希律王统治时代,他扩大了犹大国家领土,占领了沿海的希腊城市、戈兰高地以及南叙利亚的一些乡村。这一时代的圣经学院汇集了许多著名的研究《摩西律法》的学者,他们不仅著书立说,评注《摩西律法》,而且还负责最为重要的律法裁决,为重要案例汇编与《耶路撒冷塔

---

① 〔以〕阿巴·埃班:《犹太史》,阎瑞松译,中国社会科学院出版社1986年版,第73页。
② 这批最早的较为系统的犹太钱币,大量是铜质小钱,被称为佩鲁塔或迪来普汤(perutah or dilepton)。
③ John J. Collins & Gregory E. Sterling (ed.), *Hellenism in the Land of Israel*, University of Notre Dame Press, Indiana, 2001, p.1.转引自张倩红:《以色列史》,人民出版社2008年版,第40页。

木德》的完成奠定了基础。

　　在当时,罗马帝国依托强大的国力缔造了一个和平的商贸环境,庞培大力消灭海盗之后更是如此。利用罗马境内拥有发达的交通网络,犹太商人与各国的贸易往来更趋密切,许多城镇如耶路撒冷、约帕等都成为世界著名的商贸城。犹太社会经济相当兴旺。例如,公元元年之后,犹太社会兑币之风更盛,当时圣殿不许外国钱币入库,也不许用来缴纳殿税,致使携带各种外币的异族人来到耶路撒冷后,必须首先找犹太人兑换犹太或推罗的货币。于是,兑换商应运而生,在城中的各个角落摆设柜台,逾越节期间更是大发横财,圣殿四周成为了兑换市场。这些兑换商利用各国使用的不同货币做兑换生意,将大银元兑换成小银元,或将外国货币兑换成本国货币,从中赚取利益。为此又催生了钱币经管人员,加之为了满足人们存储剩余钱币和贷款投资的需要,犹太社会开始有了银行系统的雏形,并逐渐演变成一种固定的银行体系,即"钱肆",专门吸收人们的本金而支付一定利息。这些钱肆大多设立于集市之中,既方便了人们兑换钱币,又能以重利经营存贷业务。①

　　公元前4年,罗马废除了犹大的君主政体,犹大国家被合并为罗马的一个行省。犹太社会上层阶级的掠夺和罗马总督的压榨激起了犹太人的反抗。此后,犹太人与罗马统治者的冲突不断,至公元66年爆发了反罗马起义,史称犹太战争。战败之后,犹太人在亚历山大、塞浦路斯等地发动的数次反罗马斗争也均以失败告终。

　　132年至135年的巴尔·科赫巴(Bar Kokhba,意为"星辰之子")大起义,犹太民族又付出了惨重的代价,这一起义结束了犹太历史上的"第二圣殿"时期。在起义被镇压后,罗马人对巴勒斯坦实行的焦土政

---

　　① 参见梁工主编:《圣经时代的犹太社会和民俗》,宗教文化出版社2002年版,第201—202页。

策,迫使犹太人走上了"大流散"(Diaspora)的历程,其中有一部分犹太人移居安纳托利亚、阿拉伯半岛、两河流域及北非地区。由于政治、经济等原因,巴比伦成为了犹太人和犹太文化的中心,巴比伦的犹太社团与故土耶路撒冷保持着密切的联系。

3世纪,巴比伦集中了大批的宗教学家,他们潜心犹太教神学研究,并纷纷著书立说。巴比伦犹太社团在对犹太教和希伯来文化传承方面已经超过了巴勒斯坦,尤其是幼发拉底河畔的小城内哈达(Nehardea)被誉为"巴比伦的耶路撒冷"。巴比伦最重要的圣经学院也积极组织一批学者专门研究犹太教律法典籍,巴比伦学者们前赴后继地进行这项学术研究,并结合散居犹太人的生活实践,于5世纪末完成了《巴比伦塔木德》,此书充分再现了巴勒斯坦和巴比伦犹太人从公元前6世纪到公元5世纪这一千多年间的宗教与文化生活。[1]"《巴比伦塔木德》是涉及人们日常生活的所有方面与所有关系的巨著,是仅次于《圣经》的犹太人的圣书"[2],它为散居犹太人提供了宗教准则与行为规范。后来,随着更多的犹太人向周围的西亚国家扩散,希伯来文明的辐射圈越来越宽广。

综上,从圣经时期到塔木德时期这一悠长的社会变迁过程中,犹太民族谱写了曲折跌宕的历史篇章,创造了奇特凝重的古典辉煌。尤其是塔木德时期,犹太社会从耶路撒冷迁到当时的巴比伦,这一文化重心的移转更加凸显了希伯来文明自始至终是一个开放性极强的文明形态,希伯来律法也凭借这种方式再续了古代西亚地区法律文明的生命力。

---

[1] 参见张倩红:《以色列史》,人民出版社2008年版,第58页。
[2] See Menahem Mansoor, *Jewish History and Thought*, Ktav Publishing House, Inc., New York, 1991, p.140. 转引自张倩红:《以色列史》,人民出版社2008年版,第58页。

二、《摩西律法》和《塔木德》的民事规约

希伯来民事规约生动而集中地体现在希伯来法的重要渊源——《摩西律法》(Matan Torah、The Pentateuch、Five Books of Moses)、《塔木德》(The Talmud)之中;而《摩西律法》、《塔木德》等律法典籍中蕴涵的民事规约又进一步推动了犹太民族的经济发展和社会进步。

如前所述,犹太社会是一个非常典型的流散社会结构。① 在这一流散社会中,以色列人(Isaelites)是公民,他们彼此之间并无政治上的差别。祭司们和利未人是世袭等级阶层,妇女在法律上处于不利地位,穷人和寄居者是又一个特别的群体,他们共同构成了这一犹太社会。② 与古代西亚地区楔形文字法典所包含的宇宙观和法律理念十分相似,希伯来法律上也强调:他们均是神的仆人,无论是土地还是生活中其他的一切均是来自神的恩赐,由此形成的希伯来民事规约既带有宗教色彩,又镌刻着古代西亚地区法律文明发展的印痕。③

在自身不时中断却延绵不息的社会变迁中,犹太人不断地飘零在异国他乡。他们所有的人赖以幸存下来的中介是宗教和律法,但使其身份得到保障的这一宗教特征,也致使他们饱受了异邦社会的宗教歧视。勤劳的犹太民族只得通过在千差万别的社会环境中充当商人和金

---

① "流散社会"的模式是指这样一种社会,它已在地理上流离失所,部分融入了外族社会生活,但通过坚持一种共同的文化传统而仍旧保持着自己的精神统一性和与众不同的特点。参见〔英〕阿诺德·汤因比:《历史研究》,刘北成、郭小凌译,世纪出版集团、上海人民出版社2005年版,第44—49页。

② See Raymond Westbrook (ed.), *A History of Ancient Near Eastern Law*, Vol. 2, Koninklijke Brill NV, Leiden, The Netherlands, 2003, pp. 999-1007.

③ See E. A. Speiser, "Cuneiform Law and the History of Civilization", *Proceedings of the American Philosophical Society*, Vol. 107, No. 6, Cuneiform Studies and the History of Civilization(Dec. 20, 1963), p. 539.

融家,克服宗教特征给他们带来的障碍,成功地保存了自己及自己缔造的律法习俗和宗教信仰。

(一) 希伯来民事规约的发展脉络

与犹太社会经济发展与历史变迁相对应,在犹太社会中希伯来民事规约的生成、发展乃至演变脉络也大体经历了圣经时期(公元前11世纪—公元前3世纪)和塔木德时期(公元前3世纪—公元5世纪)两大阶段。在这两个阶段中希伯来民事规约的发展是与犹太民族的智慧结晶——律法典籍生成密切不可分的。

1. 第一阶段为圣经时期

也称"摩西时期",时间跨度为约公元前1200年延至公元前300年,包括了国王、先知和法官对法律的发展,产生了《旧约全书》,其民事规约的主要渊源是《摩西律法》。对这一时期的律法典籍大体有以下两个称谓:一是"圣经法典"(Biblical Codes),即是《圣经·旧约》中古希伯来律法的汇编。它主要有两种法律渊源形式:一种形式是以诫命为形式的条例,如《摩西十诫》;另一种形式是包括条件说明并规定有关惩罚的决疑法(casuistic law)或判例法。二是"犹太法"(Jewish law),即指古老的犹太律法,即托拉(Torah),专指希伯来典籍《圣经》的前五卷——《摩西律法》(又称《摩西五经》)所包含的宗教教规、道德规范、仪式典礼、司法制度等。

希伯来法大约形成于公元前11世纪,终止于1世纪。起初,希伯来国家通行的是习惯法。到犹大王约沙法在位期间(Jehosphaphat,公元前870年—公元前846年),出现了由祭司编写的最早的成文法,包括希伯来习惯、宗教戒条和国王的敕令等内容。随着希伯来国家的发展,这种律法书不断增多,至公元前6世纪最终形成《摩西律法》。

它是《圣经·旧约》中最早成型的经典,被看做耶和华(YHWH)经摩西授予世人的信仰规范和行为原则,可谓是一部完整地记录了神与人对话的"神法"(divine law)。同时,它也是一部收载希伯来成文法的典籍,对此后希伯来先知(Prophet)不断复述上帝的诫命以及拉比学者们的一系列注经活动等均有着重要的约束与参照作用。① 这部经典及其复杂的注释也凸显了犹太民族的律法体系和律法原则,昭示了希伯来法的法律、宗教、伦理的"三合一"。其中,首卷《创世记》(The Genesis)是关于上帝创造世界和人类始祖以及犹太民族起源的描述,全卷共 50 章,分为三部分:第 1 至 11 章是关于世界和人类起源的神话;第 12 至 36 章是关于犹太民族始祖亚伯拉罕、以撒和雅各的传说;第 37 至 50 章是关于雅各幼子约瑟的史诗。《出埃及记》(The Exodus)共 40 章,叙述摩西的成长和他领导犹太人迁出埃及,以及在西奈上帝通过摩西与犹太人立约、颁布十诫的过程。《利未记》(The Leviticus)共 27 章,是关于摩西宣布献祭等宗教礼仪及立亚伦及其子孙利未人为祭司的叙述,因而此卷有犹太教的"祭司法典"之称。《民数记》(The Numbers)共 36 章,讲述摩西在率领犹太人离开埃及之前调查户口、颁布律法及其随后向迦南推进最后到达约旦河东岸的历史。《申命记》(The Deuteronomy)共 34 章,是风烛残年的摩西在摩押平原面对一河相隔的迦南目的地对犹太人所作的三篇告别词,主要内容为劝诫犹太人恪守约法,一心侍奉上帝,以及立约书亚为后继人等等。② 其中,第 12 至 26 章是一组希伯来民事规约,也称为《申命法典》(The Deuteronomic Code),它是一部在公元前 7 世纪历史学家解释的基础上根据历史条件对希伯来法的重新解释和修订。其内容主要分为宗教仪式和法

---

① See James W. Watts, "The Legal Characterization of Moses in the Rhetoric of the Pentateuch", *Journal of Biblical Literature*, Vol. 117, No. 3(Aut.,1998),pp. 415-426.

② 何勤华、李秀清主编:《外国法制史》,复旦大学出版社 2002 年版,第 15 页。

规两个部分,还包括民事、伦理、宗教崇拜和安息年制度等事项。①

这一时期希伯来民事规约是希伯来法的核心内容,积极地倡导神圣的民法要旨和朴素的民法观念。在《摩西律法》中,其民事规约的表现形态相当充分,涵盖了诫命、律例、礼仪、规则、典章、制度等;其调整对象也十分完备,涉及对人与上帝的关系、人与人的关系以及社会生活的方方面面;其内容规定既有教规教义、祭祀礼仪和耶和华选民的宗教生活规范,也有针对世俗生活所做的各种具体规定,尤其是在犹太社会中建立起财产、土地、婚姻、家庭、继承权等一套较为完整的制度。②

不过,律法多是口传的,其成文法条尚不甚严谨,大多表现为决疑法,其律法条文本身有假设型的存疑式和陈述型的必然式两种结构表述方式。③

其一,存疑式,多以"若是……"开头。这一表达方式是逻辑上一种辨别是非的概念,这类律法的基本表述句型是以"倘若或如果"开始的条件句加上一个结论句构成,在陈述时将违法行为放在条件从句中,而将惩罚放在结论句中。例如,"若点火焚烧荆棘,以致将别人堆积的禾捆、站着的禾稼或是田地都烧尽了,那点火者必要赔还"。这一成文体例与苏美尔、巴比伦楔形文字成文法典中各条民事规范条文的表述极为相似,此前迦南地区主要适用的就是这些古代西亚民事规范,孕育于此地的希伯来律法加以转借是理所当然的,是故两者之间有着天然的

---

① See Edouard Montet, "The Discovery of the Deuteronomic Law", *The Biblical World*, Vol. 36, No. 5 (Nov., 1910), pp. 316-322. 或参见 Bernard M. Levinson, "Cailum M. Carmichael's Approach to the Laws of Deuteronomy", *The Harvard Theological Review*, Vol. 83, No. 3 (Jul., 1990), pp. 227-257.

② 参见沐涛、季惠群:《失落文明:犹太王国》,华东师范大学出版社 2001 年版,第 69 页。至于《摩西律法》究竟来源于何种底本资料,其底本的理论最流行的是格拉夫—魏尔豪森四底本学说。其内容详见《失落文明:犹太王国》第 69 页和《律法书叙事著作解读》第 51—68 页。

③ See Stanley Gevirtz, "West-Semitic Curses and the Problem of the Origins of Hebrew Law", *Vetus Testamentum*, Vol. 11, Fasc. 2 (Apr., 1961), pp. 137-158.

渊源关系。

其二，必然式，以绝对肯定的语气出现，是逻辑上的必然真（apodictic），这类律法主要以第二人称单数将来时加以表述，有时表述为一些特定的诅咒格式。它又细分为两类：其一是命令式，如"当孝敬父母"等；其二是警戒式，如"不可杀人"等。这一成文体例也是古代西亚地区民事规范中最常用的范本，在《圣经》中时常出现在各种诫命之中。

"存疑式条文大都针对世俗生活而设，必然式条文主要针对宗教生活而立"[①]，《摩西律法》中使用较多的是必然式，强调神的戒律，强调律法是神的意志的表现形式。但这也不是绝对的，不少律法必然式条文也含有非宗教生活的内容；且存疑方式的律法条文虽对世俗生活原则做出了许多规定，但也是刑民难分，明显地带有古代西亚地区民事规范的特点。此外，律法中有的条文是一般性原则，有的是具体规定，还有的在一般原则之后附有对何以实施这一原则的详细说明。因此，圣经时期的《摩西律法》蕴涵了大量的民法纲要、观念术语及制度精神。

自公元前6世纪起，希伯来社会饱受外族的蹂躏，但《摩西律法》始终是犹太人生活中最重要的行为准则。从公元前5世纪起，希伯来人开始了编纂律法的活动。公元前538年，犹太人流放归来之后，更是发展成为一个以律法为核心的民族共同体，他们将五经律法作为神的道德意志的启示，并在译释律法和审判案例中逐渐形成了"口传律法"（Oral Tradition）的传统，出现了权威性的犹太口传律法汇编。

在随后的几个世纪中，巴比伦城成为了犹太律法研究中心，希伯来法在自身发展中也不断融入了巴比伦法律文化传统，写在泥板上的律法逐渐取代了圣约，成为希伯来人生活信仰的基础，并为此后犹太教法典的完成积淀了丰富的编纂经验。

---

① 梁工等：《律法书·叙事著作解读》，宗教文化出版社2003年版，第133页。

2. 第二阶段为塔木德时期

该阶段具体又可以分为前后两个时期,前一时期称"古典时期",即公元前300年至公元200年。继波斯人统治之后,在马其顿王国统治之下,犹太民族在持续170年的"希腊化时代"里,致力于"捍卫托拉"(即"设藩篱以护托拉",to make a hedge round the the Torah)。希伯来法中神的律法因此拥有了世俗的强大力量,并衍生出了绝对化的外在形式。《摩西律法》中的诫命和禁律成为生活在各地的犹太人具体生活的永恒真理,成为民众生活中行为规范的体系。"诫命是灯,法则是光"(《箴言》6:23),在此,法则就是托拉,不仅指律法,还包括全部经文,是神的启示的全部意义之所在,也是民众生活中必须付诸行动的准则,以实现对于诫命的义务。

此时期的犹太社会仍是神权政治,即统治者受神谕启示。但因陆续受到外族人的统治,犹太社会成为一个相对独立的自治政体。具体表现在内部管理上,立法和司法的最高权力集中于一个议院,它最终被称为"犹太教公会"(Sanhedrin),即"高级议会"、"高级法院",其法院成员即是犹太拉比(rabbi,这些人一般毕业于宗教法学院,被委任为犹太法官),所处理的法律事务层出不穷。希伯来法强调通过判例法为基础的推理来发展法律,并保存了各法官的判决年度汇编和各法学家的大量评论。正是他们大大推动了法律的发展,故民事规约的渊源是大量的判例记录和犹太拉比们的评论。

后一时期称"犹太教法典编纂时期",即200年至500年,此时期的重要活动是对《塔木德》的编纂。特别是对自公元前300年以来所有有记录的判例和评论的汇编,形成了两部权威的著作——希伯来文编纂的《密西拿》(The Mishnah)和阿拉米文编写的《革马拉》(The Gemara)。它们和其他材料一起构成了《塔木德》。它是犹太教中仅次于《圣经》的主要经典,是一部独一无二的口传律法集,共计十二卷本。其中,

《密西拿》是口传的根源于《圣经》的法令增补集,《革马拉》是对前者的注释、考证与补充。

在希伯来文中"塔木德"是"教学"的音译,其内容所载的不少律法条文,大多是对律法书的世俗解释。希伯来社会中,《塔木德》有两个不同版本:其一是巴勒斯坦通用的教本,也称"《耶路撒冷塔木德》"(The Jersualem Talmud,简称 JT),其二是犹太人寄居巴比伦而编纂注释修订的律法,也称"《巴比伦塔木德》"(The Babylonian Talmud,简称 BT)。[1] 它们中的第一卷《密西拿》是相同的,而第二卷《革马拉》却各有千秋。其中,《巴比伦塔木德》成书于《耶路撒冷塔木德》之后,经过拉比们的不断修订,并结合散居犹太人的生活实践,所以更加完整。这是一部庞大的百科全书,除法学以外,还包括史学、数学、医药学、神学和玄学。就法学而言,它是关于法学博士对规则和判例进行的绝妙讨论与决定的大量记录。[2]

特别是《密西拿》对公元前 450 年先知以斯拉时代后的口传律法进行了全方位的诠释。其内容主要包括 6 个部分,共 63 篇专论,分别论述了关于农业的宗教法、宗教仪式和宗教节日,关于结婚和离婚的宗教法,民事责任与刑事责任(如刑罚),庙宇祭品以及宗教仪式的净化和斋戒等。[3] 此后,这部《密西拿》成为了巴勒斯坦地区和巴比伦等地学院教育的律法教本,律法就这样经过拉比们代代传授与阐释,不过,在巴勒斯坦的学校中各位拉比对《密西拿》的传授与解惑较为严谨,变化甚少。而在巴比伦城,随着社会和经济的发展以及古代

---

[1] See H. S. Linfield, "The Relation of Jewish to Babylonian Law", *The American Journal of Semitic Languages and Literatures*, Vol. 36, No. 1(Oct.,1919),pp. 40-45.

[2] 参见〔美〕约翰·H.威格摩尔:《世界法系概览》(上),何勤华、李秀清、郭光东等译,上海人民出版社 2004 年版,第 93—97 页。

[3] See H. S. Linfield, "The Relation of Jewish to Babylonian Law", *The American Journal of Semitic Languages and Literatures*, Vol. 36, No. 1(Oct.,1919),pp. 40-45.

西亚地区各种文明的激烈冲击,推陈出新地编辑与校正已有的律法材料和口传律法自然也就不足为奇了。至5世纪末6世纪初,经过此地拉比们的不懈努力,希伯来法最终形成两个不同版本的《塔木德》。但无论如何,正是通过对律法的这种通俗解释和阐述,使得希伯来法进一步从神法走向了人法,走进了世俗世界,其民事规约的色彩更加浓烈了。

长久以来,由律法书、先知书、圣录三部经典共24卷组成的《圣经》被视为是犹太教"一部永恒的书",而《塔木德》则是人们生活的伴侣。它主张以发展和变化的眼光去看待教义和律法,并要求根据客观实际对教义和律法做出合乎逻辑的解释。是故,《摩西律法》和《塔木德》是犹太民族数千年发展的法律文明结晶,是犹太民族作为"律法民族"精神的最有力表现,引导着他们不断超越自己、影响世界。

（二）律法典籍中的民法要旨与观念

如上所述,希伯来民事规约的外在表现形式已基本定型,这些民事规约生动而具体地分布在《摩西律法》和《塔木德》两大典籍之中。希伯来法由成文律法发展到口传律法,两者是一样的古老,有着同样的典籍来源——《圣经》,相互之间密切不可分,没有口传律法的注释,成文律法无法得以践行,没有成文律法的依托,口传律法也无从谈起。① 从《摩西律法》到《塔木德》,希伯来社会尊崇的犹太教经典几乎涵盖了犹太人的整个生活,它几乎包含了所有的社会习俗,从最朴实的生活习惯,到最正规的律法条文和最自觉的伦理准则。律法以传说的故事赋予了希伯来法古老的渊源和神圣的约束力,同时涵盖了诫命、律例、礼

---

① See H. S. Linfield, "The Relation of Jewish to Babylonian Law", *The American Journal of Semitic Languages and Literatures*, Vol. 36, No. 1(Oct., 1919), pp. 45-46.

仪、规则、典章、制度等。律法典籍将所有的希伯来人视为上帝的选民，强调人与上帝、人与人的立契关系以及民众生活的公序良俗。因此对于自称为耶和华"特选子民"、负有上帝（YHVH）神圣委托的犹太人来说，犹太教经典不仅是宗教信仰的圣书，而且也是犹太社会民事规范的圭臬。

《摩西律法》中"摩西十诫"（Decalogue、Ten words、The Ten Commandments）蕴涵着最重要的民法原则。根据《圣经·旧约》记述，传说它是上帝在西奈山向摩西颁布的法令，由上帝亲手写在两块石板上。五经中有两处记载了"十诫"的内容——《出埃及记》20:1—17 和《申命记》5:6—21，它们的内容基本相同，仅是对"守安息日"的理由有不同解释。作为道德法律化的产物，《摩西十诫》的具体内容如下：

1. 除了耶和华之外，不可信仰别的神。

2. 不可为自己雕制和崇拜任何偶像。因为耶和华上帝是嫉妒之神。凡恨上帝者，由父及子，罪究三四代；凡遵上帝诫命者，得享上帝慈爱，直到千代。

3. 不可妄称耶和华上帝之名，因为上帝以妄称其名为罪。

4. 如上帝所命，当守安息日为圣日；不可在六天之外的第七天工作，此日为安息日，用来祭祀上帝。你，你的子女，你的仆人，你的家畜，居于你家门内的陌生人均如此；你的男仆与女仆如你一样休息。记住在埃及的土地上，你曾是仆人，耶和华上帝以其强有力的手和伸展的手臂将你带出埃及；因此上帝你的主命令你守安息日。

5. 如上帝所命，不可对父母不孝；如此，你的幸福之日在上帝耶和华赐予你的土地上将得以延长，与你相伴。

6. 不可杀人。

7. 不可奸淫。

8. 不可偷盗。

9. 不可作伪证陷害人。

10. 不可贪恋人的房屋,也不可贪恋人的妻子、仆婢、牛驴,并他一切所有的。

这十诫虽并未概括希伯来法的全貌,但这十条既抽象又简明的规定正是希伯来律法中民事规范的总纲,被后世全体犹太人奉为法律圭臬。后人解读"摩西十诫"时有"三七分"和"四六分"之说。犹太人和部分基督教人士认为,前三诫是人对神的本分;后七诫是人对人应尽的义务,故称为"三七分"。一些改革派研究者认为,前四条与神有关,规定了人与神的关系;后六条与人有关,规定了人与人的关系,故为"四六分"。这两种分法都以人与神、人与人的关系为原则,本质上没有多大区别。①

其中,后六条(即第5至第10条)诫命是关乎社会生活方面的基本行为准则,规定了人与人之间的关系,彰显了神圣的民法纲要。例如:第5条规定"不可对父母不孝",即是强调了子女对父母的义务。第6条规定"不可杀人",即是对人生命权的总保障。在以下的"约书"中,律法对杀人行为具体分为情有可原的(《出埃及记》21:13)、意外的(《民数记》35:23)、合理的(《出埃及记》22:2)三种情况,无论是何种情形,杀人均不构成犯罪,为此特设"一个地方"或"逃城",对无罪杀人者的生命给以保护,对死者的灵魂给予一种安慰。但故意杀人则是严重的侵权行为,是犯罪行为,将受到法律的严惩。第7条规定"不可奸淫",即是表明婚姻的神圣性,强调夫妻的正当关系不可违背。因为此处的"奸淫"主要指已婚妇女和一个不是她丈夫的男人发生性关系。已婚男子与一个不是其妻子的女人发生性关系并不构成奸淫。第8条规定"不可偷盗",即是旨在保障个人财产所有权。第9条规定"不可作伪证陷害

---

① 梁工等:《律法书·叙事著作解读》,宗教文化出版社2003年版,第134页。

人",即是维护个人名誉的神圣性,禁止毁谤中伤。第10条规定"不可贪恋人的房屋,也不可贪恋人的妻子、仆婢、牛驴,并他一切所有的",即是禁止贪婪,保护私人财产神圣不可侵犯。

《摩西律法》中还有其他章节有类似的民事原则,譬如,《利未记》19:1—18的"戒民数例",其中的19:3—4、11—12重述"摩西十诫"的第1、5、8、9条戒律;第9条至第10条规定适当的拾穗和采摘果实;19:13要求及时支付雇工工价;19:14要求不得欺凌瞎子和盲人;19:15不得歪曲审判;19:18禁止诋毁或报私仇。又如,《申命记》27:15—26的"宣诅"对不孝顺父母、侵犯邻人私产、欺凌瞎子或寄居者或孤儿寡母、乱伦以及伤及无辜生命等进行了一一规劝,并严加禁止。

除了神圣的民法要旨之外,《摩西律法》还体现出契约观、平等观、人本观以及仁爱观等诸多戒律。其中,契约观、公平诚实观既是对古代西亚各民族民事规范的继承,也是对希伯来法最基本观念——"约"的概括和落实;人本观、仁爱观是希伯来法在宗教信仰、道德规范的约束之下,延伸至民商事规范领域的又一自律体现。

1. 契约观

犹太民族吸收了古代西亚地区其他民族的契约观念,并最早在一神思想中建构具有自身民族特色的契约观。犹太民族是视契约如生命的"契约民族"[1]。众所周知,《圣经》分旧约与新约,在此,"约"就是指契约,是有关上帝与人类的契约。《圣经》便是记载这一契约及有关情况的全书,其中《摩西律法》更是强调了人与神之间订立互有责任和义务的契约精神。

契约(希伯来文为berit),是一项严肃的诺言,对立约双方均产生

---

[1] 谢桂山:"论传统犹太教的伦理向度",《东岳论丛》2005年第1期。

约束力。① 双方必须相互承担责任,共同遵守,不得违背。犹太人也称契约为"shetar"或者"starr",此词来源于希伯来语中的"Starra"(备忘录)。② 它涉及人类所有一切的社会交往活动,立约的双方可以是神与人,也可以是人与人。在《摩西律法》记述中,个人之间就可以互相签约③。例如,在《创世记》第 31 章中,雅各与拉班立约,作为彼此的证据。

神人之约是《圣经·旧约》的核心内容,称之为"圣约"(covenant)。上帝与人最早的约定是《创世记》5:17—21 中与挪亚的约,神应允不再有大洪水毁灭人和大地,并以天虹为记号,让人记得神的慈爱和永恒的应许。因此,作为上帝的选民,犹太人必须听从上帝的话、信守上帝的约。之后,有神与亚伯拉罕之约,神赐他做"多国的父","后裔繁多",并以割礼为记,要他们世世代代守神的约(《创世记》17);有西奈之约,神应许以色列人做神的子民,他们要遵守包括"十诫"在内的"约书",同时以献祭和歃血为立约的凭据(《出埃及记》19—24);此后,还有神与大卫王之约等。神人之约在不断地重续,甚至整部《申命记》描述的正是摩西及以色列人在西奈山重立他们与神之约的宗教历史,这个约就是神与先祖亚伯拉罕所立之约的延续。神与人在不同的历史场合以不尽相同的形式反复出现。④

在上帝与人类所订立的契约中,最著名的莫过于如前所述的"摩西十诫"。记载在两块石板上的"十诫"是有史以来制定的最伟大而简

---

① 〔美〕罗伯特·M. 塞尔茨:《犹太的思想》,赵立行、冯玮译,上海三联书店 1994 年版,第 63 页。
② 〔美〕约翰·H. 威格摩尔:《世界法系概览》(上),何勤华、李秀清、郭光东等译,上海人民出版社 2004 年版,第 100 页。
③ 在英文圣经传统中,专用 agreement/alliance/compact/league/treaty 等表示这种类型的契约。
④ 黄天海、褚良才、梁慧:"摩西法律的契约形式和以律法为核心的希伯来宗教",《世界宗教研究》2002 年第 3 期。

短的道德准则,迄今仍比人文主义者和基督徒的日常生活准则先进。①"约书"一词最早出现在《出埃及记》24:7中,是上帝对这些诫命的具体阐释,以后被习惯地称为"契约书"。从法律角度看,"摩西十诫"是希伯来法的总纲,决定了律法的性质和内容;而"约书"则是具体的律法条文,体现了律法的实际内容。"摩西十诫"通过契约的方式赋予法律这一他律以自律色彩,强调人的内在自觉性和责任性。《申命记》中又再次重申"摩西十诫",并和其他申命契约书一起载于律法书,并存放在约柜(Ark of Covenant)里。

上帝与以色列人所立圣约中,最重要的是"应许之地"(the Promised Land)之约,即迦南是上帝应允赐给犹太民族永远居住的一块乐土。这块土地是通过立约而进行的(《创世记》15:18—21),以后耶和华又先后对亚伯拉罕的子孙以撒和雅各显灵,重申将此地(即一块"流着奶与蜜之地",A Land Flowing with Milk and Honey)赐给犹太人。这一契约真实地反映了早期犹太游牧民族在向定居生活过渡时期对土地的渴求。

上帝与犹太民族每一个成员所立约定中,割礼是最普遍的一种契约形式,其实质上就是立在身体上的约。《创世记》17:9—14中记载亚伯拉罕时代,上帝"始定割礼"。在犹太人看来,受过割礼的孩子,就是"约之子",成为上帝"特选子民"(the Chosen People)中合格的一员。犹太人的一生,从摇篮到坟墓都是在把神主耶和华的律法化为具体的行动,信守上帝之"约"——诫命。

上帝与犹太人所立之"约"是现实生活中"契约"观念的原型,任何形式的"契约"归根结底都来自与上帝所立的"约",绝对必须履行。由

---

① 〔美〕约翰·H.威格摩尔:《世界法系概览》(上),何勤华、李秀清、郭光东等译,上海人民出版社2004年版,第81—82页。

此"不履行"一词对犹太人来说是不可思议的。犹太商人做生意时,签订契约之前一定要对交易的每一个环节都做详细的讨论,在签约时更谨小慎微,斟酌每一个条款,一旦签约,不管发生任何困难也要履行契约,绝不毁约。

一旦签了约,双方就发生交换和"契约"关系,契约是对交换的一种法律保证,契约之中包含着对交换的肯定。倘若一方不履行,另一方必定会严格地追究其责任,不留情面地提出赔偿要求,而毁约的一方则会商业信誉彻底丧失,作为商人被永远打入地狱,很少有东山再起的可能性。正是这个铁一般的制度,保证了犹太商业沿着既定的轨道有条不紊地向前运行。①

犹太人的商业活动因为有了宗教信仰的支持而成为一个商业化的民族。在这一契约观的影响下还衍生出另外两大与众不同的商业观念:一是金钱观念;二是"厚利多销"观念。前者表现为犹太商人十分看重钱,"不作存款"是其经商之道。有钱的犹太人总是将钱用于高回报率的合法投资或者将自己的钱放贷以赚取高息。后者表现为犹太商人总是精于分析市场和消费者心理,积极寻找新的生财之道和投资行当。

此外,在恪守契约的观念支配下,犹太商人还有着准确的时间观念。犹太人认为时间是每一宗交易必不可少的条件,是达到经营目的的前提。律法中大量的时间规定,诸如安息日(Sabbath)②、禧年,直接

---

① 梁工主编:《圣经时代的犹太社会和民俗》,宗教文化出版社2002年版,第187页。
② 严格地讲,安息日不同于星期天(Sunday)。前者根据《摩西十诫》指一周的第七天,即星期六,犹太人和大部分基督教教派尊奉此日;而后者指一周的第一天,一般称为"主日"(Lord's Day),是基督教的安息日。希伯来法中的安息日源自于古巴比伦人的发明——时间单位"星期",一星期7天,分别用太阳、月亮和5个行星的名字命名,巴比伦人的安息日是由崇拜月亮神而规定的一个祭祀之日,人们停止劳作,供奉神灵,禁戒喜爱的事物,是一个充分休息的时间;同时期的古亚述人也认为安息日就是"让心休息的日子"。See J. T. Nichols, "The Origin of the Hebrew Sabbath", *The Old and New Testament Student*, Vol. 12, No. 1 (Jan., 1891), pp. 36-42.

关系到契约的具体履行日期。契约活动中违反安息日法律规定者是要受到惩戒的。犹太人还很重视交易中的签约时间,尤其重视斟酌与商订契约中的时间条款,签约时,犹太人总是首先估计自己或对方的交货能力,是否能够按照契约要求的质量、数量和交货期履约。

2. 公平诚实观

希伯来法隐含着上帝面前人人平等、法律面前人人平等的平等观念,犹太教最重要的教义在于只有一位神,即无形并且永恒的上帝。犹太民族把在上帝面前人人平等奉为基本训喻之一。在上帝与人、人与人的关系中,"上帝为父,众人皆兄弟",《摩西律法》奠定了这一理念的根基:"首先,生命从神而来,所以人人平等;其次,人都有罪的,因此不能赋予一个人太大的权力,权力是神所给的,所以要赏善罚恶。"①犹太民族深信人人都享有公义,人人都享有上帝的恩赐。上帝的仁慈和爱对任何人都一样。每个人的价值和机遇在上帝面前都是平等的。因此,所有的人都必须互相负责、相互尊重,享受同样的平等与自由。

上帝是唯一的立法者,具有至高无上的权力。君主的政治权力也来自上帝,是民众经过先知的中介从上帝那里求得的。君主与平民百姓同属上帝的选民,被赋予与其他任何人同等的权利和义务。换言之,在上帝面前,君王和平民是平等的,在法律上享有均等的权利。因此,在《摩西律法》中看不到王公贵族能享受任何特权的规定,也不存在古巴比伦、古希腊奴隶制时期那种上下泾渭分明的等级关系。这正是希伯来人对正义、公平的理解。②

诚然,《摩西律法》中的确也有不平等规定,例如,神职人员享有一

---

① 何小莲:"希伯来法精神——犹太教对现代西方文明的贡献",《陕西师范大学学报(哲学社会科学版)》2001年第2期。

② See G. Ernest Wright, "How Did Early Israel Differ from Her Neighbors?" *The Biblical Archaeologist*, Vol. 6, No. 1(Feb., 1943), pp. 18-19.

定特权,利未人(Levites,专司祭司一职)也享有某些优惠政策;外邦人在犹太社会没有任何社会地位,不属于法律上的平等主体,但作为无助者在《摩西律法》中仍能得到一些权利的眷顾。

因此,圣经时代律法告诫:在人与人的交往中律法也十分重视诚实公平,不可欺骗,也不可彼此说谎,更不能以上帝的名义起假誓(《利未记》19:11—12);亦不可在民中往来搬弄是非,也不可与邻舍为敌,置之于死(《利未记》19:16);不可行不义,在尺、秤、升、斗上也是如此,要用公道天平、公道砝码、公道升斗、公道秤(《利未记》19:35—36)。平等诚实观念有力地涤清了个体追逐实利的狭隘意识,较合理地规制了犹太社会的经济生活,大大保障了交易的有序进行。

塔木德时代,犹太拉比很早就开始致力于商业活动规范化的工作。《塔木德》中的诚实观被公认为"近现代商业法规的思想渊源,并对以契约关系为基础的商业运作提供了思想基础和法律规范"[①]。这一诚实观念对商业贸易提出了更为严格的规定,强调公平交易。为此希伯来律法典籍做了种种规定。

譬如,在计量用具上,用做丈量手段的绳尺,冬天和夏天的应当有所区别,因为绳尺自身的长度会因热胀冷缩而有变化;作为量器的瓶子,底下不能有残留;砝码的底部必须经常进行清洁,以保持分量的准足。在卖方计量不准的情况下,买方有权要求正确计量。当时市场上还设有监察人员,督促商人遵守相关制度,要求他们经常清洗磅秤和砝码。

又如,在推销手段上,禁止进行带有欺骗性的宣传;不能在家畜身上涂颜色以蒙骗顾客;不能把奴隶装扮年轻以获取高价;不能把腐烂水

[①] 〔美〕弗兰克·赫尔:《犹太商人创业圣经》,徐世明编译,民主与建设出版社2004年版,第9页。

果混在新鲜水果中出售；不能把旧工具外表翻新以牟取高利等。在价格问题上，必须保护买方的利益，买主若发现不公平，有权投诉卖主。当时商品没有统一的定价，但如成交价高于一般水平的10%,《塔木德》规定，这笔交易自行失效，买主有权要求退货。如果商品质量有问题，买主在一天或一星期（视所买物品而定）内可以要求退货。

再如，在商业竞争上，规定在出售特定商品的店铺隔壁不能开同样的商店、卖完全相同的东西；对于降价竞争，大部分情况下以是否有利于消费者为标准；不能购买别人早已表示要购买的东西等。

总之，犹太律法主张诚实为经商的第一要务，这是犹太商人的经商法则。商业就是提供一种服务。只有诚实对待，取得别人的信任，自己才能获得利润。为此，他们奉行诚实经商、不行欺诈、真实价格、正当利润、如实说明等商业运作理念。故无论是《摩西律法》还是《塔木德》等希伯来典籍，均宣扬商法的这一最高法则，其许多具体商业做法极有实际效用价值，其实用的程度在古代西亚诸民事规范中是空前的，正因如此这些具体商业规范在以后的犹太商业经济生活和西方商业社会中发挥出了巨大而长久的影响。

3. 人本观

以人为本，宽恕和赦免、引人向善、惩恶扬善、抑强扶弱的法律思想构筑成《摩西律法》又一民法特色。在对待奴隶问题上，《摩西律法》把奴隶制度看成是反常的和暂时的，故所有希伯来奴隶都要在他们服役的"第七年他可以自由"，除非他们坚持要留在主人那里，"不愿意自由出去"（《出埃及记》21:1—6）。律法还强调"卖于外人者宜赎之"（《利未记》25:39—46），清晰地表达了释奴的愿望。律法一些条款旨在保护和改善奴隶的处境，告诫奴隶主"你任他自由的时候，不可使他空手而去。要从你羊群、禾场、酒醡之中，多多地给他"（《申命记》15:12—18）。同时"若有奴仆脱了主人的手，逃到你那里，你不可将他交付他的主人"

(《申命记》23：15—16)，即是禁止把逃跑的奴隶送还主人。《汉穆拉比法典》、《赫梯法典》中解放债务奴隶的传统做法在此不仅得到沿用，而且似乎更为先进，人文关怀与法律正义更加清晰而深刻。

在对待欠债者、穷人、寄居者以及"寡妇和孤儿"方面，《摩西律法》也十分重视对他们的切实保护。对欠债者，律法规定向以色列弟兄借钱，不可取息(《出埃及记》22：25、《申命记》23：19—20)。对穷人，律法规定，每当第七个年头，土地享受安息日而休闲时，穷人们可食用土地上自然长出的东西(《出埃及记》23：10—11)，遗忘的庄稼和未摘的果实要留给他们(《申命记》24：19—22 规定)。对穷人欠债者，律法规定，每过七年，穷人的债要被取消一次(《申命记》15：1—11)。同时给予每个人一项权利，在第五十年(禧年，the Jubilee Year)，"各人要归自己的产业，各归本家"，且可要回为应急而被迫卖掉的祖辈财产《利未记》25：8—12)。

对寄居者以及寡妇和孤儿，律法规定不可亏负寄居的，也不可欺压他；不可苦待寡妇和孤儿，否则，将受到严惩(《出埃及记》22：21—24)。尤其是对寄居者，《摩西律法》坚持主张，要对土生土长的以色列人和外来居民(希伯来语为 Ger)施用同样的法则。① 律法还特别强调，"不可欺压寄居的，因为你们在埃及地作过寄居的，知道寄居的心"(《出埃及记》23：9)。

在对待人，包括欠债者、穷人、残疾人甚至被掳的妇人、恶人，特别注意平等地维护这些特殊成员的尊严，试图实现这一信念——人应以"上帝的形象"而受到尊重，无论穷人还是富人。继赫梯民法之后，希伯来民法不再有等级化法律倾向，具有更浓厚的人本主义色彩。譬如，律

---

① 〔美〕罗伯特·M.塞尔茨：《犹太的思想》，赵立行、冯玮译，上海三联书店1994年版，第68页。

法为此规定对欠债者和穷人,"你即或拿邻舍的衣服作当头,必在日落以先归还他;因他只有这一件当盖头,是他盖身的衣服,若没有,他拿什么睡觉呢?"(《出埃及记》22:26—27)力劝道:"你借给邻舍,不拘是什么,不可进他家拿他的当头。要站在外面,等那向你借贷的人把当头拿出来交给你。他若是穷人,你不可留他的当头过夜","困苦穷乏的雇工,无论是你的弟兄,或是在你城里寄居的,你不可欺负他"(《申命记》24:10—11、24:14)。律法还反复强调,不可欺压邻舍,不可咒骂聋子,也不可将绊脚石放在瞎子面前;不可报仇,要爱人如己(《利未记》19:13—14、19:18、19:29、19:34)。

对于被掠抢的妇人,律法规定,与仇敌争战,纳被掳妇女为妻时,必须允许她哀哭父母且婚后若不喜悦她,应当由她随意出去,绝不可为钱卖她,也不可当婢女待她(《申命记》21:10—14)。

即使是恶人,若该受责打,"只可打他四十下,不可过数;若过数,便是轻贱你的兄弟了"(《申命记》25:2—3);"不可辱没你的女儿,使她为娼妓";不可欺负外人(即寄居者),要爱他如己,"你不可向寄居的和孤儿屈枉正直,也不可拿寡妇的衣裳作当头"(《申命记》24:17)。

上述这些规定——体现了希伯来法对古代西亚民法人本观念的一种继受与超越,例如,寄居者,在古代西亚社会里是一个特殊的范畴,几乎无任何法律地位与民事权利可言,诸楔形文字法涉及他们的权利条款甚少,即使提到他们也多是强调应履行的义务。当然,在古亚述的民事习惯法中也能够在商事生活中寻觅到他们的有限权利。但在《摩西律法》中寄居者的权利和地位却得到了前所未有的落实,他们享有了与希伯来妇孺及穷人相等或接近同等的权利。

4.仁爱观

一神观和民族观念极强的希伯来人能在一定程度上接纳和维护异族人的民事权利,这不得不归功于他们的仁爱观。以其至死不渝的宗教情结,倡导体恤爱人的道德情操,并将其落实于民事规约之中,要求赋予那些无助的弱势群体以民事权利,并以律法给予强有力的保护。

据此,犹太民族不仅仅把对人的救助视为一种施舍,还更多地把它看成是社会的一种义务,特别是富人应尽的义务。同样,穷人要求得到救助之举也不被看成一种乞讨,而是一种权利,需要得到他人特别是富人的尊重。希伯来律法为此映射出一种"富人的义务、穷人的权利"的民主光芒,在民众日常生活中,成为人人信奉的金科玉律。譬如,律法中有关"收割田禾之例"专门规定:"你在田间收割庄稼,若忘下一捆,不可回去再取,要留给寄居的和孤儿寡妇。……你打橄榄树,枝上剩下的不可再打,要留给寄居的与孤儿寡妇。你摘葡萄园的葡萄,所剩下的不可再摘,要留给寄居的与孤儿寡妇。"(《申命记》24:19—22)在此,农人将田间粮食留给穷人或寄居的与孤儿寡妇是一项必须履行的义务,为穷人得到不失尊严的救助提供了可能。

除了对特别人群的仁爱与体恤,律法在民众的日常劳作生活中也处处倡导宽宥仁慈。例如,希伯来人实行的安息日制度体现了人人平等的休息权利。"摩西十诫"的第四诫就是关于安息日的戒律。律法还具体地规定:"六日你要工作,第七日要安息,使牛、驴可以歇息。并使你婢女的儿子和寄居的都可以舒畅。"(《埃及记》23:12)这说明希伯来律法有一个看待人类和生命的统一标准,既然人作为神的创造物就不再有贵贱高低之分,而是"生而平等"。同样,既然生命被看成是神的赐予,那生命就是神圣的,就应该得到珍视,就应该受到保护,生命的权利也就应当得到尊重和维护。

对"上帝"的选民而言,不但需要爱人,还需要爱护财产权利。对于当时社会最重要的私有财产,律法更提倡适度地开发和合理地分享。一是安息规则(the Sabbatical rules)的规定。律法规定土地不耕不种,实行每七年一个"安息年"(the Sabbatical year)的规约(《出埃及记》

23:11、《利未记》25:4)。土地在安息年所出的,要施舍给仆人、婢女、雇工以及寄居的外人当食物,这年的土产要留给牲畜和其他走兽当食物(《利未记》25:6—7);同时还实行"禧年"不可耕种的做法(《利未记》25:11—12)。① 这些约定有利于土地的休养生息,也有利于体恤贫民。二是节制摘采的规定。律法要求收割庄稼,不可割尽田角,也不可拾取所遗落的,也不可摘尽葡萄园的果子,不可拾取葡萄园所掉的果子,要留给穷人和寄居的人(《利未记》19:9—10)。对田地里的收成规定:"每逢三年的末一年,你要将本年的土产十分之一都取出来,积存在你的城中。在你城里无份无业的利未人,和你城里寄居的,并孤儿寡妇,都可以,吃得饱足。"(《申命记》14:28)这是对富足之人要尽社会公义的一个道德宗教及法律的基本要求,颇具有"有福同享"之义,同时含有一种强烈的仁慈成分,充分体现了希伯来律法的仁爱特性。

(三)律法典籍中的民法制度与判例解析

"在古代近东,律法通常是小圈子里的秘密事物,以色列律法则不然。"②在古代西亚地区,诸法典往往是由苏美尔、巴比伦、亚述以及赫梯的统治者君主们发布,宣扬"神权至上"和规范民事生活的背后不可避免的是颂扬君王自己的丰功伟绩,炫耀君王对公正和真理的关心,以获得不朽的英名,获得诸神的眷顾,所以,古代西亚地区诸法典虽是诸法合体,以民事规范为主的,但法典却流露出"唯我独尊"、"我即王法"的恣肆与傲慢。希伯来法则不然,律法是应为公众所掌握的,要被所有

---

① See Raymond Westbrook (ed.), *A History of Ancient Near Eastern Law*, Vol. 2, Koninklijke Brill NV, Leiden, The Netherlands, 2003, p. 1017.

② 〔美〕罗伯特·M.塞尔茨:《犹太的思想》,赵立行、冯玮译,上海三联书店1994年出版,第74页。

希伯来人知道的,要用律法教育他们的,以便组成一个更加平等的社会。

《摩西律法》、《塔木德》是理想与现实的混合物,强调人不仅是一个民事主体,而且还是一种道德实体,因其成员的罪孽而须对上帝负责。律法因此成为一种自愿接受宗教义务的制度,这种信守戒律的义务将民众束为一体,遵奉律法与否决定着其将来的福祸。故出于对希伯来人世俗生活规则的安排与告诫,这些文献中包含的许多戒律均极有实际效用价值,涉及人的物质生活、社会生计的可操作规程,其实用的程度在古代西亚诸民事法律中是空前的,正因如此,这些民事规范在以后的希伯来人生活和西方文明社会中发挥出了巨大而长久的影响。

1. 物权对各种私有财产的保护相当完整

第一阶段,圣经时期《摩西律法》的有关规定。

土地是希伯来人最重要的私有财产之一,在名义上都归上帝所有,"地不可永卖,因为地是我的,你们在我面前是客旅,是寄居的。在你们所得为业的全地,也要准人将地赎回"(《利未记》25:23—24)。土地名义上是神耶和华的财产,实际上归各家族分别占有和使用。摩西命令希伯来土地应当在"60万自由民中"(《民数记》25:51)进行平均分配,分配的方法是"按家室拈阄,承受那地。人多的,要把产业多分给他们;人少的,要把产业少分给他们。拈出何地给何人,就要归何人","要按宗族的支派承受"(《民数记》33:54),土地只属于以色列人,外族人无权分享。

以色列人如此平等获得的土地是稳定的、持久的,可以世代继承下去。如果有人因日益贫穷而要出卖土地是允许的,但土地不许"绝卖",而且出卖后不仅卖主自己有权赎回,他的近亲属也应帮他赎回。即使卖主及其近亲属一直无力赎回土地,那么在出卖土地后第五十年,即禧年,土地仍应无偿归还卖主或其继承人(《利未记》25)。显见,在希伯来法中,土地买卖的法律保护体现在:一是对时效的限制,转让土地所有权的期限不是永久的,最长期限为50年。"这禧年,你们各人要归自己的地业。你若卖什么给邻舍,或是从邻舍的手中买什么,彼此不可亏负"(《利未记》25:13—14)。二是对支付价款的约定,返还价款按照"禧年以后的年数向邻舍买;他也要按年数的收成卖给你。年岁若多,要照数加添价值;年岁若少,要照数减去价值,因为他照收成的数目卖给你"(《利未记》25:15—16)。

《圣经·旧约》的其他篇章也详细地记述了以色列人对土地的理解。例如,《士师记》7:4—25描述了士师时代,基甸率领300名犹太壮士击溃前来骚扰的数万名米甸牧民,以武力保卫农业生产果实的故事。这一故事真实地表明了此时土地所有权的观念已在希伯来人的心中开始扎根。《路得记》4:1—22中"波阿斯赎以利米勒之产"、"波阿斯娶路得为妻"、"生子俄备得为大卫之祖"的故事则昭示着:土地不仅是财产,而且承载着传宗接代的含义。合乎赎回之理,赎回土地,"使死人在产业上存留他的名",免得他的名在本族本乡灭没。故土地作为犹太社会最重要的私产之一,律法必然最大限度地保护它,不容他人非法侵犯。

房屋、果园是希伯来人的又一种私有财产形式。私有财产同样有动产和不动产之分,土地、果园和房屋等均是犹太人的不动产;动产则主要有牲畜、谷物、园中所产的果实等。律法规定,不动产和动产均可自由买卖、交换、抵押(《利未记》25:23—34)。但对于不动产,"赎地之例"规定,如土地和果园的买卖只能是短期的,卖方必须在法定时限内将其赎回;若确无能力,由其兄弟或近亲帮其赎回;若仍不奏效,到50年一度的禧年时原主可无偿收回。

而"赎宅之例"按城邑住宅和农村住宅的区别各有不同的规定。就城邑住宅而言,"人若卖城内的住宅,卖了以后,一年之内可以赎回。在一整年,必有赎回的权柄。若在一整年之内不赎回,这城内的房屋,就定准永归买主世世代代为业。在禧年也不得出买主的手"(《利未记》25:29)。但是,对于利未人这一祭司特权者不受此限制,有例外规定:"利未人所得为业的城内,到了禧年,就要出买主的手,因为利未人城邑的房屋,是他们在以色列人中的产业。只是他们各城郊野之地不可卖,因为是他们永远的产业"(《利未记》25:33—34)。就农村住宅而言,"但房屋在无城墙的村庄里,要看如乡下的田地一样,可以赎回。到了禧年,都要出买主的手"(《利未记》25:31)。这说明农村住宅与土地买卖相同,卖方享有到禧年无偿收回的权利。

如其他的古代西亚民族一样,希伯来人也将奴隶视为私有财产的一部分。作为财产,奴隶可以被主人自由买卖和交换。但与其他西亚地区民事规范不同的是,希伯来法中奴隶享有相对宽容的法律待遇。律法中有大量对待奴仆(Hebrew slave)的规定,这些规定可以说是对奴隶财产所有人的一种处分权限制(《出埃及记》21:1—11、《申命记》15:12—18)。这些章节规定,主人不得歧视或虐待奴隶,否则将失去出卖奴隶给外邦人的权利;奴仆为主人服役六年,第七年就可以成为自由人,若有家室,家室也可以成为自由人,但如果奴仆是主人给某奴隶娶的妻,她和子女则归给主人。

而那些因贫穷自卖为奴的以色列人,则如前所述,依照《申命记》15:12—18的规定,他们享有较多的特权,到禧年时,他和家眷可以无条件地结束奴仆生涯,归回本家。而且,即使在为奴期间,主人也不可严加辖管他。因为这些贫穷的以色列人仍是神的仆人,同为神的选民,"不可卖为奴仆"(《利未记》25:42—46)。对于因贫穷而自卖给富裕的外邦人为奴者,《利未记》25:47—55规定,他的弟兄或伯叔、伯叔的儿子、本家的近支都可以赎他。他自己若渐渐富足也可以自赎。到禧年时与他的儿女一同归于本家。在外邦人家为奴期间,他和买主同住,买主不可严严地辖管他。到了禧年,可以和他的儿女一同出去。

必须指出的是,希伯来人可以自由买卖和交换的奴仆、婢女多是外邦人(《利未记》25:39—55),而非本族人。这些人是从周围国家或寄居在以色列的外邦人中买来的,也有些奴隶是来自战争的掠夺物,特别是妇女、孩子(《申命记》20:12—14)。这些奴隶可作为希伯来人的私有财产,并被希伯来人的子孙继承。一般情况下,他们得不到自由。但如果主人打坏了他或她的一只眼或一颗牙,则可以获得自由(《出埃及记》21:26—27)。

此外,牛、羊、骆驼、衣物,以及农产品,如谷物、果品、蔬菜等,均是犹太人的私有财产。根据《利未记》27:30—33、《民数记》18:21—32、《申命记》14:28—29 的规定,牲畜的增殖部分、农产品的收获部分(一般是 10%)应以"献祭"的方式缴纳给"神"这一最高的土地所有者,即要向祭司和利未人缴纳什一税(Title)。这被认为是后世"什一税"的来源。①

律法中对财物损坏所产生的纠纷做了各种规定,大致有如下两个方面:一是由人而致的损害赔偿。其赔偿责任相当明确,诸如:人若敞着井口或挖井不遮盖,有牛或驴掉在里头,井主要拿钱赔还本主人,死牲畜要归自己(《出埃及记》21:33—34)。人若偷牛或羊,无论是宰了,是卖了,他就要以五牛赔一牛,四羊赔一羊(《出埃及记》22:1)。若他一无所有,就要被卖,顶他所偷的物;若他所偷的,或牛、或驴、或羊,仍在他手下存活,他就要加倍赔还(《出埃及记》22:3—4)。若点火焚烧荆棘,以致将别人堆积的禾捆、立着的禾稼或是田园都烧尽了,那点火的必要赔还(《出埃及记》22:6)。

二是由物而致的损害,其赔偿措施也很具体,譬如:牛若触了奴

---

① 何勤华、李秀清主编:《外国法制史》,复旦大学出版社 2002 年版,第 16 页。

仆或是婢女,必将银子30舍客勒给他们的主人,也要用石头把牛打死。(《出埃及记》21:32)这人的牛若伤了那人的牛,以至于死,他们要卖了活牛,平分价值,也要平分死牛。人若知道这牛素来是触人的,主人竟不把牛拴着,他必要以牛还牛,死牛要归自己(《出埃及记》21:35—36)。人若在田间或在葡萄园里放牲畜,任凭牲畜上别人的田里去吃,就必拿自己田间上好的和葡萄园上好的赔还(《出埃及记》22:5)。

第二阶段塔木德时期,律法文献着重对民事侵权行为、拾遗以及时效权利等做了规定。

其一,对私有财产的各种民事侵权行为及应承担的赔偿责任。

在各种民事侵权行为方面,处理人与人之间因人身伤害或者财物损坏等所产生纠纷的律法构成了《塔木德》"第一道门"(Baba Kamma)、"中间一道门"(Baba Metzia)两种文献的主题。①

"第一道门"第一部分中记录了拉比们对民事侵权行为的律法适用的讨论,主要是针对上述《摩西律法》相关内容做了更细的区分,以适用不同律法规定。他们认为在处理触人的牛的民事侵权责任问题上,应当区别出"素来是触人的"与"从未显示过有触人倾向的牛"的不同民事侵权责任,前者可称为"muad",指的是受到警告的主人(的牛),其主人应当尽其财产赔偿全部损失;后者可称为"tam",指的是简单、无罪的牛,其主人只需用动物的身体(卖掉后得的钱)来赔偿损失程度的一半。那么在实际运作中这两种情况应当如何辨别呢?有的拉比主张,以时间为标准加以区别对待,即"muad"是"一头连续三天触过人并且其主人已被提醒过这一情况的牛",而"tam"则是"一头并未连续三天触过

---

① 参见〔美〕亚伯拉罕·柯恩:《大众塔木德》,盖逊译,山东大学出版社2000年版,第372—382、395—397页。

人的牛"。另一位权威则主张忽略其中的时间因素,把"muad"界定为一头曾三次触过人的牛,把"tam"界定为即使孩子去拍打它也不会触人的牛。

拉比们不仅把这一区别发展到适用于一切民事侵权行为的案件中,同时把人类纳入"muad"一类之中,列举了大量事例来说明"人永远都是 muad,不论其行为是疏忽,还是无意;是醒着,还是睡着",均必须为他所造成的损失做出全部的赔偿,而不论情况如何。[①]

"第一道门"第二部分对由偷窃、袭击和抢劫所引发的具有刑事性质的民事侵权责任做了进一步的解释和具体的发展。《摩西律法》对偷窃所施予的惩罚,其赔偿额规定是有所区别的,比如因偷窃牲畜有罪而必须赔偿4倍或5倍的损失,因强盗而必须归还盗走的物品或按价赔偿。这些惩罚上的差异在《塔木德》中得到了比较含蓄的解释。同时拉比们还阐释了不同赔偿额适用的理由与原则,"他就要以五牛赔一牛,四羊赔一羊"的理由有二[②]:

> 拉比迈尔说,你们看劳动具有多高的美德;因为在偷牛时罪犯使牛无法劳动(并且剥夺了牛对于主人的服役),所以他要赔偿五倍;然而偷羊却并未造成劳动上的损失,所以他赔偿四倍。拉比约查南·b. 扎开说,你们看个人的尊严是多么重要;因为牛是自己走路,所以窃贼要赔偿五倍,然而,由于窃贼必须要抱着羊羔走(因而他失去了尊严),所以他只需赔偿四倍。

[①] 这些事例有"处理坑穴造成的伤害赔偿"、"由于牲畜啃食而造成的索赔"、"点火而致的损害责任"等,其详细情况请参见〔美〕亚伯拉罕·柯恩:《大众塔木德》,盖逊译,山东大学出版社2000年版,第374—375页。
[②] 同上书,第376页。

同时,在《摩西律法》中规定:"两倍赔偿的惩罚比四倍或五倍赔偿的惩罚使用得更经常,因为前者既适用于有生命的物品也适用于无生命的物品,而后者则只适用于牛或羊。"(《出埃及记》22:1)所以,拉比们主张对从窃贼处偷东西的人不要求两倍的赔偿,从窃贼处偷了牲畜后宰杀掉或卖掉的人也不作4倍或5倍的赔偿。

在对因袭击造成伤害的索赔中,分为损伤、痛苦、愈合、时间损失以及羞辱五个方面进行赔偿处理,其原则是施行对价而平等的赔偿。同时《革马拉》对《摩西律法》中规定的"以眼还眼"(lex talionis)一词的含义进行了讨论,拉比们强烈地反对将其解释为对伤害他人身体者应施之于肉体上的伤害,而引申为在执法中赔偿只能是金钱方面的。

对因抢劫而产生的民事侵权责任,拉比们主张实行一般的原则是,所有的抢劫者都应赔偿物品在被抢劫时的价值。

其二,对无主物所有权的确认以及对拾遗行为的处理。

在拾遗方面,"中间一道门"讨论了关于财产的获得和转移的各种问题及其主要原则。

第一个问题是捡到的物品在无人认领时的所有权问题。例如①:

> 两个人手持一件衣服(来到法庭),一人声称,"是我发现的",另一个同样也声称,"是我发现的";假如双方都说,"它全应归我",那么,每人都要宣誓说他有权得到不少于一半的份额②,然后两人将其价值一分为二。如果其中一人说,"全部应归我",而另一人说,"一半应归我",则前者宣誓说他有权得到不少于四分之三的份

---

① 〔美〕亚伯拉罕·柯恩:《大众塔木德》,盖逊译,山东大学出版社2000年版,第379—380页。

② 不要求他宣誓说全部应该归他,因为不会把全部都给他;也不让他宣誓说一半应归他,因为这与他原想得到全部的要求相抵触。这样宣誓的含义是:我仍然认为我该得到全部;但考虑到另一方的要求,我发誓我的份额不应少于一半。

额,而后者则宣誓说他有权得到不少于四分之一的份额;这样,前者得到其价值的四分之三,后者则得到四分之一①。

这意味着捡到者需要发誓,共同捡到者则根据各自誓言的内容来分割所捡物品的所有权,详言之②:

> 如果两人同骑在一头牲口上,或者一人骑着,另一个牵着,而双方都说,"这是我的",那么,每人都要宣誓说他有权得到不少于一半的份额,然后两人(将其价值)一分为二。如果他们承认(双方共同拥有),或者他们有证据证明这一点,那么他们可以不必宣誓而将其分开。

这说明捡到者要想拥有捡到的物品就必须对其行使某种所有权,就如以下这个事例中所展示的"骑着或者牵着牲口"③。

> 如果一个人骑着牲口看到了一件丢失的物品,并且对同伴说,"把它给我",而后者捡起来后说,"它应是我的",那么他的要求有效;但假如他已把物品递给了另一个人后又说,"它应是我的",则他的话没有效力。

这里强调捡到者把物品递过去就视同他承认自己是骑着牲口者的代理人,因而不能自己提出索要的请求。

---

① 因为第二人只要求得到那么多,所以双方只是对物品的一半有争执。因而对这一半的处理如同第一款中对整体的处理方式是一样的。
② 〔美〕亚伯拉罕·柯恩:《大众塔木德》,盖逊译,山东大学出版社2000年版,第380页。
③ 同上书,第380页。

需要指出的是,上述这些原则仅适用于捡到者是希伯来成年男子及其成年儿女或希伯来男女奴隶以及已离婚的妻子的情况,而希伯来人的未成年儿女或妻子或者异族的男女奴隶无论捡到什么东西都归这个希伯来人所有。

第二个问题是捡到者发布招领启事的问题。"捡到即是拥有"原则只适用于要找到原失主已被认为是不可能的情况,或者物品没有失主可以赖以认领的标记,或者是在不可能准确描述的地方捡到的情况。比如①:

> 有些捡到的物品即刻成为捡到者的财产,而另外一些物品捡到者必须发布招领启事。下列物品即刻成为他的财产:散落的水果、散落的硬币,丢在大街上的小捆玉米,压榨无花果饼,面包房烤的面包,拴在一起的鱼、肉,自然状态下的羊毛、亚麻茎以及染成紫色的毛线。
>
> 如果一个人在商店内捡到东西,这东西便归他②;假如这东西是在柜台与店主之间捡到的,它应归店主。如果他是在一位兑换钱的人面前发现的,便归他所有;假如东西是在(出示硬币的)板面与兑换钱的人之间发现的,它归后者所有。如果一个人从同伴处买了水果或者其同伴给送去了水果,而他在水果中发现了钱币,这些钱币便归他所有③。

上述这一切都归捡到者所有,因为它们都具有难以找到失主的性

---

① 〔美〕亚伯拉罕·柯恩:《大众塔木德》,盖逊译,山东大学出版社2000年版,第380—381页。
② 这东西可能是顾客丢失的,而在商店这样的公开场合要找到其失主是没有希望的。
③ 但如果钱币是捆成一包,捡到者则必须发布招领启事。

质。除此之外,凡是有特征的东西,捡到者有责任对其捡到之物发布招领启事。为此,《塔木德》有着明确的罗列①:

> 下列的物品必须要公告招领:用容器盛着的水果或空的容器,装有钱的钱包或空钱包,成堆的水果,成堆的硬币,三枚摞在一起的硬币,放在私人领地的小捆庄稼,从作坊搬运出来的羊毛,以及成罐的酒或油。

上述这些东西均具有其认领者可以指出的特征,捡到者应当发布失物招领启事,那么捡到东西的人必须做多长时间的招领启事呢?拉比迈尔主张这一时间幅度是直到他的邻居都知道为止。拉比犹大主张应在三个朝圣节期间公告招领并在最后一个节日之后持续七天,以便能让任何看到招领启事的人有三天的时间回到家中,以确定招领的物品是否是他丢失的,余下三天的时间赶回来,还要有一天的时间让捡到者与失主彼此接触。

在对认领者的确认方法问题上,《塔木德》中也有着详尽的描述,诸如②:

> 如果认领者准确地说出了丢失物品的性质③,但却没有说出它的标志,那么捡到者不应把物品交给他;假如他是一位不可信赖的人,即使他说出了物品的标志,也不应把物品交付给他。如果所捡到的东西是一头依靠劳动来挣得饲料的牲畜,捡到它的人就让

---

① 〔美〕亚伯拉罕·柯恩:《大众塔木德》,盖逊译,山东大学出版社 2000 年版,第 381 页。
② 同上书,第 382 页。
③ 即启事只是宣布捡到了某件东西,而认领者正确地说出了是什么东西。

它干活并饲养它；但如果不是这样的东西，他就卖掉它①。

当然，拉比们对"卖得的钱"的使用权存有争议，拉比塔丰主张，捡到者可以使用它并因此而为它的丢失负责；而拉比阿基巴则主张，捡到者不可使用它，且钱丢了他也不负责任。

另外，在耶路撒冷专门有一个地方被称之为"认领石"(Stone of Claiming)，凡丢失或捡到东西的人都到这个地方来。捡到东西的人宣布他所捡到的东西，丢失东西的人说出东西的标记并且取回自己的东西。对于拾遗，这其实就是一种十分便捷的处理办法。

其三，财产所有权的时效问题及时效权利的规定。

在希伯来法中，不受干扰地占有或者使用某一物品在某些情况下可以构成对物品的拥有。所谓"拥有权"(chazakah)就是指拥有(hoiding)、占有(occupancy)的权利。在这一问题上，《塔木德》有以下三个方面的阐述：

第一方面是关于拥有权的规定适用范围，它适用于房屋、水井、沟坎、洞穴、鸽巢、浴室、榨油或造酒的压榨机、可浇地、奴隶以及一切定期结果的东西。财产的买卖或赠与之物也可以适用拥有权的规定。

第二方面有关拥有权的律法不适用于工匠、合伙人、农工以及看护者。此外，丈夫对于妻子的财产不具有拥有权，反之亦然。父亲对于儿子的财产也不具有拥有权，反之亦然。

第三方面是获得拥有权的时限是三整年。但对于无法灌溉的土地来说，获得其拥有权是三年，但不必是三整年。②

---

① 并拿到钱直到被认领。
② 参见〔美〕亚伯拉罕·柯恩：《大众塔木德》，盖逊译，山东大学出版社 2000 年版，第 396—397 页。

2.债权的实现极有成效

希伯来法中债的制度受制于希伯来人反对收取重利的观念。犹太人的经济交往形式主要体现在律法中,大致涉及关于交换和买卖、租赁和寄托、雇佣和借贷、抵押和作保等规范内容,这些商事行为多以契约为主,其中又以口头契约为常见形式,订立的方法就是指物盟誓。① 迄今为止,尚未发现以色列人这一时期的任何契约类的文献,在《摩西律法》、《塔木德》等典籍中也无契约文件的书面完整记录。但是,这两部典籍有许多章节片段折射出希伯来法有关债的规范从圣经时期到塔木德时期的变迁进程。

(1)买卖契约

第一阶段,圣经时期《摩西律法》对买卖契约的规定相对比较具体些,大致有以下五方面:

一是有关买卖标的的规范,除了"地不可永卖"外,能够买卖的不仅仅可以是一般的物,如房屋、葡萄园等,而且也包括人。既可以是外乡人,也可以是犹太人自己及其子女,甚至这种买卖可以是他卖也可以是自卖(《出埃及记》21:2、21:7)。

二是有关买卖过程的规范,买卖必须是公开的、自由的、任意的,不得欺诈。否则要处以刑事处罚,"必要把他治死"(《出埃及记》21:16)。《利未记》6:2—5 对"在交易上行了诡诈"的情形也有类似的视为犯罪的规定,且"就要如数归,另外加上五分之一,在查出他有罪的日子,要交还本主"。这一处理方式也说明,希伯来律法尚未完全脱离"刑民混合"的早期法律特征。

三是有关买卖对价的规范,希伯来律法中的买卖协议是一个类似现代的双务合同,买卖双方的权利与义务是彼此对应的,通常以银子为

---

① 何勤华、李秀清主编:《外国法制史》,复旦大学出版社 2002 年版,第 16 页。

支付手段(《创世记》23:13—16)。其效力是得到神的保护的,双方不得违背约定(《利未记》25:14—17)。价格须是公正的,其具体含义是指商品的交换行为不仅要诚实、公平,而且不能带有盘剥性质,如果价格超出"正常"价格1/6时,即可取消交易(《利未记》25:14)。为确保"公正价格"的实现,交易双方在成交前有数小时时间确定价格是否"公正",特别是买方利益是否由于欺骗行为受到损害。一个人如果没有要购买的打算,就不应该问价,因为这是语言上的欺诈。①

四是有关买卖形式的规范,希伯来律法并未作具体要求。究竟是书面的还是口头的,视买卖的标的而决定,有关田地、城邑、房屋和葡萄园的买卖,"人必用银子买田地,在契上画押,将契封缄,请出证人"②(《耶利米书》32:44)。这种"对话"体裁文献曾广泛地流行于公元前1000年左右美索不达米亚地区,特别是赫梯王国较多使用这一体裁来记录买契,因此也为《圣经》所吸收,成为希伯来人买卖活动的古老传统。③

五是有关买卖履行的规范,希伯来律法有着"赎地之例"、"赎宅之例"、"优先购买权"等特别规定。律法虽规定不动产(土地和果园、房屋等)和动产(牲畜、谷物、园中所产的果实等)均可自由买卖、交换、抵押,但是"赎地之例"特别规定,如土地和果园的买卖只能是短期的,卖方必须在法定时限内将其赎回;若确无能力,由其兄弟或近亲帮其赎回;若仍不奏效,到五十年一度的禧年时原主可无偿收回。④ 有关奴隶的买卖中也有类似的赎回期限规定。《出埃及记》21:1—11、《申命记》15:

---

① 〔美〕亚伯拉罕·柯恩:《大众塔木德》,盖逊译,山东大学出版社2000年版,第392页。

② Raymond Westbrook (ed.), *A History of Ancient Near Eastern Law*, Vol. 2, Koninklijke Brill NV, Leiden, The Netherlands, 2003, p. 1020.

③ Ibid., p. 1021.

④ 因为在犹太人看来,"财富"一词的内涵仅指古代以色列土地上由以色列人所拥有的土地,这一上帝所赐的独特"财富",具有神性物质所有的永恒固定的价值,不受任何市场过程的影响,土地最终均要归属于以色列人。

12—18等章节规定,主人不得歧视或虐待奴隶,否则将失去出卖奴隶给外邦人的权利;奴仆为主人服役六年,第七年就可以成为自由人,若有家室,家室也可以成为自由人,但如果奴仆是主人给某奴隶娶的妻,她和子女则归给主人。

第二阶段塔木德时期,律法文献侧重于对买卖中有关销售与交货的规定。

《塔木德》中"中间一道门"和"最后一道门"(Baba Bathra)文献主题是专门讨论了销售与交货的律法,涉及关于财产的转移是如何通过销售或易货来确立的。具体反映在四个方面:

一是有关销售与交货中所有权转移的规范,这一律法规定,在购买和销售的情况下,财产是在购买者收到货物时而不是在货款支付时转移的。①

金币(的交付)构成对银币的购买②,而不是相反;铜币构成对银币的购买(似应为:银币构成对铜币的购买。——译者),而不是相反;非接受硬币③构成对接受硬币的购买,而不是相反;金条构成对硬币的购买,而不是相反;商品构成对硬币的购买,而不是相反。一般的规则是:(交货)构成了与其他商品的易货贸易④。

何以如此呢?如果买方拿到了水果后尚未付钱,双方便均不得取消这笔交易;但如果他付了钱后尚未拿到水果,双方则均可取

---

① 参见〔美〕亚伯拉罕·柯恩:《大众塔木德》,盖逊译,山东大学出版社2000年版,第391页。
② 这就是说在交换货币时谁是卖方,谁是买方;对此的裁定是,价值低的硬币是商品。因而,接受了价值高的货币便构成了一种购买行为。
③ 在一个国家不流通的硬币。
④ 即在交换货物时不考虑哪种货物更易于销售。因此,如果一方接受了另一方的货物,购买便成立了。

消这笔交易……拉比西蒙说,谁拿着钱,谁有利①。

二是有关销售物品范围的规范,这一律法通过具体交易事例,拉比们讨论并匡正了犹太商人有关销售标的所设定的有效范围,其要点涉及什么东西应该或者不应该包括在一项财产的销售之内,以及关于易坏商品买卖的规章。②

如果一个人卖出一幢房屋,那么他并未卖掉其附属建筑,尽管它们是连通的,也并未卖掉里面的房间,也没卖房顶,如果房顶上有十个手掌高度的护栏。拉比犹大说,如果房顶是门拱的形状,那么即使其护栏不足十个手掌的高度,它也没有(作为房屋的一部分而)被卖掉③。

也不应包括水井和地下的水池,尽管卖方用书面的方式提到了房屋的深度和高度;但是,卖方必须(从买方)为自己买(到水井和水池)去的权利(如果他想使用它们的话)。这是拉比阿基巴的观点。然而拉比们宣称,他不必买去的权利;拉比阿基巴承认,如果卖方提到了它们并不包括在交易之内,他便不必买去的权利。如果他把水井和水池卖给了别人(而保存下房屋供自己住),拉比阿基巴说,这样买方不必向卖方买使用路的权利,但拉比们声称有这必要。

如果一个人卖了房屋,门应包括在内,但不包括钥匙;固定的白应包括在内,但不包括可移动的门;下层的磨石(固定不动)应包

---

① 这意思是如果买方付了货款,还没有拿到商品,这时只有卖方可以取消这笔交易。这一观点没有采纳。

② 参见〔美〕亚伯拉罕·柯恩:《大众塔木德》,盖逊译,山东大学出版社2000年版,第392—393页。

③ 这一观点未被采纳。

括在内,但不包括接磨出来的面粉的篮子(因为它是可移动的);炉子和灶具均不包括在内;但如果他曾讲明是"房屋及其内部的一切",那么,它们便都应包括在交易之中。

如果一个人卖掉了院子,那么,房屋、水井、沟坎,以及洞穴都包括在内,但不包括可移动的财产;但如果他曾讲明,"院子以及其中的一切",那么,一切都应包括在内。在任何情况下他都没有把可能包括在院内的浴室或压榨机(造酒或榨油用)卖掉。拉比以利泽说,如果一个人卖掉了一所院子(而未做任何说明),那么,他只不过是卖掉了地盘而已①。(B. B. 4:1—4)

如果一个人卖掉了一条船,这应包括桅杆、船帆、锚,以及要使其航行所需要的一切,但不包括船员、(运商品用的)包装,以及船上的存货。但如果他曾指明是"船以及上面的一切",那么,这一切都包括在内。如果一个人卖了一辆车,那么,骡子并不包括在内,反过来也是一样。如果一个人卖了一件轭,那么,牛并不包括在内,反过来也是一样。拉比犹大说,成交的价格可以说明卖掉了什么。何以如此呢?假如一个人说,"以二百个苏兹的价格把你的轭卖给我吧",很显然,(单单)一件轭不会卖这么高的价格;但拉比们宣称价格不能说明问题②。

如果一个人卖掉一头驴,这并不包括系在驴身上的任何口袋③;弥地阿的那胡说它们应包括在内。拉比犹大说,有时包括,有时不包括。何以如此呢?如果驴驮着口袋站在他面前,这时买驴的人说,"把你的这头驴卖给我",这样,口袋就包括在内;但如果

---

① 即连上面的房屋都不包括,这一观点没有被采纳。
② 因为这存在多收费的可能,或许买方故意抬高价格以图对卖方施以馈赠而不致使其难为情。
③ 都认为其挽具应包括在内。

买者问道,"这是你的驴吗?(卖给我吧)"口袋则不包括在内①。

如果一个人卖了一头驴,这应包括驴所怀的驹,但如果他卖了一头奶牛,牛怀着的牛犊则不包括在内②。如果他卖了一个粪池,那么,粪便应包括在内;卖了一个水池,其中的水应包括在内;卖了一个蜂房,其中的蜜蜂应包括在内;卖了一个鸽子房,其中的鸽子应包括在内。如果一个人从其同胞的鸽子房中买下了其中的鸟,他不能把第一窝孵的鸟带走③;如果买的是蜂箱,他必须要留下两只(以供蜜蜂过冬的需要);如果买的是砍伐的橄榄树,他必须要留下两个拳头高的树桩子(以供长出新芽)。(5:1—3)

上述事例形象地说明了,在希伯来律法中,有关买卖销售的物品种类主要有房屋、船只、牲畜以及水果等。在以房屋、船只等为标的的商业买卖中,双方应当以明示的方式做出。一般情况下,财产移转的原则是以财产中可移动的部分为成交内容,而财产中不可移动部分未做意思表示的不发生销售效力。在牲畜的买卖中,双方应当以休养生息为原则,充分尊重自然规律和各方应有的财产权利及受益的可能。

三是有关特殊商品的风险责任规范。对水果、酒等易损商品,律法通过具体个案从以下三个角度给予了阐释。

首先,强调了在这类商品的交易中不存在欺诈的卖方不应负商品受损的责任,因自然原因而致使商品受损的,卖方亦可免责。但如果存在有欺诈的,则不在此例,其交易无效,有过错方应当承担相应的责任。

---

① 第一个问题明确说明是驴及其身上驮的东西;第二个问题很可能只是指牲口本身。
② 《革马拉》解释说是当卖方作出如下说明时:"我卖给你一头奶驴,或者奶牛。"如果前者,驴驹显然应包括在内,因为驴的奶会毫无用处;而买一头牛也许只是要让它产奶。
③ 把鸟留给原主人,这样老鸟才有理由要留在鸟巢中。

譬如①：

> 如果一个人把水果卖给其同胞（而没有提到是供栽种还是供食用），并且水果没有生长，即使卖的是亚麻种子（这东西通常是用于栽种），卖方也不应负责。拉比西蒙 b.伽玛列说，（如果他卖的是）不能食用的蔬菜种子，他必须承担责任。
>
> 如果一个人把酒卖与其同胞而酒酸了，他不应负责任；但如果他知道自己的酒可能会变酸，而以虚假的借口把酒卖出（则交易无效）。如果他曾指明，"我卖给你的是香酒"②，那么，酒必须应能存放到五旬节③而不变质。如果他卖的是陈酒，那么，酒必须是用上一年的葡萄酿造；如果他保证所卖出的酒是佳酿，它必须已存放了三年之久。（6:1—3）

其次，设定了买卖双方对所售商品可能受损而应承担责任的合理比例。

> 如果一个人把水果卖与其同胞，后者必须接受在一习亚（seah）中有四分之一卡布（kab）的不合格者④；如果是无花果，他必须接受一百个中有十个遭虫咬的；如果是酒窖，他必须接受每一百桶酒中有十桶变酸的；如果是用沙龙（Sharon）处的黏土做成的泥罐⑤，他必须接受一百个中有十个次品。

---

① 参见〔美〕亚伯拉罕·柯恩：《大众塔木德》，盖逊译，山东大学出版社2000年版，第394—395页。
② 这种酒应保证能存放不变质。
③ 这个节是夏季的开始；在此后酒可能会因天热而变酸，这样卖酒的人便不负有责任。
④ 1卡布是1/6个习亚。
⑤ 这种黏土质量优良。

再者,界定了欺诈的内涵和法律适用范围。例如①:

> 欺诈的意思,举例来说,就是在二十四个银第纳尔的价值中多收四个银第纳尔,二十四个银纳尔合一个塞拉,这就是货款的六分之一。受骗的一方可以在多长的期限内取消这项交易呢?应给予他足够的时间把商品拿给一位客人或亲属看看。
>
> 关于欺诈的法律不适用于下列情况:奴隶,不动产,债务凭据,以及一切与圣殿有关的东西。
>
> 正如在买卖中有欺诈行为一样,在语言上也有欺诈行为。人如果没有要购买的打算就不应问同胞"这东西的价格是多少"。(4:9f)

四是有关土地销售中的特别权利规范。《塔木德》中的一个律令提到,土地出售时,毗邻土地所有者拥有"优先购买权"。如出售时没有让其出价,他也可以同等价格从新购者手中"赎回"这块土地。②

(2)租赁和寄托

犹太人的财产通过买卖交易一锤定音,使所有权从此发生了根本性的改变。但是租赁和寄托却能确保犹太人在商业往来中的所有权不发生变化。在长期的商业活动中,犹太商人的智慧在律法中得以充分发挥。

第一阶段,圣经时期《摩西律法》中有关租赁和寄托的规定。

这一时期,犹太人经常租赁的是牲畜。在租赁期间租赁人有使用

---

① 参见〔美〕亚伯拉罕·柯恩:《大众塔木德》,盖逊译,山东大学出版社2000年版,第391—392页。

② N. S. Hecht, *An Introduction to the History & Sources of Jewish Law*, Clarenden Press, Oxford, US, 1996. 转引自刘精忠:"犹太教经济理念初探",《西北大学学报(哲学社会科学版)》2003年第2期。

权,但没有所有权;所有权仍归原主。寄托契约的规定,《摩西五经》的律法中仅有两处提及:一处是《出埃及记》23:7—9强调道:"人若将银钱或家具交付邻舍看守,这物从那人的家被偷去,若把贼找到了,贼要加倍赔还;若找不到贼,那家必就近审判官,要看看他拿了原主的物件没有。两个人的案件,无论是为什么过犯,或是为牛,为驴,为羊,为衣裳,或是为什么失掉之物,有一人说:'这是我的'。两造就要将案件禀告审判官,审判官定谁有罪,谁就要加倍赔还。"另一处是《利未记》6:2—5写道:"……在邻舍交付他的物上,……或是人交付他的,……就要如数归还,另外加上五分之一,在查出他有罪的日子,要交还本主。"这些零散的规定意味着,当时犹太人的寄托是没有酬报的服务性行业。而能够成为寄托标的物的可以是钱,也可以是实物。对于寄托关系,受寄人负有保管义务。一旦保管物丢失,受寄人应当给予赔偿。

圣经时期后期的著作中记载了犹太人的寄托须有契约为证,契约分为两份,双方每人一份,两份对在一起时若能证明无误,才可以将钱取走(《多比传》1:14、4:1、20、5:3、9:5)。

第二阶段,塔木德时期律法文献中有关租赁和财物委托的规定。

犹太律法对租赁活动的基本陈述有了进一步的扩充,就牲畜、房屋、土地等租赁关系做了集中的规范,增加了一些可能出现的偶然情况或更实用的细节处理规则。在"中间一道门"文献中指明了有关牲畜租赁的特殊情况,列举了房东和房客的义务以及相应权利,也探讨了佃农和地主的权利义务及其补偿责任。

之一,牲畜租赁。在犹太社会有可能出现这一偶然情形,即一个人把牲口或物品委托给自己的一位伙伴无偿照看,也称为租用。虽该伙伴为租用者并不取得报酬,但该伙伴有可能将该牲口有偿地转租第三人,第三人即为借用者,在此期间时,租用者和借用者均负有爱惜牲畜、严格依照诺言、合理使用的义务。比如①：

> 如果一个人从其伙伴处租用了一头牛,又把它转借给了第三者,牛自然死亡了,租用者应起誓说牛就是这样死的,并且借牛者必须向租用者赔偿其价值。拉比约西说,这怎么可能呢？难道(租用者)是在用其伙伴的牛做生意吗？因此,赔偿必须要返还给牛的原始主人。②（3：1f）

另一种偶然情形是不当地或过度地使用牲畜而导致牲畜及其附属器械的受损或有可能受损的情况,律法对此规定了租用者应当负相应责任。例如③：

> 如果一个人租了一头驴上山,但实际上却把驴赶进了山谷,或者与此正相反,即使距离相等,假如驴死了,他也应负责任④。如果一个人租了头驴,驴瞎了眼或者被政府没收了,驴的主人可以对租用者说,"这是你的了"⑤,假如它死了或受了伤,主人则必须向他再提供一头。如果他租用了一头驴上山而却实际上在山谷中赶驴,假如牲口跌倒,他不负责任；如果牲口走得过热,他应负责任。如果他租用一头驴去走山谷而却赶着驴上山,假如驴跌倒了,他应负责任,如果驴走得过热他则不负责任；但如果驴走的过热是因为

---

① 参见〔美〕亚伯拉罕·柯恩：《大众塔木德》,盖逊译,山东大学出版社2000年版,第383、384—386页。
② 因此,赔偿的价值必须给主人而不能给租用者。拉比约西的观点在法律上被采纳了。
③ 参见〔美〕亚伯拉罕·柯恩：《大众塔木德》,盖逊译,山东大学出版社2000年版,第384—385页。
④ 因为他没有按合同规定来使用牲口。
⑤ 即他没有义务再提供另一头牲口。

下山的缘故,他则应负责任。

如果一个人租了一头牛(连同器械)说要到山上去犁地,而他却在山谷中犁地,假如犁毁坏了,他不应负责任。如果他租用犁要去山谷中犁地,却去了山上犁地,假如犁毁坏了,他应负责任。如果他要为豆类作物脱粒租用了牛却去为谷类作物脱粒,那么他不应负责任(如果牛跌倒了);但如果他租用牛要为谷类作物脱粒却去为豆类作物脱粒,他则应负责任,因为豆类作物容易使牲口滑倒。

如果一个人租用了一头驴去驮运(一定重量的)小麦,而装载了(同等重量的)大麦,他应负责任(如果牲口在驮运时受了伤)。如果他租用驴去驮运粮食却装载了草,那么他应负责任,因为草的体积增大了,这使驮运更加困难。(6:3—5)

之二,房屋租赁(也包括店铺租赁)。在房屋租赁期间,以下这些规定既是房东义务,同时也是房客的权利,反之亦然。表现为①:

凡在雨季②把房屋租给其同胞的人从住棚节直到逾越节期间③不得把房客赶出去;如果是在夏天,必须提前30天通知;在大城市,无论是在夏季还是在冬季赁出,都必须提前12个月通知。如果赁出的是店铺,无论是在大城市还是在小城市,都必须提前12个月通知。拉比西蒙·b.伽玛列说,如果是面包房或染房,必须提前三年通知④。

---

① 参见〔美〕亚伯拉罕·柯恩:《大众塔木德》,盖逊译,山东大学出版社2000年版,第387—388页。
② 即在冬季。出租人只以某某价格收下房客,而不规定他何时离开。
③ 这两个节日分别出现在十月和四月,这样便覆盖了整个冬季。
④ 这个意见被采纳了,理由是从事这些行业的人不得不提供长期赊欠服务。

在出租房屋时房东有义务提供门、门栓、锁,以及其余一切必须由熟练的工匠制作的东西;但不必由熟练的工匠制作的东西必须房客自己提供。粪便①属于出租人,房客只有权得到炉子和做饭区域的灰。

如果租出了房屋,期限为一年,而这一年被宣布为闰年②,额外这个一个月的好处应由房客所享有。如果他是按月出租,而这一年被宣布为闰年,额外这一个月的好处应由房东享有。在塞费利斯镇碰巧一个人以每年十二个金第纳尔,每月一个金第纳尔的租金租了一个浴室。(因为那年被宣布为闰年)这案子被呈到了拉比西蒙·b.伽玛列和拉比约西的面前,他们裁定额外这个月的好处应由房东和房客平分。③

一旦租赁房屋出现倒坍等损坏情况时,房东与房客在以下不同情况下所应承担的责任是有所不同的,具体为④:

如果他把房屋⑤租给同胞,而房屋倒坍了,他必须为他提供另外一所。如果是一所小房子,他不得不提供一所大房子,反过来也是一样;如果是一所单间的房子,他不得再提供一个两间的房子。他也不得减少或增加窗户的数目,除非得到双方的同意。(8:6—9)

如果房屋的底层和上层分别由不同的人所拥有,而房屋倒坍

---

① 其他人而不是房客的牲畜在院子积累下的粪便。
② 闰年有13个月。
③ 这项裁定所依据的是,协议中既有"租期一年"的条款,也包括了月租金的规定。
④ 参见〔美〕亚伯拉罕·柯恩:《大众塔木德》,盖逊译,山东大学出版社2000年版,第387—388、390—391页。
⑤ 而没有指明是哪所房屋,如果协议中指明了是哪间房屋,那么房子发生了火灾而倒坍,房主没有责任予以修缮。

了,双方应分享木料、砖块和灰泥①,并且他们应调查一下是哪些砖更易于受损②。如果一方辨认出了一些属于自己的砖,他便得到这些砖,并且在计算时这些砖应包括在内。

如果底层和上层分属于不同的人占居③,且上层(的地板)有缺陷而房主又拒绝对其维修,那么,房客有权搬到底层来住直到房主修好了上层。拉比约西说,住在底层的人应提供支柱,住在上层的人应提供灰泥。④

如果底层和上层分属于不同人的一幢房屋倒坍了,而上层的主人要求底层的主人对底层重修时遭到了拒绝,那么,上层的主人可以对底层予以重修并一直住在里面直至另一方付清了修缮所需的费用。拉比犹大说,即使在这种情况下,假如这个人是居住在其邻居的房屋中,他也必须支付房租;但是上层的主人应该把上下两层都重新修好,给房屋修上屋顶,并且居住在底层(免交房租)直至他为重修所支付的费用得到赔偿。(10:1—3)

之三,土地租赁。这一租赁多是指犹太人族内的租赁关系,文献中似乎不涉及与外族人的租佃关系,这可能源自古代犹太人对土地的独特理解——上帝所赐的土地是以色列人固有的财富,极力地排斥外族人染指。对于本族内的租佃关系,律法文献中对地主与佃户的权利和义务做出了详尽的规范。例如⑤:

---

① 即如果分不清残破的材料原属于哪一层房子。
② 如果基础倒坍了,下层的砖受损更严重。
③ 这里涉及的情况是房主居住在底层,房客居住在上层,上层的地板是下面房间的天花板。
④ 这一观点没有被采纳。
⑤ 参见〔美〕亚伯拉罕·柯恩:《大众塔木德》,盖逊译,山东大学出版社2000年版,第388—390页。

如果一个人从其同胞处租了①一块土地,那么在通行收割庄稼的地方,他必须用收割的方式,在通行连根拔掉的地方,他必须用连根拔掉的方式,在通行收割之后犁地(以便灭草)的地方,他必须犁地,一切都取决于当地的习俗。正如地主和佃农要分享粮食一样,他们也要分享秸草和谷茬;正如他们分享酒一样,他们也分享葡萄的枝蔓以及支撑的桩子,这后者必须由双方来提供。

如果一个人从其同胞处租了一块要依靠灌溉的土地或者栽着树的土地,而(灌溉的)水源干涸了或者地里的树砍伐了,那么,他不得从双方同意的租金中做任何的扣减。但如果他曾对另一方说过,"租给我这片可以灌溉的土地,或这片有树木的土地",而后来水源干涸了、树木被砍伐了,他则可以从双方同意的租金中予以扣减。

如果一个人(以付给地主一定比例的收成为条件)租了一块土地,却让它休闲,那么,便对该地所能产出东西的数量予以估算,并且他必须依此支付,因为协议中的一款通常规定,"如果我让土地休闲而不予耕种,我将按最高估算额支付补偿"。②

如果一个人从其同胞处租了一块土地而不除草,并且对地主说,"这与你有什么相干,既然我向你支付租金?"这一托词是不能接受的;因为地主可以回答说,"你明天退租了,我就得辛辛苦苦去清除蓬生的杂草"。

如果一个人(以支付收成的某一百分比为条件)从其同胞处租了一块土地而土地歉收,那么只要所产出的足以垛成一个(两习亚

---

① 这种租赁的条款要么是固定的租金,要么是双方同意的一定数额的收成,或者双方同意的一定比例的收成。
② 尽管没有明文规定,但这一条款是适用的。

的)堆垛,他就有义务在土地上耕作。拉比犹大说,怎么可能拿这样一个堆垛为标准呢①? 但只要所产出的粮食够做种子用(他就必须在土地上耕作)。

如果一个人(以支付收成的某一比例为条件)从其同胞处租了一块土地,而庄稼却因蝗虫的破坏而毁掉了,倘若这种灾害祸及了整个地区,他可以从租金中予以扣减;但假如灾害并没有影响到整个地区,他则不得扣减。拉比犹大说,如果他是用钱作为租金租用的土地,在这两种情况下他都不得扣减租金②。

如果一个人以十考尔麦子的年租金从其同胞处租了一块土地,而产出的粮食质量不好,那么,他就用这不好的粮食来付地租;但如果出产粮食的质量特别的好,他则没有权利说,"我要从市场上买些(标准质量的)麦子来付给你地租"。他必须用自己种的粮食来付租。

如果一个人从其同胞处租了土地种大麦,他便不得种小麦,但如果协议上是种小麦,他则可以种大麦③。拉比西蒙·b.伽玛列认为后者也应禁止。如果他租地种谷类,他不得种豆类;但如果协议上是种豆类,他则可以种谷类。拉比西蒙·b.伽玛列认为后者也应禁止。

如果从其同胞处租一块土地期限为几年④,那么他不得种植亚麻,也不得修剪埃及榕树的枝桠⑤。如果他租用七年,他在第一年可以种植亚麻和修剪埃及榕树。

---

① 既然地大小不一。
② 这一观点在法律上没有被采纳。
③ 种小麦比种大麦更容易使土地枯竭。
④ 即少于七年。
⑤ 种植亚麻对土壤有很大的影响,从而其伤害可能会超过七年的租期。同样,修剪掉的树枝在这段时间内也不能长好。

如果一个人以七百个苏兹的租金从同胞处租得一块土地期限为一个安息期①,那么,安息年应包括在期限之内。如果他以七百个苏兹的租金租用七年,安息年则不包括在期限之内。(9:1—10)

此外,这一时期的财物委托,所涉及的范围甚广,既包括牲口或物品的委托,也包括钱财的委托;所涉及的行为也很丰富,既可能是无偿委托,也可能是有偿委托。那么,如何判断是无偿还是有偿受托者呢?这一时期律法文献表明,有两种简易的方法:一是以一方当事人的意思表示为判断标准;二是以是否设定抵押为判断尺度。诸如②:

如果一个人对另一个人说,"替我保管一下这件物品,(将来某个时候)我也会替你保管某件物品",那么,后者就是有偿受委托者。如果他说,"替我保管这件物品",而另一位说,"放在这儿吧",那么,后者就是无偿受委托者。

这些情形中,受委托者负有尽职看管义务,未尽责保护以致所托之物丢失的,应负赔偿责任。具体为③:

如果一个人把牲口或物品委托给自己的一位(照看它们而不取报酬的)伙伴,结果这些东西被盗或者丢失了;进而,假如受委托

---

① 每一个第七年被宣布为一个安息年,在安息年不允许耕种或收割庄稼。(《利未记》25:1f)如果协议是"一个安息期",这被理解为租期为七年,包括安息年。
② 参见〔美〕亚伯拉罕·柯恩:《大众塔木德》,盖逊译,山东大学出版社 2000 年版,第 385 页。
③ 同上书,第 383—385 页。

者决定要予以赔偿并且不愿意起誓①——因为裁定是"无偿受委托人起誓,并且没有责任"——并且此后又发现了谁是偷盗者,那么,后者必须赔偿双倍的价值;如果他已经宰杀或卖掉了牲口,他必须赔偿四倍或五倍。他向谁赔偿呢?向受委托者。

如果两个人都把钱委托给同一个第三者保管,其中一人给了他一个玛那,另一个给他了二百个苏兹,过后两人都索要较多的一笔,那么,受托者付给每人一百个苏兹,而把剩余的拿起来直到以利亚来到②。

如果一个人把钱托付给同伴(无偿看管),后者把钱捆成一扎背在肩上,或者把钱传递给未成年的儿女,或者没有把钱锁好,那么,他应负赔偿的责任,因为他没有尽到受托人的职责去保护它;但如果他尽职保护了它,则不应负责任。

如果一个人(为安全起见)把一笔钱托付给兑换钱的人,倘若钱是捆成一扎③,那么,后者不得使用这笔钱,因而也不应为它的丢失而负责。但如果受委托者是私人,无论钱是否捆着他都不能使用,因而一旦丢失也不负责任。(3:10f)

如果他把桶从一处移往另一处时打坏了桶,不论他是无偿受托者还是有偿受托者,他都要起誓(申明他不是由于失职,这样便不负有责任)。(6:8)

(3)雇佣和出借

雇佣和出借,一般而言均是有偿的,其客体可以是劳力、物品(如牲

---

① 誓言的内容是他并未挪用被委托的物品,也并未失职,并且物品也不在他手中。
② 人们普遍相信先知以利亚会来解决所有的争端。不过,这句话实际指的是一段不定的期限。在这个例子中,它的意思是受托人掌握着剩余的钱直到一方承认他只应得到 100 个苏兹。
③ 把钱捆起来意味着主人想把它单独存放,并且不能使用它。

畜、农作用具等），也可以是钱财。

第一阶段,圣经时期《摩西律法》的有关规范。

雇佣劳力契约方面的规定相对也比较简单。律法中仅有三处提及:一是规定,所雇佣的受伤或致死时,"若是雇的,也不必赔还,本是为雇价来的"(《出埃及记》23:15)。较《俾拉拉马法典》、《汉穆拉比法典》等美索不达米亚法系的相关条款,这一规定要落后许多,从一个侧面反映出律法在侵权观念上不甚发达。二是规定,"雇工人的工价,不可在你那里过夜留到早晨"(《利未记》19:13)。三是规定,"困苦穷乏的雇工,无论是你的弟兄,或是在你城里寄居的,你不可欺负他。要当日给他工价,不可等到日落,因为他穷苦,把心放在工价上……"(《申命记》24:14—15)。后两处是围绕工价给付方面所做的规定,说明律法还比较注重公平。但就整体而言,雇佣关系方面的上述规范大体反映了希伯来法的宗教仁爱情结,同时也说明犹太人在对雇佣本族人的实际处理中,商业色彩尚处于混沌状态。

出借契约的规定相对丰富,既有物品的赊欠,也有放款。犹太人的借贷所适用的规则视借贷对象而有所不同。在早期,犹太民族内部的借贷仅是一种慈善救济工作,多是针对本族穷人而进行出借钱财或粮食,其商业性质不甚浓厚,因此律法严禁向贷款的同胞收取利息。律法为此特别告诫道:"勿取贫者之利",具体为:"我民中有贫穷人与你同住,你若借钱给他,不可如放债的向他取利"(《出埃及记》22:25),"你的弟兄在你那里若渐渐贫穷,手中缺乏……你借钱给他,不可向他取利;借粮给他,也不可向他多要"(《利未记》25:35—38)。律法还规定:"你借给你弟兄的,或是钱财,或是粮食,无论什么可生利的物,都不可取利。"(《申命记》23:19)出借多是为了济贫,帮助他人延缓穷困的方法之一,且七年之后就是豁免年,与本族人的出借债务将一笔勾销。但如果借给外邦人,仍可以追讨,可以收取利息。

又如《出埃及记》23:14规定:"人若向邻舍借什么,所借的或受伤,或死,本主没有同在一处,借的人总要赔还。若本主同在一处,他就不必赔还……"这一规定的特色在于:一是重视出借关系中出借人管理出借物的义务,即毁损其形、致使其灭失,均须赔偿。二是强调出借人(即本主)的担保义务,即出借人有持续保持标的物的品质义务。三是出借物可以是钱,也可以是粮。出于仁爱观念,与此前的西亚地区其他法典相比较,律法中对出借关系的核心内容——应获取的利益未给予必要的关注,甚至几乎没有提到它。

但紧接着律法就规定:"借给外邦人可以取利,只是借给你弟兄不可取利。"很显然,早期犹太人并不提倡本族犹太人之间的借贷,却积极鼓励借贷给外邦人,收取利息,法律保护这种借贷行为。随着社会的演变,由于受到向外邦人收取利息的影响,也由于经商获利意识的提高,一些犹太商人也开始向自己的同胞放债取利。到了罗马时期,这种现象已成为普遍的习俗,耶路撒冷圣殿甚至成了贷款取利的主要机构。犹太商人从此成为高利贷者的典型代表。

第二阶段,塔木德时期律法文献的相关规范。

这一时期有关雇佣和出借的关系变得愈加复杂,有时在当事人之间交织着多重关系,其行为既有无偿借用,又有雇佣;既有先借后租,又有借租各半;甚至其主体还有可能涉及第三人。例如[①]:

> 如果一个人借了一头牛,并且同时也无偿借用了其主人或同时雇佣了其主人为自己服务;或者如果他先无偿借用了牛的主人或雇佣了他为自己服务,然后又借用了这头牛;那么,假如牛死了,

---

① 参见〔美〕亚伯拉罕·柯恩:《大众塔木德》,盖逊译,山东大学出版社2000年版,第385—386页。

他不负有赔偿的责任,因为《圣经》上说,"若本主同在一处,他就不必赔还"(《出埃及记》22:15)。但如果他先借了牛,然后又借用了其主人或者雇佣了他,而牛死了,他便负有赔偿的责任,因为《圣经》上写着,"本主没有同在一处,借的人总要赔还"(《出埃及记》22:14)。

如果一个人借了一头牛,方式是借用半天,租用半天,或者他是第一天借用第二天租用,或者是借用一头牛租用另一头牛,如果一头牛死了,向外借出牛的一方说,"是借的牛死了,或者它是死在借用的那一天,或者它是死在借用的时间内",①而另一方则说,"我不知道",他便有赔偿责任。然而,如果租用者说,"是租的牛死了,或者它是死在租用的那一天,或者它是死在租用的时间内",而另一方则说,"我不知道",他便没有责任。如果借出的一方说,"死的是借的那头牛",而租的一方说,"是租用的那头牛",那么后者要起誓说死的是租用的那头牛(并且他不负赔偿的责任)。如果双方都说,"我不知道",损失要由双方分担。②

如果一个人借了头牛,牛的主人派自己的儿子或奴隶或代理去送牛,或者让借牛者的儿子或奴隶或代理去取牛,而牛(在路上)死了,借的一方不应负责任③。但如果借的一方对他说,"让我的儿子或奴隶或代理把牛取来";如果借出的一方对他说,"让我的儿子或奴隶或代理把牛送去",或者,"我要让你的儿子或奴隶或代理把牛送去";当借方回答说,"送来吧",在主人把牛送去时如果牛(在路上)死了,借方应负责任。同样的律法也适用于归还牲口时。(8:1—3)

---

① 在任何一种情况下借用的一方都应负责任。
② 最后提到的一条没有被法律所采纳。
③ 因为借方的责任只有当牲口到达他手中时才开始。

在上述这些复杂的租借关系中,如何确定某一方的责任呢?一般是以当事人明确的意思表达或明确知悉为时间界点,来落实和追究此后有可能发生的牲畜死亡责任,一般情况下做出意思表示的一方应当承担相应的责任。

(4)抵押和保证

在希伯来法中有两种借贷形式有可能产生财产的抵押:一种是借债人承诺了出贷人一个借贷还款期限;另一种是不转移占有的抵押。后者是除非借用人拖欠债务或无法还清借贷,否则抵押物占有权仍旧属于他。在这一抵押中"抵押"就是对其违约或未履行债务(at default)的一种事先保证。①

第一阶段,圣经时期《摩西律法》的相应规定。

在犹太社会,几乎所有的物品均可以用以设定抵押。如果是小额和暂时的借贷,抵押品可以是一件私人物品、物业,甚至是一个担保人所说的话。但律法还是详细地列出了可以或不可以用作保证或抵押品的物品,并指明如何交付抵押品以及抵押权的设定与消灭。日常生活的必需品如磨石,不能用作抵押品。"不可拿人的全盘磨石,或是上磨石作当头,因为这是拿人的命作当头"(《申命记》24:6);但对方违约或欠债不还,债权人可以取得抵押物,但规定"不可进他家拿他的当头。要站在外面,等那向你借贷的人把当头拿出来交给你"(《申命记》24:10—11)。显见,希伯来法中要求抵押权的设定与实行必须在屋外进行,甚至必须在见证人面前进行。②

同时,律法扩大了"当头"即抵押品的范围,除了古代西亚地区常见的以人身为抵押之外,一般物品均可能成为抵押品但有些个人仅有的

---

① Raymond Westbrook (ed.), *A History of Ancient Near Eastern Law*, Vol. 2, Koninklijke Brill NV Press, Leiden, The Netherlands, 2003, p.1022.
② 梁工等:《律法书·叙事著作解读》,宗教文化出版社 2003 年版,第 139 页。

财物如只有一件衣服,那么这一衣裳斗篷(the cloak)作抵押品时,对方必须在日落之前归还。律法甚至还规定寡妇的长袍是不能作当头的(《申命记》24:17)。

在犹太社会中个人人身是否也能成为抵押品为债权人所占有呢?《圣经·旧约》的其他篇章记述表明,古代西亚地区以人身为抵债的习俗,希伯来社会也同样存在。譬如,以色列人的儿女可以被抵债为奴,通过《列王纪下》(4:1)中"现在债主来,要取我两个儿子作奴仆"的这一记述,可以肯定债务人的孩子是可以被抵押为债奴的。《尼希米记》5:1—5的记述也说明了田地、葡萄园、房屋以及儿女均被典归他人。

第二阶段,塔木德时期律法文献的相应规定。

"抵押品的存在奠定了信贷的基础,保证了借贷的顺利进行,是犹太人经济交往的保障措施。"[1]这是一种一般的扣押权,有利于出贷者。在希伯来社会,当欠债人无力偿付债务时,出贷者就能占有欠债人的抵押财产。根据扣押权,出贷人可以将这一财产易手给另一需要这一财产的人,而受让人必须连本带息偿清那笔欠债。产生于希伯来律法的抵押,被后人称为"犹太人的抵押品"(Jewish gage),成为西方法律的一个专用名词,西方民法中英美法系的扣押令(statute of elegit)就是由此派生出来的。

按照《塔木德》的说法,犹太人的扣押权在法律中暗示为每笔债务的附带条件,应由当事人当场写于借据中,二位证人连属签名,同时有足够多的目睹者。当然,每次法庭合法判决时也显然承认这种扣押权。如果财产的条款没有写入借约中,那么这种省略就不具有法律效力。[2]

---

[1] 梁工主编:《圣经时代的犹太社会与民俗》,宗教文化出版社2002年版,第194页。
[2] 林太、张毛毛编译:《犹太人与世界文化——在科学·文学和社会法律的维度上》,上海三联书店1993年版,第218页。

一般来说,当借方无力归还借款时,借贷抵押即被视为出售给贷方。但《塔木德》就抵押的归还原则,是圣贤们基于"应行正义及善事"所制定的一些律令(takkanah),事实上借方可以无限期赎回抵押物,除非贷方业已将之出售或转赠第三方。①

但必须指出的是,希伯来法中也有规定取消抵押赎回权的法律手段(foreclosure)。犹太人扣押权的概念与"典当"概念是有着重要区别的。因为按照希伯来法,就放贷人将借债人的抵押品转让他人的权利而言,有一个重要限制,即只要借债人拥有足够的资产表明他能偿清债务,那么放贷人就不能将他的抵押财产转手。例如,一般情况下借债人的土地只是作为他偿付债务的保证,唯有在欠债人无足够理由证明自己能偿清债务时,他对这一土地的权利才是第二位的;又如,如果以人身抵押,其赎回的价格就像工人每年的工价,照年数计算加以偿还。

一般来说,放贷人的扣押权仅限于借债人的不动产。后来,通过在借约中插入特别条款,扣押权可以延伸到借债人的可动资产。但《塔木德》认为扣押权不能与财物转让的规定联系在一起。因此,在塔木德时期之后,流散至英国的犹太商人在借贷给非犹太人时,放贷人对借债人的动产和不动产、现有财产和未来财产的扣押权,被普遍写入借约中。

与抵押一样,保证也是犹太人在借贷时为保证债务能按时清还而采取的担保措施。保证人的责任在于保证某人借贷后能按期履行契约。如果借贷人违约或逃避,保证人必须破财还账。因此,犹太人在律法中并不提倡替人作保,必须作保时,对象要么是亲属,要么是亲密的

---

① N.S. Hecht, *An Introduction to the History & Sources of Jewish Law*, Clarenden Press, Oxford, U.S.A., 1996. 转引自刘精忠:"犹太教经济理念初探",《西北大学学报(哲学社会科学版)》2003 年第 2 期。

朋友。①

　　据《密西拿》记载道,如果某人在一名证明人的做证下借钱给同胞,他不能要求证明人支付欠款,但如果第三者是债务担保人的话,他就可向担保人追债。之后,犹太社会产生了为他人债务作证的两种形式:一种是中介担保人,他对债务负有清偿的责任;另一种则是见证人,更多的起证明作用。这两种中介人逐渐成为希伯来商法中的标准模式,前者称为"Kabblanut",后者称为"Arabut"。

　　继塔木德时期之后,在12世纪,伟大的犹太哲学家和犹太法编纂家迈蒙尼德(Maimonides)对犹太保证法进行了一项革新,或者说是整理了前人倡导的一项革新。他主张,要求借债者对证人说"你是我的担保人,等等",当宣告是在一次临时性会谈过程中进行时,这些言辞是必须的。另一方面,当借债人做出一种真正的或地道的保证——希伯来语为"Hodaah Gemurah"——时,上述言辞或许也可豁免。由于这一革新的结果,短语"做出真正的或地道的保证"就在几乎每一份犹太人的保证文件上出现。

　　3. 对婚姻家庭及继承的规范也很有特色

　　就婚姻方面而言,犹太人认为婚姻是两个家庭之间订立的盟约,男女双方的家族据此结为联盟。犹太社会,非常重视血统和亲族关系,两个彼此结亲的家族可被看做一个大家庭,而规模的扩大有利于家族的巩固和更多利益的获得。因此,为了政治目的,国王也与外邦人联姻,如所罗门王与埃及公主的婚契、以色列王亚哈与推罗公主耶洗别的婚约。而普通百姓一般以同族联姻为原则,禁止与异族通婚(如《民数记》36:6),流行近亲内选亲。但直系血亲不得通婚。男女结婚须遵循一定

---

① See Raymond Westbrook (ed.), *A History of Ancient Near Eastern Law*, Vol. 2, Koninklijke Brill NV Press, Leiden, The Netherlands, 2003, p. 1025.

的法律程序,律法对此以及相关的问题做出了详细的规定。

之一,选亲。选亲属于家长权,是长辈的特权,他们承担了为儿子选偶的重大责任。在犹太人的婚姻中,父母的意志发挥着决定性的作用。在家庭中,对未来终身大事,不仅女儿必须无条件地服从父母地选择,基本上没有任何选择的余地,而且,选择儿子的妻子也是父亲的权利。例如,《创世记》24:1—67 精彩地叙述了亚伯拉罕遣仆为子娶妻、拉班彼士利允诺、以撒娶百加为妻的整个过程。这个故事说明,父亲为儿子选亲是在儿子不知情的情况下进行的,虽未经儿子同意,但儿子往往无条件地接受。选亲的范围仅囿于他父家的"本地本族"。

当然,儿子在父亲指定的选亲范围内,有时也自己参与选亲,挑选自己中意的女子。如以撒遣雅各娶妻于舅家的故事(《创世记》28:1—9)。

之二,订婚。律法中表示订婚的词至少有三种,如《出埃及记》22:16中的"受聘"、《申命记》20:7中的"聘定"、《申命记》22:23、22:25中的"许配"等。订婚是双方对婚姻的正式认可。订婚,作为一种婚姻的法律程序,希伯来法也经历了由口头承诺的许婚发展而来的一个过程。在旧约时代,许配是一种不受限制且相当随意的结亲承诺。"许婚对于当事的双方均无严格限制,故不会产生法律效力。"[①]此后,有了口头的订婚契约,它具有重大的实际意义,关涉血亲家族的利益。到了"巴比伦之囚"之后,开始有了书面的,即订婚的契约达成必须附上一份书面的婚约文件。这种变化增强了婚约的稳定性,防止了随意解除婚约事件的发生。[②] 实质上,这一婚约文件是正式结婚前男女双方所达成的一种书面许诺。订婚契约一旦达成,就具有严格的法律效力。在

---

① 梁工主编:《圣经时代的犹太社会与民俗》,宗教文化出版社 2002 年版,第 22 页。
② 同上。

法律上,视为法定婚姻的开始,受法律的保护。

它具体表现为双方均要受到该婚契的约束与保护。就男子而言,"谁聘定了妻,尚未迎娶,他可以回家去,恐怕他阵亡,别人去娶"(《申命记》20:7)。这说明订过婚的男子结婚前可以不必上战场打仗。就女子而言,"若有处女已经许配丈夫,有人在城里遇见她,与她行淫",不仅该男子须用石头打死,而且已订婚女子因未喊叫也应一同处死。但"若有男子在田野遇见已经许配人的女子,强与她行淫",则只要将该男子治死,"但不可办女子,她本没有该死的罪",因为在田野里,她喊叫并无人相救,所以她无任何责任(《申命记》22:23—27)。当然,在律法中,对那种未订婚而强奸女子的个案也提出一个补救方案,即该男子必须支付50舍客勒给女子父亲,并要娶她为妻,终身不可休她(《申命记》22:28—29)。

婚约一旦达成是不允许解除的。女方一旦受聘,不得另有所爱或解除婚约,否则将遭到舆论的谴责和法律的制裁。

之三,聘金。订婚时,男方须向女方交纳一定数量的贵重物品或银钱作为聘礼,或在女方家中完成一定时间的劳务,作为对订婚聘礼的抵偿。例如,《创世记》29:1—30记载了雅各为娶拉结而服侍其丈人拉班的故事。这种以劳役的方式缔结婚姻的习俗与规范在中亚述就已出现。犹太人这一习俗与古代西亚地区的婚俗有着天然的密切联系。[1]显然,犹太人的聘金(the Hebrew mohar)[2]有着其特定的性质。如前所述,古巴比伦人在订婚时,男方也必须交纳聘金。这笔聘金作为女方身价费,归其父亲所有,女方无权支配。而犹太人特别是利未人的聘金

---

[1] See John Van Seters, "Jacob's Marriages and Ancient near East Customs: A Reexamination", *The Harvard Theological Review*, Vol. 62, No. 4(Oct., 1969), pp. 389-395.

[2] See J. H. Hertz, "Ancient Semitic Codes and the Mosaic Legislation", *Journal of Comparative Legislation and International Law*, 3rd Ser., Vol. 10, No. 4(1928), pp. 217-218.

除了具有定金的性质之外,还是一种来自男方求婚的赠礼,女方出嫁时可以带走聘金的全部或一部分,成为她自己个人的财产。若婚姻破裂,女方可依靠这些财产度日,男方无权将其收回。若该女子未婚先亡,则由她的姐妹替补出嫁,该聘金仍归女方所有。

律法规定,如果男方要求退婚,聘金不得索回;如果女方要求退婚,须加倍偿还。同时,还规定,订婚与结婚之间一般有个间隔期。通常至少一年,有时会更长些。比如,《创世记》29:1—30 记载雅各订婚 7 年后才娶了利亚,再服侍丈人 7 年后才得以娶了拉结。如果是寡妇,其婚礼须在订婚后 30 天内举行。按照希伯来社会风俗,间隔期的规定旨在让即将过门的女子准备结婚所需之物。

之四,结婚。相对于订婚而言,犹太人为结婚所举行的婚礼,属于纯粹的世俗事务,接受众亲戚希伯来式的祝福,如律法所描写的:"我们的妹子啊,愿你做千万人的母!愿你的后裔得着仇敌的城门!"(《创世记》24:60)犹太人结婚时,并无宗教礼仪参与,是一种仪式婚。譬如,对于新娘来说洞房花烛之夜意义重大,沾有血渍的床单将作为新娘童贞的证物,被夫妻双方妥善保存。这种风俗迄今在中东一些地方仍然得以保留着。又如,婚礼后新郎"不可从军,也不可托他办理什么公事,可以在家清闲一年使他所娶的妻快活"(《申命记》24:5)。

结婚时,双方必须办理相关的结婚契约,形式上是丈夫声明夫妻关系的文件,写着丈夫的誓约。这一婚姻契约在夫妻双方共同居住七天后才发生法律效力。需指出,口传律法中,拉比们一般均主张:一个心智健全的人与一个心智不健全的人(即精神病人)结婚,其婚姻是无效的。[①]

[①] See Boaz Cohen, "Concerning Divorce in Jewish and Roman Law", *Proceedings of the American Academy for Jewish Research*, Vol. 21 (1952), p. 24.

结婚后,男女双方要互相忠诚,女方对男方更应如此。"摩西十诫"中"不可奸淫"是紧列于"不可杀人"之后的第七诫。足见,律法对男女关系纯洁度的重视。但律法中对已婚男子的不忠行为未做规定,却明确规定已婚女子对丈夫的不忠、与他人通奸的处理,即"要将奸夫、淫妇一并治死"(《申命记》22:20—22)。同时,律法推崇一夫一妻制,但也允许一夫多妻。圣经中有关一夫娶多妻的记载,多是富裕阶层所为(如《申命记》21:15)。生活富裕的男子可随时从婢女中和被征服者中选择中意的女子为妾。妻子婚后不育的,也可指定其婢女为丈夫之妾(如《创世记》16:1—3)。①

之五,离婚。在希伯来民法上,也称"休妻"。离婚的理由有许多种,律法规定:"人若娶妻以后,见她有什么不合理的事,不喜悦她,就可以写休书交在她手中,打发她离开夫家。"(《申命记》24:1)

但是,律法也对丈夫的离婚权做出了两方面的限制:一是规定,丈夫错误地指控妻子不贞须要惩治他,并要罚他100舍客勒银子给女子的父亲。而且,"女子仍做他的妻,终身不可休她"(《申命记》22:13—19)。二是规定,男子强奸未许配的处女,就要拿50舍客勒银子给女子的父亲,就要娶她为妻,"终身不可休她"(《申命记》22:28—29),这是希伯来法对丈夫享有的休妻自由权利在法律上的一种特别限制,剥夺身为强奸犯丈夫的离婚权利,实际上是对他实施诽谤或强奸行为的一种严厉惩罚。

塔木德时期,口传律法还发展了五种丈夫不得休妻的限制,诸如:妻子疯了,她不能被休;妻子被俘,必须赎回,不得休妻以逃避责任;妻子尚年幼的,不能被休;丈夫精神失常,不能写或托他人写休书;丈夫声

---

① See I. Mendelsohn, "The Family in the Ancient Near East", *The Biblical Archaeologist*, Vol. 11, No. 2(May, 1948), p. 25.

哑的,不能休妻等。这些规定较《中亚述法典》、《赫梯法典》的相关内容要文明和进步得多。另外,在《密西拿》中还规定,如果男女婚后共同生活了十年,其妻子仍未怀孕生育,他应当与之离婚,并如数偿还她嫁妆和其他结婚礼物,因为有可能是他致使了妻子无法生养子女。①

但从总体上看,希伯来法对待妇女仍是歧视的。在一定意义上,妇女是男子的私有财产。在父权和夫权盛行的希伯来社会,妻子是丈夫的一部分,"你必恋慕你丈夫,你丈夫必管辖你"(《创世记》3:16)。妻子必须服从丈夫,男子可以任意处置妻子,可随时休妻再娶,而女方却没有提出离婚的权利。② 但是,为了彰显仁爱、宽宥的基督精神,口传律法《密西拿》中也有例外的规定,譬如,允许身为女仆的妻子享有一定的离婚自由;又如,丈夫不得离弃婚后患精神病而失去心智不能自理的妻子,等等。

例如,一个父亲有权卖自己的女儿为奴,"主人若选定她给自己的儿子,就当待她如同女儿。若另娶一个,那女子的吃食、衣服,并好合的事,仍不可减少。若不向她行这三样,她就可以不用钱赎,白白地出去"(《出埃及记》21:7—11)。又如,律法规定,若被掳的美貌女子被犹太人娶为妻,后来"若不喜悦她,就要由她随意出去,绝不可为钱卖她,也不可当婢女待她,因为你玷污了她"(《申命记》21:11—14)。

不过,律法并无对自由人之妻有类似明确的离婚自由权利的规定,故不应当进行以下的类推,认为"如果一个女奴有这种权利,那么自由人妻子如果不是享有更大的权利的话,也应有同等的权利"③。希伯来法从来就未曾赋予女性休夫的权利,因为在希伯来人看来,男女结合是

---

① See Boaz Cohen, "Concerning Divorce in Jewish and Roman Law", *Proceedings of the American Academy for Jewish Research*, Vol. 21. (1952), p. 17.
② 朱维之主编:《希伯来文化》,上海社会科学出版社 2004 年版,第 125 页。
③ 徐菲:《希伯来法研究》,华东政法学院博士学位论文打印稿,2004 年,第 150 页。

上帝的意志(《创世记》2:23—24)。律法为此自然处处宣扬夫妻之间的恩爱和睦。希伯来法这一表达完美婚姻的信念与不准离婚的精神,直接导致后世——西欧中世纪教会法对离婚的严厉禁止。

之六,再婚。希伯来社会允许再婚。由于男女的不平等,男性再婚是毫无法律与宗教障碍的。再婚更多的是对女性而言,如其他古代西亚诸民族的法律一样,律法对丧偶妇女做出了特别的限定,实行叔娶寡嫂制(levirate marriage),即内嫁制,以防止家产外流。[①]《申命记》25:5—6规定:"弟兄同居,若死了一个,没有儿子,死人的妻不可出嫁外人,她丈夫的兄弟当尽弟兄的本分,娶她为妻,与她同房。妇人生的长子必归死兄的名下,免得他的名在以色列中涂抹了。"其弟如果不愿意娶寡嫂为妻欲摆脱这种义务,必须行"开脱礼",寡嫂有权以此当众侮辱他,这一家庭就被称为"脱鞋之家",受到众乡邻的谴责。

离婚女性如寡妇一样被称为"*sui juris*",她们再嫁时,律法规定,无权嫁给祭司。律法规定:"不可娶妓女或被污的女人为妻,也不可娶被休的妇人为妻,因为祭司是归神为圣。"(《利未记》21:7)一般情况下,离婚女性可以自己选择婚姻,"妇人离开夫家以后,可以去嫁别人"(《申命记》24:2)。律法中不再要求像作为少女时只能由其父亲做主。

随着社会的发展,希伯来法禁止被休妇女再婚还包括以下四种情况:一是被休妇女不允许嫁给被怀疑与她通奸的男人;二是信使不可以娶他从外地送来休书的女人;三是因她的誓言而被休的女人,不能嫁给那个宣布她的誓言有效的法官;四是被休的女人不允许在离婚后的3个月内再婚,甚至不能订婚。这些禁止性规定无非是为了杜绝欺骗,确保忠贞。

[①] See Cyrus H. Gordon, "Biblical Customs and the Nuzu Tablets", *The Biblical Archaeologist*, Vol. 3, No. 1(Feb., 1940), pp. 9-12.

针对寡妇的再婚问题,口传律法中有的拉比主张,育有小孩的寡妇,在孩子未满 24 个月之前,是不能再婚的;也有的拉比将这一小孩年龄限为 18 个月,在此之前,母亲有义务照看抚养她的孩子而不能重新订婚或结婚。①

显见,妇女在希伯来律法的地位与古巴比伦民事成文法的地位极其相似。②

此外,源于古代西亚地区的纳妾或合法姘居风俗,在圣经时期的犹太社会也十分流行,尤其是那些族长们或国王,往往为了多子而娶数个妻子或者不断地纳妾,古希伯来人称之为"the Biblical *Pillegesh*"③,这种制度不同于西式姘居或纳妾(the occidental concubine)。④ 譬如,据传说所罗门王有七百多位妻妾。因此,在圣经时期的希伯来律法中一夫一妻制只是相对于主妻而言,整个社会实施的仍是一夫多妻制,妾具有妻子身份,但处于从属地位。随着社会经济的发展从纯农业结构向商品经济繁荣演进的进程中,至塔木德时期,《密西拿》等典籍中已不再崇尚这一纳妾或姘居传统,更多地强调一个家庭的合理结构应当是由一位丈夫和一位妻子及众多子女组成的,反对纳妾或姘居。古代东方式的纳妾模式(the oriental concubine)在希伯来律法中遂得以终结。⑤

在希伯来法中,律法关于婚姻方面的规定内容要大大地多于契约方面,这说明犹太社会十分重视婚姻关系,重视家庭关系在犹太民族生

---

① See Boaz Cohen,"Concerning Divorce in Jewish and Roman Law", *Proceedings of the American Academy for Jewish Research*, Vol. 21(1952), p. 20.

② See I. Mendelsohn, "The Family in the Ancient Near East", *The Biblical Archaeologist*, Vol. 11, No. 2(May,1948), pp. 37-40.

③ See Louis M. Epstein,"The Institution of Concubinage among the Jews", *Proceedings of the American Academy for Jewish Research*, Vol. 6(1934—1935), p. 155.

④ 所谓西式姘居或纳妾,如罗马法认可姘居的合法性,但以双方未婚且男方只纳一妾为限。早期信奉基督教的皇帝和基督教会均不允许娶妾或纳妾。

⑤ See Louis M. Epstein,"The Institution of Concubinage among the Jews", *Proceedings of the American Academy for Jewish Research*, Vol. 6(1934—1935), pp. 159-188.

存中的作用,律法竭尽全力维护家庭组织结构和家庭财产利益。就家庭方面,希伯来社会实行家长制。这一制度的基本原则是家族中最年长男性具有绝对权威。他既是立法者,又是执法者。他对妻子、孩子和奴隶的统治是至高的。因此,就犹太人家庭成员而言,其各自的地位与权利是不同的。

父亲和丈夫的至上地位得到律法的保护。在父权家长制中,父亲是唯一的权威。父亲或丈夫拥有家庭中的绝大多数财富,包括妻子、子女、仆人、奴隶和牲畜。作为一家之长,父亲拥有至高无上的权力,他管理着一个大家庭的全部事务,是这些事务的最终决定人。他的命令不得违抗。他的权威延及妻子、孩子、孩子的孩子、仆婢等。一族之长更具有可畏的权力,其权力延伸至整个部落,决定着部落成员的生与死。同时,他也肩负保护和抚养全家、保护家族安全等重大责任,对与之相关的各种事务必须亲力亲为,对群体做出他人难以比拟的贡献。

母亲和妻子的从属地位为律法所确认。作为家庭中的女性,妻子的地位一般很低。她从属于丈夫,将丈夫视为主人,操持家务。妻子最主要的责任是生育,让家族血脉得以传承。妻子若生了儿子做了母亲,地位会有所提升,可以就家务和养育孩子方面向丈夫提出建议,甚至由她全权代为处理。作为家庭成员,她享有仅次于丈夫的尊严与地位。通过现代西方学者的研究证据表明,圣经时期的寡妇一般还享有继承已故丈夫遗产的权利。①

律法中所规定的并在以后得以发展而形成的嫁资制度(Kethubah)是犹太家庭中的一项重要制度,它保障了妇女的未来生存状况。古代西亚社会多为买卖婚姻,女子很难享有独立的财产处分权利。但

---

① See Richard H. Hiers, "Transfer of Property by Inheritance and Bequest in Biblical Law and Tradition", *Journal of Law and Religion*, Vol. 10, No. 1(1993—1994), p. 122.

希伯来法摆脱了这种买卖婚姻的低级形态,其主要特征在于,律法规定将原来由夫家给女方父亲的聘礼给予妻子,并且作为丈夫财产不可分割的一部分,在妻子被休或丈夫死亡时支付给妻子。甚至若丈夫的继承人有可能欺诈寡妇,嫁资(即聘礼)也可托寄留存在妻子的父亲家,以确保这笔财产能最终归妻子所有。可见,在这一制度中,妻子是嫁资的真正收益人,不再仅是名义上的所有人。

希伯来法中,嫁资是妻子不可放弃的权利,没有嫁资的婚姻是不合法的。嫁资也是一项丈夫终身所有财产的留置权,如果在他死后或当他休妻时他没有财产,可以从他曾经拥有但现在是第三人的财产中支付。①

有关子女的法律地位,律法也有提及。犹太社会中多子多孙象征着一个家族繁荣兴旺。律法中最常见的祝福就是某人的子孙千千万万。当然,这里的子孙主要是指儿子。儿子能增加本族的财富、规模、地位,而女儿最终都要离开父家,这无疑是一大损失,因为家中的女孩是父母家产的一部分,是家里重要的劳力和帮手。犹太民族十分重视自身家族的繁衍,故养儿育子是人人的使命。《圣经·旧约》中的许多章节记载了希伯来人,特别是首领如果无子,就会想方设法收养他人为子。究其收养目的和方式均与古代西亚其他民族无太大差异。②

子女对父母要孝敬,这是"摩西十诫"的第五诫。倘若子女对父母有不敬行为,须受到法律制裁。如,打父母和咒骂父母的,"必要把他治死"(《出埃及记》21:15、17)。又如,对逆子"不听从父母的话,他们虽惩

---

① Talmud Babli Kethuboth 82 b;Mishnah Gittin 5:2.转引自徐菲:《希伯来法研究》,华东政法学院博士学位论文打印稿,2004年,第157页。
② See Tikva Frymer-Kensky, "Patriarchal Family Relationships and Near Eastern Law", *The Biblical Archaeologist*, Vol. 44, No. 4(Aut.,1981),pp. 211-212.

治他,他仍不听从,父母就要抓住他,将他带到本地的城门、本城的长老那里,对长老说:'我们这儿子顽梗悖逆,不听从我们的话,是贪食好酒的人。'本城的众人就要用石头将他打死"(《申命记》21:18—21)。显见,律法对不孝子女的处置是十分严厉的。

就继承方面,律法中继承并不表示权利和义务的概括总和,而仅指对死者遗产的继承权利。在这方面,律法大致涉及继承人、遗嘱继承以及生前赠与(inter-vivos gifts)两大内容。

(1)有关继承人的规定

希伯来律法中将继承人分为儿子、女儿以及寡妇等,对此各自的规定是有所不同的。①

首先,儿子们的继承问题。在希伯来社会实行长兄继承制。② 儿子们继承父亲产业所得份额并不相等,律法规定,长子有权获得比其他儿子多一份的产业(《申命记》21:15—17)。律法还保护死者长子(his "first-born")的优先继承权。按照律法规定,全部家产中的不动产包括土地、房屋等几乎全部归长子,其他儿子只能参与动产的分配,每人得到的份额与长子相比少得多。这种父权家长制大家庭中长子优先的做法实际上继受了古代西亚地区自苏美尔人以来巴比伦及亚述等民族的家庭传统习俗。③

长子优先继承权还能延及后代。只有家族的长子死亡并未留下后代时,次子才能以长子的名分继承大部分财产。但是,律法中也有幼子取代长子获得继承权的记载。例如,以撒取代以实玛利,《创世记》25:5

---

① See Richard H. Hiers,"Transfer of Property by Inheritance and Bequest in Biblical Law and Tradition", *Journal of Law and Religion*, Vol. 10, No. 1(1993—1994), pp. 124-134.

② Ibid., pp. 142-147.

③ See Tikva Frymer-Kensky, "Patriarchal Family Relationships and Near Eastern Law", *The Biblical Archaeologist*, Vol. 44, No. 4(Aut., 1981), pp. 212-214.

记载:"亚伯拉罕将一切所有的都给了以撒。"以撒是次子,是正妻撒拉所生,而长子以实玛利是撒拉使女夏甲先前为亚伯拉罕所生,但亚伯拉罕只把财物分给他庶出的众子,打发他们离开他的儿子以撒。又如,以撒育子以扫和雅各,雅各欺骗父亲取代长子以扫获得继承权(《创世记》27:18—29)。

除了这种欺骗手段攫取长子身份之外,一般情况下,长子的身份是由其父亲来确定的,儿子们无权干涉。希伯来法的习俗中,以色列人沿袭了古代西亚地区的做法,并不一定以出生先后来确立长子身份,父亲有权按照自己的意愿选择立嗣①(《创世记》48:12—22)。然而,律法中也告诫以色列人"勿以私爱废冢子",人若有二妻,长子是所恶之妻生的,到了把产业分给儿子承受的时候,不可将所爱之妻生的儿子立为长子,长子名分应归所恶之妻生的儿子,此子是他力量强壮之时所生,故应多加一份产业给他(《申命记》21:15—17)。

其次,女儿们的继承问题。在特殊情况下她也可以继承父亲的产业。律法规定,"人若死了没有儿子,就要把他的产业归给他的女儿"(《民数记》27:8)。但又规定,承业之女嫁人时,"必做同宗支派人的妻,好叫以色列人各自承受他祖宗的产业"(《民数记》36:1—12)。

女婿也有权利继承岳父的家产。这主要有两种情形:一是其妻在岳父那儿继承的财产每逢禧年即可成为自己的产业,因为"这女儿的产业就必加在她们丈夫支派的产业上"(《民数记》36:4)。二是倘若女婿得到岳父家的神像,也能享受与其岳父所生儿子同样的财产继承权。例如,《创世记》31:1—55叙述了雅各思归故土,其妻拉结偷了她父亲拉班的神像,与雅各逃亡,拉班追之。根据律法,女婿雅各便有权继承

---

① See Raymond Westbrook (ed.), *A History of Ancient Near Eastern Law*, Vol. 2, Koninklijke Brill NV, Leiden, The Netherlands, 2003, p. 1018.

岳父拉班的财产。所以,拉班为了保护自己的财产,责雅各窃其神像。最后,两人立约和解。

再次,寡妇的继承问题。无子的兄长死后,他的兄弟应当娶其寡嫂,为兄立嗣,这一古代西亚地区的风俗继续盛行于犹太社会,成为希伯来民事规约的一个重要内容。① 根据律法规定兄弟也有权利继承兄长的财产。

上述这些人的法定继承顺序,依照希伯来的律例、典章,规定:"人若死了没有儿子,就要把他的产业归给他的女儿;他若没有女儿,就要把他的产业给他的弟兄;他若没有弟兄,就要把他的产业给他父亲的弟兄;他若没有弟兄,就要把他的产业给他族中最近的亲属,他便要得为业。"(《民数记》27:8—11)

妻子本来就是丈夫的财产,故她被亡夫兄弟继承是合乎常理的。无子女的寡妇亦可以请求家族长老允许她获得亡夫的土地或其他财产,当然前提是她必须再嫁一个利未人。②

此外,上述对无子情况的规定,表明无子的死者遗产继承问题在希伯来族长时代已颇受重视了,律法采取了与其他西亚地区类似的习俗做法。譬如,妻子无子时,男子可以纳妻之婢为妾,为其生子,该子被视为主妻所生(《创世记》30:1—8)。这一规定与古巴比伦《汉穆拉比法典》第146条的规定大体相同。③在希伯来家庭中,妾所生育的儿子们

---

① See John Van Seters,"The Problem of Childlessness in near Eastern Law and the Patriarchs of Israel", *Journal of Biblical Literature*, Vol. 87, No. 4(Dec.,1968), pp. 401-408.

② See Richard H. Hiers,"Transfer of Property by Inheritance and Bequest in Biblical Law and Tradition", *Journal of Law and Religion*, Vol. 10, No. 1(1993—1994), pp. 134-142.

③ See John Van Seters,"The Problem of Childlessness in near Eastern Law and the Patriarchs of Israel", *Journal of Biblical Literature*, Vol. 87, No. 4(Dec.,1968), pp. 401-408.

因被未育的主妻所收养而获得继承权资格,但倘若主妻后来又生育,则妾的子女们就失去了继承权(《创世记》21:1—13)。当时,在古亚述的奴孜地区盛行因无子情况而收养他人,被收养人获得继承收养人财产的惯例,这一惯例对希伯来人也是有所影响的。① 例如:"你们世世代代的男子,无论是家里生的,是在你后裔之外用银子从外人买来的,生下来第八日,都要受割礼。"(《创世记》17:12)这说明希伯来家庭中有些男子是通过买卖收养而来的。

(2)有关遗嘱继承和生前赠与的规定

需指出的是,在犹太社会早期就已出现遗嘱继承。《圣经》中有些篇章和故事情节讲述了这一民事习俗,《撒母耳记下》17:23 中亚希多弗留下遗言后上吊;《列王纪下》20:1 中主对濒临死亡的希西家说,"你当留遗命与你的家",这些均说明,希伯来人有死前留遗嘱的惯例,对自己的财产用益权做出适当的安排。至于生前赠与,《创世记》24:36、25:5—6、48:21—22、《申命记》21:15—16 等章节的记载均表明,圣经时期就已盛行父亲生前赠与儿子产业的习俗,这一风俗源于古代西亚地区,其楔形文字成文法典诸如《汉穆拉比法典》第 150 条就有类似的规定;古亚述奴孜地区也有这一习俗。②

到了塔木德时期,就财产的遗赠和继承以及最近继承亲族的问题,在《塔木德》"最后一道门"中获得了广泛的讨论。③

一是界定了继承与遗赠的主体,指出有些亲属既能合法地继承,也

---

① See Cyrus H. Gordon, "Biblical Customs and the Nuzu Tablets", *The Biblical Archarologist*, Vol. 3, No. 1(Feb., 1940), pp. 1-12.

② See Richard H. Hiers, "Transfer of Property by Inheritance and Bequest in Biblical Law and Tradition", *Journal of Law and Religion*, Vol. 10, No. 1(1993—1994), pp. 147-152.

③ 参见〔美〕亚伯拉罕·柯恩:《大众塔木德》,盖逊译,山东大学出版社 2000 年版,第 397—401 页。

能合法地遗赠;另外一些只能继承,但不能遗赠;还有一些既不能继承,也不能遗赠。具体是①:

下列的人能继承,也能遗赠:父亲之于孩子,孩子之于父亲,以及一父所生的兄弟。下列的人只能继承,不能遗赠:男子之于其母亲,丈夫之于其妻子,以及(死者)姐妹的孩子。下列的人只能遗赠,不能继承:妇女之于其子女,妻子之于其丈夫,以及一母所生的兄弟。一母所生的兄弟之间彼此既不能继承,也不能遗赠。

二是阐释了继承的顺序和份额,指出法定顺序的效力优于遗嘱的指定顺序,并重申了这一法定顺序,具言之②:

儿子优先于女儿,并且儿子的一切子女都优先于女儿;女儿优先于(死者的)兄弟,并且她的一切子女都优先于他们;(死者的)兄弟优先于其父亲的兄弟,并且他们各自的子女也是如此。规定是这样的:当一个人具有优先权时,在下一个顺序中他的子女也具有优先权;但是,父亲优先于他所有的后代③。

儿子和女儿在继承时是相似的,其不同之处是儿子(如果是长子,《申命记》21:17)要从父亲的财产中,但不能从母亲的财产中,得到双份,并且女儿是从父亲的财产中得到供养,而不是从母亲的财产中。

如果一个人去世时身后留下了儿子和女儿,倘若其财产不

---

① 〔美〕亚伯拉罕·柯恩:《大众塔木德》,盖逊译,山东大学出版社 2000 年版,第 398 页。
② 同上书,第 398—401 页。
③ 如果死者没有留下直系子女,那么,其父亲或祖父倘若还活着,便成为最近的家属。

少①,财产由儿子继承,而女儿则由儿子们供养;倘若其财产不多,则由女儿们继承,而儿子们可以去行乞②。

三是确定遗嘱继承的效力,认为遗嘱内容不得与《摩西律法》的规定相悖逆,否则遗嘱将无效。同时,也强调生前立遗嘱的人和将受赠的人也要受到该遗嘱的约束。譬如,一个人立下遗嘱把财产在其死后(生效)遗留给他的儿子,那么,他便不能再将其卖掉,因为财产已经遗赠给了他的儿子;儿子也不能(在其父亲健在时)把财产卖掉,因为它还在其父亲的控制之下。如果父亲卖掉了财产,他只是把它卖到自己去世时为止;如果儿子把财产卖掉,买方在其父亲去世之前无权得到财产。

三、小结:希伯来民事规约的民法精神及其意义

希伯来民事规约以《圣经》为法律渊源,源自习惯法则和宗教信仰,大多数的法律资料集中于《摩西律法》和《塔木德》等典籍之中。这些民事规约针对世俗生活创设了土地及其他财产、婚姻家庭、继承以及各种各样契约等一套实用性甚强的法则,以此倡导契约、平等、人本及仁爱等民法观念。

毋庸置疑,在希伯来民事规约形成与发展的两大阶段中,楔形文字法典中民事规范的影响力深深地嵌入了希伯来法之中。与《汉穆拉比法典》有着近55条相似规定的《摩西律法》,直接或间接地吸收了古代

---

① 足以供养所有的孩子,并且供养女儿们长大成人。
② 这事实上意味着儿子们只能得到供养了女儿后剩余的部分。

西亚地区其他民族的民事成文法和民事习惯法,转化为符合本民族特质的规约戒律,并在随后岁月中加以发扬光大。譬如在《塔木德》中记录了运用大量这些民事规约做出裁决的判例,拉比对此的评注又进一步高扬了古代西亚地区民事规范的特色。又如,作为希伯来律法的主要宝库——《申命法典》,是《申命记》的核心,而它也是以古巴比伦人的法律思想有亲缘关系的远古传统为基础的。

诚然,较《汉穆拉比法典》、《中亚述法典》、《赫梯法典》等楔形文字成文法典,希伯来律法乃至希伯来民事规约在形式上尚不够系统,甚至有些凌乱,但是有些相近条款的规定则更为清晰,其民事权利义务更为公正,古老的民法精神也更为凸现。

"所有进步社会的运动,到此处为止,是一个从身份到契约的运动"①。犹太人是一个守信的民族,他们因和上帝耶和华立了约而成为了一个民族,自愿接受与上帝所立之约的传说,并在世俗生活中大力践行,一定程度上突破了以往西亚地区的文明模式,缔造了属于自己民族特质的民事规约。可以说,上帝与他的子民之间的身份契约最终催生了真正的契约,因此希伯来民事规约的核心就在于契约精神。

在此,所谓契约精神,实质是一种对等观,即一是立约双方地位上的对等;二是契约内容在权利义务上的对等。同时,由对等又引申出人人守信。犹太人在汲取以往古代西亚地区诸民族文明过程中,前所未有地将律法与信仰紧紧地结合在一起,赋予了法律更大的崇高性。律法将上帝与犹太人维系在一起,上帝的至高无上赋予了律法神圣的地位,这也是法律在人类历史上第一次被赋予了如此至高的地位,它弘扬了《汉穆拉比法典》等楔形文字成文法典以法治民的朴素理念。

守法和信仰合为一体,是希伯来民事规约的这一契约精神对近代

---

① 〔英〕梅因:《古代法》,沈景一译,商务印书馆1959年版,第97页。

民法成长的特殊贡献。它也有意或无意地拉开了人类社会挣脱专制羁绊的序幕，推进了人类社会建立法治框架的进程。[①] 在此意义上，这一契约精神可以说是具有超越时代的先进性。反观契约法不甚发达的社会，诸如传统中国、印度乃至俄罗斯、伊斯兰等社会，身份的不对等或力量的不对等，最终产生的只能是权力集权化和财富极端垄断，法律多以刑法为核心，偏向于维护不对等的社会和谐秩序，因而本质上这一不平等的社会，是很难萌生民法的，也很难成为民法起源的故乡。

与此同时，犹太民族作为一个早熟的民族，不仅是一个追求宗教信仰、强调守信的民族，也是一个追逐商业利益的民族。在犹太社会的漫长变迁过程中，犹太民族的商业生活远远超过农业和畜牧业发展水平，成为其民族仅次于宗教信仰的一大特色。[②] 正如后人所言的，"世界上没有第二个民族像犹太民族那样，在现代商业体制及其运行机制方面有过如此众多的贡献。从民商法到基本经济学观念，到市场运作构件，到实业组织形式，都留有犹太民族的不可消除的印迹。"[③]不仅如此，而且在犹太社会的世俗阶层中，商人的地位明显高于其他职业，有能力、有智慧的犹太人都愿意经商，甚至连祭司也参与商贸活动，真可谓是在具体的经济生活中全民重商重利。为此，这些极具做生意禀赋的犹太人在商业活动中形成了一套独特的经商理念和商业规则。这些商业规则既是犹太商人的行为规范，也是犹太商人的道德戒律，对它们的反复应用与实践反过来又进一步强化了希伯来民事规约的契约精神。

研究希腊罗马社会的后人曾精辟地指出："由信仰与法律的比较，可知最古宗教曾组成希腊、罗马家族，建立婚礼及父权，制定亲属的次

[①] See Bernard S. Jackson, "Models in Legal History: The Case of Biblical Law", *Journal of Law and Religion*, Vol. 18, No. 1(2002—2003), pp. 1-30.

[②] See William F. Albright, *Form the Patriarchs to Moses: From Abraham to Joseph*, *The Biblical Archaeologist*, Vol. 36, No. 1(Feb., 1973), pp. 5-33.

[③] 顾俊:《犹太商人》,江西人民出版社 1995 年版,第1—2页。

序,固定所有权及继承权。这个宗教更扩大家族而组织成较大的团体,是为邦。宗教管理他,与管理他与家族相似。古代制度,法律皆由宗教而出,则邦的原则、信条习俗、官职亦莫不出自彼。但古代信仰历久而渐变化或衰灭;私法及政治制度亦随之而变更。于是革命屡次发生,社会亦因思想而变化。"①希腊、罗马极盛时代的信仰与法律制度不过是更古制度信仰的生动演绎,是古代西亚乃至整个人类社会各民族积淀智慧的绚烂绽放。

尤其在希腊化时代,继赫梯人之后,犹太民族成为架接东西方民法的又一重要桥梁,在古代西亚地区兴衰更迭过程中,希腊、罗马文明进入该地区,希伯来民事规约继续得以发展。"正是在早期犹太文明与希腊、罗马文明交融的基础上,对全球历史发展影响最深、最广的世界第一大宗教基督教开始兴起。"②在此后成为罗马附庸的犹太社会里,摩西犹太教分裂成多个教派,脱胎于犹太教的基督教作为一种充满活力的新宗教出现在历史舞台上了。随后,犹太教与基督教日趋分裂,诸如在教义上、选民观念上以及宗教礼仪上,基督教与犹太教均有着明显的差异。③ 尽管如此,有些希伯来民事规约仍然为基督徒和教区内世俗居民们所接受与恪守,为基督教的司法体系所吸收,成为了中世纪欧洲教会法的主要渊源之一。譬如什一税制度、禁止收取利息、严惩巫术与邪术、镇压异教、神判法与誓证法等等,甚至有这样的断言:"从这个意义上说,教会法是直接继承了希伯来法的。"④

但需要特别指出的是,这并不意味着迄今希伯来法仍是依然活着

---

① 〔法〕古郎士:《希腊罗马古代社会研究》,李玄伯译,张天虹勘校,中国政法大学出版社 2005 年版,序言第 3 页。

② 余建华:"早期犹太文明与希腊、罗马文明的交融碰撞",《同济大学学报(社会科学版)》1998 年第 4 期。

③ 参见张倩红:《以色列史》,人民出版社 2008 年版,第 54—56 页。

④ 何勤华:《法律文化史论》,法律出版社 1998 年版,第 56 页。

的古代文化。从法律文明史的发展角度而言,希伯来民事规约一方面继承了古代西亚地区楔形文字法的若干内容,另一方面又发展出许多新的、更加适合于人类社会发展的民事规约。为此,较古代西亚地区其他法律文明(诸如苏美尔、巴比伦、亚述、赫梯等法律文明)来说,希伯来法对西方社会法律文明发展有着比较重大影响力。

结　　语

至此，笔者认为可以就本书的主题作一个总结性的概括了，主要有以下几点认识。

一、古代西亚地区民事规范在古代社会中的地位

通过上面五章对苏美尔、巴比伦、亚述、赫梯以及希伯来各民族民事规范的一一解读，我们不禁要问，在古代西亚地区诞生的民法，在古代世界中究竟处于一个什么样的地位呢？由于古代东方文明要早于西方，故在此，笔者想以苏美尔人和赫梯人为例，将其与同时期的其他几个主要东方国家做一比较，以便更深入地分析此问题。

首先，与同一时期其他帝国的文明程度比较，苏美尔人的民事成文法典是民法的源头。

众所周知，上古时期文明并非是孤立的。在苏美尔人缔造美索不达米亚文明之际，在非洲大陆靠近亚欧大陆的尼罗河地区也出现了人类文明的奇迹——埃及文明。根据确凿的历史记载，在上古社会中，埃及是世界上最富饶的地区，社会上已经出现了私有财产和私营经济，但却在数量上不及美索不达米亚那样普遍；在地位上，私有经济也不像上古苏美尔社会那样重要。尽管公元前4000年古埃及就形成了自己的

清晰而完备、系统而连续的法律体系,史称"埃及法系"①,但古埃及民事规范却远不如苏美尔社会那样萌动而发达。

埃及文明是一种帝国文明,在其历史上,从未像美索不达米亚那样制定法典,而是以法老(Pharaoh)作为神王,为"拉"神之子,其权力也被神化,他的话就是法律。在公元前3000年前后,古埃及文明法律水平尚未达到乌尔第三王朝法律文明的程度,迄今也未曾发现这一时期古埃及的法律条文及民事规范。在此之后,古埃及的专制主义日益发达,并延绵了数千年,它直接影响到古埃及的社会经济关系和法律制度生成,其民法发展更是无从谈起。

早在古王国时期(the Old Kingdom Period,公元前2686年—公元前2181年)君主专制开始确立。王权来源于神,国王是国家的权力和代表,至高无上,具有法律、行政和财政等一切方面的无限权力。宰相(Vizer,称"维西尔",初由王室成员垄断,后亦有地方贵族担任)被称为"全国的管家"和"国王的耳目",但决策权不在其手中,而在国王手中。其下设有掌管尼罗河交通运输的掌玺大臣、负责所有牲畜的赏赐大臣、管理全国的财政分署并负责征收赋税和种子及牲畜的财产大臣、管辖各省的省长及其下属的管理城市和周围村庄的市长。他们均由国王任命,并对法老负责,王权通过这些以宰相为首的贵族官僚机构而得到了强化。

古埃及是以农业为本的国家。以土地制度为例,"根据遗留下来的纪念物,铭文和文献可以看出,古王国时代土地形态大体上可以分为王室土地、寺庙土地、贵族官僚的私人大土地和小私有地几种类型。"②尽管在古王国向中王国的过渡时代出现了早期土地买卖,但这些买卖土

---

① 参见〔美〕约翰·H.威格摩尔:《世界法系概览》(上),何勤华、李秀清、郭光东等译,上海人民出版社2004年版,第1—41页。
② 刘文鹏:《古代埃及史》,商务印书馆2000年版,第170页。

地的契约不仅要有证人的担保,而且最后还要经过国王和政府机关的批准。① 除了占有和控制着大量的土地、灌溉系统之外,国王还直接拥有着众多的劳动力以及其他财富,控制着一切对外贸易活动。一切战利品也都归国王,将全国财政置于国王掌握之下,朕即国家,国家对经济生活绝对地实行控制。在这一专制主义王国中,生产者的地位十分低下,譬如"勒墨特"作为当时社会下层自由民阶层,包括小生产者和普通劳动者,其权利和自由的地位却得不到社会的保障,他们常常受到政府官员和贵族的迫害和劫掠,以致分化、破产,有的甚至成为贵族官僚的财产的一部分,被转让、买卖和继承。

金字塔的大规模建造是古王国时期埃及文明的重要标志之一,也是君权绝对统制经济及臣民的典型表现。由于外有亚洲人入侵、内有奴隶和贫民大起义,埃及王位更迭频繁,至第一中间期(the First Intermediate Period,公元前 2181 年—公元前 2040 年),古埃及国力日渐衰竭,最后陷入了分裂境地。

在两河流域建立乌尔第三王朝之际,古埃及国家势力向南迁移,底比斯成为新政治中心,国家由分裂重新走上统一。进入中王国时期(the Middle Kingdom Period,公元前 2133 年—公元前 1786 年)后,埃及的中央政府开始在法尤姆地区着手较大规模的水利灌溉工程的建设,农业经济有了一定恢复和发展,从而推动了手工业生产,发明了青铜冶炼技术,青铜器的使用更为广泛,国内外贸易也进一步发展起来。埃及社会出现了一个新兴的中小奴隶主阶层——"涅捷斯"(古埃及语为"小人",原属于下层自由民),同时奴隶数量也骤增,主要是战俘和债务奴隶。奴隶制经济进一步发展,在法雍地区也兴起了工商业城市,说明国内贸易的兴盛。同时,与西亚各地的交往也十分活跃,建立了商业

---

① 刘文鹏:《古代埃及史》,商务印书馆 2000 年版,第 178—179 页。

联系,甚至与地中海沿岸岛屿也有着密切的商业往来。

但是,就整个国家而言,王权仍然控制了农业、手工业的大部分生产活动,控制了所有产品的分配和流转。"涅捷斯"阶层也逐渐分化,一部分加入军队,担任各级官吏和僧侣,占有土地、牲畜和奴隶,成为"强有力的涅捷斯",是王权同地方贵族进行斗争的主要社会支柱,构成了统治者的一个组成部分;而大多数自由民——农民、手工业者、商人,甚至一般职员仍然在极端艰苦的条件下,为自己的生存而奔波,其命运完全受制于王权。因此,整个社会人与人因生活所需的交往均在王权的约束之下,据说,"所有人的食物供给都由国王负责"①。

古埃及的统一王国在经历了古王国和中王国两个主要发展阶段后,进入了第二中间期(the Second Intermediate Period,公元前1786年—公元前1567年),国家处于地方王朝割据分立局面,第十七王朝的底比斯地方统治者再次肩负起统一国家的重任,直到第十八王朝时代最终统一了全国,开创了埃及新王国(公元前1567年—公元前1085年)时代,通过长期的对外战争与扩张,最终成为了横跨亚非大陆的地中海沿岸的军事霸国。因此确立于古王国时代的专制主义,经中王国时代的发展,到了新王国这一时代,也随着埃及帝国的形成而进一步强化起来,达到了法老时代的集权全盛水平。与此相对应的是,古埃及法律文明的发展甚是苍白,没有法律"世俗化"的实例,尼罗河河谷没有制定出法典。以留存至今的法律文献为例,"毕竟,我们有苏美尔、阿卡德、赫梯和新巴比伦的法律汇编,但是,没有埃及的。甚至与法律实践相关的资料也很稀罕……"②

---

① 〔美〕斯塔夫阿诺斯:《全球通史》(上),董书慧、王昶、徐正源译,北京大学出版社2005年版,第66页。
② 〔英〕J. R. 哈里斯编:《埃及的遗产》,田明等译,刘文鹏、田明校,上海人民出版社2006年版,第243页。

从上述考察古埃及的政治经济乃至历史发展历程中,我们不难发现,古埃及一直缺乏具备民事规范产生和发展的社会经济条件和文明条件,因为诸多民事规则很难在古埃及这样的社会经济环境和政治制度中上升为法律。正如当代美国学者约翰·A.威尔逊(John A. Wilson)在《古埃及要旨》(*The Burden of Egypt*)一书中所指出的:法老"作为神,他就是国家。……普遍遵行的习惯法被认为就是法老的训令",因此埃及法老们普遍认为"法律一经编纂,它的权威就会形成对法老个人权威的对抗"。①

当然,在文明程度甚高的古埃及,从为数极少且不甚完整的有关法律实践的文献资料来看,私有财产实际上也的确存在,它是可以让渡的,国家通过登记,保证财产让与契约的执行;进一步从法律角度看,男女之间也存在真正的平等。在这些贸易交往和民众生活中也自然而然形成了大量的习俗和惯例,有些习俗或法律信念与苏美尔的民事规范极为相似,法律的应用也是连贯的。

例如,古王国期间,政府也允许物物交易,交易中有一种买卖销售文契,称之为"*htm*",一般是盖有购买人的印章,签署了数个证人的名字,记录在纸莎草纸上的这类文契,即意味着是"已封缄的"契约。另一种文契,称之为"*imyt-pr*",其字面意思是"关于屋里有什么东西的文据",起初,这是通过赠与而让渡的一种契约,源自对遗产流转的记录。② 显见 *imyt-pr* 并非一开始就是指买卖契约。当代学者约翰逊(J. H. Johnson)认为,它仅适用于个别人之间。

又如,在古埃及,文契订立方面,男女是平等的,女性也享有与男性

---

① See John A. Wilson, *The Burden of Egypt*, The University of Chicago Press, 1951, pp. 49-50.
② 参见〔英〕J. R. 哈里斯编:《埃及的遗产》,田明等译,刘文鹏、田明校,上海人民出版社2006年版,第254—256页。

同等的权利能力和行为能力。根据 Metjen 纸草（URK. 1, 2/10）上记载，第三王朝时有位妇女 Nebsenet 为了她孙子获得的 50 阿普尔（aroursoo）的土地而制作了一个表述这类形式的收据。[①] 至中王国时期，*imyt-pr* 扩展到各种类型财产的转让关系，甚至适用于一般等价物（即金钱）的交易。这些交易文契中，也十分重视交易当事人的责任落实，且多表现为以誓言作为保障方式。就此而言，也说明古埃及与古代西亚地区在缔结契约程序上是十分相近的。

同时，在财产流转方面，古埃及也注重财产的移转，交易必须是基于人们自己意愿而做出的。譬如，古代西亚和古埃及各自的契约书中均有"他感到满意"的契约条款，这实际上是对双方当事人订约和履约中合意的一种最直观描述。因此，也有的西方学者认为这是两地区商业贸易中文明交融的产物。[②]

但是，在古埃及的整个历史更迭中，"灵活的政府允诺给个人一定的权利，这些权利合起来可以被合理地描述为这个时期埃及的'法律'，一种具体表现在法令中并受到法庭保护的法律"，这种法律是独立于宗教，且"这种法律是一种活体，就像它所维持的制度一样，并非几个世纪仍然一成不变"。[③] 在古王国时期，埃及法律从一开始就获得了一个制度和司法上的高度发展，但随后便因宗教程序的侵入而歪曲了，所以，整个古埃及的民事习俗及规则尚未形成成文法并获得法典的肯定与认可，尚未达到同时期西亚地区苏美尔人的民法文明程度。甚至在此后的历史进程中也从未达到巴比伦、亚述、赫梯乃至希伯来民事规范的发

[①] See Russ VerSteeg, *Law in Ancient Egypt*, Carolina Academic Press, DURHAM, North Carolina, 2002, p. 194.

[②] See Raymond Westbrook (ed.), *A History of Ancient Near Eastern Law*, Vol. 1, Koninklijke Brill NV, Leiden, The Netherlands, 2003, pp. 23-24.

[③] 〔英〕J. R. 哈里斯编：《埃及的遗产》，田明等译，刘文鹏、田明校，上海人民出版社2006年版，第 268 页。

展水平。

一言以蔽之,在古代文明国家中,早期西亚地区小农私有经济的发达和商业贸易的昌盛,在苏美尔诸城邦或王国的法典中已有明显的反映。正如当代学者 E. A. 斯派瑟(E. A. Spelser)在《上古法律和文明》(*Early Law and Civilization*)一书中所指出的,美索不达米亚文明以"普遍承认私有财产"和重视"在与社会和宇宙的关系中的个人权利"为其特征。① 故而,苏美尔民事法律的产生与发展,至少有部分是与这种对于私有财产和个人权利的推崇有关联的。为此,不妨做这样一个大胆的猜测,即作为这一文明的硕果之一,苏美尔诸法典是人类民事规范最早的范本。

其次,与同一地区其他民族文明程度的比较,苏美尔人的民事成文法典是民法的源头。

"民法始于苏美尔",这一结论还可以通过比较这一时期西亚周边地区其他民族文明来得到进一步的印证。在两河流域之外的西亚半岛安纳托利亚和地中海东部诸岛屿的黎凡特(Levant),生活在那里的闪米特人在红铜时代(the Chalcolithic period,约公元前 4000 年左右)至青铜时代(the Bronze age,约公元前 3000 年左右)之间也达到了一定的文明程度。"文明的一个代价就是将人分成了统治者和被统治者"②。据 1975 年至 1979 年在叙利亚北部特尔·阿斯玛(Tell Mardikh)发掘出土的约公元前 2300 年或前 2250 年的文献表明,埃卜拉(Ebla)③遗迹已经出现了这一文明的特点,即出现了社会关系和性

---

① E. A. Spelser, "Early Law and Civilization", *Canadian Bar Review*, Oct. 1953, pp. 873-875.

② 〔美〕斯塔夫阿诺斯:《全球通史》(上),董书慧、王昶、徐正源译,北京大学出版社 2005 年版,第 72 页。

③ 埃卜拉大致位于阿勒普(Aleppo)西南方约 30 英里左右,现今叙利亚的泰勒马尔迪赫地区。

别关系的不平等。

现已出土的 2000 多块楔形文字刻印泥板(clay tablet)系来自当时王宫的主要档案室，记录了公元前 24 世纪后半期的埃卜拉王室生活。就其性质而言，这些王室卷宗绝大部分属于行政记录，如政令、裁决以及盟约等。其中，由王宫列出关于纺织品与金属的赐予至少就有 1000 块，另外还有 100 块左右则是与俸禄、橄榄油、农地、牲畜繁殖等有关。另有一类性质完全迥异的泥板是当时的词典、裁决文书以及文学篇章等，它们如实地记录了王室和达官贵人的家庭生活及其统治下的埃卜拉社会结构。在这些泥板记录中，法律条文的记录的数量很少，这似乎也从一个侧面反映了这一时期闪米特人文明中法律不甚发达的史事。①

当时社会虽已出现了阶级分化和统治秩序，但法典条文却尚未出现。出土的王室卷宗文献主要是关于埃卜拉人的各种身份。例如，卷宗里提到的"maš-en-kak"，即是指平民，不论他们的生存状态、具体行为或个人财富如何，依据性别分为男人和女人。埃卜拉语言中还出现了类似苏美尔语的"abdum"和"géme"术语，分别指的是服劳役的男性和女性。这两类人主要是来自各种渠道的家庭仆人和佣工，甚至包括战争的俘虏。这些行政事务的卷宗中还提到为了祭祀而解放一些奴隶的事件。但更常发生的情况是，大量的女孩被奉献给皇后，或者被她的

---

① 通过百度网搜索发现，港澳地区有学者认为，公元前 24 世纪埃卜拉古城发现的档案卷宗中的法律内容是现存最古老的法典残存部分。参见http://www.hk-power.net/html/modules/newbb/viewt ... 96K (访问日期 2006 年 1 月 25 日)。另外，也有中国内地学者指出："据历史学家考证，人类社会最早的法典诞生于最古老的文明——苏美尔文明，它据说就是存在于公元前 2350 年的埃卜拉法令。"参见黄天海、褚良才、梁慧："摩西法律的契约形式和以律法为核心的希伯来宗教"，《世界宗教研究》2002 年第 3 期。在此，笔者认为，当时的埃卜拉楔形文字王室档案卷宗，虽有些政令或法令，但从法律内容与形式的角度，均不足以说明它是人类社会最古老或最早的成文法典(Law Codes)。当然，今后仍需要更多原始文献资料的破译，才能更深入求证这一观点。

母亲敬献给国王甚至祭献给他们尊崇的神灵。

又如，有关行政事务的卷宗中出现的"ká"、"ir-a-núm"、"é-duru$_5^{ki}$"等术语，均是以地形的含义来表达某些特殊身份的人。"ká"指的是"城市之门"，说明这些居住在王室宫殿与城门之间区域的人；"ir-a-núm"指的是住在城墙之外的人；"é-duru$_5^{ki}$"指的是住在村庄及村庄附近的人。这些人均是担当瞭望职责，专司警戒，保卫王室安全的人。而这类卷宗里，提到的其他无名工人，则通常仅简单地按性别称为"guruš"（即男人）和"dam"（即女人），还有"na-se$_{11}$"，其意不详。

再如，在埃卜拉语中，家庭成员们称之为"kaymum"，这些人主要是负责供养军队或为那些建筑开挖壕沟和水利渠道的工人提供补给的。他们在当时社会中是微不足道的，但正是他们奠定了埃卜拉帝国向叙利亚以北扩张的重要基石。而血亲则称为"damum"，也频繁地出现在当时的行政文书及裁决文献中，用于指称那些由血缘组成的男性亲戚们和那些因政治联姻而成为兄弟关系的盟友，以血亲誓约形成了社会秩序，进一步稳固了埃卜拉帝国在这一区域的地位。

但上述所有的社会文明现象均与法律无关，埃卜拉人并未因此酝酿并制定法律条文的意图与行动。

与此同时，当时社会也出现了性别的不平等和财富的不平等，但婚姻及契约内容仍不甚发达，未能形成民事规范。

在婚姻家庭方面，埃卜拉王室中推崇多偶制和纳妾习俗。这些妻妾们按照其年龄和出生血统划分为等级。皇后在婚礼上，国王授予她黄金手镯和他父亲的房屋，皇后作为新娘也会收到来自自己家庭赠送的衣服、珠宝、器皿等嫁妆，甚至还有随行的仆人和官员。王室卷宗侧重于记载婚礼的世俗仪式和宗教礼仪，而这些记录也表明，当时的婚姻，从皇室婚姻到埃卜拉民众的婚姻均是买卖婚姻，在缔结婚姻的程序上须经婚前的谈判和聘礼交换。但是，这些为了维持日常生活秩序而产生的零零星星规矩和风俗尚未上升为法则，成为固定的民事规范。

在财产权利方面，埃卜拉国王赐予他的官员薪俸土地（gána kú），大片的土地属于国王、皇后和达官贵人。国王有时就王室家族成员之间的土地纠纷进行裁决，确认某人赠与他人土地的权利。这些财富所有人，就其家庭内行使家长权，主要特指父亲可以自己财产分为若干份，作为继承份额（níg-á-gá－2），赠与他的儿子们，他的儿子们经过宣誓，可以得到这份土地财产。除了土地，已出土的卷宗中的账单表明国王、祭司和高官们拥有大量动产；有些账单罗列了国王的贡品；还有些账单记录了各种各样商品的价格，以及上百次发生的商品交换。另有近三十处有关行政事务的文献片断表明，埃卜拉社会已经出现了能产生利息和租金的生息借贷，租金也是以大麦、白银等方式，但收租获利的主要是国王。

可见，埃卜拉王国内纳贡关系几乎涵盖了所有社会关系和经济关系，小农私有经济因此并不发达，契约种类十分单一，契约习俗也比较粗陋，将这些契约规范化和法典化几乎是不可能的。这一民族的法律文明远不如苏美尔民族那样昌盛，民法的产生还处于空白阶段。而在同一时期，苏美尔文明是人类文明的佼佼者，苏美尔的最早民事规范在人类早期法律文明中闪烁着熠熠光彩。

苏美尔民法与同时期其他东方国家的民事规范的比较，情况大体如此。下面，我们再来看看过了五百余年后的东方社会中，西亚地区赫梯帝国与其他国家的民事规范的发展情况。

在赫梯帝国，由城邦发展起来的国家在制定或认可法律时，把那些便于人们施行的民事习惯和商事惯例变成了法律条文，成为各个时期诸王国法典的重要内容。

而在同一时期的中国,夏、商两代的法律则多是将原始社会中的伦理规范大量地归进法律,创立了"出礼入刑"的中国古代法。同时,由于中国的原始社会末期频繁暴发的氏族、部落间的战争,加速了社会私有财产的聚敛和阶级的分化,也催生了中国古代法律。《汉书·刑法志》云:"禹承尧、舜之后,自德衰而制肉刑。"舜时五刑、象刑盖并行。其命皋陶也,曰:"蛮夷猾夏,寇贼奸宄。汝作士,五刑有服。"是五刑者所以待夷蛮者也。① 因此,夏有"禹刑",商有"汤刑",它们多是由战争中部族首领颁布的纪律和命令等演变而来的,战争后所推行的制服被征服者的手段也成为刑罚手段。甚至,战争中使用的兵器变成了刑具。② 公元前1046年,中国进入西周时期,法律的建立愈加重视礼的作用,强调礼法二者相辅相成,共存并用,为此后中国古代法的礼法结合奠定了基础。

民法作为实体部门法,是调整社会普通成员之间人身关系和财产关系的法律规范系统。其民事规范的实质含义,应是在个人与国家对立的基础上进行的,强调"一切涉及私人利益的法都是民法"③。在国王和诸侯专制的夏、商、西周三代,正如《诗经·小雅·北山》所云:"溥天之下,莫非王土,率土之滨,莫非王臣。"④这一时期没有私有土地,没有土地私有权,土地尚未成为商品。所以,在中国古代,特别是夏、商、周三代,还很难孕育萌发与王权抗衡的私人利益,礼法也不甚重视对个体或私权的保护。传统中国的伦理道德更强调个人对家庭、对宗族、对皇帝应履行的各种义务。

诚然,古代中国并非没有契约;相反,至迟在汉代,中国的契约形式

---

① 何勤华、魏琼编著:《董康法学文集》,中国政法大学出版社2005年版,第241页。
② 参见王立民:《古代东方方法研究》,北京大学出版社2006年版,第14页。
③ 龙卫球:《民法总论》,中国法制出版社2002年版,第16页。
④ 程俊英撰:《诗经译注》,上海古籍出版社1985年版,第416页。

已完全规整划一,遍行全国。① 在夏商时,商品交换已有一定规模。夏时已有商品交换的固定场所——"市";商时商品交换有发展,"市"也有所增加;西周时商品交换的规模已经很大,每个城市都设有"市",即"左祖右社,面朝后市"(《太平御览》卷八二七)。西周已提出债,强调它由债权与债务两个方面组成,有纠纷可拿契约到官府解决。② 从契约的性质来看,西周有"神约"、"民约"、"地约"、"攻约"、"器约"、"挚约"诸种;从缔约的主体来看,又分为"邦国约"(大约剂)和"万民约"(小约剂);以契约标的角度,也可分为"傅别"、"质剂"、"书契"三类。可见,西周的契约体系已相当发达,自周而秦,契约的发展愈加成熟,契约制度、体系、契约管理等方面丝毫不逊色于古代西亚地区。但是,在古代中国社会却没有成文的契约法规。

究其原因,古代中国所发生债的这些契约多是当时社会生活中民事交往和物品交换的事实行为,民间细故的解决更多的还只是依据习俗或通例,很少上升为以强制力保障的法律。即使有些民事纠纷的处理虽以礼为准,以道德为约束机制,并提供强有力的保障,但倘若诉之于官府,仍是以刑罚为主要解决方式。例如,"傅别"、"质剂"、"书契"③三大类西周契约完整地记录整个缔约过程并书于宗彝或丹图,以此作为诉讼的证据。"傅别"是调整借贷关系的契约形式,仅限于"贷而生子"的有息借贷。"质剂"是调整买卖、抵押、典当之类的民间契约关系。"书契"也调整民间的互易和赠与关系。它们均表达了西周时期人们对契约的认识,是对信用和效力的一种认可。在当时社会,人们对"信"的价值评判功能并不限于商业贸易,而是及于各种社会交往,甚至政治关

---

① 高道蕴、贺卫方等主编:《美国学者论中国法律传统》,中国政法大学出版社 1994 年版,第 174 页。
② 参见王立民:《古代东方法研究》,北京大学出版社 2006 年版,第 220—221 页。
③ 《周礼·天官·小宰》曰:"听称责以傅别";《周礼·地官司徒·司市》曰:"以质剂信而止讼";孙诒让《周礼正义》云:"凡以文书为要约,或书于符券,或载于簿书,并谓之书契。"

系的"约"。一旦形成"约"的关系,除非极端情况,"信"的这一判断就排除了其他价值取向介入的可能,它因此成了一种独立的评判标准。对于"不信者",周礼的态度是非常严厉的,奉行"明德慎罚"原则,伦理的教化与鞭策力量甚于法律的效用。

要言之,控制古代中国契约发展的最根本动力是伦理。周礼表面上是明确区分上下尊卑等级秩序,其实质则是社会财富的分配均衡有序,以保证贫富、贵贱的差距不致太大,从而实现天下的长治久安。在古代中国实践中,契约与伦理是互有叠加、共相促进的,由此形成的自律经济伦理秩序和交易规则,为官府、民间双重认同,并在此后的专制统治和司法审判中大力推崇。

以借贷契约为例,西周设有泉府一职专管官贷,由国家控制,实行管制,其实质是专制统治经济生活的典型表现,极大地制约了借贷关系的进一步发展,追逐私人利益自然也就无从谈起。西周社会不存在雇佣、合伙等契约,其原因或许源于自由民主体层面的个体权利意识极度缺失。这一时期,自由民是社会上最为广泛、人数最多的劳动阶层,包括自由农民、自由牧民、自由商人及其家属,其中大量的是自由农民。他们在冬月农闲季节也可充当自由牧民或猎人,或自带一点手工产品进行商品交换和买卖。[①] 这些人的身份地位远远低于公、大夫、士,因"庶民食力"(《国语·晋语》),是有自由身份的人,他们从事的经济活动多是"家计型"而非"营利型",重农抑商的观念始终掣肘着自由民的经济生活。

古代中国的伦理思想在各个层面影响了社会经济的发展,使之成为"早熟的伦理经济而非商品经济或市场经济"[②]。鉴于此,在中国古

[①] 参见胡留元、冯卓慧:《西周法制史》,商务印书馆 2006 年版,第 412—413 页。
[②] 刘云生:《中国古代契约法》,西南师范大学出版社 2000 年版,第 21—22 页。

代法中很难萌生真正意义的契约法。即使有如古代西亚地区的诸多民事规则,也多表现为民事习惯法或者民间法①,并最终未能形成实质意义上的民法规范。纵使这些民事习惯法或民间法可以视为广义上的民法,但由于此后中华法系的生成,并未提升这些民事习惯法的效力地位,也未能促进这些民事规范更广泛地影响民众生活和社会发展。因此,在公元前1500年之前西亚地区民法蓬勃发展变之际,中国古代法正处于礼与法的较量之中,正在不断提高法、强化法的进程之中,力图为秦汉之后的"以德为主、以刑为辅"传统法律开辟一条通道。

公元前15世纪前后,也正是另一个文明古国印度法律创制发展的关键时期。属于印欧语系的雅利安人侵入印度,有了最早传世文献"吠陀"(Veda,梵文原意为"知识")。它是婆罗门教最古老的经典,也是最古老最神圣的法律渊源。这一时期的印度法(Indian Law)是以"吠陀经"为主的,时间一直延续到公元前4世纪。人们的行为规范和社会习惯均是以宗教为衣钵。公元前11世纪,种姓制度(System of Caste)初步形成,它是古代印度的社会等级制度,也是古印度法的核心内容。根据婆罗门教法的规定,各种姓的法律地位和权利义务是截然不同的。各种姓之间戒备森严,不得同桌而食、同井而饮、同席而坐、同街而居。② 因此,在印度古代法中民法的发展也是相对欠发达的。

以所有权为例,在古代印度,土地为国家所有,国王是全国土地的最高所有者,除王室之外,土地主要为村社所占有。社员的土地使用权受法律的严格保护,受到侵害时可要求赔偿。据考古发现,公元前23

---

① 所谓"民间法"即"在社会中衍生的、为社会所接受的规则",是一种在国家范围内,具有国家权威所不能达到的民间,以自己的权威形成的强制性规范。它也构成法律的一部分,主要表现为习惯或习俗。参见苏力:《法治及其本土资源》,中国政法大学出版社2004年版,第42页。

② 何勤华、李秀清主编:《外国法制史》,复旦大学出版社2002年版,第22—25页。

年的皇家授地状①说明,在印度就有了土地的转让现象。在这份土地转让契约证书中,记录了王子将麦锡卡城及其所有附着于上面的收益转让给祭司波梭(Botho)。土地买卖和土地私有的出现并未得到普及,特别是在种姓制度之下,最高种姓婆罗门的私有财产受到法律的庇护,处于第四种姓首陀罗除了维持生计的生活资料外,没有权利拥有其他财产。即使是第三种姓吠舍,属平民,从事商业或农业生产。由于商品经济不甚发达,他们彼此间的契约关系也较为简单,种类较少,仅有买卖、寄存、借贷、劳务等,每种契约的权利义务关系并不十分明晰,且比较注重形式。法律上,对高等种姓的债权人给予了特别保护。当债务人不按期履行债务时,高种姓的债权人可以将低种姓的债务人收为债务奴隶,反之则不许。这说明在不同种姓之间也是有些契约关系的发生,但所获得的法律保护却是完全不一样的,是不平等的。

"世界有物质文明,但不是文明发展法律,而是法律限制着文明。"②古印度是一个宗教社会,法律很大程度上只是宗教的附属物,其具体制度深深地制约了社会的文明程度。诚然,古印度在不甚发达的商品经济和不平等的社会中,法律也十分重视契约的严肃性,譬如,对契约的成立规定了一些前提条件,强调当事人必须有订立契约的真实意思,立约者必须有行为能力,契约的内容必须符合法律和习俗;又如契约一旦订立就应当严格履行,若到期不能履行,则或者债务人给债权人做债务奴隶,或者由担保人替债务人还债,或者由债务人的继承人还债。③

此外,为了维护种姓的纯洁,印度古代法还规定不同种姓之间不得

---

① 参见〔美〕约翰·H.威格摩尔:《世界法系概览》(上),何勤华、李秀清、郭光东等译,上海人民出版社 2004 年版,第 169—173 页。
② 〔英〕梅因:《古代法》,沈景一译,商务印书馆 1997 年版,第 14 页。
③ 何勤华、李秀清主编:《外国法制史》,复旦大学出版社 2002 年版,第 25 页。

通婚。在实际生活中,习俗也允许高等种姓男子可以娶低等种姓女子为妻,视为"顺婚";反之,则视为"逆婚",为宗教和法律所禁止。整个社会实行长子优先继承原则,不同种姓继承人的应继份额完全不同。遗嘱继承制度尚不发达,法律很少涉及遗嘱继承。宗法制家族在古代印度具有重大意义,由此设定的民事习惯法与其说是人的权利,不如说是人的义务。① 宗教与习俗的强大凝聚力和延续性,古代印度法很难进一步发展出它的民法规范,以私人利益为核心的民法精神更是无从谈起。

通过对公元前15世纪前后中国、印度等东方诸国古代法的考证,可以得出这一结论:同一时期东方法中古代西亚地区的民法(即楔形文字法,此时期以《赫梯法典》为其典范)最为发达,它经过数千年的曲折发展,虽然在西亚地区的种族战争与文明更迭中法律条文几经变化,前后甚至没有多大的承继可能,但是它却进一步廓清了古代西亚民事规范的精巧构思,折射出极强的私法属性。这是其他同一时期东方古代法所无法比拟的。

二、古代西亚地区各民族之间民法的传承

自从有了人类社会,就有了法律制度建构的可能。"这些制度都只是人类行动的结果,而并不是人类设计的结果。"② 无论这些制度是以习俗、约定的形式存在,还是这些习俗、约定积淀了一定的数量,上升到一定的境界,以法典的范本颁行有关民事规则或规范始终是人类最早的成熟标志。在古代西亚地区的各个民族之间,其传承关系虽然不像

---

① 参见〔苏〕阿甫基耶夫:《古代东方史》,王以铸译,生活·读书·新知三联书店1956年版,第657页。
② 苏力:"变法,法治及本土资源",《中外法学》1995年第5期。

中国、埃及和印度这种单一制的统一国家那么密切,但从最早的帝国如乌尔王朝至最晚的国家如希伯来国家之间也有着不容忽视的承继关系。以古代西亚地区楔形文字法的集大成者——《汉穆拉比法典》为代表,虽是诸法合体的法律文集,但其中"有关民法的条款占了法条总数的一半以上,是刑法的三倍,成为该法典中法条总数最多的部门法"[①]。巴比伦楔形文字法中民事成文法所孕育的民法观念、术语、原则乃至制度,是人类逾越野蛮,走向文明的界碑,是人类社会法律文化的根。

(一) 道德规范是古代西亚地区诸民事规范的承继纽带

对古代西亚地区民事规范的研究,无疑有助于我们拓展对自身法律生活观察的视野。正如中国学者对初民社会原始法所做的文化解释中曾指出的:"文化进步只是生物进化的延伸,法作为人类社会文化现象之一种,也是人这一生物实体的延伸部分,它在时间上、空间上,以及不同的人类族体中所呈现的纷繁多样的形式,只是人类为了解决各种相同的社会问题而采取的不同文化选择的结果。"[②]在此,主要以巴比伦民事成文法中道德的作用及对后世的影响来剖析古代西亚地区诸民事规范的传承脉络。

如第二章所述,巴比伦民事成文法所蕴涵的公平性与人本性,在一定意义上说明了,这一时期古代西亚地区诸民事规范的颁行与实施,实质上就是一个道德法律化的结果。其实,早在苏美尔时期,道德规范在苏美尔民事规范形成过程中就颇具影响力,进入巴比伦时期,道德在巴比伦民事成文法的制定与实施之中也发挥了极为重要的作用。尤其是围绕着可能破坏婚姻家庭关系或者导致家庭解体的诸要素,法律规范

[①] 王立民:《古代东方法研究》,北京大学出版社 2006 年版,第 17 页。
[②] 周勇:"初民社会纷争调处的法则",《比较法研究》1993 年第 2 期。

在调整这些婚姻家庭关系时受道德的影响甚强。例如,在《汉穆拉比法典》有关婚姻家庭规范中有关法定婚姻形式(第 128 条)、有关通奸的法律责任(第 129、131—132、142—143 条)、有关强奸的法律责任(第 130 条)、有关被俘自由民的婚姻财产权利(第 133—134 条)、有关逃亡自由民的婚姻权利(第 136 条)、有关离婚(第 137、138、141 条)的法定原因及其财产处分、有关乱伦的法律责任(第 154、158 条),以及第 110、178、180 条对卖淫者(即神妻、神姊或神妓)社会地位与家庭继承人地位的规定,均内蕴着极强的道德倾向,具有巴比伦法所特有的人法色彩。①

在此,仅以通奸为例,具体剖析道德是如何在巴比伦民事成文法中发挥作用的。在巴比伦性道德观的引导下,楔形文字成文法典一般只将妻子在婚姻存续期间与他人通奸视为一种不道德行为,在法律上作为违法行为,她应受到严厉的惩罚,如剥夺其生命。《俾拉拉马法典》第 28 条、《汉穆拉比法典》第 129 条之规定即是如此。而男子通奸,即使成为了有夫之妇的情夫,也未必就遭受到相应的法律惩罚,他的这一行为对其婚姻状态也不会产生实质性的破坏。其时,已婚男子偶然地与未婚少女发生性关系,法律一般并不视其为通奸,对他无任何具体的法律约束。当然,这也并不意味着已婚男子就可以完全免受惩罚。一旦他与未婚少女发生性关系被女方监护人即其父亲发现,有权要求这一勾引者应当娶她为妻。为数不多尚留存于世的民间法律文献也充分表明,当时法律关注的是倘若已婚男子受到另一位妇女的引诱而发生奸情,应承担怎样的法律责任;倘若已婚妇女与婚姻状况不甚明朗的男子一旦发生情人关系,应追究何种的法律责任等问题。

---

① See James Bronson Reynolds, "Sex Morals and the Law in Ancient Egypt and Babylon", *Journal of the American Institute of Criminal Law and Criminology*, Vol. 5, No. 1 (May,1914), pp. 25-38.

这从另一角度说明,未被发现的或者偶然的性关系,即嫖娼行为是被允许的,如前所述,这时的社会嫖娼卖淫之风盛行,并不为人所不齿,更不会为法律所禁止。已婚男子嫖娼行为仅被视为品行不太好,劝诫其最好不要再为之。譬如早在约公元前 20 世纪,苏美尔伊新王国的《李必特·伊丝达法典》的第 30 条就规定:"倘有妻之青年取街头之献神女奴,而法官告彼,使彼勿与此献身女奴往来……"而至巴比伦时期,根据《汉穆拉比法典》第 178 条有关"父以嫁妆给予神姊、神妻或神妓"、第 180 条的"她得从父之家产中取得等于一继承人之份额,并享用之,终其一生"的规定说明,这些女子专事神圣而公开的卖淫活动,卖淫收入归于神庙,妓女社会地位虽然低下但却得到了家庭的认可,并据此享有与其他少女一样的婚嫁及财产权利。

根据古巴比伦 BM 13912 文献记载了以下一则誓言:在与阿胡尼(Ahuni)之子伊尔斯呼·伊布比(Ilshu-ibbi)关系上,沙特玛杜克(ShatMarduk)以国王萨穆苏伊鲁纳(Samsu-iluna,约公元前 1749 年至公元前 1712 年在位)的名义发誓,宣称:"我将不纠缠他,也不咒骂他;他休想再与我发生性关系,他不能吻我的双唇,我也不愿继续与他保持性关系;倘若他再来,我一定向长官告发;倘若我被发现在他房间中,任凭你们处置。"接着,伊尔斯呼·伊布比也同样以国王萨穆苏伊鲁纳的名义发誓:"我不会再去找沙特玛杜克,也不再企图和她发生关系。"[1]这表明了:当时约束男女双方性关系的办法就是要求当事人在权威长老或官员面前发誓,承诺彼此对婚姻家庭关系的忠贞。然而,可以想象这种誓言是何等的脆弱。尽管这种道德自律性在法律上也表现为对男子嫖娼或移情别恋后抛弃其妻,规定他"应加倍付出离弃之银"(《俾拉

---

[1] See Raymond Westbrook, "The Enforcement of Morals in Mesopotamian Law", *Journal of the American Oriental Society*, Vol. 104, No. 4(Oct.—Dec., 1984), p. 754.

拉马法典》第 31 条),但是,社会上公开的卖淫现象和性开放的道德观念,导致这一他律性的规定并不能真正地遏制不道德的行为或者破坏家庭婚姻关系的通奸、引诱以及卖淫等行为的频繁发生,与法律相悖离的姘居现象难以杜绝。

例如,在古巴比伦进入加喜特王朝时期(the Kassite period,约公元前 1530 年—公元前 1157 年左右)的文献中记载道:已婚男子 H 经常光临神妓 X 家,以至于他的妻子 W 离开了他。H 想得到妻子的谅解,故将自己的过错归咎于 X 纠缠他。但是,X 却以必须偿还 H 的债务为名扣押了 W,作为要挟条件,X 逼迫 H 与 W 离了婚,自己姘居。从此 H 虽与 X 长期姘居,却一直未正式娶她。故而 H 的兄弟将 X 送交法庭要求核实是否存在这一不正当关系,并请求法庭以《俾拉拉马法典》第 30 条对这对男女加以处罚。当法庭官员问讯她为何要这样做,X 却发誓说从未见过 H。而 H 兄弟之所以求诸于法律的帮助并非出于遵守法律,也非出于保护妇女的合法权益,而实属无奈之举,只不过是为了维护整个家庭的荣誉与名声而已,况且法庭适用法律做出裁决显然也是一个被动的过程。① 足见,道德在一定程度上左右了巴比伦民事成文法的实施,并同时弱化了民事成文法在婚姻家庭关系上的规制作用。

即便如此,巴比伦民事成文法深受道德的影响,但它仍不失为规范民众生活的最好准则,并为此成为美索不达米亚法系中的一枝奇葩。巴比伦时期以《汉穆拉比法典》为集大成者,楔形文字法典中的许多民事规范是许多早期奴隶制国家立法文献所无法比拟的,而条例的翔实、文字的简洁、概念的缜密以及结构的完整,均说明这一时期民事立法程

---

① See Raymond Westbrook, "The Enforcement of Morals in Mesopotamian Law", *Journal of the American Oriental Society*, Vol. 104, No. 4(Oct.—Dec., 1984), pp. 755-756.

度十分发达。

　　作为古代东方型的农业文明成果之一——《汉穆拉比法典》,既领先于许多较晚的古代东方立法,也超过了晚于它 1000 多年且根植于工商业文明之中的古罗马《十二铜表法》。尤其是在调整私法关系方面所达到的水平更是令人惊叹,发出了巴比伦法律文明的耀眼光芒。

　　在古代西亚地区,人类社会早期道德的法律化,使得苏美尔、巴比伦各自的法典在许多条文规定上均极为相似,也使得以《汉穆拉比法典》为代表的巴比伦民事成文法对此后亚述、赫梯、希伯来以及古希腊等国的民事规范也产生了深刻的影响,这些国家在编制自己的法典时,或多或少地参照了《汉穆拉比法典》,有意无意地汲取了《汉穆拉比法典》的民事规范精髓,强化了本民族对民事关系的法律调整力度。如希伯来法的民事规约就是在此意义上的一种法律道德化典范。①

　　例如,在对婚姻家庭关系的调整上,《汉穆拉比法典》对《摩西律法》(The Mosaic Law)的影响巨大,二者有着许多相似的规定。譬如,对通奸者,《汉穆拉比法典》第 129 条规定对通奸"应此二人而投之于河",《摩西律法》规定若是通奸,"奸夫淫妇都必治死"(《利未记》20:10—12)。又如,对已订婚尚未出嫁的少女给予法律保护方面,两者的规定也大同小异,《汉穆拉比法典》第 130 条规定强奸者应处死,而少女免究。不同之处则在对诱奸和强奸的法律处理上,《汉穆拉比法典》的规定相对比较轻,例如,法律是不处罚为未订婚的少女,对遭到诱奸、或者强奸或者乱伦的已婚妇女的处理结果也有别于《摩西律法》的相关做法。具体地说,根据《汉穆拉比法典》第 154、155、157 条对乱伦者的刑罚规定,以及第 158 条对因奸淫后母而剥夺其继承权的严厉规定,均说

---

　　① 有关巴比伦法与希伯来法、古巴比伦民事成文法与希伯来民事规约的继承与发展关系,下文将有更为具体的分析与探究。

明古巴比伦法律不遗余力地维护正常有序的家庭人伦关系,严惩施害人,同时对受害人即无过错的妇女予以宽宥。而针对上述这些情形,《摩西律法》规定:若是乱伦,他们均"被剪除",或者剥夺继承权或者"必无子女而死"(《利未记》20:17—21)。显见,深受道德与宗教影响的《摩西律法》较巴比伦民事成文法更为重视捍卫家庭人伦关系,其法律处罚的手段更为严厉,对受害方也鞭之以法,无宽恕可言。①

与此同时,《汉穆拉比法典》十分重视维护家庭秩序,在其性开放的道德观念支配下,将故意违反道德与他人有不轨行为或者不尽妇道的妻子置于相当不利的地位,法律对她的惩罚甚为严酷,而对有类似不忠情况的丈夫,妻子是无权提出反对并请求法律的保护。在这一点上,颇具《汉穆拉比法典》遗风的新巴比伦民事规范对古希腊、罗马古代民法制度也产生了间接的影响,诸如在古希腊、古罗马民法中所体现出的性道德观念与古代西亚地区这些楔形成文法典大同小异。尤其是,至新巴比伦时期希腊人、罗马人、希伯来人等外族人成为了这一古代西亚地区的主要定居者或者入侵者,早期法律上的家长制传统和道德影响力也一并割让给外来殖民者,不仅适用于沦为行省的这些古代西亚地区,而且还浸濡了这些外族人自身的制度安排。

公元前331年,在马其顿国王亚历山大大帝(Alexander the Great,公元前356年至公元前323年在位)统治下,古代西亚地区与波斯、希腊、印度等地同属于一个版图之内,客观上促进了东西方之间的经济、文化乃至法律交流。亚历山大及其后继者们继武力征服之后,在古代西亚地区继续推行颇具正义精神的巴比伦法典。正是由于这些巴比伦法典和道德规范双管齐下,上述的颓废、糜烂之风在达到极致后才

---

① See James Bronson Reynolds,"Sex Morals and the Law in Ancient Egypt and Babylon", *Journal of the American Institute of Criminal Law and Criminology*, Vol. 5, No. 1 (May,1914),p. 28.

有所收敛,客观上为这些地区及周边百姓带来了短暂的社会经济发展机遇。①

不过,巴比伦晚期社会道德沦丧,世风日下,法律与道德均沦为一纸空文,以至于如《圣经·新约》末卷《启示录》所言:"大巴比伦,作世上的淫妇和一切可憎之物的母。"(《启示录》17:5)②古代西亚地区巴比伦民事成文法上对妇女的法律保护与对家庭关系的规定在这一时期的社会中已形同虚设。这种社会道德风气与法律制度的悖离现象,同样也出现在崇尚性开放的古希腊和古罗马社会之中。这种负面功效对人类社会文明发展也或多或少产生了不小的破坏力。但也不能因为这些文明瑕疵而抹杀或藐视巴比伦民事成文法对人类文明进程所做出的历史贡献。巴比伦民事成文法既是上古法律的文明结晶,也是后世西方文明兴盛的智慧源泉,在民法发展史上,应该有它的一席之地。

(二) 希伯来民事规约是古代西亚地区民事规范的重要继承者

下面,就以希伯来民事规约的历史源流为例,说明希伯来民事规约(即指古代犹太教律法典籍涵盖的)对古代西亚地区诸民族民事规范的继承和发展,并以此进一步证明古代西亚地区民事规范对西方社会法律文明源头的历史影响。

毋庸置疑,人类社会文明的发展并非一帆风顺,古代西亚地区的历史是在无数战争与社会动荡中曲曲折折地向前推进的。在这一地区由苏美尔人播撒下了民事规范的种子,经巴比伦人、亚述人、赫梯人的精

---

① See James Bronson Reynolds, "Sex Morals and the Law in Ancient Egypt and Babylon", *Journal of the American Institute of Criminal Law and Criminology*, Vol. 5, No. 1 (May, 1914), pp. 28-30.

② 中国基督教协会印发:《新旧约全书》,1994年南京版,第294页。

心培育和发扬光大,形成了一套独具特色的美索不达米亚法系中最为主要的民事法律制度。古代西亚地区民事规范经数千年的绵延发展之后,随着来自地中海沿岸的外族入侵,这一地区进入了"希腊化时代",在与古希腊等外族文明的冲突与碰撞中,其以楔形文字法典为核心的民事规范已无可挽回地进入了一种颓废与衰退状态。幸而,同一时代,处于相对落后的希伯来人作为一个极为卓越的民族,汲取了古埃及、巴比伦、亚述和赫梯等法律文明,不屈不挠地成长为古代西亚地区法律发展史上的又一支不容忽视力量,脱胎于古埃及法和美索不达米亚法基础之上的希伯来法极具自己的特色,其最为重要的特色之一就是对古代西亚地区民事规范的继承。

1. 希伯来民事规约形成的圣经时期,《汉穆拉比法典》发挥了重要的典范作用。

《摩西律法》与《汉穆拉比法典》两部法律典籍中有着大量相似的断代时间、史实记载以及律法戒条和裁断程序,充分反映了希伯来民事规约在成长之初在一定程度上自觉地承继了古代西亚地区的民事规范。[1]

第一,古巴比伦民事规范和希伯来民事规约的形成和施行时间大体相同。[2] 汉穆拉比王颁行这一法典之际大致是希伯来亚伯拉罕族长时代,在《创世记》第14章详细地记叙了交战中两个民族的交往结盟,这也是《圣经·旧约》中最早出现的较为确切的时间记载。亚伯拉罕的家乡就是位于古巴比伦西南部的幼发拉底河岸边的乌尔城(Ur),该城的保护神是月亮神辛(Sin)。在《汉穆拉比法典》开篇之中,汉穆拉比王

---

[1] See George S. Duncan,"The Code of Moses and the Code of Hammurabi", *The Biblical World*, Vol. 23, No. 3(Mar.,1904),pp. 190-193.

[2] See G. Ernest Wright,"How Did Early Israel Differ from Her Neighbors?", *The Biblical Archaeologist*, Vol. 6, No. 1(Feb.,1943),pp. 16-18.

自诩为是"王室的传人,辛创造的人,使乌尔城富足的人……"①对此,《创世记》14:21—24 叙述道,汉穆拉比王对亚伯拉罕说:"你把人口给我,财物你自己拿去吧!"亚伯拉罕回答道:"我已经向天地的主、至高的神耶和华起誓,凡是你的东西,就是一根线、一根鞋带,我都不拿,免得你说:'我使亚伯兰富足。'只有仆人所吃的,并与我同行的亚乃、以实各、幔利所得的份,可以任凭他们拿去。"②可见,两个完全不同种族之间在交往中显然有着相当默契的交往规则,竭力维护着各自的独立尊严和相互的和平秩序。尤其是希伯来先祖们进入迦南地区后,在这一块曾经受制于巴比伦人的土地上,很快地学会了在巴比伦民事规范与本民族民事规约的妥协中创制一套更有利于壮大本民族力量的诫命、律例和典章。③

第二,《汉穆拉比法典》与希伯来民事规约所适用的社会结构、调整对象和法律责任大小基本一致。古巴比伦社会主要由国王、祭司们和政府官员、自由民(包括贵族成员和地方官员等)、平民和奴隶等组成。《汉穆拉比法典》并不调整国王和少数高层祭司等特权阶层,主要是调整在王权庇护下的自由民与自由民之间的人身关系和财产关系,诸如田园耕地、租借借贷、雇佣或服务费用以及婚姻继承家庭等。其中,古巴比伦社会中各种民事主体基于身份、性别及地位的不同而适用该法典的不同条文规定,同样的民事侵权或违约行为由于行为实施者和受害者的民事主体地位不同而应负不同的民事赔偿责任。在希伯来法中各种戒律主要保护的是本族人的人身关系和财产关系,例如,《出埃及

---

① 杨炽译:《汉穆拉比法典》,高等教育出版社 1992 年版,第 4 页。
② 中国基督教协会印发:《新旧约全书》,1994 年南京版,第 12 页。本章节此后所引《圣经》的经文原句均来自这一版本,以下不再另加注。
③ See Leroy Waterman, "Review: The Laws of Babylonia and of the Hebrews", *The American Journal of Semitic Languages and Literatures*, Vol. 33, No. 3 (Apr., 1917), pp. 254-257.

记》22：1—17"待贼盗之例"、《利未记》18：6—30"勿乱骨肉之亲"等章节所规定的法律责任与古巴比伦民事规范（也包括亚述、赫梯的民事规范）的规定大同小异。①

尽管犹太社会成员之间无泾渭分明的等级划分，但在对待本族人与异邦人、祭司、利未人与其他平民之间，律法特别是希伯来民事规约仍然是有所差别的，特权者（祭司、利未人及一家之长等）始终是受法律特别保护和享有一定豁免权的。从一定意义上说，无论哪种表现形式的民事规范（制定成文法或习惯法），在古代西亚地区的任一地域或任一时间内所施行的法律，其公正性是相对而言，只平等地适用于同一类民事主体而已。因此，希伯来民事规约承接了古代西亚地区民事规范所谓公平与正义的这一精神衣钵，楔形文字成文法典与希伯来律法有着异曲同工之妙。②

第三，《汉穆拉比法典》与希伯来民事规约有着相同的法度准绳和裁决方式来解决相似的民事纷争。譬如，古巴比伦民事规范中盛行"以神的名义起誓"作为当事人之间缔约和履约的担保方式，这一契约订立与生效仪式同样为希伯来民事规约所接受与遵行。例如，《出埃及记》21：8—9对奴隶赎身的规定与巴比伦民事规范也十分相似，是对古代西亚地区赎身做法的沿袭。又如，《汉穆拉比法典》第206、227条均规定不法行为人可以通过发誓而减免其法律责任，这一法律适用手段应用于《出埃及记》21：13、《申命记》4：19等章节所叙述的事件中，发誓成为了希伯来人恪守律例的一个可行方法。此外，类似的事例举不胜举，如在巴比伦民事规范和希伯来民事规约之中均有神判的规定与传统，

---

① See G. Ernest Wright, "How Did Early Israel Differ from Her Neighbors?", *The Biblical Archaeologist*, Vol. 6, No. 1(Feb.,1943),pp. 17-18.

② See J. H. Hertz, "Ancient Semitic Codes and the Mosaic Legislation", *Journal of Comparative Legislation and International Law*, 3rd Ser., Vol. 10, No. 4(1928),p. 210.

自古以来"河流"就是古代西亚地区较为重要的裁断工具之一,《汉穆拉比法典》第2、132条均规定对那些民事侵权行为人(施巫蛊者或受指摘妇人)就"应投入于河";而希伯来民事规约中将有神判之功效的河流称为"上帝之河"(ilu naru),它反复地适用于各种民事纷争的裁断之中。《民数记》5:11—31规定"疑妻行淫试验之法"是命她喝圣水,也是由此演变而来的神灵裁判方法。

第四,《汉穆拉比法典》与希伯来民事规约有着相同的律法价值取向和道德评价标准。古代西亚地区把以牙还牙、以眼还眼的同态复仇(Lex Talionis)、血亲复仇作为解决民事纷争的常用手段之一,对此,《出埃及记》21:23—25中也有着极为相同的规定,说明希伯来人虽信奉上帝,主张仁爱与宽容,但对争斗中施暴者也是主张加以严厉地制裁,鲜有宽宥,希伯来民事规约中规定因侵权而导致的赔偿责任除了金钱之民事赔偿之外,仍相当崇尚继续推行这一原始的问责方式,强调"以眼还眼,以牙还牙,以手还手,以脚还脚,以烙还烙,以伤还伤,以打还打"(《出埃及记》21:24)。

此外,崇尚多神的古巴比伦人与敬奉一神的希伯来人的宗教信仰是完全不同的,但各自处理民事关系的行为规则却均深受本民族宗教信仰和道德观念的左右,并形成了极为相似的评判标准。最明显的事例是在维护婚姻家庭关系方面,希伯来民事规约承袭了古代西亚地区的伦理观念与做法,强调"不可奸淫"、"不可贪恋人的妻子……"等。古代西亚地区民事规范对订婚、结婚、离婚等婚姻问题,对妇女、未成年子女、奴隶等家庭特别问题,以及亡夫财产、妻子嫁妆等财产继承问题均给予特殊的规定,希伯来民事规约也一脉相承,倡导本民族"上帝之民"的家庭道德观。

2. 希伯来民事规约形成发展的塔木德时期,古代西亚地区民事规范嵌入口传律法之中。

希伯来民事规约在成熟定型的过程也深受亚述民事习惯法、赫梯民法制度的影响。特别是这些王国取得古代西亚地区霸主地位后,在其统治之下,希伯来人为了本民族的生存与发展,周旋于这些好战的其他民族之间,与他们媾和,谨守相互承认的一些民事交往规则,这些规则无所不包,小至调整婚姻家庭关系的规则,大至订立国家之间和平相处的约定,后者甚至成为了人类社会妥善处理国际间冲突规则的最早范例。

在婚姻家庭方面的规定,以叔娶寡嫂制为例,《赫梯法典》、《中亚述法典》与希伯来民事规约是同出一辙的。但由于总体上出于对外武力扩张的需要,赫梯、亚述的民事规范十分注重维护战士的利益,保护民众(穷人和陷入困境者)的生存权利,以保证国家有充足的兵役和劳役来源,实现国内较为稳定的社会秩序。这种对弱者或者特殊成员的法律眷顾为希伯来民事规约所借鉴与吸收。希伯来民事规约的要旨就是"活着,并让它活着"[1],通过安息日、禧年等戒律积极倡导对人乃至一切有生命之物的权利保护甚于对财产的法律保障。

在商业活动方面的规定,以商人的法律特性为基点,先祖亚伯拉罕可谓是经商的统帅,希伯来人也承继了这一传统,在此之后,犹太商人也是定期地往返于巴勒斯坦与古埃及、古代西亚其他地区,自由地四处开展商旅活动。在他乡,希伯来商人以诚实守信为第一要务,在当地做各种买卖,并娶妻生子等。这一流动式经商特征与亚述、赫梯等国的商人极为相似,缘起于同时代的赫梯、亚述的商业习俗和商事规范。[2]

希伯来民事规约发展的塔木德时期,尤其是在犹太教法典编纂阶

---

[1] See J. H. Hertz, "Ancient Semitic Codes and the Mosaic Legislation", *Journal of Comparative Legislation and International Law*, 3rd Ser., Vol. 10, No. 4(1928), pp. 218-221.

[2] See Cyrus H. Gordon, "Abraham and the Merchants of Ura", *Journal of Near Eastern Studies*, Vol. 17, No. 1(Jan., 1958), pp. 29-31.

段时,希伯来法受外族法律文明的影响更甚。波斯人、古希腊人和罗马人依次成为这一时期古代西亚地区的社会主宰者或者最活跃的群体,他们直接或间接地左右了希伯来人的生存命运和发展空间。为此,希伯来民事规约继受这一时期古代西亚地区民事规范的途径有二:一是希伯来当权者被迫接受外来影响,颁行本族法令和规约;二是希伯来贤哲们自觉汲取外族法律规则,诠释律法典籍。① 新巴比伦时期的"巴比伦之囚"之后,为《巴比伦塔木德》这一口传律法的最终生成奠定了社会基础,促使希伯来民事规约有机会更直接地内化新巴比伦民事规范的因子。

公元前538年,新巴比伦王国为波斯所灭,被流放的希伯来人重返故土。在他的后继者统治时期,希伯来民族得到了壮大,有了更多希伯来后裔生活在新巴比伦原来的疆域上,在巴比伦城的希伯来人口有增无减,他们是巴比伦的全权市民,同时也是坚定的民族主义者,视巴勒斯坦为故土,不受寄居地社会习俗、政治和法律等的束缚,恪守着自己民族的律法与信仰,与当地居民和外来统治者和平相处。他们多以经商为职业,活跃在古代西亚各地区,积极从事商业贸易交易活动,这也为希伯来民事规约无意识地吸纳巴比伦民事规范带来了新的契机,糅合了新巴比伦和波斯法律文化的民事规范也间接地成就了希伯来民事规约。故有西方学者H. S. 林菲尔德(H. S. Linfield)教授把这一段时间称之为"《塔木德》巴比伦化"②进程,以此形象地揭示了希伯来民事规约与巴比伦法之间那种持续而恒久、固有而内在的联系。

这种内化古代西亚地区民事规范的实例多发生在犹太人的交易活动中,在此,试举以下数个较为典型的事例加以阐明:

---

① See H. S. Linfield, "The Relation of Jewish to Babylonian Law", *The American Journal of Semitic Languages and Literatures*, Vol. 36, No. 1(Oct., 1919), pp. 45-46.
② Ibid., pp. 51-52.

其一，不动产收益抵债息的抵押协议(antichresis)。

《巴比伦塔木德》中记载道：

> 尼盖尔·乌巴利特(Nergal-uballit)借七十四舍客勒给苏拉(Sula)，苏拉为此用自己的房子做了抵押。尔后，苏拉以每月二又四分之一舍客勒的租金再向尼盖尔·乌巴利特租住该房子。[BT, Nbk.142]①

在这一事例中，债权人尼盖尔·乌巴利特从这笔放贷中每年获利27舍客勒，收益率约在20%。债务人苏拉不仅将自己的房子抵押给他的债权人，以担保借贷契约的履行，同时以房租的形式清偿借贷利息。换言之，该房子就是一个典型的不动产收益抵债息的抵押。

《巴比伦塔木德》"中间一道门"为此诠释道：对于承租人，律法并未直接规定这一做法。他们之间的契约关系是以类似于如下方式而展开的：A将自己的土地抵押给B，接着再从后者那儿租种该土地。现在，承租人从抵押人那里以租赁的方式获得这一抵押物，在一段时间内占有该物。这一从契约很有效，否则主契约(即借贷契约)就无法达成。这点是无可辩驳的[Bab. Mes. 68a]。

显见，这一抵押方式在古巴比伦土地租借中就早已出现了，希伯来人沿袭了这一做法，扩充了希伯来律法在这一方面的适用规则。

其二，缔约程式——保证人在场负连带责任。

新巴比伦时期，任何债务的发生，必须有两名以上的证人在场，并作为连带债务人，彼此对该笔债务承担完全的法律责任。这类契约一

---

① See H. S. Linfield, "The Relation of Jewish to Babylonian Law", *The American Journal of Semitic Languages and Literatures*, Vol. 36, No. 1(Oct., 1919), p. 52.

般均包含上述条款,新巴比伦称之为"išten put šani našu",这是一个明示的条款,表明一种明示担保责任。

希伯来民事规约亦是如此。希伯来法学家甚至为此认为,两人之间订立借贷契约时,即使没有明确约定保证人的共同责任,但只要有证人在场,即意味着他们是保证人,负连带责任。这是无须明示的,因为它是一项不成文的律法规则。

其三,权利转让的法律效力。

与巴比伦人相仿,希伯来人也承认转让权利行为的效力。债权人有权将其权利转让给第三人,后手因此成为了第二序位的债权人。希伯来民事规约为此规定,原债权人在未宣布放弃权利之前,有权继续享有该债权,债务人仍须履行该债务。如:

> 卖主因出售某物而获得一张票据,接着宣布转让该票据的权利主张。[Bab. Kethub. 85a]即使买主在协议中事先讲明该小贩无权转手这一票据,但如果卖主这样去做了,该权利转让行为成立。与之相似,原债权人①可以签署一张收据给先前的债务人或者他可以推迟要求原债务人偿还债务的日期。[HM 66:24]②

这意味着,买主可以起诉卖主因转让票据权利而带给自己的损害,但无权起诉原债务人。《密西拿》中虽未载明这一规则的原始出处,但指出权利的转让一般有以下两个方式:第一种方式是既有的票据直接是由买主合法转手而来的;第二种方式是原始票据已遗失,替代它的是债务人重新出具一张新的票据给收货人(consignee),即买主,确认他

---

① 即票据出票人或原持有人。
② See H. S. Linfield, "The Relation of Jewish to Babylonian Law", *The American Journal of Semitic Languages and Literatures*, Vol. 36, No. 1(Oct.,1919), p. 53.

为债权人。

其法律意义在于,第一种方式债务的转让无须征得买主的同意,第二种方式则必须征得债务人的同意并参与这一让转活动,即无约因(consideration)①,该行为则无法成立。除此之外,其他权利转让均是有瑕疵的,其效力无法获得法律的首肯。

第二种方式在巴比伦法中甚是流行,巴比伦时期耕地、果园、房子等财产所有权的转让均须有约因的存在方能生效。希伯来法学家们也更倾向于倡导这种方式,承认这种权利转让行为的法律效力,强调只有债务人以合法有效的方法转让债务,即存在着确凿无疑的约因,才可以出具新的票据给买主,使其成为债权人。有关约因的问题,希伯来民事规约与巴比伦民事规范有着惊人的相似性,或者准确地说,希伯来民事规约保留了这一古代西亚地区民事惯例,继续主张没有约因,转让就是欠缺法律要件的,哪怕原债权人主动地宣布放弃这一权利,权利仍继续归属于他所有。

其四,高利贷的禁止规定。

众所周知,巴比伦法是严禁高利贷的。倘若A借给B白银100舍客勒,B以自己的土地作为抵押,该借贷契约约定每年收益为白银20舍客勒。但该抵押土地的总价值折合为40舍客勒,A和B因此达成如下协议:五年后该抵押关系终止,届时抵押权人应无偿地返还该抵押物——土地,因为这一期间该土地的产值已足以抵消其借贷的利息了。在巴比伦法中,上述这一借贷契约的订立并通过不动产收益抵债息的抵押,被视为放高利贷而到法律的严厉禁止。新巴比伦时期,民事规范

---

① 所谓约因,是指订立契约的动机或目的,最早人们将之解释为使契约法体现正义要求的要件,即作为契约订立的原因,当事人或者是使对方纯获利益以体现慷慨,或者是要用自己的行为交换对等的价值以体现分配正义,这是用以确定契约是否正当有效的唯一工具。从实质上说,约因是用来从道义上衡量契约效力的标准。

中一般规定借贷关系存续期不超过一年期限。

　　希伯来民事规约也是毫不迟疑地禁止本族人之间出现这一类型的高利贷,尽管《巴比伦塔木德》中记载道,希伯来拉比们很赞同不动产收益抵债息的抵押,但认为有息借贷或者说高利贷只能是发生在与邻人(即外族人)之间的借贷关系之中。拉比们也充分意识到巴比伦民事规范有关借贷关系的期限限定的意义所在,故他们也主张本族人之间的借贷关系不得超过一年。

　　其五,委托代理关系的确立问题。

　　巴比伦商业习俗是,商人可以受雇以自己的名义购买和销售商品。倘若 A 是委托人,B 是其受委托人即代理人,C 是第三人。该商业惯例约定:即使 A 没有参与该买卖交易,B 也可以与 C 发生买卖行为,对 C 而言,B 就是 A 的全权代理人。譬如:

　　　　卡比提·艾莱尼·马尔杜克(Kabti-ilani-Marduk)收到纳布·埃亨·艾丁(Nabu-ahe-iddin)向纳布·萨姆·尤苏尔(Nabu-šum-usur)购买种子的一笔钱款。该受委托代理人购买了种子,并以自己的名义支付了应付价款,接着将种子转交给他自己的委托代理人。同时还交给其委托代理人一份声明书(Banunu),承认后者的全权代理行为。[*BT*, *Nbn.*,133 and 132]①

　　生活在巴比伦城的希伯来法学家归纳出巴比伦人的这一商业习俗,并将它广泛地应用于解决各种民事纷争。例如,在《巴比伦塔木德》"最后一道门"中,记载了一则类似的事例:

---

① See H. S. Linfield,"The Relation of Jewish to Babylonian Law", *The American Journal of Semitic Languages and Literatures*, Vol. 36, No. 1(Oct.,1919),p.54.

某位妇女拟购置一块相当大的土地而支付某代理人一笔不菲的钱款。该代理人为此替她购得该块地皮,但购买时该不动产的出卖人并未对该块土地所有权做出保证。故委托人拒绝确认该项买卖的效力。该妇女与其代理人诉至拉比纳曼(Nahman)那,这位希伯来法学家因此对该代理人说,既然你未得到该土地出卖人的权利保证就购买了那块土,那你应当以自己为担保,再将该土地卖给妇人。[Bab. Bab. Bat. 169b]①

从中可以窥见,希伯来法调整委托代理的规则得益于巴比伦人的上述商业习俗。在巴比伦人彼此关系中,某一受委托人既可以是某人的委托代理人,也可以是第三人的委托代理人,这是无可厚非的。该受委托人与第三人的委托代理关系一如先前的委托代理关系,而原委托人一般是债务人或者义务人。从第三人的利益角度出发,由这一受委托代理人完成的买卖关系,其委托人不能想当然地加以废止。另一方面,就受委托人为自己的私利或者未顾及被委托人的利益而做出某一代理行为而言,无论是否有明显的证据,原委托人均可拒绝追认这一代理行为。为此,古代西亚地区民事规范本质上要求受委托代理人必须在委托权限内行使代理权,其做出的代理行为才合法而有效,或者对于超越代理权限或者有瑕疵的代理行为,委托人可以拒绝承认。

其六,账单文契的法律效用。

账单文契的生成问题上,早在汉穆拉比时代,巴比伦民事规范就规定,对一个已经履行完毕的债务,债权人要及时返还或当场销毁原契约泥板书。这一商业规则一直流传到其后任萨姆伊鲁纳(Sumu-la-iluna,

---

① See H. S. Linfield, "The Relation of Jewish to Babylonian Law", *The American Journal of Semitic Languages and Literatures*, Vol. 36, No. 1(Oct.,1919),p.55.

约公元前 1749 年至公元前 1712 年左右在位)统治时期。古代西亚的其他地区也盛行类似的做法,即债权一旦实现即开具一份讫清收据,或者撕毁原始债务账单并制作新的账单。同样,在希伯来民事规约中也有类似的诠释,如《塔木德》"最后一道门"记载道:

> 对于已经清偿部分债务的债务人而言,拉比朱达(Judah)称,债权人应当交出原债务账单,并获得一份新的账单收据;拉比乔斯(Jose)则认为,债权人应当立据为凭。[Mish. *Bab. Bat.* 10:6*b*]①

尽管古代西亚地区巴比伦民事规范未明确规定究竟采取何种手法,是销毁原契约泥板书,抑或重新制作一份新凭证? 但希伯来法律学家们在沿用这一惯例时,已经察觉到这两种做法之间是有所差异的,同时还意识到如何开具收据和制作怎样的收据,直接关系到某一方当事人的切身利益。为此,有的拉比在解经时,十分注重遵循以下原则,即载有费用的收据不得加重债务人的负担。也有的拉比则主张按照律法本意来说就是债权人有权制作这一收据,而实现债务的当事人则有权持有它。大体上,它是偏袒债权人,而对债务人不利。

账单文契的适用效力上,巴比伦民事规范中的账单文契颇有独创性,其法律意义闻名于世。一份账单文契表明 A 将某一标的所有权转让给 B。无论事实究竟如何,该文契上所记载的事项就应当被严格遵守,其因而也具有类似票据的文义属性。且该账单文契也并不包含承诺人的履行条款,这点与现代票据证权属性也极为相似。这类巴比伦的账单文契多源自某项契约义务或者债务,一般表述为以下内容样式:

---

① See H. S. Linfield, "The Relation of Jewish to Babylonian Law", *The American Journal of Semitic Languages and Literatures*, Vol. 36, No. 1(Oct., 1919), p. 56.

C、D、E、F 等数人为证人,见证 A 做出如下的承诺:关于 B 的有关事宜……[cf. BT, Nbk., 344]①

在希伯来民事规约中,也存在类似的账单文契及其适用效力(《巴比伦塔木德》"最后一道门"第 149a.)②,犹太商人在经营活动中擅长于汲取其他民族这类商业交易的做法,为此,账单文契也在希伯来婚嫁财产流转、家庭财产赠与以及商业活动中均发挥了极为重要的流转凭证的作用。希伯来民事规约充分认识到文契及其制作的效力,更强调这一收据的制作与使用时,持据当事人的主观感受,即在《密西拿》中所引的"很热衷于地使用该收据"③。

其七,租赁服务的律法规范。

为了运输而租用船只,自古以来西亚地区的这一传统在希伯来民事规约中得以保留,巴比伦民事规范中规定该船只租用人应偿付租金并承担因故造成租用船只损毁的责任,即使这一损害原因是无法避免的。但究竟应如何应用这一规定并对此进行合理解释,希伯来法学家们很难自圆其说。因为倘若船只是租用来的,租用人不应当为船只的损毁承担相应责任;倘若他承担了这一损毁责任必定意味着船只是一个借贷物,而希伯来民事规约是不允许犹太人向本族人放贷的。为此,在《巴比伦塔木德》"中间一道门"69b—70a 中,拉比帕普(Papa)认为,律法允许船只租用人偿付租金和承担租用船只的所有责任。就此,这一地区人们在商事活动中早已达成了共识,即租用人从租借船只之时起就占有了该船只,如果该船只丢失或损毁,他应照价赔付。他的这一观念显然是受到巴比伦民事规范的影响。

---

① See H. S. Linfield, "The Relation of Jewish to Babylonian Law", *The American Journal of Semitic Languages and Literatures*, Vol. 36, No. 1(Oct., 1919), p. 57.
② Ibid., pp. 58-59.
③ Ibid., p. 60.

随后,约公元前4世纪上半叶,希伯来人也被迫进入了"希腊化时代",随着武力传到古代西亚地区的一些古希腊、罗马民商事法律规则也同样辐射到希伯来民事规约在口传律法中新一轮的演绎,希腊化因子(the Hellenistic factor)在希伯来民事规约中的影响力十分突出。但美索不达米亚法律因素对巴比伦和巴勒斯坦两地所适用的希伯来民事规约,其直接影响更甚。[①] 在漫长的历史演进之中,希伯来民事规约广泛地吸收周边地区各种法律文明的种种特质及要素,成为了一种具有世界性特色的民事规范。

在巴比伦城最终完成的犹太律法典籍《塔木德》,反过来又深深地嵌入波斯、古希腊和古罗马人统治下的犹太民众生活之中。约公元前100年左右,上述这一《巴比伦塔木德》的大部分内容又重新被带回到巴勒斯坦本土,成为那里的希伯来民事规约的重要法律渊源之一。尽管犹太人失去了自己民族国家的依托,但是作为口传律法,不断完善与发展的希伯来民事规约在此后的流散社会中呈现长久而顽强的生命力,同时它作为一种外来法律文化渊源,也潜移默化地影响到古希腊、古罗马本土民法制度的建立。

3. 小结:古代西亚地区民事规范在希伯来民事规约中的发展。

历史告诉我们,法律不会始终彼此隔绝,而是不断地以和平或非和平的方式相互碰撞。在古代西亚地区的这种碰撞中,最引人注目的是楔形文字法与希伯来民事规范的传承以及希伯来法的自我创新。尽管犹太民族是一个流离失所的民族,但一神教和律法中诸多法律制度凝聚了诸古代民族非凡的治理能力,对正义、权利的高度敏感和人本思想。正由于希伯来民事规约对古代西亚地区民事规范的发展,使得古代西亚地

[①] See Baruch A. Levine, "Mulugu/Melug: The Origins of a Talmudic Legal Institution", *Journal of the American Oriental Society*, Vol. 88, No. 2 (Apr.—Jun., 1968), pp. 271-285.

区民事规范在历史长河之中并没有变成尘土和瓦砾,其古代民法的精髓渐次地融化于近代西方社会的民法制度建构中,绽放在人类永恒不断的法律理想之中。古代西亚地区的民事规范所蕴涵的规则与精神影响了古埃及、克里特、迈锡尼、古希腊、古罗马乃至后来的整个欧洲及世界。

如前所述,由于古巴比伦国王汉穆拉比时代与希伯来亚伯拉罕族长时代所处的时间大体相当,在西方学术界,对《汉穆拉比法典》与《圣经·旧约》进行平行的比较研究是惯常的研究方法之一。的确,这两者之间存在着许多相似的风俗习惯以及民事规范,它们均被广泛地应用于个人之间的关系,并不区分处理其中人与人、神与人之间的差别,法律规范因此呈现出也无现代意义上的民法与刑法之分,同时律法中除耶和华授予族长世俗权力之外,也不包含更多"神启"的法律概念。《圣经》中的《摩西律法》记录了大量的实践范例,规定了周详的律例举措,如《出埃及记》(20:22—23:19)、《利未记》、《民数记》以及《申命记》(12—26)。这些民事规范沿袭了古代西亚地区先前的习俗和法律条文,传承和革新了古代西亚地区生活过的苏美尔人、巴比伦人、亚述人的规范准则和价值取向。例如,希伯来民法中规定寡妇再嫁时能得到婚资,其数额为初婚新娘的一半,这一历史渊源一直可以追溯到苏美尔社会的《乌尔纳姆法典》(第9—10条)。尽管记载这些事例和具体数额的《圣经》不是楔形文字写就的成文法典,也不具有法律强有力的他律性,但是这些民事规范及其通例真实地记载了当时希伯来民族解决这一民事关系的一种最可行的实践方案,具有更为实际的效力和极强的自律性。[①] 在此意义上,《摩西律法》也是一个相当完整的判例法汇编和判决录,是对古代西亚地区民事生活和民事规范的生动演绎和不朽

---

① Raymond Westbrook (ed.), *A History of Ancient Near Eastern Law*, Vol. 2, Koninklijke Brill NV, Leiden, The Netherlands, 2003, pp. 976-977.

的法律移植。

《创世记》中有关雅各娶妻于舅家,服侍拉班十四年,用策致富后,与拉班立约后归故土,这一叙事内容既描述了希伯来婚姻家庭习俗与规矩,也凸显了希伯来民族与美索不达米亚地区同时代的新亚述等民族的婚姻习俗有着某种源流变迁关系。[1] 男子在女方家庭服劳役一定时期,娶她之后将获得女方家庭给予的财物,这一婚俗作为美索不达米亚地区的古老传统,一直延续到新巴比伦和波斯人统治时代,并为同一时代(即圣经时代)希伯来民事规约所借鉴,得以保留着这一做法。

《出埃及记》中有关圣约书(the book of the Covenant)是希伯来民法制度的最早法源之一。其中,"宣律例首论待仆"、"杀人之例"、"待贼盗之例"、"戒民数例"等均是界定人与人关系、确立彼此交往规则的,这些通例与美索不达米亚法系中的那些楔形文字法典陈述的范例极为相似,表明它们均拥有着共同的法律信念和同一的社会人伦基础。

《利未记》(1—15)和《民数记》(1—9)两大独立部分共同构成了希伯来法的《祭司法典》(The Priestly Codes),规定了宗教祭司仪式规则、区分了圣洁与不洁之物。《利未记》(17—27)则涵盖了许多世俗生活的惯例风俗,使之法律化。这些不成文的律法内容均是非常古老而久远的,甚至可以追溯到希伯来始祖亚伯拉罕时代从古巴比伦文明中汲取的民事规范精华。

《申命记》本质上则是叙述事例的汇编,旨在陈述摩西率领众部落建立一个统一民族的艰难历程,阐述了肃清多神教和偶像崇拜的必要性和重要性,复述了一神教的戒律,力劝"毕生遵行诫命,勿从他神"。这是最具独创性的希伯来法内容之一。一方面,该编 12:15—32、14—

---

[1] See John Van Seters, "Jacob's Marriages and Ancient near East Customs: A Reexamination", *The Harvard Theological Review*, Vol. 62, No. 4(Oct., 1969), pp. 394-495.

17:7、19:1—14、21:10—22:30、24:1—19、25:5—16等均规定了有关婚姻、家庭、个人及耕作、家务劳动甚至过失侵权等诸多事项,较《出埃及记》更为具体,更具可操作性。这一编极少涉及君主权力,仅有17:14—19"立王必以神拣选"强调国王也需要遵循与上帝的约,敬奉律法,谨守律例。这些规定均再次申命上帝与犹太民族的契约关系,律法就是要调整和规制这一约定的践行行为,敦促希伯来人恪守对上帝的盟誓与诚信,永不背弃。这一信守精神是对古代西亚地区传统誓约的一种提炼与弘扬。另一方面,该编19:16—21中宣扬的"要以命偿命,以眼还眼,以牙还牙,以手还手,以脚还脚"的平等报应观念与古巴比伦《汉穆拉比法典》中"以眼还眼"等规定一脉相承,对于权利义务上的"正义"、"平等"均有着极为相似的价值取向和评判尺度。巴比伦人的许多观念成为了希伯来人的戒律与规约的最初来源。[1]

以古代东方法中对契约的认识为例,希伯来民事规约有着以下三个方面的不朽之处:

首先,在人与人的世俗契约适用范围上,希伯来民事规约有所创新与拓展。

《摩西律法》与诸多楔形文字民事成文规范和苏美尔—阿卡德民事习惯法一样,具有着相似的文本格式和表达方式,譬如,均有契约的条文和规定、祝福和诅咒、立约程序等,甚至还有上帝无所不在的立约见证方式,与西亚其他民族订立誓约程序如出一辙。但希伯来法在古代西亚地区民事规范基础上推陈出新,又有着自己的特色,诸如颂扬"仁爱",立契时强调"以道德为基本精神",制定适用于全人类的"自然

---

[1] See Tikva Frymer-Kensky,"Tit for Tat: The Principle of Equal Retribution in Near Eastern and Biblical Law", *The Biblical Archaeologist*, Vol. 43, No. 4(Aut., 1980), pp. 230-234.

法"。①

在古代西亚地区,人与人之间盟约的范例甚多。譬如,巴比伦、亚述、赫梯社会中人与人之间的买卖、租赁、借贷以及扣押、寄存等民事契约;又如,幼发拉底河中游地区的马里人与古亚述人之间互订盟约;再如,赫梯人与地中海沿岸的古叙利亚乌加里特人等,不同民族之间的缔约也不乏其例。其中,如前所述,最为著名的是公元前1286年赫梯王哈图西利斯三世和埃及拉美西斯二世之间的盟约,这是建立在政治和经济基础之上的和平对等条约。相比于古代西地区亚的其他民族,希伯来法中这些契约中涉及的人与人之约的内容更为复杂多样,契约的记录也不局限于《摩西五经》,在《旧约全书》的其他章节中也记载了形形色色的契约。

这些契约大致可划分为以下九类②:第一类是人与人之间高度个体化的职责与义务,譬如,约拿单和大卫缔结的盟约(《撒母耳记上》18:3、20:8、22:8、23:18);第二类是个人之间为了某种政治目的而订立的协议,比如,押尼珥结约归大卫(《撒母耳记下》3:12—13);第三类是部落首领之间的盟约,例如,亚伯兰与亚摩利人立约而结成联盟(《创世记》14:13)、亚伯拉罕与亚必米勒关于井的争端而立约(《创世记》21:32)、以撒与亚必米勒结盟(《创世记》27:28—29)以及拉班与雅各以石头为证立约(《创世记》31:43—55)等;第四类是个人与部落首领的代表人物之间的协议,例如,喇合与约书亚的以色列探子之间的约定(《约书亚记》2);第五类是国王与臣民个人之间的盟约,诸如,所罗门与示每的约定(《列王记上》2:42—46);第六类是国王与国民之间的协议,例如,

---

① 何勤华:《法律文化史论》,法律出版社1998年版,第53—54页。
② See Geoffrey W. Bromiley(general editor), *The International Standard Bible Encyclopedia*, Vol. 1, Grand Rapids, Michigan, 1979, p.791. 国内对这一九大类的划分所作的翻译,也可参见黄天海、褚良才、梁慧:"摩西法律的契约形式和以律法为核心的希伯来宗教"《世界宗教研究》2002年第3期,但笔者进行了重新的勘校,使其更加准确、完整。

大卫与以色列长老们立约,推举他为以色列王(《撒母耳记下》5∶3、《历代志上》11∶3);第七类是以色列王与臣属国之间的协议,例如,非利士人、摩押人归服大卫王,给他进贡之约(《撒母耳记下》8);第八类是国与国或部落与部落之间的盟约,譬如,约书亚与基遍人平等立约(《约书亚记》9)、亚扪人拿辖与扫罗讲和立约(《撒母耳记上》11∶1—3),又如,亚述人强行与以色列立的约(《何西阿书》12∶1)、巴比伦王尼布甲尼撒强加给犹大的条约(《以西结书》11∶13)等;第九类是婚约,例如,先知玛拉基提及不能以诡诈对待"盟约的妻"等(《玛拉基书》2∶14)。

上述这些存在于希伯来习俗中人与人之间的约已经突破了一般民事交往的内容,拓展到这一古代社会的政治、外交等其他领域。在希伯来社会里,神与人的契约关系构筑成了整个社会法律运作的基点,人与人的契约关系更是这一社会最基本的构成单元。无论立约的双方是谁,立约的内容是什么,最重要的还是立约和忠于约。[①] 希伯来人借鉴古代西亚法典的内容和形式,普遍地相信,借助契约,违约者将受到报应,因为人的话语,特别是口头诅咒,正像巫术中的咒语一样,具有现实化的力量。[②] 为此,希伯来人还将契约这一载体形式广泛地应用于人与神之间,创造性地强调:如果立约的一方是神祇的话,神的言语(Word)更是人类所不可抗拒的。由此衍生出一种守约得福、背约遭祸的宗教道德观。在古代西亚地区,契约的观念并非希伯来人的独创,但值得指出的是,在上述这些契约中反映出希伯来人对古代西亚契约概念的全方位使用,并强化了契约的强制效力。

其次,在契约的效用上,希伯来民事规约也有独特的保障途径。

---

① See G. Ernest Wright,"How Did Early Israel Differ from Her Neighbors?"*The Biblical Archaeologist*, Vol. 6, No. 1(Feb.,1943),pp. 18-19.
② 参见黄天海、褚良才、梁慧:"摩西法律的契约形式和以律法为核心的希伯来宗教",《世界宗教研究》2002年第3期。

如前数章所述,在古代西亚地区,各种契约的实现有赖于口誓、人身的担保以及物的抵押等,不一而足。楔形文字成文法典赋予各种契约关系履行法律救济方式,以法律的他律性来强化契约的效力。希伯来人也充分意识到任何律法的实现和契约的履行,都不可能离开强制力与自觉性。为了使人类不忘自己与上帝的契约,增强遵守律法的自觉性,他们还有以下三大独创的举措:之一,申命契约书每隔七年必须从约柜中拿出,在人们面前重新宣读一次。之二,由于始祖的原罪,上帝并不相信人类。他常常以暴力为手段,敦促人类遵守契约和律法。如:《圣经·旧约》中就这样的警告,即"我又要使刀剑临到你们,报复你们背约的仇",为此犹太民族常常对因不守契约和律法所导致的后果进行自觉的反思。这种反省进一步地促使了守法的精神和契约至上的观念日益深入人心。之三,作为"上帝的子民",以色列人对神的信念是一个历史的积淀,是对自己国家和民族的无比自豪与热爱的根基,并转化为日常生活中人人皆遵行的一个神圣规则——法律至上和谨守契约。[1] 因此,守约成为希伯来民事规范的一个基本精神。

如古代西亚地区一样,在神人契约关系上,希伯来人也并非一味的神化,而是更多地描述人在神面前的谦卑位置。希伯来对神人契约关系还做了多重的比拟,有时将这种上帝与人的关系类比为父子的关系,强调关爱与依顺;有时又将神人之约视为婚姻关系,强调权威与忠贞;有时也比喻为牧羊人与羊群的关系,强调驯服与依赖。这些类比形式所传达的并非一种自然的存在关系,而是神与人自由组建的共同体中的独特"契约"关系,一种极具亲和力的神人关系,使世人既不惧神,也不畏律法。这一独特契约观在《摩西律法》中得到了很好贯彻。"托拉

---

[1] See Robert H. Pfeiffer, "Facts and Faith in Biblical History", *Journal of Biblical Literature*, Vol. 70, No. 1(Mar., 1951), pp. 1-14.

表达了那个独一无二的、真正的、活生生的上帝的神奇,同时又为神的选民立下了生活的规则,或称 nomos"[1],圣约几乎与律法具有等同等约束力,它们逐渐成为犹太社会民事生活的中心。

神人立约表明:"犹太人和上帝之间的关系不再是一种内在的、无可奈何的'血缘关系',而是通过一种外在的、经过思考的'约'的形式确定关系,是通过犹太民族选择了上帝,上帝选择了犹太民族这样一种'双向选择'而确定下的关系。"[2]这一契约观念意味着神人关系是一种互利互助、互为义务的责任关系,不仅人对神有践约的义务,而且神对人也承担了相应的义务。在古代西亚地区,这是一种前所未有的新型观念,它意味着人作为立约的一方便可以选择立,也可以选择不立。由此赋予了人类选择的自由,以及衍生出公正、诚信、公义、平等诸多律法价值取向的追求,希伯来法中民事规范的伦理性独树一帜,后世西方民法文化中契约精神也因此异彩纷呈。

再次,在契约的责任落实上,希伯来民事规约也有所扬弃。

古代西亚地区,从《俾拉拉马法典》、《汉穆拉比法典》到《中亚述法典》、《赫梯法典》,始终十分重视落实契约的责任。例如,《俾拉拉马法典》第 23、35、36 条均对各种侵权之债做出了"等价赔偿财产"的明确规定,称之为"$meheršu$"或"$bušešu$";《汉穆拉比法典》第 139、149、156、267 条则对买卖婚的各种违约问题做出了返还聘金或嫁妆的诸种规定,称之为"$šullumu$";《赫梯法典》各表中比比皆是的赔偿责任,称之为"pai"。上述这些侵权之债的赔偿责任均以白银为等价偿还之常态。这一侵权契约关系中赔偿责任,在希伯来民事规约中也是很常见的,称为"$šlm$",譬如《出埃及记》21:34 就明确规定"拿钱赔还本主人",但与

---

[1] Elias Bickerman, *The Jews in the Greek Age*, Harvard University Press, 1988, p. 259.
[2] 徐新:《西方文化史》,北京大学出版社 2002 年版,第 41 页。

此同时希伯来民事规约中也有许多的赔偿责任并不以钱为赔偿方式,如《出埃及记》21:36 规定"以牛还牛"的以物抵物方式、22:4 甚至只规定"要加倍赔还",未说明是以物还是以钱为赔偿方式,以及如何计算才是所谓加倍。《利未记》5:14—19 对"赎愆祭之例"的规定,意味着人一旦违背了与神之约时应承担赎罪责任。这一责任无非还是以牲畜为祭品来抵偿所谓罪责而已。《民数记》5:7 还规定:"他要承认所犯的罪,将所亏负人的,如数赔还;另外加上五分之一,也归于所亏负的人",加倍的数额愈加明晰。显见,希伯来民事规约对赔偿责任的落实有着多种灵活方式,有的律法模糊待定,实际上是赋予了各种契约之债落实补偿责任的空间;而有的甚至强调要加倍,凸显契约之债的惩罚性,这是对既有的古代西亚地区契约赔偿责任的扬弃。[①]

要言之,律法对于犹太民族意味着"一种深刻的道德严肃性和个人责任感"[②]。希伯来民事规约扬弃了古代西亚地区民事规范中的契约概念,并赋予契约以伦理道德的意义,又将约的神性渗入到古希腊、罗马或者其他西亚地区诸民族的世俗观念里;而最终指引信奉律法和戒律的人忠诚地维系着与神之约的义务。这正是希伯来法民事规约的最伟大创造。

三、古代西亚地区民事规范与古代西方法律文明的交融

正如西方现代学者让·波特罗(Jean Bottero)指出的:"我们文化

[①] See Jacob Milgrom, "The Legal Šlm and Br'šw in the Bible", *Journal of Near Eastern Studies*, Vol. 35, No. 4(Oct.,1976), pp. 271-273.

[②] John Bright, *History of Israel*, The Westminster Press, Philadelphia, 1971, p. 444.

的所有方面大体上均是由发轫于(公元前)四千纪、繁荣于三千纪的美索不达米亚文明形成的。这一文明或许是世界上最古老的,它无愧于这一称号。在其整个生存期间,它向周边地区辐射,使其邻国激发灵感而丰富自身:以色列直接受其影响,模仿其闪族同伴并与后者共事;希腊人则是通过赫梯人和小亚的前希腊人(即迈锡尼人和克里特人)而间接受其影响。"①和东方的接触、冲突与交会促使希腊罗马人去认知和了解东方,更重要的是,促使他们以某种方式来把握东方。借此,希腊罗马文明进一步明晰和凸显了自身的文化特性和核心价值,如民主、自由、节制、勇敢、文明以及胜利,从而强化了其文化认同,并深刻地影响了古希腊、古罗马,乃至整个西方文明的走向。②

(一) 古代西亚文明与古希腊文明的融合轨迹

古代西亚地区是"旧世界的心脏"③,其悠久而丰富的法律文明遗产被希腊人广泛地借鉴和吸收,许多学者认为,古希腊在形成自己独特的古典文化之前,一直是地中海东部西亚文明圈中的一种外围文化,深受埃及和巴比伦文明的辐射和影响。古代西亚与希腊交往的主要渠道是安纳托利亚、叙利亚—巴勒斯坦地区和塞浦路斯,上述地区本身即受两河文化的强烈影响,形成名副其实的"黄金海岸"。④

作为西方文明之源的古希腊文明与古代西亚文明融合的轨迹,以马其顿国王亚历山大大帝东征为界分为前后两个阶段。第一阶段的影

---

① Jean Bottero, *Mesopotamia: Writing, Reasoning, and the Gods*, Chicago and London, 1992. 转引自黄民兴:"试论古代两河流域对古希腊文化的影响",《西北大学学报(哲学社会科学版)》1999年第4期。

② 参见黄洋:"古代希腊罗马文明的'东方'想像",《历史研究》2006年第1期。

③ 〔美〕海斯、穆恩、韦兰:《世界史》(上册),中央民族学院研究室译,读书·生活·新知三联书店1975年版,第83页。

④ 李政:"论美索不达米亚文明对赫梯文明的影响",《北京大学学报(哲学社会科学版)》1996年第1期。

响为间接的,其交流的方式主要有移民、通商、战争、联姻、传教、旅行,等等。据考证,公元前 6500 年,就有来自西亚的居民大量迁移到爱琴海诸岛和希腊大陆,带来了发达的西亚农业文化,这些移民仍积极地保持着家乡习俗。① 至苏美尔人初创文明时期,古代西亚居民已经开始与埃卜拉等周边地区(即今天的阿富汗、中亚及叙利亚地区)进行长途贸易,古巴比伦文明时期这一通商旅程逐渐发展到克里特岛、塞浦路斯。爱琴文明的源头——克里特,由于地处西亚、北非和东南欧的中心,海上交通便利,是古代爱琴海沿岸地区与西亚、北非之间交往的桥梁,早在公元前 2000 年代中叶,已达到了青铜器的全盛阶段,在诺萨斯出现了宏大的米诺斯王宫、精制的工艺品和线形文字(甲种),强有力的政权也孕育了法律,其整体文明特质与古代西亚文明极为相似,当时希腊人与古代西亚地区保持着密切的联系。譬如,克里特岛出土的古巴比伦汉穆拉比时代的赤铁矿圆筒印章也表明了:古代西亚地区的苏美尔人、古巴比伦人在民事交往中契约订立、财产转让等法律效力的重要凭证之一——印章,其具体的效用已为古希腊人所认识,并有可能已适用于当时社会商业贸易活动之中。公元前 2000 年中叶,爱琴文明的另一源头——迈锡尼文明也创造了线形文字(乙种)。作为希腊最早的文字,这两种线形文字是在两河流域的苏美尔语和阿卡德语的间接影响下产生的。但由于外族的入侵,这一文字归于消失。

除了苏美尔、古巴比伦文明的影响之外,古亚述王国在安纳托利亚建立了商业殖民点,拥有完善的组织网络和完备的民事习惯法。古亚述发达的民事规则同样适用于其商业殖民地。而且,大批希腊人很早即从半岛来到西亚,或者定居做工,或者从军,譬如,新亚述帝国军队中

---

① 参见黄民兴:"试论古代两河流域文明对古希腊文化的影响",《西北大学学报(哲学社会科学版)》1999 年第 4 期。

就有不少希腊人。正是两地边贸和战争加强了古代西亚法律文明对外传播的力度，因此波及了稍远的古希腊。这个离欧洲本土最近的东方国家，其法律文明直接影响了古希腊民族。

公元前15世纪前后，赫梯王国颁行的《赫梯法典》是这一时期楔形文字成文法典的代表，该法典中的婚姻及家庭、财产及继承、经商及契约等规则，对古希腊的通商、文字以及法律等产生了间接的影响，一定程度上也影响了古希腊早期文明。

通商是古代西亚地区和古希腊文明的共同特征之一，与两河流域楔形文字的产生相仿，作为希腊字母的始祖，古老的腓尼基文字就源自商业。公元前13世纪，古闪米特族的一支腓尼基人以航海、经商和贩运奴隶为生计，他们依据古埃及文字制定了历史上第一套字母系统。腓尼基古代文字也是发明于商业会计的需要。约公元前1000年，腓尼基字母传入希腊后，希腊人借此创造了希腊字母，因此成为希腊、罗马（拉丁）以及后世西方文字的渊源。有了文字才有了西方历史的黎明曙光。从此，西方文明开始学习并赶超了古老的东方文明。公元前8世纪后，腓尼基先后附属于亚述、新巴比伦等诸国。可见，各地区各民族之间的通商是共同文明进步的重要渠道。

约公元前12世纪以后，来自大陆的多立亚人大量向半岛移民，在部分吸收原有文明的基础上，形成了以荷马史诗为标志的新希腊文明。然而，这一时期由于希腊人主要从事"纯粹"的农耕生产，商业欠发达，与中亚述等西亚地区交往不甚密切。

以上这一时期，古希腊与古代西亚地区的交往是间接的。此后开始了古代西亚文明与希腊文明融合的第二阶段，古代西亚文明对古希腊的影响是直接的。尤其是在亚历山大东征之后，亚历山大帝国和塞琉古王朝的建立，标志着两地文明进入了直接融合阶段。其大致轨迹如下：

公元前 8 世纪至公元前 6 世纪,古希腊历史进入古风时代,随着当时古希腊工商业发展的需要和大规模的海外殖民扩张,古代西亚地区的新巴比伦与古希腊的文化与经济交往日益频繁,地处安纳托利亚西部的希腊殖民城邦直接接受了古代西亚文明的熏陶,诞生了古希腊哲学,成为早期希腊的文化中心。这一中心直到公元前 5 世纪希腊古典文化繁荣时才转移至希腊本土。尤其,在公元前 750 年至公元前 650 年,处于古典文明巅峰时期的古代西亚对希腊影响巨大,这一影响甚至成为古希腊文化的一个主要特征,今天的英国学者奥斯文·穆瑞因此称古希腊这一历史时代期为"东方化时代"①。

进入公元前 6 世纪,在最后一轮文明余晖中,新巴比伦王国于公元前 538 年被波斯国王居鲁士推翻,两河流域并入波斯帝国的版图,成为波斯帝国的第九个总督管辖区,曾荣耀一时的巴比伦城降格为一个不太重要的省会,从此古代西亚地区的社会经济及民众生活进入了一个文明冲撞与融合的时代。

而古希腊进入公元前 5 世纪至公元前 4 世纪中叶的古典时代,其奴隶制城邦空前繁荣,雅典成为了希腊世界的政治、经济、文化中心和地中海的海上贸易中心。与此同时,处于波斯统治下的古代西亚地区也迎来了为数众多来此地考察和学习的希腊学者,譬如"历史之父"希罗多德(Herodotos,约前 484 年至约公元前 425 年)等人。此外许多来此地经商的古希腊商人也对西亚等地区的文明持赞赏态度,认为希腊曾从东方国家借鉴了许多东西。② 在他们的带动下,当时的希腊"拜东方文明为师"蔚然成风。在有意识地汲取西亚等地的外来文明基础上,希腊人以其独有的智慧,踏在"巨人"的肩膀上前进,创造了自己的文明

---

① 转引自庄锡昌主编:《世界文化史》(古代卷),浙江人民出版社 1999 年版,第 188 页。
② 参见黄民兴:"试论古代两河流域对古希腊文化的影响",《西北大学学报(哲学社会科学版)》1999 年第 4 期。

成就,其中,法律的成果也是不可小视的。约公元前5世纪左右,希伯来文明的重要典籍《圣经》被译为希腊文,预示着一神教在地中海世界的兴起,也意味着希伯来法有了一个传入希腊社会的直通桥梁。

公元前4世纪中叶,马其顿王国征服古希腊后,又将古老的巴比伦作为帝国的首都,使得巴比伦城成为东西文明融合的中心,由此拉开了古代西亚地区"希腊化时代"的序幕。在政治上,希腊化时期的亚历山大大帝和塞琉古王朝君主均采用了东方的君权神授理论和专制体制,在客观上促进了古希腊和古代西亚地区的经济联系和法律文明交流。当然,古希腊文明在许多方面也同时受到其他文明如古埃及的影响,但相比之下两河流域的影响更大一些。在社会生活和民事交往中,亚历山大大帝及此后的塞琉古王朝的君主均专门采取措施奖励征服者们与当地人的通婚及其他交往,长久以来根植于古代西亚民众生活之中的民事规范也因此愈加融入到异族征服者的社会生活。定居于巴比伦的希腊僧侣、历史学家贝罗苏斯就此曾写成《巴比伦史》一书,书中宣称"塞琉古王朝是两河流域文明的继承人"[1]。可以说,希腊化时代是架接起古代西亚地区和古希腊、古罗马等西欧国家的法律文明重要枢纽。[2] 况且,正是在吸收两河流域和埃及等东方古老灿烂文明的丰富营养的基础上,希腊文明才能更加完善,最终青出于蓝,为日后的西方文明奠定雄厚的根基。[3] 古希腊法、古罗马法中包含的不少东方法元素大多来自这一希腊化时代的文明碰撞。

---

[1] 徐宏英:"古代近东文化对希腊文化的影响",《青岛大学师范学院学报》2001年第4期。

[2] See E. A. Speiser, "Cuneiform Law and the History of Civilization", *Proceedings of the American Philosophical Society*, Vol. 107, No. 6, Cuneiform Studies and the History of Civilization(Dec. 20, 1963), pp. 540-541.

[3] 黄民兴:"试论古代两河流域对古希腊文化的影响",《西北大学学报(哲学社会科学版)》1999年第4期。

这一重要的时期,尽管外来征服者的战争不断蹂躏着西亚地区和古希腊的民众生活,但地区间抑或民众中的商业往来始终未曾中断。①古代西亚地区楔形文字法典所遗存的民商事规范、汲取了楔形文字法文明成就的希伯来法等开始为西方世界所认知与践行。由于缺乏希腊化时代的古希腊法典,在此,只能从一些记载有契约、申请书、诉讼案件记录的羊皮纸和碑文中窥见一斑。诸多的希腊化国家(如埃及的托勒密王朝、叙利亚的塞琉古王朝、小亚细亚的帕拉马王国等)私法方面均适用当地居民的成文法和习惯法。在一定程度上,这也促进了古希腊与古代西亚地区法律制度更实质性地融合。

公元前266年,对部分由希腊人居住的大希腊的征服,使罗马同希腊文化发生了更密切的接触,为此后西方民法在古罗马的兴盛奠定了文明基础。尤其是至公元前30年共和国时期,罗马人不仅逐一征服了迦太基、马其顿、希腊半岛和西班牙的大部分地区,而且还迫使古代西亚地区、安纳托利亚等地实际上沦为罗马的附庸。罗马进入帝国时代后,在帝国疆域东部,沦为行省的各地区其法律文明的交流有了更为具体的载体——用东方文字(叙利亚文、阿拉伯文和亚美尼亚文)编辑而成的法学典籍,在帝国东部广泛地流传。这些教科书不仅"注意到一些

---

① 早在20世纪30年代初,美国学者约翰·弗雷德里克·刘易斯(John Frederick Lewis, 1885—1932)夫妇就整理和破译了大量出土于这一时期西亚地区的楔形文字商业文献,它们多是古波斯统治时期的民商事文献,其中波斯阿契美尼德王朝开国之君居鲁士大帝统治时期的文献最多,涵盖的范围十分广泛,具体包括有关某房屋所有权的、某交易中个人义务的、20只小羊羔买卖事宜的、有关某债务奴隶买卖价格条款的、在某阿卡德人法庭上所发生的一次寄存关系、某一项个人的委托、某一房屋的买卖、20名奴隶的租借等等。其他波斯国王,如冈比西斯(Cambyses,? —公元前522年,公元前529年至公元前522年在位)、薛西斯一世(Xerxes,公元前519年? —公元前465年,公元前485年至公元前465年在位)、阿塔泽克西兹一世(Artaxerxes,? —公元前424年,公元前464年至公元前424年在位)等统治时期的民商事文献也有不少。See Harold G. Stigers, "Neo-and Late Babylonian Business Documents from the John Frederick Lewis Collection", *Journal of Cuneiform Studies*, Vol. 28, No. 1(Jan., 1976), pp. 3-59.

最新谕令所做的修改,有时还考虑到行省法中的规范"①,并在公元6世纪发展为查士丁尼汇编。

为此,当代美国学者博厄兹·科恩(Boaz Cohen)将这一时期形成的古希伯来口传律法与古希腊—罗马法(Graeco-Roman legal)进行比较研究,发现了在各自的民法中有许多对应的术语和相似的法律制度。② 要言之,古罗马法与希伯来法发生密切联系主要反映在《耶路撒冷塔木德》之中,其中巴勒斯坦耶路撒冷犹太教圣经注释家们对《圣经法典》的编辑与校正而形成的《密西拿》,反映了在古罗马人统治下两地法律之间的直接交流。③ 诸如,古罗马法中的特有产(peculium)、抵押(hypotheca)、动产遗嘱(will/testament)、买卖文契或账单(bill/bill of sale)等,在希伯来口传律法中均可一一找到;而"庭审备忘录"(bench)、"裁决文书"(table)、"换币官"(money changer)、"银行业者"(banker)等古代西亚地区民事规范中常见的称谓则出现在古罗马民法之中。④

(二) 古代西亚地区民事规范与古希腊民法的比较

古代西亚文明对古希腊文明的影响具有重要意义,而古希腊文化和同受美索不达米亚文明影响的古希伯来文化则构成了西方文明之源。古代西亚地区的法律虽然随着其民族国家的灭亡已不复存在,但调整古代西亚地区广大民众生活的民事规范仍通过民族混血、宗教的

---

① 〔意〕朱塞佩·格罗索:《罗马法史》,黄风译,中国政法大学出版社1994年版,第408—409页。

② See Boaz Cohen, "The Relationship of Jewish to Roman Law", *The Jewish Quarterly Review*, New Ser., Vol. 34, No. 4(Apr., 1944), pp. 267-280, pp. 409-424.

③ See Boaz Cohen, "Peculium in Jewish and Roman Law", *Proceedings of the American Academy for Jewish Research*, Vol. 20(1951), pp. 135-234.

④ See H. S. Linfield, "The Relation of Jewish to Babylonian Law", *The American Journal of Semitic Languages and Literatures*, Vol. 36, No. 1(Oct., 1919), p. 61.

传播和改宗、文化的影响等途径,悄然地影响了历代的入侵者,使之承认自己的民法制度及价值取向,或者与其法律文化融合变异,得以间接保留,成为新兴的民法制度的历史渊源之一。因此,在文明的激烈冲突、碰撞中,古代西亚地区的民事规范虽在形式上泯灭了,而其丰富的内容规则仍然通过种种途径得以永世长存,惠及世人,加快了西方古代民法的成长步伐。

古希腊是西方文明的发祥地,其范围包括希腊半岛、爱琴海诸岛、爱奥尼亚群岛以及小亚细亚的西部沿岸,比现代的希腊共和国的面积稍大。古希腊法就是泛指存在于古代希腊世界的所有法律的总称。[①] 公元前 12 世纪到公元前 8 世纪,古希腊处于由氏族过渡到国家的过程中,各城邦在沿用习惯法的同时,也开始成文法的制定,传说中有《吕库尔古斯立法》、《弗洛劳斯法》等。公元前 7 世纪至公元前 4 世纪,各城邦普遍进行了立法活动,比如,梭伦(Solon,约公元前 638 年—约公元前 559 年)时期的《阿提卡法典》(*Attic code of Solon*)和公元前 5 世纪时的《格尔蒂法典》等。

《格尔蒂法典》是古希腊早期保存的比较完整的立法文献,其性质是一部民法典。该法典第 1 栏第 15 行起关于主张自由人的诉讼,可以归入民法中关于人身权(身份权)的范畴;从第 2 栏第 49 行起主要规范关于私人生活的婚姻、收养、继承、赠与、保证、抵押、合伙、许诺、监护等方面的行为。可见,当时希腊的民法已发展到一个较高的水平。但从整体上看,古希腊的私法逊色于公法。古希腊民法,从权利主体到权利客体的要求,到关于所有权、契约、侵权行为、时效、代理、婚姻家庭、继承等各方面的规定,都缺乏抽象、概括的原则,远不能与后来的罗马私

[①] 何勤华、李秀清主编:《外国法制史》,复旦大学出版社 2002 年版,第 29 页。

法相比。①

然而,古希腊民法对古罗马民法也有着自己独特的影响。譬如,对民事主体的规定奠定了后来罗马法的人法制度,有关质押及抵押的应用也为后来的罗马法所吸收。"迄今为止发现的最古老的罗马法渊源——《十二铜表法》表明,古希腊对于罗马文化和文明的影响是不可否认的。西塞罗和盖尤斯的著述都暗示:他们确信,罗马法起草之时,一个立法委员会曾被派往雅典学习希腊法和法律制度,这是一段不争的历史。"②古罗马私法的发达应该有着古希腊民法的贡献。

而古希腊民法又有着自己更为久远的学习借鉴的榜样,那就是古代西亚地区民事规范。如本书在前面数章节中所厘清的,在东西文明交汇进程中,古代西亚地区的大量民事成文法和民事习惯法间接地影响了古希腊的民法框架。从身份到财产,从婚姻家庭到继承,从契约到侵权,古希腊的民法均与古代西亚地区民事规范有着极为相似的民法价值取向与制度创设。同时,古代西亚地区的诸多民事规范经过古希腊人的智慧涤荡,又有所提升与变迁。

1. 民法观念的新陈代谢

如前所述,有关私有财产的观念,在古代西亚地区,从公元前3000年左右的苏美尔人、公元前2000年之后的古巴比伦人与亚述人,再到公元前1600年之后的赫梯人,均有着自己独立的认识。财产,特别是土地从最初由公社分配给各社员到王权赏赐给服兵役的士兵或为王室效劳的臣民,私有财产在载负一定义务的前提下,逐渐演变为自由民私人所有。从财产所有权的转让到财产的租借,从财产实体权利设定到财产流转的程序履行,从刑事惩罚到民事赔偿的法律救济,均是为了捍

---

① 叶秋华:《外国法制史论》,中国法制出版社2000年版,第190—191页。
② Peter de Cruz, *Comparative law: in a Changing World*, 2nd (ed.), Cavendish Publishing Ltd., 1999, p.11.

卫私人财产的完整性、独占性、排他性。

在古希腊,希腊人财产私有的观念萌生也比较早,希腊城邦政治就是建立在财产的多寡基础之上。公元前594年,梭伦改革的重要举措就是将财产因素渗入到城邦的政治生活之中,以财产多寡来划分公民的等级,由此使得私有财产观念深入人心,推动了一系列财产取得、变更及消灭的法律规则的生成。古希腊法中关于所有权取得方式的完整规定、地役权及担保物权等他物权的成熟规范,既真实地反映了古希腊人日趋成型的私有财产观念,也清晰地映射出古希腊的私有财产观念较古代西亚各民族有了更进一步的发展,古希腊人已经懂得运用法律来规划和维护财产权的取得。自由民的财产不再仅是借助于神灵或王权才得以占有、使用、收益及处分等。

有关契约的观念,古代西亚地区诸民族均十分重视,从契约泥板到口头誓约,数千年来西亚人的生活似乎从来不曾离开过这两者。自由民的结婚、收养子女及财产继承,自由民的农事活动、租借买卖、寄托借贷、抵偿债务,等等,不一而足,契约无处不在。契约精神在希伯来人的民法观念中更是发挥到了极致,神人之间、人与人之间以及夫妻之间立约是一切权利义务的基点。

古代西亚民事规范在调整各种各样的契约时,十分注重契约订立与履行中双方当事人的合意、对价以及诚实信用、情事变更等诸多细节,特别强调契约的外在形式和履约程式。在古希腊的契约观念中,法律也强调合意、公平及诚实,诸如在古代西亚地区民事规范中"他感到满意"的契约术语,在公元前146年古希腊文献中,表述为"εύδοκέω";该术语也出现在公元4世纪左右的 SB 10784 文献中,强调当事人的一种满意程度和被这一财产转让价格说服的情况;此外,还有类似的"ρεθω"、"ρληρόω"等术语(前者意指"被说服",后者指"感到满意")均指称同一含义,在一些古希腊契约文献上述术语甚至联合使用,来表示双方对价格的彼此满意程度。① 两地不同法律在契约订立与履行上的"合意"观念如出一辙,均适用于契约中表达双方对财产价格的满意程度。但对仅表示合意的契约,古希腊法律尚未赋予相应的约束力。古希腊法律还要求每一个契约必须有一个实在的根据,落实当事人的义务责任,以维护契约的效力。

当然,古希腊的契约一般只需要数位证人在场,当事人之间达成协议即可生效,未必一定要求订立书面形式的契约。古希腊人对契约重其内容而轻其形式,古代西亚地区那种处处可见的誓约,在古希腊的契约中似乎并不存在,这亦可表明古希腊人主体意识甚强,古代西亚地区求诸于神灵来安排世俗生活或解决民事冲突的办法在古希腊似乎不流行。这可以说是人类智慧、社会文明的进步。

有关侵权和补偿的观念,古代西亚地区诸楔形文字成文法典中各种侵权之债的规定已经相当完备,如埃什嫩那王国的《俾拉拉马法典》、古巴比伦的《汉穆拉比法典》以及赫梯王国的《赫梯法典》等均对侵害人的身体、财产的所有权(如耕牛、田园、奴隶等)规定了侵权行为人按照不同种类的侵权行为应承担一定数目的金钱或谷物补偿责任。甚至,在古代西亚地区民事成文规范中对民事赔偿金的惩罚机制也有所涉及,譬如,《新巴比伦法典》规定妇女对他人船只、房屋等财产行巫术咒语的行为为不法行为,将处以"因侵权而遭受损失的三倍"民事赔偿金。

与此相对,古希腊的侵权观念不甚发达,比较模糊。苏格拉底(Socrates,公元前469年—公元前399年)告诫人们要正直生活,各归其所,不侵犯他人的权利;梭伦宪法也倡导"任何人都有自愿替被害人

---

① See Gladys Frantz-Murphy, "A Comparison of Arabic and Earlier Egyptian Contract Formularies, Part Ⅲ: The Idiom of Satisfaction", *Journal of Near Eastern Studies*, Vol. 47, No. 2(Apr.,1988), pp. 106-112.

要求补偿的自由"①,但是古希腊民法似乎并无损己利他的具体举措,来预防侵权行为的发生。更常见的是如古代西亚地区那样,将侵权行为分为侵害人身权的行为(如殴打、伤害等)和侵犯财产权的行为(例如偷盗、强盗、毁损等),分别设定了侵权行为人的补偿责任。较古代西亚民法有所发展的是对性侵犯、侮辱、诽谤等的规定,要比《汉穆拉比法典》对此的处理来得更为文明,通过民事赔偿来解决彼此的纷争更有成效。

从上述古代西亚地区与古代希腊在民法上的传承与变异中,我们可以发现彼此生成文明的社会历史条件大有不同。古代西亚地区民事规范根植于农业文明中的村社经济生活之中,孕育于原始社会氏族公社向奴隶主私有制转型之际,因此,其起点比较低,又受到周边先进民族影响下,其民事规范的发展水平参差不齐,加之古代西亚地区战争不断,文明进程骤然中断的情形时有发生,文明缺乏连续性,法律制度及习惯规则匮乏一体遵行的保障,因此,古代西亚地区民法观念虽比较发达,但在主体平等、意思自治以及权利义务等方面还比较暧昧,不甚明确。

而古希腊的社会经济水平和社会制度虽进入文明的时间比较晚,但古希腊是从铁器时代直接进入文明社会的(经历了苏美尔、巴比伦文明之后的古代西亚社会,由赫梯人发明了铁器),其社会生产力较高,文明发展的起点也比较高。古希腊城邦因此基本肃清了以血缘为载体的氏族残留,社会结构的等级观发展不充分,相反在古希腊人的公众政治和经济生活中自由、平等意识迅速得以产生和倡导,由此影响到古希腊民法观念的生成,古希腊民法观念也就更为贴近城邦民主生活,更加近似人类民法理念的内涵。社会生产力的发展促进了商品经济的发展,

---

① 〔古希腊〕亚里士多德:《雅典政制》,日知、力野译,商务印书馆1959年版,第12页。

所以,古希腊的契约规则以及财产流转程式等更加符合简单商品经济的发展规律。古希腊民法有着更深厚的社会物质基础,具体制度运行更具有现实环境保障,汲取了古代西亚地区民事规范精髓的古希腊民法因此更具有生命力,借助于此后古罗马的民法对人类民法的影响也更为久远。

2. 民法制度的推陈出新

尽管古代西亚地区各民族均是历史上的匆匆过客,但大量的楔形文字泥板书,以法典、敕令、裁决、契约以及文书、信件、教本等多种形式记载了这段悠久的法律文明史,为今天的人们找寻民法起源的足迹提供了极为翔实的历史史料和法律素材。无可争辩的民法制度既主宰了当时民众的日常生活,也说服今天的人们重拾这段掩盖在岁月流沙下的民法光环。

创造者才是真正的继承者。在世界文明史上古希腊不愧为一个在继承基础上有着卓越创造的民族,他们的创造性源于他们的好学精神和开放性格,他们擅长汲取外来文化特别是西亚文化,缔造了空前的繁荣成就,而这种成就同样体现在古希腊的民法之中。古希腊民法的产生有一个东方文化的源头,它自身的发展又为日后西方民法文明奠定了雄厚的基础,成为西方民法形成的又一历史渊源。

雅典是古希腊诸城邦中法制成就最突出的一个,雅典法中的民法制度较为典型,将它与古代西亚地区民事规范进行比较分析,能较为客观地认识到两种法律规范的异同之处。

(1)民事主体资格

古代西亚地区民事主体主要是全权自由民,一般指的是男子,或是家中的丈夫。这些全权自由民的身份取得一般是始于出生地,是古代西亚地区各城邦中当然资格的公民,享有着广泛的民事权利,并承担一定的义务,如服兵役或纳贡等。比这些自由民地位低的是自由民中的女性，其地位是附属于丈夫或家中父亲的，民事权利能力和行为能力均是十分有限的。未成年的子女的情形也大致相同。比自由民更低的社会阶层是外邦人，在古代西亚社会各时期这一阶层几乎均是有财富有手艺的群体，但未必享有全权自由民的完全民事权利。例如，可能就无权占有或买受属于公社的土地。奴隶，无论是债务奴隶还是家养奴隶，都是重要的财产形式，一般情况下并非民事主体（只有在自己的婚嫁等特殊情形下才有一点处分权利）。即使是获得解放的奴隶也不具备完全的自由民身份，故其民事主体资格是不完整的，甚至是不存在的。

古希腊，把人分为公民(polites, astes)、无公民权的自由人(xenos, 包括自由民妇女和外邦人)、奴隶(doulos, oiletes)，人的不同身份决定了他的权利能力和行为能力。民事主体主要是享有公民权的自由人，具备了土地所有权和房屋所有权。这些自由人也多指成年男子，在雅典，"有公民权的只是自由公民中的成年男子，估计只有4万人左右"[1]，雅典公民，它的意思是"始分神物"[2]，是一种独特的身份，在雅典，一个男子满18周岁，方取得正式的公民权，因此成为当然的民事主体。即便是自由妇女和儿童也被摒弃在公民平等权之外。

同时，一个没有公民权的自由人或外邦人可以十分富有，但外邦人因不具有本邦血统，而不具备公民身份，也不具有民事主体资格。"外人在罗马或在雅典，皆不得为地主。他不能结婚，至少不为邦所承认。公民与外人女子结婚而生之子女为私生子女。他不得与公民订契约，至少法律不认为有效。最初他并且无经商权。罗马法律禁止外人继承

---

[1] 杜平：《古希腊政体与官制史》，湖南师范大学出版社2001年版，第155页。
[2] 〔法〕古郎士：《希腊罗马古代社会研究》，李玄伯译，张天虹勘校，中国政法大学出版社2005年版，第158页。

公民,且禁止公民继承外人。"①外人即外邦人或异邦人,在雅典社会,他们要获得法律地位,必须通过请求才有可能取得民事主体资格,"以便经商,订契约,安全享受其财产,受邦司法的保护,必须成为公民的客人。"②失去或被剥夺了公民权的自由人也变成外人了,城邦法律不保护他,他也不能与他人订立买卖及一切契约,失却了民事主体的资格。

古希腊奴隶也主要源于战争和债务。约公元前594年的"解负令"废除了一切债务奴役制度。但奴隶的地位并无改进,如古代西亚地区一样,他们没有自己的独立人格,附属于主人,是有生命的财产。任何对奴隶的侵害就是对其主人财产的侵害,需要承担对其主人的民事赔偿责任。与古代西亚地区的民事规范一样,在古希腊奴隶主也可以解放奴隶,比如,通过遗嘱的方式解放奴隶,但法律上未有解放奴隶的法定程序保障这一制度。古希腊民法未就因奴隶而引发复杂的家庭关系做出任何规定,一方面,这或许说明奴隶在古希腊人的生活中可能不如古代西亚地区那么重要与活跃;另一方面,这似乎表明古希腊民法对奴隶不甚重视,法律尚不够完备。在古希腊社会还存在一种特别的公共奴隶,其法律地位有点类似与新巴比伦社会中由主人或父母敬奉给神庙的人,他们不再属于私人,而属于国家(在新巴比伦这些终身侍奉宗教的人是属于神庙的,是中间层面的半自由人),他们负有公共服务义务,但同时又是"自由"的,在某种程度上他们的地位与在此定居的外邦人一样。

在古代西亚地区希腊化时代,妇女往往与神庙相联系,甚至以女神的身份而享有较高的主体地位,受到社会普遍尊敬。而古希腊社会也

---

① 〔法〕古郎士:《希腊罗马古代社会研究》,李玄伯译,张天虹勘校,中国政法大学出版社2005年版,第160页。
② 同上。

有类似的情况,但这一切并未使妇女真正获得法律上的独立主体资格。①

总之,在民事主体问题上,古希腊的民法规定要相对简单,相对确定,古代西亚诸民事规范对此的界定却是相对复杂,而富有变化。但整体上,两地的民法均强调自己的适用对象是本邦的自由民,"古人所谓民法的字意,必先说明。方他们说法律是民的,……其意不只说每邦自有他的法典,如现代各国各有法典一样。其意谓法律的价值与效力,之存于邦内公民之间。只住在某城的人,并不能遵从其城之法而受其保护。欲受保护,尚必须是这个城的公民。法律对于奴隶不存在,对于外人亦然。"②此言极是。

(2) 物法

在古代西亚地区私有财产所有权观念的支配下,可以成为所有权的物很多,有可耕地、果园、房屋、耕牛等牲畜、船只、家用器皿以及奴隶,甚至自由民的妻儿。其中,负有兵役或贡赋的土地是禁止流通物。其他的物均可用以流转,财产所有人以各种各样的敛财方式创造了更多的财富。

在古希腊,上述这些物基本上也是所有权的主要载体,另外,在物的种类上还增加了矿产,设定了"矿产所有权"③,雅典的矿产所有权属于国家,任何想采矿的人必须先注册登记,以购买的方式获得一定期限的矿藏开采权。而一般情况下,所有人可以自由处分合法的私有财产,

---

① See I. M. Diakonoff, "Women in Old Babylonia Not under Patriarchal Authority", *Journal of the Economic and Social History of the Orient*, Vol. 29, No. 3 (Oct., 1986), p. 235.

② 〔法〕古郎士:《希腊罗马古代社会研究》,李玄伯译,张天虹勘校,中国政法大学出版社 2005 年版,第 157 页。

③ 雅典有矿产法(nomosmetallikos),规定未经许可采矿是非法的,矿藏周围若阻碍矿产承租人采矿是非法的,法律还禁止其他涉及矿产的违法行为。See Douglas M. MacDowell, *The Law in Classical Athens*, Thames and Hudson Ltd., London, 1978, p. 138.

但也有一些限制,如早期土地所有权是属于家庭,个人并无处分权,土地不得转让,公元前5世纪开始,法律才允许土地买卖。①

同时,法律严格保护土地之上栽种的橄榄树,因为它是属于雅典娜女神,无论是公地还是私地上的橄榄树都属于国家。公元前4世纪之前的法律仍规定:任何偷盗橄榄的(不论是否是自己土地上),都将受到死刑的责罚。到了亚里士多德时代,对橄榄树,法律由禁止性规定改为限制性规范,承认橄榄树属于私人,规定只要土地所有人每棵橄榄树缴纳2/3的Kotylai②的橄榄油,就能对自己土地上生长的橄榄拥有所有权。但是,法律禁止人们任意砍伐橄榄树,一个人一年不得为自己的利益砍掉两棵以上的橄榄树,否则将被处以每棵树100银德拉马(drachmas)罚金。③古希腊民法对橄榄树这一重要的经济农作物做出了如此具体的规定,与古代西亚民事规范有着异曲同工之妙。譬如,苏美尔的《租牛法典》等对当时社会耕牛这一主要生产资料进行了重点保护,又如,赫梯人在《赫梯法典》第二表中直接地以"葡萄藤"命名,对葡萄藤、葡萄园、苹果树、树苗等农业经济作物也做了周详的规定。尽管时代不同,但古代西亚地区各民族、古希腊人均已经学会放弃财产共有的观念,并且开始懂得应用法律最直接地保护他们的农业生产,从而生活在"民法"之下。这些法律条文的具体调整与立法动机也进一步印证了民法的本来之义,"民法是使人类获得财产"④的最好途径。

古代西亚地区对土地、房屋等财产所设定的制度中包含了地役权、地上权以及相邻权等内容,例如,苏美尔人的《乌尔纳姆法典》第31条、

---

① See Douglas M. MacDowell, *The Law in Classical Athens*, Thames and Hudson Ltd., London,1978, p.134.
② 古希腊的容量单位。
③ 参见何勤华、魏琼主编:《西方民法史》,北京大学出版社2006年版,第58页。
④ 易继明:《私法精神和制度选择》,中国政法大学出版社2003年版,第41页。

古巴比伦的《汉穆拉比法典》第 55 条,以及《苏美尔法律样式册》第 iv 35—41 条均强调在农事上自由民彼此相互尊重各自田产与收成,对有过错或故意或过失地损毁他人农田、影响他人农业收成的不法行为,法律在这些方面做出相应的民事处罚规定是一个典型的侵权行为法律救济。

特别是《汉穆拉比法典》中对土地灌溉中因疏于巩固而造成决堤淹没邻人之地的,规定应承担民事赔偿责任。在《苏美尔法律样式册》中,还列举了有关建筑物相邻权的个案,强调共用墙的共同所有人各自负有维护修缮的义务,不得侵害另一方共同所有权人的利益。

在古希腊民法中也有类似的规定,譬如,古希腊民法规定:"禁止土地所有人在其土地的边界从事种植树木、开挖沟渠等可能影响其邻居的活动。禁止土地所有人在其土地上任意建造人工建筑,对因土地所有人的人造建筑而导致水流阻塞或流水冲击造成他人财产损失的,土地所有人应负赔偿责任。一般应支付一千德拉克马或者把人造建筑所在的那块土地赔偿给受害人。"[①]

又如,在地役权方面,古希腊法律规定了取得地役权的情况:一是自己的土地无水,可以从相邻土地的井抽水,一天可限量抽两次;二是种植橄榄树和无花果树,距离邻界的土地不得少于 9 英尺,其他树木不得少于 5 英尺;三是自己的蜂巢应距离邻居的蜂巢 300 英尺以上;四是如处上游,必须把可能给下游土地造成的排水损害控制在最小范围内。[②]

从上述古希腊相关法律规定中不难发现,古希腊民法的所有权制度比较丰富,比古代西亚地区相关的民事规范更为具体与完备。

---

① 何勤华、魏琼主编:《西方民法史》,北京大学出版社 2006 年版,第 58 页。
② A. R. W. Harrison, *The Law of Athens*, Oxford at The Clarendon Press, 1968, pp. 249-250.

这一推陈出新的制度成果还体现在对担保物权的法律规定与实际运作之中。古代西亚社会早已出现担保,以誓约的方式,在一个债权债务关系之中,有债务人设定担保,这一担保物可以是以其自身或妻儿或奴隶的人身为担保,抵押为债奴,债务履行完毕后可以赎回这一抵押为质的人。这种人格担保在古希腊早期社会也曾出现,后被梭伦改革废止。

公元前6世纪起,随着商业贸易的繁荣昌盛,古希腊的担保物权类型也愈发多样,有质押、抵押以及海事担保等。抵押主要发生在借贷关系中,土地、房屋均因其不易灭失而成为常见的抵押物,抵押多有立石板为凭,石板上铭刻有该土地已作为某一贷款的担保等字样,其效用颇似古代西亚地区的契约泥板书。如果抵押人未能返还本金或利息,则抵押物归抵押权人所有。古亚述商人很早就在租借劳力和运输关系中创设了借贷担保,强调受雇人的实际履行,并从中获利,彼此双赢。古希腊民法极大地传递了古代西亚民法中这种担保理念及新规则。古希腊民法也创设了新型担保方式——海事担保,这是进入商业贸易时期的重要规则,对人类民法有着积极而深远的影响。它主要强调海事贸易需要订立书面契约,契约中设定了一些特殊条款,规定共同海损时,借款人需向贷款人支付一定的赔偿费用。

古希腊还有担保嫁妆的习俗,当新娘父亲为女儿提供了一笔数额较大的嫁妆时,他一般可以要求新郎提供担保,如提供一块土地等财物,作为返还嫁妆的担保。这一担保要求在古代西亚婚俗中还未曾见到,但两者有一点是相似的,那就是婚姻的实质就是双方家庭财产的大流转,是一次有偿的受让。

(3)债法

在古代西亚民事规范中,债法较为发达。债的发生原因不外乎是契约和侵权。从苏美尔社会到巴比伦、亚述乃至赫梯社会,契约种类由简单到复杂,契约原则也愈发丰富,契约精神也更加明确。特别是,《汉穆拉比法典》在大量实践之后产生了一个契约标准式规范,重视设计契约履行中在一定时间内对权利义务的默示担保、诚实信用、情事变更等问题的解决方案。《新巴比伦法典》(约公元前 605 年)的创新在于,在先前诸楔形文字成文法典强调印章对契约效力的确认作用基础之上,率先赋予了印章文义属性,加盖印章的契约文书因此具有了类似票据的特质,表明个人信用在民事活动中愈显重要。

随着波斯人的到来,其时统治者不仅接受了带有古代西亚地区特有形制风格的印章,还促使印章的制作与雕刻融合了古希腊技艺,在当时的社会中这种印章在帝国广袤疆域中得到了广泛的传播,其隐含的法律效用也因此得到了更为广泛的认可和适用。进入希腊化时代更是如此,蕴涵亚述人、赫梯人及新巴比伦人交往规则的印章,为古希腊人所接受并在古希腊社会日益普及。①

古亚述的卡奈什信件中最多的是有关商业贸易的契约泥板书,特别是有关众多的债务记载,这些债均来自于赊售、账目结算、不动产出借以及承兑。《中亚述法典》第二表也涉及了买卖、抵押、寄存等契约关系的规定,该法典的第一表和第三表也有些规定是关于买卖、抵押等相关内容的。居住地离古希腊较近的赫梯人有着丰富的民事生活和严格的民事规范,在《赫梯法典》中规定了具体的契约行为和精确的赔偿数额,以适应当时比较充分、比较发达的商品和服务市场,将商业交易中的公序良俗、商业惯例加以法律化。希伯来民族更是将契约精神全面贯彻于《摩西律法》之中,并在债法中有目的地完善了自古以来的抵押制度,还创造性地建立了五十年禧年赎回权制度,从一个侧面确定了债

---

① See Hans Henning Von Der Osten, "The Ancient Seals from the Near East in the Metropolitan Museum: Old and Middlle Persian Seals", *The Art Bulletin*, Vol. 13, No. 2 (Jun., 1931), pp. 228-231.

法中契约的时效。

在古希腊,债的来源及种类几乎与古代西亚没什么两样,有买卖、借贷、物品保管、合伙、租赁以及人身雇佣等。只是在古代西亚社会中买卖、租赁、借贷等形式较为重要,而古希腊则"以借贷、合伙和租赁最为流行"①。这些因契约而生的债,在亚里士多德看来,称之谓"自由之债",与之相对应的是不自由之债,即因侵权行为(损害赔偿)而产生的债。

自由之债,一般是采取书面形式。其中,买卖契约仅根据双方简单的协议即可成立,无须特别形式。但由于契约的订立直接引发买卖标的物所有权的出让问题,为此古希腊人也设定了买卖契约的定金制度,"如果买方暂时没有足够现金支付价款时,可以先向卖方支付一部分金钱作为定金,来确保买卖行为的进行,卖方接受定金后,在双方约定的付款日期前,不得把标的物再转让给他人,定金数额或付款时间由双方约定。"②这一定金法则较古代西亚人以誓约或某种仪式来确认买卖标的所有权是否移转要先进得多,既确认了这一买卖法律行为的完成,也保障了买卖标的和价款的各自取得。③ 同时,需指出的是,在古代西亚地区,定金规则多适用于买卖婚姻之中,如《乌尔纳姆法典》(第15条)、《俾拉拉马法典》(第25条)、《汉穆拉比法典》(第159、160条),以及《赫梯法典》第29、30条等。而在古希腊民法中,定金法则已经被拓展到一般买卖关系之中,此后逐渐被固定下来,成为现代民法债之制度中十分

---

① 陈盛清主编:《外国法制史》,北京大学出版社1987年版,第52页。
② 何勤华、魏琼主编:《西方民法史》,北京大学出版社2006年版,第62页。
③ 国内学者对古希腊"自由之债"中的定金有着不同的看法,譬如叶秋华教授在《外国法制史论》中将它称之为"订金",是由一方预先缴纳一定数量的金钱,用以确定法律行为的完成。但笔者认为这一看法尚不够全面。古希腊时,契约当事人一方这一给付的金钱,不仅具有预付款的性质,而且还具有担保债务履行、约束债权人交付所卖之物的功效。尽管尚不知道古希腊是否有违约方双倍返还或无权索回该价款的规定,但其约束力应该是超乎预付款的先行给付效力,因此笔者认为这是定金,而非订金。

重要的适用规则之一。

此外,古希腊人为了维护买方的权益,法律禁止卖方对标的物做虚假陈述,特别要求土地买卖时需要事先确认卖方是否是合法的所有人。古希腊法律规定,在土地转让后的60天内,必须以书面形式向官方(一般是执政官)报告①。执政官将公告该交易行为,在法定期限内,任何对该土地拥有权利的人,如所有权人、抵押权人等均可以提出反对意见。② 这一买卖土地的程序要求与《中亚述法典》第一表中第6条有关土地买卖程序规定极为相似,均是要求公权力的介入,来确保买卖土地的生效。正因此,"许多或大多数的希腊城市都设有土地转让登记处,转让土地必须进行登记"③。

借贷契约的发展水平甚高,这是与古希腊银行业的高度发展有着密切关系。出土的一份约订立于公元前200年的契约详细地记载了,一个那克索斯(Naxos)的银行家借钱给阿基西尼城(Arkesine),该城市公民大会授权委员会商订了这一契约。该借贷契约文书的最后数条约定:"……[6]万一本金不能按上述规定归还,阿基西尼人在此一并同意并约定他们应付给普拉克西克勒斯六坦伦特银子;普拉克西克勒斯有权为取得这一数额的补偿而用通常的方式,扣押阿基西尼人的所有公共财产和他们的个人财产,以及在阿基西尼居住的人的个人财产,既可以扣押上述财产的一部分,也可以扣押全部以便偿还全部数额。……[7]阿基西尼人同意本契约不得被解除,无论是法律、公民投票、判决、市长,还是其他官员,都不得被解除,只能履行本契约;无论是什么理由或借口,都不得不利于本契约履行,贷方或其代理人无论何时何地都得

---

① Douglas M. MacDowell, *The Law in Classical Athens*, Thames and Hudson Ltd., London, 1978, p.139.
② 何勤华、魏琼主编:《西方民法史》,北京大学出版社2006年版,第63页。
③ 〔美〕约翰·H.威格摩尔:《世界法系概览》(上),何勤华、李秀清、郭光东等译,上海人民出版社2004年版,第275页。

控制本契约的实施。……"①

从以上契约内容中可以发现,古希腊人十分重视借贷的安全性,在借贷合约中包含了这一安全条款,其精细程度令人赞叹。同时,古希腊人也赋予合意的借贷契约极高的合法性,其对抗法律及第三人的功效十分显著。这些商事规则的建构是较古代西亚借贷契约来得缜密完备。再者,古希腊借贷契约的订立一般同时就契约的履行而订立了担保条款,设定了担保方式及违约责任等条款。为此,古希腊的借贷契约已经包含了大部分现代借贷契约的构成要素。与古代西亚利息高达33%的借贷相比较,古希腊"当时的抵押借款利息为12%,商业借款利息为16%至18%,海上贸易借款利息为30%"②,其借贷利息似乎更为适中,其根据借贷的不同用途设定不同的利息的做法也更为科学。

合伙契约,是古希腊商业发达的又一个突出表现,它较古代西亚寄托契约又有所发展。古巴比伦时期的《俾拉拉马法典》第36、37条与希伯来民族的《摩西律法》均就寄托关系做了零散规定,意味着人与人之间基于信任可以发生寄托等新型关系,双方互有权利与义务,共同受益,分担风险。在此基础上古希腊人显然创立了更新型的合作关系,通过商业活动,谋求更多的财富,分担更大的风险与责任。

古希腊人不仅在借贷契约上有所推陈出新,在租赁契约上也借鉴了古代西亚的通例,同时有着自己的特色。租赁作为商品交换的重要形式之一,自古存在,经久不衰。巴比伦人是较早缔造租赁契约的民族之一,早在公元前20世纪前后,租赁物品(标的)就有车辆、船、驴等运输工具,租金则多以实物形式支付,也有的以银计付,苏美尔人擅长于运用法律提供行之有效的保护。古巴比伦时期,《俾拉拉

---

① 〔美〕约翰·H.威格摩尔:《世界法系概览》(上),何勤华、李秀清、郭光东等译,上海人民出版社2004年版,第280—282页。

② 吴高军:"古希腊城邦经济初探",《求是学刊》1991年第1期。

马法典》《汉穆拉比法典》中为此有更为严格的规定,分别对租金数额及交付方式、租赁物品损害之赔偿、承租人的责任、出租人违约的法律后果做了规范。这些条文旨在最大程度地保护土地出租人的利益;有条件地保护其他财产承租人的利益;重点地保护有产者的财产权利。古巴比伦社会可以租赁的大致有动产和劳力及服务两种,具体民事规范在这些问题上还很注重平衡双方的权利,落实各自的义务。譬如,原则上要求承租人租赁到期即付款,但提前部分预付货款亦可,同时,要求出租者将租赁物品完整无损地归还。古希腊的租赁契约同样流行甚广,一般采用书面形式,制作青铜板铭刻这一租赁交易关系。租赁对象也比较多样,从早期仅限于土地到公元前5世纪将房屋、牲畜、船只、园圃及奴隶等,纳入到可租赁的范畴之中,其种类基本与古代西亚的租赁契约差不多。但租赁种类的规范发达程度不一。

其中,由于古希腊社会异邦人比较众多,法律又不允许他们在当地拥有土地和房屋,故房屋租赁在雅典等地特别流行。正因如此,古希腊民法也特别注意保护出租人的利益,古希腊租赁合约中出租人既可以是个人,也可以是国家或其他团体等财产所有人,古代西亚地区神庙或王室有时也会成为类似的出租人。古希腊法律规定:"当承租人不付租金时,因出租人的不同而对承租人的惩罚也相应不同,如果出租人是国家或其他集体,承租人至少受到剥夺公民权的处罚;如果出租人是个人,他可以提起诉讼,要求承租人支付租金。"[①]显见,古希腊民法在保护同一个租赁关系的当事人权利时是有所偏颇的,侧重于保护出租人的利益。

此外,在古希腊,对"不自由之债",即侵权之债的规定与古代西亚

---

① 何勤华、魏琼主编:《西方民法史》,北京大学出版社2006年版,第65页。

诸楔形文字法典大致相同。只不过还增设了两项赔偿责任，即父亲对其子女所引起的人身或财产损害、主人对奴隶所引起的损害，法律均规定相应的赔偿责任，表明古希腊对人这一个体的重视程度和法律保护力度，不再仅仅局限于自由民、男性、父权等身份要求了。尽管在民主的希腊社会中，未成年子女、奴隶均不是民事主体，不享有民事权利，但对他们也给予了法律的特别保护。这说明古希腊民法的正义观和人本观等价值取向已经十分接近近现代民法理念。

古代债法中生息之债（interest-bearing debt）是最为重要的。源自古代西亚地区的这种债之关系是古代社会商业活动的重要内容之一，由此形成的认识与规则古希腊乃至古罗马的影响是比较深远的。

利息是古代文明社会中商业活动及其规范的重要风向标。以楔形文字法典和古希腊、古罗马相关规则对利息率的调整为例，也可以实质性地考证古代西亚地区与古希腊、古罗马及后世之间的文明传承关系。

毋庸置疑，古代西亚地区古老的经济形态主要是农业经济，正是苏美尔人最早开始了贸易活动，并在大量的交换关系中萌发了对获取利益的追求，由此设定了租借或借贷的利息，而当时的神庙经济又成为促进其成长的重要因素。苏美尔语和阿卡德语中的"*máš*"，古希腊文的"*tokos*"以及拉丁文的"*fœnus*"，均含有"刚出生的牲畜"之意，这充分表明在古代人看来，利息是肇始于农业生产的增殖产量，主要是牲畜的繁衍而获得了成群成批的财产。由于自然界的规律使得这种获利带有着一定的周期性，因此人们将这些刚初生的牲畜视为附加产出的"孳息"，"*máš*"逐渐有了"利息"（interest）之意。始于公元前3000年苏美尔人的这一术语及其所包含的意义，随着其文明继承者——古代西亚地区各民族如巴比伦人、亚述人、希伯来的沿袭和传播，两千年之后仍然广泛地被应运于各种农业或者商业活动之中。并且随着对外商业贸易和商业习俗辐射到了古希腊和意大利沿岸地区。追根溯源，古希腊、古罗马以及后人对"利息"的认识是得益于古代美索不达米亚地区。当然这一"利息率"的量化并不是恒定的,下图展现了自公元前2500年至公元1000年左右,利息率在各地区的变化情况。①

地区	最小利率单位	通行利息率
古代美索不达米亚地区	1/60	1明那每月1舍客勒利息
古希腊	1/10	每年10%的利息
古罗马	1/12	每年8.33%至12%的利息
查士丁尼之前的拜占庭	1/100	每年12%的利息
查士丁尼执政时期的罗马	1苏勒德斯	每年5%的利息
君士坦丁大帝之后的罗马	1/72	每年8.33%的利息

从上图不难发现,古代西亚地区的商业规范中对利息的设定一般维持在每月1/60的基准水平,旨在设定一个以较为精确的数字来表示所获取利润的浮动幅度,与之对应在古希腊这一基准利息为1/10,古罗马则约为1/12左右,各自均具有计算商业获利多少的功效。后人试图研究这一利率基准呈现下降走势的原因,推测这一利息按年月次序排列地下降是数字进制和货币单位制变化在商业领域的一个意外收获,它直接反映出商业利息的具体确定是在不断发展之中的,抑或反映了债务人的清偿主债务能力也是在日趋减弱的。在上古社会大部分时间内,商业领域与农业上的利率是各自独立的。土地债务的利率决定了土地租借的收益。苏美尔人时代,这一租金一般以庄稼收成来计算,乌尔第三王朝早期,这一利息率为收成的1/3。那时较纯商业利息而言,农业上有更多种偿付利息的办法,即使是以实物支付,亦可是庄稼、牲畜等,当然如《乌尔纳姆法典》所规定的,最常见的支付手段还是白银。

---

① See Michael Hudson,"How Interest Rates Were Set, 2500 BC—1000 AD: Máš, tokos and fœnus as Metaphors for Interest Accruals", *Journal of the Economic and Social History of the Orient*, Vol. 43, No. 2(2000), pp. 134-135.

虽然商业性质的借贷在美索不达米亚地区并非是整个经济的主旋律，况且农业利息远远超乎于商业获利之上，又有着许多农作物可以作为回报或偿还的灵活方式。不像当今许多国家那样，无力清偿到期债务的个人要宣告破产几乎是不可能的，因为当时为社会公认的、解决债务问题的一般途径就是失却家庭成员和土地权利，甚至当政的统治者也可以直接宣告解除这笔农业债务。但是青铜器时代中期之后，在古代西亚地区相关的解负令已不多见。没有了王室的这种债务解负法令，生息之债在巴比伦，甚至在古希腊和罗马以及拜占庭帝国均得以分化，由农产增殖走向商业获利，更直接而广泛地应用于商业往来之中，进而演变为商业领域中彼此经济联系的常态，成为古代社会较重要的经济支柱之一。

因此，在数千年来的商业贸易中形成了这样一种悠久的传统，即一旦有习惯规则或法律规范确保借贷行为能够充分地获取利润，借贷多以分期偿还的形式来逐步实现利润。例如根据《汉穆拉比法典》第117条的规定，作为偿还债务，债务奴隶为买主或债主工作3年，以农业利息来计算，这意味着每年的利息率为1/3。在这3年内庄稼收成或债奴服役均是一种主债务的抵押，是一种从债务，它确保了债权人利益的实现。两千年之后，《查士丁尼法典》也明确地规定，一旦按照债务人最初约定的规则支付了利息，债务即视为已经履行清偿。这一规定正是来自罗马人汲取古代西亚地区类似习俗的一种实践规则。①

（4）婚姻家庭法

婚姻方面，与古代西亚地区一样，在雅典尚保留买卖婚的痕迹，即婚姻是双方家庭事关财产流转的重要事件，男女结合非感情的产物，而是通过双方家长或一方家长与其未婚夫之间缔结契约而成立的。男方

---

① See Michael Hudson, "How Interest Rates Were Set, 2500 BC—1000 AD: Máš, tokos and fœnus as Metaphors for Interest Accruals", *Journal of the Economic and Social History of the Orient*, Vol. 43, No. 2(2000), pp. 132-161.

下聘金，女方父亲送结婚礼物或嫁妆等，两地结婚前必须履行的程序基本相同，对嫁妆的归属及以后的去留等问题，均持相同的处理方案，新娘仅是嫁妆名义上的持有者，其占有权在于丈夫，最终所有权者是他们未来的儿子们。两地婚姻规范的最大相同之处在于，女方当事人始终处于被动的地位，并非婚约及今后家庭的主体。古代西亚地区民事规范重视婚姻契约书的订立，规定无契约即无婚姻；而古希腊更关注订婚的仪式，不举行庄严的订婚礼，婚姻就属无效。并且雅典法律规定，只有经过订婚的婚姻或与女继承人的婚姻所生的孩子才是合法的子女，其他男女结合方式出生的孩子都是私生子。订婚必须有证人，当着证人的面，由新娘的父亲或其他监护人将新娘的监护权移交给新郎，故又称之为"婚姻递交礼"[①]。订婚仪式如此的重要，但新娘却未必需要到场，更不必取得她的同意。男尊女卑、父尊母卑、夫尊妻卑的格局，似乎是古代西亚地区、古希腊共有的。

古代西亚地区与古希腊婚姻规范上相同的习俗事例不胜枚举。以嫁妆为例，除了是买卖婚的标志之外，嫁妆也具有为女性生存提供物质保障、保护女性权利的担保功效。譬如，古代西亚地区诸法典普遍要求，已嫁女性未育子，则她死后，嫁妆必须返还父亲家。这一嫁妆的返还规则同样也流行于古希腊。古希腊民法规定，在婚姻关系因离婚或死亡而终止时，男方应返还嫁妆。西亚地区诸民族普遍流行买卖婚，直至新亚述和新巴比伦时期，婚姻仍然是买卖婚。每一位新娘在婚礼上均可收到一份嫁妆，可以是金钱、家具以及家庭器皿之类物品。为此，新郎需要偿付一笔价款给岳父，作为对价。如前所言，这一习俗也出现于古希腊的婚俗之中，并得到了进一步发展出"担保嫁妆"的观念。当一个古希腊父亲为其女儿提供一笔数额较大的嫁妆时，他一般要求新

---

① 何勤华主编：《外国法制史》，法律出版社2006年版，第57页。

郎提供担保。新郎在结婚时可以提供一块土地(或其他担保物)作为返还嫁妆的担保。在婚姻关系持续期间该担保物不得转让,离婚、死亡都不是男方索回担保物的理由,只有在女方未育子即亡且男方家庭无力返还嫁妆时,抵押物才归女方父亲家庭所有。至此,嫁妆的法律意义似乎更加鲜明了,更具现实意义了。

古希腊妇女不仅在人身关系上依附于丈夫,而且在夫妻财产关系上,也是依附于丈夫的,古希腊法律规定,丈夫是妻子的监护人。如果妻子涉讼,则由丈夫代理一切诉讼;妻子也无权拥有、管理、控制任何财产。雅典法律规定:"法律特别禁止一个未成年人缔结任何契约,或者一个妇女签订价值1麦斗(medimnos①)大麦以上的契约。"②可以说,妻子在法律上没有处理经济事务的权利。

同样,古代西亚家庭中丈夫或父亲享有的任意处分妻儿,抵押为奴的习俗,古希腊在梭伦改革之前同样盛行这一习俗。梭伦民主改革之后,家长在家庭中的绝对权力才得以遏制。这一点比古代西亚社会有所进步。当然进步绝非仅此一点,比如,古代西亚地区的劫婚在古希腊并不多见。但希伯来民法中的叔娶寡嫂或公娶再醮妇制似乎还是存在的,古希腊文明的早期法律"令无子的寡妇与其丈夫之最近亲族结婚。由此而生之子,亦即其前夫之子"③。古希腊,婚姻也是为了家族的永久继续而结合,所以,法律还禁止独身,鼓励生养后代。但是,古希腊法律只准许公民之间通婚、准许近亲结婚等也不甚可取。

盛行于古代西亚地区的一夫多妻、妓女合法等习俗,同样可以得到古希腊法律的首肯,一妻一夫制只是相对于妻子而言的,丈夫仍可以公

---

① 1麦斗大约够一个家庭吃5至6天。参见裔昭印:《古希腊的妇女——文化视域中的研究》,商务印书馆2001年版,第111—112页。
② 裔昭印:《古希腊的妇女——文化视域中的研究》,商务印书馆2001年版,第71页。
③〔法〕古朗士:《希腊罗马古代社会研究》,李玄伯译,张天虹勘校,中国政法大学出版社2005年版,第37页。

开纳妾。丈夫与人通奸,法律也不干涉。与古代西亚民事规范相同的是,古希腊民法规定妻在家庭中的地位低下,丈夫有权离弃无子或不贞的妻子,离弃无子的妻子是正当的行为,离弃不贞的妻子是法律的要求。显见,忠贞只是单向地对妻子所设定的法定义务。夫妻双方可以通过协议离婚,但若是妻子率先提出离婚,则必须向执政官提出申请书,由执政官审查批准,手续十分复杂。[1] 需指出,举行宗教式结婚仪式而结合的婚姻,离婚几乎不可能。因为古希腊人认为"夫妇是由同一崇祀,同一信仰而结合"[2]。罗马法亦是如此,"虽然准许自由式或习惯式婚姻离婚,但宗教式结合者离婚是异常困难的。欲离婚时,必须行一种宗教仪注;凡宗教所结合者,只有宗教的力量可以使之分离。"[3]至于古希腊人的再娶或再嫁,似乎没有更多法制史料论及这一通例,因此,目前尚无法将其与古代西亚地区民事规范作具体的类比或分析。

古希腊,继承也必须维护男性财产的完整与独立,故雅典的法律规定继承权只属于男子,遗产由儿子们(包括婚生和合法收养在内)共同分配,但长子取得的财产份额要比其他人略多。女子只能在出嫁时以嫁妆的方式提前获得父家之产,此后并无继承父家之产的权利了。梭伦改革之前,雅典只有法定继承,"若一人无子孙,由其同父弟兄继承;无同父弟兄则由同父弟兄之子继承。永远由男子或男子的子孙。"[4]其具体顺序依次为儿子、兄弟、侄、伯叔、堂兄弟等,如死者无兄弟、侄辈,则姐妹及甥女辈可以继承。可见,女性在父亲家族无嗣的前提下有可能成为继承人。这点与古代西亚地区民事规范十分相近。

遗嘱继承始于梭伦改革时期,其前提也是没有合法子嗣的情况下,

---

[1] 叶秋华:《外国法制史论》,中国法制出版社2000年版,第200页。
[2] 〔法〕古郎士:《希腊罗马古代社会研究》,李玄伯译,张天虹勘校,中国政法大学出版社2005年版,第32页。
[3] 同上书,第33页。
[4] 同上书,第58页。

才准许遗嘱继承。如财产所有者只有一女,可将财产遗嘱赠给家庭之外的男子,但接受遗嘱的男子必须娶其女。如死者有数女时,接受遗嘱人有义务将其他女儿嫁出,并给予嫁妆。古希腊并非所有人均可以以遗嘱方式处分自己的财产,未成年人、养子和妇女所立的遗嘱均不具有法律效力。对此,古代西亚地区的民事规范未作类似限制;相反的,古代西亚地区的民事规范侧重于要求遗嘱继承生效必须以死者生前立契约泥板书、加盖印章为成立要件。

此外,根据《新巴比伦法典》等的规定,在父子之间可以有赠与(父亲赠与新郎儿子结婚财物)行为发生,但更多的情况是在父亲死后,儿子继承遗产。父亲在世,儿子即与父亲共享家产的情况几乎不曾出现过,但是古希腊、古罗马社会的情况恰好相反,在父子之间无赠与或移转财产,只有继承延续家产之举,故在父亲生前,儿子就有可能"已是产业共有者"[①]。古希腊家庭中,父母与子女的关系基本上也是父尊子卑的格局。法律只承认经过订婚或与女继承人结合的婚生子女才是合法子女,其他男女结合方式所出生的孩子都是私生子。法律上并未规定父母有抚养子女的义务,虽然父亲未必能任意处死儿子,但却可以抛弃他。相反,儿子有赡养父母的义务。如果儿子不赡养其父母,暴力虐待他们,或者若在他们死后未能举行符合他们身份的葬礼,都将受到法律的追诉。但梭伦立法规定,在以下情况下,免除儿子的赡养义务,即:其父亲未能教给他贸易或其他手工业技能或迫使他卖淫或导致他的出生非法等。[②]

古希腊是否也存在收养关系呢?其收养制度是否也如古代西亚那么完备呢?答案似乎是不确定的。首先,古希腊有收养情况的发生,但

[①] 〔法〕古郎士:《希腊罗马古代社会研究》,李玄伯译,张天虹勘校,中国政法大学出版社2005年版,第53—54页。

[②] Douglas M. MacDowell, *The law in classical Athens*, Thames and Hudson Ltd., London,1978,p.92.

不普遍。其次,这一收养多是为了继承家产,延续宗祀而设定的,故一般是无嗣的人只能在男系家族中确定"以他人之子为嗣"。承嗣者可能是同辈,承嗣的必然结果是被收养的人出继,即脱离原来家庭关系,法律规定他不能承受两家的产业,故被收养人无权继承生父家庭财产,改为继承收养人的财产,成为收养人法律上的儿子。

此外,古代西亚地区因经济原因或赡养原因而在成年人之间发生的收养关系,在古希腊也同样存在。在希腊人看来,收养行为不仅在于创设一位继承人,更重要的还在于照顾收养人年老时的生活,供奉先祖,使领养人的家族得以延续。故从古希腊收养关系的发生未必只是以领养孩子为主,收养成人的情形也很多。基于此,女孩或妇女也可能成为被收养的对象。如果收养人死亡,养女将成为女继承人,与死者最亲近的男性亲属成婚,期待她能养育儿子,从而延续家族。

然而,诸如古代西亚地区民事规范中为学艺而发生的师傅与学徒的收养关系、因奴隶的私生子身份而获得生父承认的收养关系等,在古代希腊似乎未在法律中加以规范,说明这些收养关系尚不是维系古希腊人家庭成员关系的重要纽带。究其原因,主要是古希腊人生存环境比较优越、富裕,人们的血缘、家族观念根深蒂固。而古代西亚地区日益恶劣的生存条件决定了古代西亚诸民族往往会选择群居生活,在获取生存所需时,逐步打破了血缘观念,开始以地缘为中心构织更大的家庭,改善自己的生存能力和生活质量,提高家庭生产能力。因此,古代西亚地区的各民族一般允许异族通婚,允许以契约方式收养无任何亲属关系的人既接纳了新的成员,提高了自身的生产力,也创造并增进了财富获得的机会;相反的,有着一神宗教信仰的希伯来人则与古希腊的人伦观念比较相近,禁止与异族人通婚,《圣经》虽颂扬对异邦人、寄居者要宽容仁爱,但却实际并无接纳他们的具体途径。孰是孰非,孰优孰劣,很难下定论。

古代西亚地区经历了从人类文明的诞生,到城邦和王国时代,再到古代社会的帝国时代的一个历史演进轨迹。继原始社会之后,在前赴后继的诸民族之间所形成的社会形态——奴隶制并非一蹴而得,而是经历了一个极为缓慢的发展阶段,对文明的新陈代谢是持久的,长达数千年。这些由不同民族建立的城邦局限于狭小的领土,其必然的结果就是这些民族与国家的精神是好战的,小国寡民的城邦必然走向广土众民的帝国。每个民族无休止地攻击其邻国或遭邻国攻击。所有城邦和国家都不得不以战争为代价来换取自身的安全、独立以及生存本身。作为这种文明的代价之一,就是所有城邦和国家都有奴隶。在古代西亚地区,这些城邦或国家实际上都是一些小的共同体,经济活动范围多局限于农耕和简单商品经济。奴隶从事基本劳动,使得自由民可以将所有时间和精力投入到军事生活和公共服务之中,古代市民社会由此形成,并成为人类文明的最早形态。在这一社会形态中,"个人以某种方式被国家所吞没,公民被城邦所吞没"①。在古代西亚地区,个人在公共事务中几乎永远是主权者,可以决定战争与和平,但在所有私人关系中却都是"奴隶","人仅仅是机器,它的齿轮与传动装置由法律来规制"。② 在当时的文明中,私人的交往关系获得了法律上的表现。

习俗影响了法律,法律规制着习俗,再由习俗涉及所有事物,几乎没有哪个领域不受法律的规制,因此,有了人类社会生活,就有了法律制度创制的基础。楔形文字和法律成就了古代西亚地区的文明。法律,是人类精英的创造物,是文化之重要组成部分,凡是文明社会的人类都需要它。这种性质,决定了法律,尤其是先人创造的优秀法律成

---

① 〔法〕邦雅曼·贡斯当:《古代人的自由与现代人的自由》,阎克文、刘满贵译,冯克利校,上海世纪出版集团、上海人民出版社2003年版,第48页。
② 同上。

果,必定会受到后世的重视,必定会附着于该文明社会的其他成就,一同传播至其他的民族和地域。在古代西亚地区诞生并成长起来的民事规范也不例外。古代西亚地区是近现代民法的历史渊源,这种文明传承轨迹大体为古代西亚地区的民事规范传至古希腊、古罗马乃至辐射到欧美。本书所做的各项考证与分析,可以说只是对上述法律发展之客观规律的又一个例证而已。

附　录

一、古代西亚地区地图

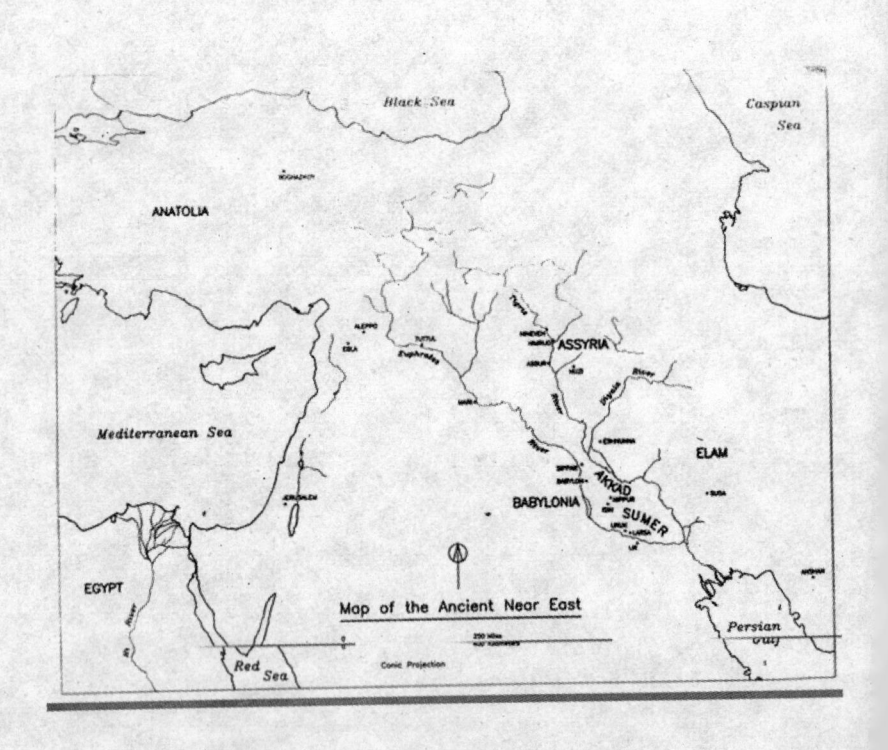

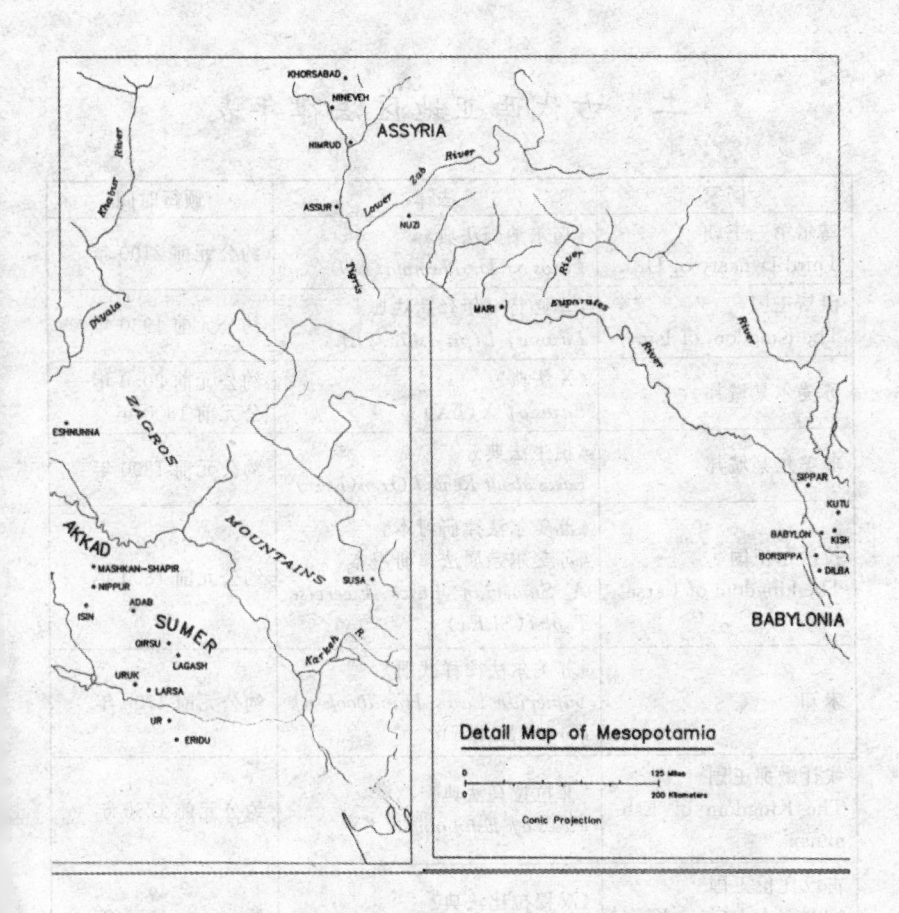

注：该地图资料来自 Martha T. Roth, *Law Collections from Mesopotamia and Asia Minor*, Scholars Press, Atlanta, Georgia, 1995。

二、古代西亚地区法律年表

国家	法律	颁行时间
乌尔第三王朝 Third Dynasty of Ur	《乌尔纳姆法典》 Laws of Ur-Namma (LU)	约公元前 2100 年
伊新王国 The Kingdom of Isin	《李必特·伊丝达法典》 Laws of Lipit-Ishtar (LL)	约公元前 1930 年
苏美尔某城邦	《X法典》 Laws of X (LX)	约公元前 2050 年— 公元前 1800 年
苏美尔某城邦	《租牛法典》 Laws about Rented Oxen (LOx)	约公元前 1800 年
拉沙尔王国 The kingdom of Larsa	《苏美尔法律研习本》 《苏美尔亲属法律研习本》 A Sumerian Laws Exercise Tablet (SLEx)	约公元前 1800 年
未知	《苏美尔法律样式册》 Sumerian Laws Handbook of Forms (SLHF)	约公元前 1700 年
埃什嫩那王国 The Kingdom of Eshnunana	《俾拉拉马法典》 Laws of Eshnunna (LE)	约公元前 1770 年
古巴比伦王国 Old Babylonian Kingdom	《汉穆拉比法典》 Laws of Hammurabi (LH)	约公元前 1750 年
赫梯王国 The Hittite Kingdom	《赫梯法典》 Hittite Laws (HL)	约公元前 1650 年— 公元前 1500 年
中亚述王国 Middle Assyrian kingdom	《中亚述法典》 Middle Assyrian Laws (MAL)	约公元前 1076 年

(续表)

希伯来王国 The Israel Kingdom	《摩西律法》 Matan Torah 《塔木德》 Talmud	约公元前 6 世纪 约公元 5 世纪末 6 世纪初
新巴比伦王国 Neo-Babylonian Kingdom	《新巴比伦法典》 Neo-Babylonian Laws (LNB)	约公元前 605 年

三、古代西亚文明与古埃及、中国历史年表对照

两河流域历史年表（美索不达米亚）		埃及历史年表	中国历史年表
欧贝德文化公元前 5000 年		前王朝时期 公元前 3200 年以前	新石器时代 公元前 80 世纪— 公元前 21 世纪
埃利都—欧贝德时期 公元前 4300 年—公元前 3500 年		
苏美尔城邦		早王朝时期 公元前 3100 年— 公元前 2686 年	
拉伽什城邦 公元前 3100 年— 公元前 2120 年	乌尔城邦 公元前 2700 年— 公元前 2371 年		
阿卡德王国 公元前 2371 年—公元前 2191 年		古王国时期 公元前 2686 年— 公元前 2081 年	夏 公元前 21 世纪— 公元前 16 世纪
^		第一中间期 公元前 2181 年— 公元前 2040 年	
乌尔第三王朝 公元前 2113 年—公元前 2006 年		中王国时期 公元前 2133 年— 公元前 1786 年	
古巴比伦王国公元前 1894 年—公元前 1595 年（为赫梯所灭）	古亚述王国 公元前 19 世纪—公元前 16 世纪	第二中间期 公元前 1786 年—公元前 1570 年	商 公元前 16 世纪初— 公元前 11 世纪

(续表)

加喜特人统治时期 公元前 1590 年—约公元前 12 世纪	赫梯公元前 1590 年—公元前 1250 年	中亚述王国 公元前 16 世纪—公元前 10 世纪	新王国时期 公元前 1570 年—公元前 1085 年	西周 公元前 11 世纪—公元前 771 年
新亚述帝国 公元前 950 年—公元前 612 年 （为新巴比伦王国所灭）			后王朝时期 公元前 1085 年—公元前 332 年	春秋 公元前 770 年—公元前 476 年
新巴比伦王国 公元前 626 年—公元前 539 年 （为波斯所灭）			^	战国 公元前 475 年—公元前 221 年

注：此年表列出的年份均取近似值，与正文引用年代略有出入，请参见陈晓红、毛锐：《失落的文明：巴比伦》。

参 考 文 献

中 文

1. 〔美〕威尔·杜兰:《东方的遗产》,幼狮文化公司译,东方出版社 2003 年版。
2. 〔英〕罗素:《西方哲学史》(上卷),何兆武、李约瑟译,商务印书馆 1963 年版。
3. 〔意〕彼德罗·彭梵得:《罗马法教科书》,黄风译,中国政法大学出版社 1992 年版。
4. 〔比〕亨利·皮朗主编:《中世纪欧洲经济社会史》,乐文译,上海世纪出版集团、上海人民出版社 2001 年版。
5. 〔德〕黑格尔:《历史哲学》,王造时译,上海世纪出版集团 2001 年版。
6. 〔美〕斯塔夫里阿诺斯:《全球通史》(上)(第 7 版),董书慧、王昶、徐正源译,北京大学出版社 2005 年版。
7. 〔美〕约翰·H.威格摩尔:《世界法系概览》(上),何勤华、李秀清、郭光东等译,上海人民出版社 2004 年版。
8. 〔美〕菲利普·李·拉尔夫、罗伯特·E.勒纳、斯坦迪什·米查姆、爱德华·伯恩斯:《世界文明史》(上卷),赵丰等译,商务印书馆 1998 年版。
9. 〔美〕马文·佩里主编,默·蔡斯、詹·雅各布、玛·雅各布、西·冯·劳编:《西方文明史》(上卷),胡万里、王世民、姜开君、黄英译,商务印书馆 1993 年版。
10. 〔美〕路易斯·亨利·摩尔根:《古代社会》,杨东莼、马雍、马巨译,江苏教育出版社 2005 年版。
11. 〔美〕戴尔·布朗主编:《美索不达米亚——强有力的国王》,李旭影、吴冰、张黎新译,华夏出版社、广西人民出版社 2002 年版。
12. 〔英〕梅因:《古代法》,沈景一译,商务印书馆 1959 年版。
13. 〔法〕孟德斯鸠:《论法的精神》(上),张雁深译,商务印书馆 1982 年版。
14. 〔法〕邦雅曼·贡斯当:《古代人的自由与现代人的自由》,阎克文、刘满贵译,冯克利校,上海世纪出版集团、上海人民出版社 2003 年版。

15.〔德〕马克斯·韦伯:《经济、诸社会领域及权力》,甘阳编,李强译,上海三联书店 1998 年版。
16.〔德〕马克斯·韦伯:《新教伦理与资本主义精神》,丁晓、陈维纲等译,上海三联书店 1987 年版。
17.〔奥〕凯尔森:《法与国家的一般理论》,沈宗灵译,中国大百科全书出版社 1996 年版。
18.〔美〕戴尔·布朗主编:《安纳托利亚——文化繁盛之地》,王淑芳等译,华夏出版社、广西人民出版社 2002 年版。
19.〔英〕阿诺德·汤因比:《历史研究》,刘北成、郭小凌译,世纪出版集团、上海人民出版社 2005 年版。
20.〔以〕阿巴·埃班:《犹太史》,阎瑞松译,中国社会科学出版社 1986 年版。
21.〔美〕罗伯特·M.塞尔茨:《犹太的思想》,赵立行、冯玮译,上海三联书店 1994 年版。
22.〔美〕弗兰克·赫尔:《犹太商人创业圣经》,徐世明编译,民主与建设出版社 2004 年版。
23.〔美〕亚伯拉罕·柯恩:《大众塔木德》,盖逊译,山东大学出版社 2000 年版。
24.〔法〕古郎士:《希腊罗马古代社会研究》,李玄伯译,张天虹勘校,中国政法大学出版社 2005 年版。
25.〔英〕J.R.哈里斯编:《埃及的遗产》,田明等译,刘文鹏、田明校,上海人民出版社 2006 年版。
26.〔苏〕阿甫基耶夫:《古代东方史》,王以铸译,读书·生活·新知三联书店 1956 年版。
27.〔美〕海斯、穆恩、韦兰:《世界史》(上册),中央民族学院研究室译,读书·生活·新知三联书店 1975 年版。
28.〔意〕朱塞佩·格罗索:《罗马法史》,黄风译,中国政法大学出版社 1994 年版。
29.〔古希腊〕亚里士多德:《雅典政制》,日知、力野译,商务印书馆 1959 年版。
30.于殿利、郑殿华:《巴比伦古文化探研》,江西人民出版社 1998 年版。
31.王立民:《古代东方法研究》,北京大学出版社 2006 年版。
32.何勤华:《西方法学史》(第二版),中国政法大学出版社 2003 年版。
33.史尚宽:《民法总论》,中国政法大学出版社 2003 年版。
34.龙卫球:《民法总论》,中国法制出版社 2002 年版。
35.沈家本:《历代刑法考》,张全民点校,中国检察出版社 2003 年版。
36.杨伯峻译注:《孟子译注·梁惠王上》,中华书局 1960 年版。

37. 杨炽译:《汉穆拉比法典》,高等教育出版社1992年版。
38. 叶秋华:《外国法制史论》,中国法制出版社2000年版。
39. 陈晓红、毛锐:《失落的文明:巴比伦》,华东师范大学出版社2001年版。
40. 苏力:《法治及其本土资源》,中国政法大学出版社2004年版。
41. A. Moret、G. Davy:《近东古代史》,陈建民译,商务印书馆1936年版。
42. 张倩红:《以色列史》,人民出版社2008年版。
43. 王立新:《古代以色列历史文献、历史框架、历史观念研究》,北京大学出版社2004年版。
44. 顾俊:《犹太商人》,江西人民出版社1995年版。
45. 梁工等著:《律法书·叙事著作解读》,宗教文化出版社2003年版。
46. 林太、张毛毛编译:《犹太人与世界文化——在科学·文学和社会法律的维度上》,上海三联书店1993年版。
47. 何勤华:《法律文化史论》,法律出版社1998年版。
48. 程俊英撰:《诗经译注》,上海古籍出版社1985年版。
49. 胡留元、冯卓慧:《西周法制史》,商务印书馆2006年版。
50. 刘云生:《中国古代契约法》,西南师范大学出版社2000年版。
51. 徐新:《西方文化史》,北京大学出版社2002年版。
52. 刘文鹏:《古代埃及史》,商务印书馆2000年版。
53. 杜平:《古希腊政体与官制史》,湖南师范大学出版社2001年版。
54. 易继明:《私法精神和制度选择》,中国政法大学出版社2003年版。
55. 裔昭印:《古希腊的妇女——文化视域中的研究》,商务印书馆2001年版。
56. 张俊浩主编:《民法学原理》,中国政法大学出版社1991年版。
57. 法学教材编辑部·《外国法制史》编写组:《外国法制史资料选编》(上册),北京大学出版社1982年版。
58. 何勤华主编:《外国法制史》,法律出版社2006年版。
59. 《世界著名法典汉译丛书》编委会:《汉穆拉比法典》,法律出版社2000年版。
60. 何勤华、李秀清主编:《外国法制史》,复旦大学出版社2002年版。
61. 王家福主编:《民法债权》,法律出版社1998年版。
62. 由嵘、张雅利、毛国权、李红海编:《外国法制史参考资料汇编》,北京大学出版社2004年版。
63. 《世界著名法典汉译丛书》编委会:《赫梯法典》,法律出版社2000年版。
64. 中国基督教协会印发:《新旧约全书》,1994年南京版。
65. 陈超南编著:《犹太的技艺》,上海三联书店1996年版。

66. 梁工主编:《圣经时代的犹太社会和民俗》,宗教文化出版社 2002 年版。
67. 朱维之主编:《希伯来文化》,上海社会科学出版社 2004 年版。
68. 徐新编著:《西方文化史》,北京大学出版社 2002 年版。
69. 李政:《赫梯条约研究》,昆仑出版社 2006 年版。
70. 高道蕴、贺卫方等主编:《美国学者论中国法律传统》,中国政法大学出版社 1994 年版。
71. 庄锡昌主编:《世界文化史》(古代卷),浙江人民出版社 1999 年版。
72. 何勤华、魏琼主编:《西方民法史》,北京大学出版社 2006 年版。
73. 〔德〕马克思、恩格斯:"德意志意识形态",载《马克思恩格斯选集》(第一卷),人民出版社 1972 年版。
74. 朱承思、董为奋:"《乌尔纳姆法典》和乌尔第三王朝早期社会",《历史研究》1984 年第 5 期。
75. 李海峰:"古巴比伦时期土地租金问题研究",《东北师大学报(哲学社会科学版)》2005 年第 6 期。
76. 于殿利:"《巴比伦法》的人本观初探——兼与传统的'同态复仇'原始残余说商榷",《世界历史》1997 年第 6 期。
77. 于殿利:"试论《汉谟拉比法典》中商人的社会等级地位",《比较法研究》1994 年第 1 期。
78. 吴宇虹:"古巴比伦法典与秦汉法典比较:私有奴隶制和国家公有奴隶制",《东北师大学报(哲学社会科学版)》2006 年第 6 期。
79. 于殿利:"古巴比伦社会存在债务奴隶制吗?",《北京师范大学学报(社会科学版)》2004 年第 4 期。
80. 国洪更:"古巴比伦婚姻习俗若干问题的再考察",《史学月刊》2004 年第 11 期。
81. 苏力:"变法,法治及本土资源",《中外法学》1995 年第 5 期。
82. 周勇:"初民社会纷争调处的法则",《比较法研究》1993 年第 2 期。
83. 心水:"关于《汉谟拉比法典》的几个问题",《西南民族学院学报(哲学社会科学版)》1998 年第 2 期。
84. 吴宇虹:"古代两河流域的长老会",《世界历史》1997 年第 2 期。
85. 于殿利:"《巴比伦法》中'人'的地位研究",北京师范大学博士学位论文打印稿,1999 年。
86. 霍文勇、吴宇虹:"古代亚述奴孜地区土地所有权和收养问题研究",《历史教学》2005 年第 11 期。
87. 李政:"论美索不达米亚文明对赫梯文明的影响",《北京大学学报(哲学社会科学版)》1996年第1期。
88. 易建平:"赫梯王权与法",《世界历史》1997年第3期。
89. 刘健:"赫梯文献中的阿黑亚瓦问题——小亚与希腊早期关系新探",《世界历史》1998年第4期。
90. 谢桂山:"论传统犹太教的伦理向度",《东岳论丛》2005年第1期。
91. 黄天海、褚良才、梁慧:"摩西法律的契约形式和以律法为核心的希伯来宗教",《世界宗教研究》2002年第3期。
92. 何小莲:"希伯来法精神——犹太教对现代西方文明的贡献",《陕西师范大学学报(哲学社会科学版)》2001年6月第30卷第2期。
93. 刘精忠:"犹太教经济理念初探",《西北大学学报(哲学社会科学版)》2003年第2期。
94. 徐菲:"希伯来法研究",华东政法学院博士学位论文打印稿,2004年。
95. 余建华:"早期犹太文明与希腊、罗马文明的交融碰撞",《同济大学学报(社会科学版)》1998年第4期。
96. 黄民兴:"试论古代两河流域对古希腊文化的影响",《西北大学学报(哲学社会科学版)》1999年第4期。
97. 黄洋:"古代希腊罗马文明的'东方'想像",《历史研究》2006年第1期。
98. 李政:"论美索不达米亚文明对赫梯文明的影响",《北京大学学报(哲学社会科学版)》1996年第1期。
99. 徐宏英:"古代近东文化对希腊文化的影响",《青岛大学师范学院学报》2001年第4期。
100. 吴高军:"古希腊城邦经济初探",《求是学刊》1991年第1期。

外　文

1. Raymond Westbrook (ed.), *A History of Ancient Near Eastern Law*, Vol. 1—2, Koninklijke Brill NV, Leiden, The Netherlands, 2003.
2. E. A. Speiser, *Cuneiform Law and the History of Civilization*, *Proceedings of the American Philosophical Society*, Vol. 107, No. 6, Cuneiform Studies and the History of Civilization(Dec. 20, 1963).
3. Carlo Zaccagnini, "Sacred and Human Components in Ancient near Eastern Law", *History of Religions*, Vol. 33, No. 3(Feb., 1994).
4. Jonathan R. Ziskind, "The Sumerian Problem", *The History Teacher*, Vol. 5, No. 2(Jan., 1972).

5. S. N. Kramer, *History Begins at Sumer*, New York Press, 1959.
6. Norman Yoffee,"Political Economy in Early Mesopotamian States", *Annual Review of Anthropology*, Vol. 24(1995).
7. Richard L. A. Sterba,"The Organization and Management of the Temple Corporations in Ancient Mesopotamia", *The Academy of Management Review*, Vol. 1, No. 3(Jul., 1976).
8. S. N. Kramer, *The Sumerian*, The University of Chicago Press,1963.
9. Russ VerSteeg, *Early Mesopotamian Law*, Carolina Academic Press, Durham, North Carolina, 2000.
10. Steinkeller P.,"Foresters of Umma", See Norman Yoffee,"Political Economy in Early Mesopotamian States", *Annual Review of Anthropology*, Vol. 24 (1995).
11. Michael Hudson,"How Interest Rates Were Set, 2500 BC—1000 AD: Máš,tokos and fœnus as Metaphors for Interest Accruals", *Journal of the Economic and Social History of the Orient*, Vol. 43, No. 2(2000).
12. Martha T. Roth, *Law Collections from Mesopotamia and Asia Minor*, Scholars Press, Atlanta,Georgia,1995.
13. I. Mendelsohn,"The Family in the Ancient Near East", *The Biblical Archaeologist*,Vol. 11,No. 2(May,1948).
14. J. J. Finkelstein,"The Laws of Ur-Nammu", *Journal of Cuneiform Studies*, Vol. 22, No. 3/4(1968—1969).
15. I. M. Diakonoff, "Women in Old Babylonia Not under Patriarchal Authority", *Journal of the Economic and Social History of the Orient*, Vol. 29, No. 3 (Oct.,1986).
16. Francis Rue Steele,"The Code of Lipit-Ishtar", *American Journal of Archaeology*, Vol. 52,No. 3(Jul.—Sep.,1948).
17. John Henry Wigmore, *World's Legal Systems*, Washington Law Book Company,1936.
18. Ira Maurice Price,"The Stele of Hammurabi", *The Biblical World*, Vol. 24, No. 6(Dec.,1904).
19. Jørgen Laessøe,"On the Fragments of the Hammurabi Code", *Journal of Cuneiform Studies*, Vol. 4, No. 3(1950).
20. Ronald H. Sack, "Some Miscellaneous Neo-Babylonian Documents", *Journal*

of Cuneiform Studies, Vol. 24, No. 4(1972).
21. John L. Beatty/Oliver A. Johnson/John Reisbord, *Heritage of Western Civilization: Ancient Civilization and the Emergence of the West*, 北京大学出版社 2004 年版。
22. M. E. J. Richardson, *Hammurabi's Laws: Text, Translation and Glossary*, Sheffield Academic Press, 2000.
23. David Gordon Lyon, "When and Where Was the Code Hammurabi Promulgated?", *Journal of the American Oriental Society*, Vol. 27(1906).
24. George S. Duncan, "The Code of Moses and the Code of Hammurabi", *The Biblical World*, Vol. 23, No. 3(Mar., 1904).
25. "Business in Babylon", *Bullentin of the Business Historical Society*, Vol. 12, No. 2(Apr., 1938).
26. Benjamin Bromberg, "The Origin of Banking: Religious Finance in Babylonia", *The Journal of Economic History*, Vol. 2, No. 1(May, 1942).
27. John W. Snyder, "Babylonian Suretyship Litigation: A Case History", *Journal of Cuneiform Studies*, Vol. 9, No. 2(1955).
28. M. Stol, "Women in Mesopotamia", *Journal of the Economic and Social History of the Orient*, Vol. 38, No. 2, Women's History(1995).
29. Hans Henning Von Der Osten, "The Ancient Seals from the Near East in the Metropolitan Museum: Old and Middlle Persian Seals", *The Art Bulletin*, Vol. 13, No. 2(Jun., 1931).
30. Martha T. Roth, "The Neo-Babylonian Window", *Journal of Cuneiform Studies*, Vol. 43(1991—1993).
31. Martha T. Roth, "Age at Marriage and the Household: A Study of Neo-Babylonian and Neo-Assyrian Forms", *Comparative Studies in Society and History*, Vol. 29, No. 4(Oct., 1987).
32. H. D. Baker, "Degrees of Freedom: Slavery in Mid-first Millennium BC Babylonia, World Archaeology", Vol. 33, No. 1, The Archaeology of Slavery(Jun., 2001).
33. A. Leo Oppenheim, "A New Look at the Structure of Mesopotamian Society", *Journal of the Economic and Social History of the Orient*, Vol. 10, No. 1 (Jul., 1967).
34. S. Greengus, "Old Babylonian Marriage Ceremonies and Rites", *Journal of*

Couneiform Studies, Vol. 20, No. 2(1966).

35. Raymond Westbrook, "The Phrase 'His Heart Is Satisfied' in Ancient Near Eastern Legal Sources", *Journal of the American Oriental Society*, Vol. 111, No. 2(Apr. —Jun., 1991).
36. Raymond P. Dougherty, "The Babylonian Principle of Suretyship as Administered by Temple Law", *The American Journal of Semitic Languages and Literatures*, Vol. 46, No. 2(Jan., 1930).
37. Rivkah Harris, "On the Process of Secularization under Hammurapi", *Journal of Cuneiform Studies*, Vol. 15, No. 4(1961).
38. James Bronson Reynolds, "Sex Morals and the Law in Ancient Egypt and Babylon", *Journal of the American Institute of Criminal Law and Criminology*, Vol. 5, No. 1(May, 1914).
39. Klaas R. Veenhof, "'Modern' Features in Old Assyrian Trade", *Journal of the Economic and Social History of the Orient*, Vol. 40, No. 4(1997).
40. Boaz Cohen, "Concerning Divorce in Jewish and Roman Law", *Proceedings of the American Academy for Jewish Research*, Vol. 21(1952).
41. S. Greengus, "Old Babylonian Marriage Ceremonies and Rites", *Journal of Couneiform Studies*, Vol. 20, No. 2(1966), p. 61.
42. John Van Seters, "Jacob's Marriages and Ancient near East Customs: A Reexamination", *The Harvard Theological Review*, Vol. 62, No. 4(Oct., 1969).
43. Harry A. Hoffner, Jr., "A Hittite Text in Epic Style About Merchants", *Journal of Cuneiform Studies*, Vol. 22, No. 2(1968).
44. Cyrus H. Gordon, "Abraham and the Merchants of Ura", *Journal of Near Eastern Studies*, Vol. 17, No. 1(Jan., 1958).
45. Lysander Dickerman, "The Hittites", *Journal of the American Geographical Society of New York*, Vol. 21(1889).
46. A. H. Sayce, "The Latest Discoveries", *The Biblical World*, Vol. 33, No. 6 (Jun., 1909).
47. Itamar Singer, "Western Anatolia in the Thirteenth Century B. C. According to the Hittite Sources", *Anatolian Studies*, Vol. 33, Special Number in Honour of the Seventy-Fifth Birthday of Dr. Richard Barnett(1983).
48. G. Ernest Wright, "How Did Early Israel Differ from Her Neighbors?" *The Biblical Archaeologist*, Vol. 6, No. 1(Feb., 1943).

49. Manfred R. Lehmann, "Abraham's Purchase of Machpelah and Hittite Law", *Bulletin of the American Schools of Oriental Research*, No. 129(Feb., 1953).
50. James W. Watts, "The Legal Characterization of Moses in the Rhetoric of the Pentateuch", *Journal of Biblical Literature*, Vol. 117, No. 3(Aut., 1998).
51. Robrews H. Pfeiffer, "Hebrews and Greek before Alexander", *Journal of Biblical Literature*, Vol. 56, No. 2(Jun., 1937).
52. Edouard Montet, "The Discovery of the Deuteronomic Law", *The Biblical World*, Vol. 36, No. 5(Nov., 1910).
53. Bernard M. Levinson, "Cailum M. Carmichael's Approach to the Laws of Deuteronomy", *The Harvard Theological Review*, Vol. 83, No. 3(Jul., 1990).
54. Stanley Gevirtz, "West-Semitic Curses and the Problem of the Origins of Hebrew Law", *Vetus Testamentum*, Vol. 11, Fasc. 2(Apr., 1961).
55. H. S. Linfield, "The Relation of Jewish to Babylonian Law", *The American Journal of Semitic Languages and Literatures*, Vol. 36, No. 1(Oct., 1919).
56. J. T. Nichols, "The Origin of the Hebrew Sabbath", *The Old and New Testament Student*, Vol. 12, No. 1(Jan., 1891).
57. J. H. Hertz, "Ancient Semitic Codes and the Mosaic Legislation", *Journal of Comparative Legislation and International Law*, 3rd Ser., Vol. 10, No. 4 (1928).
58. Cyrus H. Gordon, "Biblical Customs and the Nuzu Tablets", *The Biblical Archaeologist*, Vol. 3, No. 1 (Feb., 1940).
59. Louis M. Epstein, "The Institution of Concubinage among the Jews", *Proceedings of the American Academy for Jewish Research*, Vol. 6 (1934—1935).
60. Richard H. Hiers, "Transfer of Property by Inheritance and Bequest in Biblical Law and Tradition", *Journal of Law and Religion*, Vol. 10, No. 1(1993—1994).
61. Tikva Frymer-Kensky, "Patriarchal Family Relationships and Near Eastern Law", *The Biblical Archaeologist*, Vol. 44, No. 4(Aut., 1981).
62. Bernard S. Jackson, "Models in Legal History: The Case of Biblical Law", *Journal of Law and Religion*, Vol. 18, No. 1(2002—2003).
63. William F. Albright, "From the Patriarchs to Moses: From Abraham to Joseph", *The Biblical Archaeologist*, Vol. 36, No. 1(Feb., 1973).

64. John A. Wilson, *The Burden of Egypt*, The University of Chicago Press, 1951.
65. E. A. Spelser, "Early Law and Civilization", *Canadian Bar Review*, Oct. 1953.
66. Raymond Westbrook, "The Enforcement of Morals in Mesopotamian Law", *Journal of the American Oriental Society*, Vol. 104, No. 4 (Oct. —Dec., 1984).
67. Leroy Waterman, "Review: The Laws of Babylonia and of the Hebrews", *The American Journal of Semitic Languages and Literatures*, Vol. 33, No. 3 (Apr., 1917).
68. Baruch A. Levine, "Mulugu/Melûg: The Origins of a Talmudic Legal Institution", *Journal of the American Oriental Society*, Vol. 88, No. 2 (Apr. —Jun., 1968).
69. Tikva Frymer-Kensky, "Tit for Tat: The Principle of Equal Retribution in Near Eastern and Biblical Law", *The Biblical Archaeologist*, Vol. 43, No. 4 (Aut., 1980).
70. Geoffrey W. Bromiley, general editor, *The International Standard Bible Encyclopedia*, Vol. 1., Grand Rapids, Michigan, 1979.
71. Robert H. Pfeiffer, "Facts and Faith in Biblical History", *Journal of Biblical Literature*, Vol. 70, No. 1 (Mar., 1951).
72. Elias Bickerman, *The Jews in the Greek Age*, Harvard University Press, 1988.
73. Jacob Milgrom, "The Legal Šlm and Br'šw in the Bible", *Journal of Near Eastern Studies*, Vol. 35, No. 4 (Oct., 1976).
74. John Bright, *History of Israel*, The Westminster Press, Philadelphia, 1971.
75. Harold G. Stigers, "Neo-and Late Babylonian Business Documents from the John Frederick Lewis Collection", *Journal of Cuneiform Studies*, Vol. 28, No. 1 (Jan., 1976).
76. Boaz Cohen, "The Relationship of Jewish to Roman Law", *The Jewish Quarterly Review*, New Ser., Vol. 34, No. 4 (Apr., 1944).
77. Peter de Cruz, *Comparative law: in a changing world*, 2nd (ed.), Cavendish Publishing Limited, 1999.
78. Gladys Frantz-Murphy, "A Comparison of Arabic and Earlier Egyptian Contract Formularies, Part Ⅲ: The Idiom of Satisfaction", *Journal of Near East-*

ern Studies, Vol. 47, No. 2(Apr., 1988).
79. Douglas M. MacDowell, *The law in classical Athens*, Thames and Hudson Ltd., London, 1978.
80. A. R. W. Harrison, *The law of Athens*, Oxford at The Clarendon Press, 1968.
81. Hans Henning Von Der Osten, "The Ancient Seals from the Near East in the Metropolitan Museum: Old and Middlle Persian Seals", *The Art Bulletin*, Vol. 13, No. 2(Jun., 1931).
82. Michael Hudson, "How Interest Rates Were Set, 2500 BC—1000 AD: Máš, tokos and fœnus as Metaphors for Interest Accruals", *Journal of the Economic and Social History of the Orient*, Vol. 43, No. 2(2000).

Abstract
(英文摘要)

Civil Law has a long history. The world's oldest system of the writing appeared in the ancient Near East at the end of the fourth millennium B. C. The Sumerians are believed to have invented the cuneiform system of writing. A few hundred years later, the earliest written legal records appeared, which makes the ancient Near East the birthplace of the world's oldest known law. Meanwhile, it predated other ancient civilizations, such as India or China, to a great extend. The Near Eastern law collections (codes) were written in cuneiform, which are referred to as "the cuneiform laws" today. There are the most of civil law norms in these law codes. In the ancient Near East, these civil law norms were enacted by the Sumerians together with the Old Babylonian, the Assyrian, the Hittite and the Hebrew. Their influence has left few visible traces apart from the Hebrew Bible. The relics of the ancient Near East civil law that survived to hold on the minds of Western lawmakers continues to these days. Rather, the connection is indirect, through the intermediary of the classical systems of Jewish, Greek, and Roman law.

Without a doubt, the civil law in ancient Near East originated from customary law, and centered on the cuneiform laws. The history of ancient Near East is particularly rich in sources of civil law, both in quantity and type, such as law codes, edicts, administrative orders, private legal documents, private letters and scholastic documents. In the context of a history of the civil law, the term "source" has two meanings. In an historical sense, it refers to written records form which historians obtain evidence of legal rules and institutions. In a legal sense, it is those norms, written or unwritten, from which the courts drew authority for their decisions. From an historical point of view, the test of validity for a source is its credibility; from a jurisprudential point of view, the test is its draft. It is therefore necessary to consider the source in turn from each of these two viewpoints—as historical records and as legal authority, which to explore these civil law norms.

Under the control of the common value viewpoints, these norms of the civil law had given play to standard function without being contradictory to themselves, deducted various of legal rules from the ancient civil law in Near East, such as agreement, valuable consideration, good faith, change of circumstance and compensation liability. Therefore, these norms in Near East are genuine civil law, the origin of civil law in the whole history of the human beings.

During ca. 2100 B. C. – ca. 1700 B. C., the Sumerian cities had promulgated Laws of Ur-Namma, Laws of Lipit-Ishtar, Laws of X, Laws about Rented Oxen, and a Sumerian Laws Exercise Tablet, Sumerian Laws Handbook of Froms in the southern Mesopotamia. The "law codes" are a particular genre of literature, consisting of collections of legal rules. They are recognizable by similarities of style and content, although as physical records they are preserved in a number of different forms. The "law codes" frame the body of legal provisions with a historical-literary prologue and epilogue, dealing with these free person, which includes the wife, the widow, and probably also the male and female slave, dealing with their personal status and property rights, involve marriage, family, property and inheritance, contract and tort. These norms of private law are very lively, the print views of civil law are full natural, the systems of civil law are quite a success. Nonetheless, they originates from the Sumerian laws.

The bulk of the civil law in the Babylonian period would have been customary, and it is here the law codes, either in the written forms of clay tablets or as a larger decrees, trial records, private legal documents. Three law codes have been preserved. The earliest is the Laws of Eshnunna, named after the northern Mesopotamian kingdoms of Eshnunna and is probably datable to the reign of Dadusha. It has been divided by scholars into sixty paragraphs. The greatest is the Laws of Hammurabi, promulgated by King Hammurabi of Babylon towards the end of his reign. It comprises a prologue, an epilogue, and a body of provisions divided by scholars into 282 paragraphs. The latest is the Laws of Neo-Babylonian Laws, promulgated during the Neo-Babylonian dynasty by the old Babylonian laws successors, and is preserved fifteen law provisions. These cuneiform laws concentrated on private things, are statute civil law. The nature of its private law is beyond comparison among the legal sources of the other early countries in the same period. Through research and study on the Babylonian statute civil law, we will be able to compare a given legal institution with the different systems and periods among three law codes, to reveal the objective laws governing the development of the civil law norms in ancient Near East during the Babylonian period. Justice and humanity are two main characteristics of the Babylonian civil law, which the Babylonian civil law greatly contributed to the human's civil law.

The Assyrian civil law, on the other hand, was even more complicated, which had been making from the Old Assyrian period, the Middle Assyrian period to the Assyrian Empire period. The norms scattered over a period of nearly six hundred years in the Old Assyrian kingdom. The great majority of private legal documents recorded a variety of legal transactions in the framework of the overland trade, originating from *Kültepe* tablets in the Anatolian inhabitants of Kanish. A number of the civil customs were different from the Babylonian civil law, such as the polygamy, adoption, inheritance, contract and commercial treaty. By the eleventh century B. C., Assyria had established as the unrivaled political power in the region, but made no development in legal civilization, Middle Assyrian Laws crudely made a lot of civil law norms, somewhat changed qualitatively. Thus, the law codes were divided into three tablets: Tablet A set out laws relating to women; Tablet B principally with landed property, and Tablet C+G with movable property. These tablets mainly regulated civil relationship together and greatly met the needs of Assyrian social development. However, no collection of laws from the Neo-Assyrian period is known to us. If a text of this kind had ever existed, it seems highly likely that it would have copies of collections of laws from earlier periods of Mesopotamian history. The characteristics of the Assyrian civil law are: some civil rules are simple while some vague in civil spirit, some are advanced while some quite backward.

The Hittite civil law had made great achievement. Its basic features had undergone no radical changes for the next three hundreds years, nor did their social or economic structure. The Hittite Laws, from Anatolia, was written in cuneiform script in the early Old Hittite. Dating between the sixteenth and the twelfth centuries B. C., the texts were formulated in what is known as "case law" that served originally as precedents. The rules of civil law were on a large scale scattered over the texts. The whole of the texts had a pronounced tendency to individual laws, underlying principles of merciful law and justice. A common legal culture was, however, also discernable at a deeper level, that of structures and concepts. They were independent; they had rules peculiar to themselves and their own internal dynamic. Hittite Laws were changed and developed with individual systems, so the ancient Near Eastern civil law would be carried forward. In brief, the Hittite civil law is little more advanced than the Laws of Hammuarabi, but it is true of intellectual development that to advocate private right and to enlarge contract obligation in the ancient Near East. It could be famous for a model of the ancient Near Eastern civil law.

The law codes of Hebrew were deeply embedded by the cuneiform law code tradition from the first millennium B. C. Part of their dependency may be attributed to the conquest of the region by Mesopotamian powers, Babylonia and Assyria. Consequently, the Hebrew civil law had been identified in the Hebrew Bible, originating from the customs law and religious law. A great deal of the legal material is in the Pentateuch (Torah) and the Talmud, succeeding and enhancing the spirit of civil law in the ancient Near East. The Ten Commandments is the most essential civil prescriptions in the Hebrew Law, recorded in Exodus 20: 2-17 and Deuteronomy 5: 6-21. The Pentateuch either contains a set of little stories that declare the origin of the law and provide divine authority, or contains a lot of commandments, statutes, rites, rules, decrees, systems. The Torah considers Hebrew members of the congregation, bound to each other and to God by a covenant that establishes their responsibilities to God and each other. The ideal is a social order in which each person lives on his own land. The Hebrew civil law sets up a suit of practical private norms, such as the land and other properties, marriage, family, inheritance, various contracts, in order to advocate these clear conceptions of contract/covenant, equality, humanity, kindheartedness.

Indeed, the archaic civil law norms are quite trivial, owing to the limitation of the ancient Near Eastern era and society. They are still apart from modern civil law, and the senses, right or justice of the civil law, are fairly superficial view. It fully proves that the oldest legal rules will be extended. These civil law norms or standards made by various nations in the ancient Near East are the original civil law in the human history.

Civil law begins in the ancient Near East.

赘　言

　　生命离不开承诺，对父母的承诺、对爱人的承诺、对朋友的承诺、对许许多多关心你或你关心的人的承诺。当初，承诺的做出是很冲动的，也是比较容易的，但是，十年来履行承诺的过程却是很艰难的。当我能神闲气定地写下这些话时，真切地知道自己终于完成了这个承诺，一个在很多年以前就对别人许下的诺言，真是高兴啊！几经周折，那么多的泪水和汗水，总算没有白流！终于交出了这一份博士学位论文，终于可以等到领学位证书的快乐时刻了。为此，感谢帮助我完成这一愿望的所有人——我的父母、我的导师、我的亲人、我的挚友……

　　谨以此博士学位论文纪念十一年前的今天。

魏　琼

2006 年 3 月 19 日于华政长宁校区